U0846611

FIVE YEARS
2009～2014

谨以此书纪念

全国林业信息化全面推进五周年

中国林业信息化丛书（Ⅱ）

中国林业信息化
标准规范

STANDARD SPECIFICATION
OF CHINA FORESTRY INFORMATIZATION

李世东 ▣ 主编

中国林业出版社

图书在版编目(CIP)数据

中国林业信息化标准规范 / 李世东主编. —北京：中国林业出版社，2014. 10
(中国林业信息化丛书. 第 2 辑)

ISBN 978-7-5038-7710-0

Ⅰ. ①中… Ⅱ. ①李… Ⅲ. ①林业－信息化－标准－中国 Ⅳ. ①F326. 2-65

中国版本图书馆 CIP 数据核字(2014)第 250681 号

中国林业出版社·生态保护出版中心

策划编辑：刘家玲

责任编辑：田 红 刘家玲

出 版：中国林业出版社(100009 北京西城刘海胡同 7 号)

E-mail：wildlife_ cfph@163. com 电话：83225836

发 行：新华书店北京发行所

印 刷：北京中科印刷有限公司

版 次：2014 年 11 月第 1 版

印 次：2014 年 11 月第 1 次

开 本：787mm × 1092mm 1/16

字 数：560 千字

印 张：26. 5

定 价：80. 00 元

《中国林业信息化》丛书编纂委员会

主　任

孙扎根

编　委

张鸿文　刘永范　王祝雄　郝燕湘　张希武　刘　拓　王海忠
封加平　彭有冬　苏春雨　谭光明　高红电　蒋周明　张习文
孙传玉　王永海　李世东　杨　超　潘世学　周　瑄　程　红
孟宪林　孙国吉　张　炜　周鸿升　潘迎珍　闫　振　胡章翠
王焕良　黄正秋　焦德发　马广仁　张守攻　王忠武　郭青俊
李向阳　厉建祝　金　旻　岳永德　陈幸良　臧春林　刘　红
陈　蓬　王　满　李怒云　刘树人　王志高　袁少青　陈　彤
黄建华　万兆奇　尹刚强　侯　龙　周少舟　康晓达　许　辉
向可文　刘家顺　王希玲　苏祖云　宋玉双　张惠新　郝佩和
张高文　傅宾领　周光辉　张　翼　唐芳林

《中国林业信息化标准规范》编辑委员会

主　编

李世东

副主编

邹亚萍　王福东　温战强

编　委

张会华　杨新民　顾红波　徐　前　李淑芳　冯峻极
王　辉　高　崎　彭华福　白　莹　乌日根　祝　巍
张洪军　秦文涛　谢宁波　赵　瑄　张　翼　丁国栋
程桂霞　简　帅　冯　戈　刘利民　孟庆雯　胡　永
王锐强　杜红梅　王为民　段　菁　马春林　王向军
孙宏宇　朱剑声　王学东　叶永钢　陈明安　林　宇
王青春　陆　冬　王明印　涂定卓　胡雨生　陈　尖
张庆志　张　斌　董大法　陈小中　姚建勇　赵永平
陈学群　薛恩东　吴克明　洛桑才让　吴庭朝　陈　旭
于子君　赵日洪　李洪涛　陈　震　滕晓宁　李陆宙
李飞锋　卢伟栋　闫宏伟　徐泽鸿　彭松波　李应国
白降丽　侯瑞萍　高金萍　高显连　陈　健　郑冬梅
张硕宁　罗　恒　王　倩　鞠洪波　唐小明　张　旭
张怀清　侯瑞霞　刘鹏举　高开通　谢阳生　黄水生
罗　鹏　孙　伟

序

党的十八大做出了新型工业化、信息化、城镇化、农业现代化“四化”同步发展战略决策。2014 年 2 月 27 日，习近平总书记在中央网络安全和信息化领导小组第一次会议上指出“没有信息化，就没有现代化”、“没有网络安全，就没有国家安全”，再次将信息化提升到前所未有的战略高度。

建设生态文明是林业的总目标，发展生态林业民生林业是林业的总任务。建设生态文明，迫切需要切实转变经济发展方式、优化调整产业结构，着力推进绿色发展、循环发展、低碳发展，这些都要依靠信息科技为支撑，实现更透彻的感知、更全面的互联、更深入的智能、更高效的利用、更科学的决策。发展生态林业民生林业，改善生态改善民生，迫切需要利用信息技术对林业各种资源要素和生产过程进行精细化、智能化控制，加强专业化、科学化管理，充分挖掘林地潜力，全面提升质量效益，为经济社会发展提供更多更好的生态产品、物质产品和生态文化产品。改善生态，我们必须加快信息化；改善民生，我们必须强化信息化；建设生态文明，我们必须依靠信息化。没有林业信息化，就没有林业治理能力现代化。

国家林业局高度重视林业信息化工作，将其作为创新发展的重要平台、提升效益的重要抓手、服务基层的重要途径、展示形象的重要窗口，重点部署、全面推进。各级林业部门按照“加快林业信息化，带动林业现代化”的总要求，认真落实《全国林业信息化建设纲要》，坚持五个统一，努力融合创新，秉承智慧引领，在迎接挑战中前行，在克服困难中成长，林业信息化取得了一系列重大突破，结出了一串串丰硕成果，呈现出全面提升的良好态势，整体水平位列部委先进行列，对提升林业地位和影响力发挥了重要作用，为生态林业民生林业发展做出了重要贡献。

2014年是林业信息化全面推进五周年，也是国家林业局信息化管理办公室成立五周年，为了更好地指导各地林业信息化建设，推广林业信息化优秀案例，提升林业信息化影响力，将五年来林业信息化建设各类成果进行了系统总结和全面梳理，编著了中国林业信息化丛书，包括《中国林业信息化政策解读》、《中国林业信息化标准规范》、《中国林业信息化示范建设》、《中国林业信息化绩效评估》、《中国林业信息化政策研究》等。相信丛书的出版，将为全国林业信息化建设提供有益借鉴，为发展生态林业和民生林业、建设美丽中国和生态文明做出新贡献。

全国绿化委员会副主任
国家林业局党组书记、局长

2014年11月15日

凝聚智慧　成就梦想
（代前言）

五年前的2009年1月，《全国林业信息化建设纲要》颁布实施，国家林业局信息办正式成立，掀开了林业信息化全面推进的新篇章。五年后的今天，我们满怀自豪地回顾一起走过的峥嵘岁月，共同展望令人向往的美好明天。

过去的五年，是充满艰辛和汗水的五年，是共享成功和喜悦的五年，是值得每一位林业信息人引以为荣的五年。五年激情岁月，我们共同走过；五年创业诗篇，我们共同谱写；五年辉煌成就，我们共同拥有！五年来，我们怀着光荣与梦想，在迎接挑战中奋进，在克服困难中成长，取得了“五大跨越”的骄人业绩，在林业现代化征程上谱写出精彩华章！

五年来，我们实现了从被动落后到部委领先的跨越。五年前，林业信息化默默无闻，鲜为人知，部委排序几十名以后，大家都在摸着石头过河，跌跌撞撞前行。五年来，我们先后印发了《建设纲要》、《技术指南》、《指导意见》等多个纲领性文件，连续召开了三届工作会议和三届主任会议，从上到下领导小组全面建立，专职机构日趋健全，标准制度接连出台，重点项目纷纷上马。尤其是我们打造了纵向到底、横向到边，集数千个子站于一体的中国林业网站群，2011年首次进入部委网站前十名，2012年首次进入部委网站前五名，2013年首次进入部委网站前三名，在发展水平上实现了从落后到领先的跨越，前来调研学习者络绎不绝，演讲台上林业人频频登场。

五年来，我们实现了从分散无序到集约统一的跨越。五年前，林业信息化网出多路、机房散乱，“烟囱”林立、各自为政，“信息孤岛”遍布、共享“堪比登天”。五年来，我们始终坚持“五个统一”，贯通内外、扬弃结合，以示范省建设和全国林业一张图建设为抓手，强力推进信息资源整合，大力完善信息基础设施，信息高速公路不断延伸，国家和省级统一平台成效显著，“平台上移、应用下移”、“统一开发、分级部署”等理念深入人心，互联互通局面显著改观，集中运维体系不断完善，信息化规模优势日益凸显，在建设方式上实现了整体加快推进、节约集约发展。

五年来，我们实现了从外围低端到核心高端的跨越。五年前，林业信息人的工作被认为是查网线、装电脑、搞维修，对管理和决策的显性支撑作用很小，可以说都是一些边边角角的工作。五年来，我们的工作重点转向了摸需求、搞设计、做系统、定标准、建制度上来，信息技术广泛渗透到各业务环节，森林、湿地、荒漠、野生动植物资源监管和营造林管理系统、林业灾害监测防控系统、林权管理系统等支撑林业核心业务的信息系统纷纷建成上线，信息化与林业核心业务实现了深度融合，服务功能得到了充分发挥，奏响了信息服务林业、信息支撑林业、信息改变林业的主旋律。

五年来，我们实现了从电子政务到“三位一体”的跨越。五年前，林业信息化仅局限于电子政务的部分零星应用，电子商务、电子林区只是一个模糊概念。五年来，我们在大力推进电子政务的同时，通过政策引导和资金扶持，林业电子商务实现了从无到有、从弱到强，涌现出了南方等林权交易市场、“义乌购”等林产品交易平台，信息技术应用已逐步拓展到林业种植养殖、林产品加工、林产品检疫追溯、森林旅游等产业领域。同时，在各级政府的支持下，电子林区建设取得了重要进展，也带动了相关产业的发展。在工作领域上，林业信息化实现了电子政务、电子商务、电子林区“三位一体”全面发展的新局面。

五年来，我们实现了从数字林业到智慧林业的跨越。五年前，数字化是林业信息化的建设主题，技术基础主要是计算机、互联网、数据库等现代信息技术。五年来，我们先后启动了智能林业物联网应用示范、云计算平台建设试点、电子标签等物联网应用、林木测土配方移动应用、移动办公系统、移动客户端、微博微信、在线植树、智慧果园、智慧花木、智慧旅游、中国信息林、中国林业数据库等项目建设，云计算、物联网、移动互联网、大数据、智慧城市等新一代信息技术广泛应用，显著改变着人们的思维方式和工作模式。以《中国智慧林业发展指导意见》发布和第三届工作会议召开为标志，林业信息化由“数字林业”步入“智慧林业”发展新阶段。

伟大的事业孕育伟大的精神，伟大的精神推动伟大的事业。林业信息化是破解林业发展难题、创新林业发展平台、转变林业发展方式、提升林业质量效益的突破口，没有林业信息化，就没有林业现代化。在推进林业信息化进程中，我们历尽艰辛，众志成城，凝聚了“雷厉风行，甘于奉献，坚持不懈，敢为人先，追求卓越”的林业信息化“五大精神”。

雷厉风行是我们实现五大跨越之要。五年前，林业信息化沉寂角落，群龙无首，百业待举，有限的条件能否突破困境？能否开创新局？这一切都是未知数。五年来，我们丢掉拖泥带水的陋习，树立立说立行的新风，完成了一个又一个看似无法完成的任务。我们不会忘记，用不到一年的时间，筹划、建设、培训、启用了OA系统，开创了林业无纸化办公新时代；用不到一月的时间，成功筹备、组织召开了首届工作会议，开启了林业信息化建设新阶段；用不到一周的时间，构思、制作、演出了《2020》精彩剧目，打造了一道靓丽的新风景。雷厉风行作风的历练与养成，使我们具备了强大的执行力，使我们用5年时间走完了通常需要10年甚至20年的征程，提前跨入了

“三步走”战略的第二阶段。

甘于奉献是我们实现五大跨越之源。林业信息化服务性强、技术性高、涉及面广、协调难度大，工作任务十分繁重，人手却普遍严重不足。五年来，我们默默承受、无私奉献、甘于寂寞、勇于担当，才撑起了这片蔚蓝的天空。我们不会忘记，夜晚长明的孤灯；我们不会忘记，假期加班的独影；我们不会忘记，家人心疼的抱怨；我们不会忘记，孩子期盼的目光。一路走来，我们对家人有太多的亏欠，对朋友有太多的愧疚，但为了信息大树的茁壮成长，我们义无反顾，无怨无悔。

坚持不懈是我们实现五大跨越之基。林业信息化的道路布满了荆棘和坎坷，如同登山探险，一山放过一山拦，一山更比一山高。五年来，我们经历了无数的困难，遭遇了无数的挫折，同时也清晰地认识到林业信息化巨大的发展潜力。正是这种对美好梦想的期待，对光辉未来的憧憬，对国家事业的责任，使我们始终坚信“沉舟侧畔千帆过，病树前头万木春”；正是我们坚持不懈的努力，百折不挠的开拓，持之以恒的奋进，才成就了今天的辉煌。

敢为人先是我们实现五大跨越之本。激情是创新的源泉，创新是发展的源泉。没有激情和创新，就不会有信息化。林业信息化是一个多学科交叉的领域，是一项极富开拓性的工作，激情无时不需、无人不需，创新无处不在、无时不在。五年来的实践证明，正是我们不断地唤醒每个人心底的创业激情，不断地激发每个人敢为人先的潜能，想别人没有想过的理，做别人没有做过的事，走别人没有走过的路，激情致力于创新驱动，才取得了几十项突破，获得了几十项第一。

追求卓越是我们实现五大跨越之魂。质量就是生命，细节决定成败，这是千百年来人类实践悟出的哲理。五年来，我们坚持“向质量要任务，向质量要效益”，把精益求精的理念深植于每人的心中，努力做到“凡事有章可循、凡事有人负责、凡事有人监督、凡事有据可查”，既实现了精品迭出，又培养了复合型人才。正是精益求精、质量至上、追求卓越，才使我们先后荣获了上百项殊荣，先后涌现出辽宁、北京、湖南、广东、浙江、江西、福建、湖北、四川、吉林、上海、河南、山东、内蒙古、甘肃等“全国林业信息化建设十佳单位”，福建、北京、上海、四川、湖北、江苏、广东、辽宁、湖南、浙江、河南、江西、甘肃、黑龙江、河北等“全国林业十佳网站”，以及众多单项荣誉，立起了林业信息化座座丰碑！

林业信息化“五大精神”，是以自强不息为核心的民族精神和以改革创新为核心的时代精神的有机融合和生动体现，是我们五年来披荆斩棘形成的最为宝贵的精神财富，是我们召之即来、来之能战、战之能胜的重要法宝，是我们继往开来、取之不尽、用之不竭的最大内生动力！

放眼21世纪的全球发展，一个不争的事实是：信息化是新世纪的主要特征，是推动经济社会变革的主要力量，是国家间竞争的主要阵地，是行业发展的强大动力。纵观“五个层面”的发展形势，信息革命已成为时代的最强音，信息化已成为时髦的代名词，信息人已成为时尚的领跑者，信息引领未来的趋势锐不可挡。

从全球层面看，人类已经进入信息社会。继原始社会、农业社会、工业社会之后，在信息革命的强力推动下，人类已进入充满希望的信息社会。在信息社会，信息资源正成为推动社会发展的第一资源，信息技术正成为促进社会进步的第一技术，信息产业正成为支撑社会成长的第一产业，信息文化正成为引领社会进步的第一文化，信息生产力正成为带动社会前进的第一生产力，信息工作者正成为担当社会繁荣的第一群体。抢占信息高地，建设信息社会，是时代的呼唤，人类的共鸣，历史的必然。

从全国层面看，信息化已成为核心发展路径。党的十八大作出了“新四化”、“五位一体”、“两个百年”的重大决策，把“信息化水平大幅提升”上升为国家战略。信息化是“四化同步”的节拍器，是“五位一体”的融合器，是实现“两个百年”目标的加速器，更是生态文明建设的金钥匙。加快推进信息化，是国家和民族的复兴之路，是实现中国梦的必由之路。

从行业层面看，信息化已成为林业“三大支柱”之一。当前，林业正处在加快发展方式转变、破除体制机制深层次矛盾、实现林业现代化的关键时期。信息化、科学化、机械化已成为林业发展的三大支柱，信息化又是切入点和突破口，如何正确理解信息化要义、科学把握信息化规律，是关系林业科学发展，尽早实现林业现代化的大问题。改善生态，我们必须加快信息化；改善民生，我们必须强化信息化；建设生态文明，我们必须依靠信息化。

从信息化层面看，现在已进入第六次信息革命新时代。回望历史，以语言产生为代表的第一次信息革命，以文字发明为代表的第二次信息革命，以造纸印刷术为代表的第三次信息革命，以电报电话电视为代表的第四次信息革命，以计算机和互联网为代表的第五次信息革命，先后推动了人类文明大踏步前进。今天，以“云物移大智”为代表的新一代信息技术，正以前所未有的力量推动全球进入大融合、大发展、大变革的新时期，形成第六次信息革命，“智慧”离我们已经越来越近、触手可及。

从自身层面看，林业信息化已进入智慧林业新阶段。云计算、物联网等智慧技术已经在林业多个领域得到应用，体系化、规模化、集成化的发展趋势不可阻挡。第三届工作会议发布的《中国智慧林业发展指导意见》，吹响了智慧林业建设的号角，智慧林业建设犹如离弦之箭。我们只有牢牢抓住这一战略机遇，求真务实，埋头苦干，不畏艰难，开拓创新，才能立足于不败之地，才能无愧于时代使命。

“雄关漫道真如铁，而今迈步从头越”。五年后的今天，智慧林业的大门已经打开，绚丽多彩的明天正向我们招手。今后五年，我们要紧紧围绕生态林业和民生林业，坚持“五个统一”，应用“五大技术”，建设“五大体系”，把握“五个环节”，突出“五项重点”，为建设生态文明和美丽中国，实现中华民族伟大复兴的中国梦做出新贡献。

在发展理念上，我们要坚持“五个统一”，形成强大发展合力。统一规划、统一标准、统一制式、统一平台、统一管理是林业信息化建设的基本原则，必须深刻认识，长期坚持，认真执行。一要坚持统一规划。突出共性、兼顾个性，构建有机衔接的规划体系，奠定全国一盘棋的根基。二要坚持统一标准。突出抓好标准立项，加快标准编制进程，搞好标准验收把关，加强标准宣贯施行。三要坚持统一制式。强化共性软件的统一开发与分级部署，减少重复建设，消除信息孤岛，增进业务协同。四要坚持统一平台。大力推进信息资源整合，着力打造国家和省级统一平台。五要坚持统一管理。努力完善体制机制，逐步推行CIO制度，着力构建权责对称、运转协调、激励有效、惩罚有力的运行机制。

在建设实践上，我们要应用“五大技术”，支撑智慧林业大厦。云计算、物联网、移动互联网、大数据、智慧城市是新一代信息技术的“杰出代表”，是智慧林业建设的“重要支柱”，必须充分应用，融会贯通。一要创新应用云计算技术。推进云管端建设，构建虚拟化、高可靠性、高可扩展性的林业信息基础设施和弹性服务模式。二要创新应用物联网技术。以“神经末梢”建设为重点，提高林业感知化、实时化、可视化、智能化水平。三要创新应用移动互联网技术。以服务对象为中心，促进林业业务流程再造和资源优化配置。四要创新应用大数据技术。充分发挥其“方法集”和“工具箱”的独特作用，挖掘林业数据“金矿”，推动林业管理决策科学化、精细化。五要创新应用智慧城市技术。加强集成创新应用，建立林业“智慧之魂”。

在重点任务上，我们要建设“五大体系”，实现完美转型升级。智慧林业是数字林业的升级版，必须以人性化的设计理念，在继承中构筑新的体系聚合体。一要建设智慧感知体系。统筹天、空、地、人资源，加快天、地、人、林四网建设，着力提高立体化的感知能力。二要建设智慧协同体系。推进林业云、网站群和智慧管理决策平台建设，着力提升一体化的管理服务水平。三要建设智慧生态体系。建立完善林业资源监管、营造林管理等核心业务系统，着力保护和改善生态。四要建设智慧民生体系。深化两化融合，扶持电子商务，建设智慧林区，着力发展绿色低碳经济。五要建设智慧保障体系。加强综合保障能力建设，着力消除不平衡、不协调、不可持续的发展顽疾。

在方法步骤上，我们要把握“五个环节”，开启新的文明之旅。从数字林业到智慧林业，是一场深刻的思想变革、技术变革和实践变革，是一轮新的信息文明之旅，必须抓好关键环节。一要抓好顶层设计。各省区市要贯彻《中国智慧林业发展指导意见》，尽快出台本地智慧林业发展规划或指导意见，挖掘潜力、调动智力、激发活力，为掀起新一轮建设高潮做好顶层设计。二要抓好动员部署。各省区市要积极筹备，尽快召开全省区市林业信息化工作会议，对智慧林业建设进行全面动员部署。三要抓好机构队伍。路线确定之后，干部是决定性因素。各省区市要按照《国家林业局关于进一步加快林业信息化发展的指导意见》，健全决策管理机构，配足配强工作人员，提高组织协调和综合服务能力。四要抓好项目建设。争取“金林工程”等重大项目尽早批复启动。各地在推进在建项目的同时，也要积极争取新的建设项目。五要抓好制度保障。要按照简洁实用、相互配套的原则，不断完善、着力构建适应智慧林业发展要求的制度体系。

在近期工作上，我们要突出“五项重点”，夯实科学发展基础。2014 年是全面推进智慧林业建设的开局之年，贯彻全国林业厅局长会和第三届全国林业信息化工作会要求，除以上总体工作外，还要重点抓好五项工作。一要抓落实。加强调研，摸清实情，接地气、沾泥土，感受基层味道，倾听群众呼声。加强政策解读，细化工作安排，加强督促指导，确保工作落实。二要抓网站。实施中国林业网站群扩建和智慧化提升工程，努力打造规模最大、效率最高、影响最强的一流政府网站。三要抓示范。第一批示范省要巩固建设成果，推广成功经验，攀登新的高峰。第二批示范省和第一批示范市、示范县，要加快建设进度，争取早见成效。适时启动第二批示范市县和示范基地建设。四要抓培训。各省区市要尽快全面完成各级各类林业网站群培训，迅速扩大网站群规模。五要抓安全。开展信息安全检查，加强安全应急演练。出台安全定级指导意见，开展信息系统定级备案。

五年的光阴，1800 多个日夜，时光带走了我们的稚嫩，岁月磨砺了我们的意志，年华增强了我们的信心；五年的故事，留下难忘的美好记忆；五年的历程，定格动容的精彩瞬间；五年的积累，奠定坚实的发展基础。

光荣已属过去，梦想催人奋进。今天，我们共同选择了智慧林业发展道路，站在新的历史起点，我们的事业崇高而神圣，我们的责任重大而光荣，我们的理想远大而明确。让我们在党的十八大精神指引下，紧紧围绕生态林业民生林业，抢抓机遇，凝聚智慧，真抓实干，奋勇前进，努力开创林业信息化更加灿烂的明天，铸就无愧于时代的新的辉煌！

李世东

2014 年 1 月 6 日

目 录
CONTENTS

应用标准

基础设施标准

管理标准

FIVE YEARS 2009~2014

信息资源标准

XINXI ZIYUAN BIAOZHUN

林业信息化

Forestry Informatization

林业数据库设计总体规范

（LY/T 2169—2013，国家林业局2013年10月17日发布，2014年1月1日实施）

1 范围

本标准规定了关系数据库和对象关系数据库的林业数据库设计的总体要求、数据库设计内容和要求、数据库设计说明书提交。

本标准适用于非涉密林业数据库的设计。

2 术语和定义

GB/T 5271.1—2000、GB/T 5271.4—2000、GB/T 5271.6—2000、GB/T 5271.17—2010中确立的术语和定义，以及下列术语、定义和缩略语适用于本标准。

2.1 局部概念模型 local conceptual model

用概念方法或UML描述的面向部分应用的局部数据的内容和相互关系。

2.2 全局概念模型 global conceptual model

用概念方法或UML描述的面向全部应用的全局数据的内容和相互关系，是局部概念模型的综合。

2.3 逻辑数据库模型 logical database model

由概念模型变换而成的，独立于任何物理存储结构的关于数据的数据类型，以及它们之间的结构构成关系的形式。描述关系数据库系统中的逻辑数据模型简称为关系模型（E-R），借鉴面向对象的设计方法而建立的逻辑数据模型称为面向对象模型（UML）。

2.4 对象标识 object identifier

每一个对象都有它唯一的标识，称为对象标识（OID），它具有系统全局唯一性。

2.5 对象类 object class

所有具有相同属性和方法集的对象构成一个对象类（简称类），任何对象都是某一对象

本标准按照GB/T 1.1—2009给出的规则起草。

本标准由全国林业信息数据标准化技术委员会（SAC/TC 386）提出并归口。

本标准起草单位：国家林业局调查规划设计院。

本标准主要起草人：彭松波、徐泽鸿、李应国、白降丽。

类的一个实例(instance)。

2.6 林业数据库 forestry database

根据林业生产、经营和管理特点所建立的数据库。根据《全国林业信息化建设纲要》的要求，林业数据库分为公共基础数据库[基础地理信息(非涉密)、遥感影像数据库(非涉密)等]、林业基础数据库(森林、湿地、沙地和生物多样性等资源数据库)、林业专题数据库(森林培育、生态工程、防灾减灾、林业产业、国有林场、林木种苗、竹藤花卉、森林公园、政策法规、林业执法、科技、人事、教育、党务管理、国际交流等数据库)、林业综合数据库(根据综合管理、决策的需要由基础、专题数据综合分析所形成的数据库)、林业信息产品库(为各类应用服务生成的信息产品)等。

2.7 地理空间基础数据表 geography and space based table

用来表示空间实体的位置、形状、大小及其分布特征等方面信息的数据表。

2.8 基础数据表 based table

记录林业生产、经营和管理等过程和结果的数据表，如：森林资源连续清查调查数据表。

2.9 汇总统计数据表 tabulate statistics table

基于基础数据表进行汇总或统计形成的数据表。如：森林资源统计数据表等。

2.10 代码数据表 code table

描述基础数据表和汇总统计数据表中所涉及的代码的数据表。如：行政区划代码、林种代码、树种代码等数据表。

2.11 系统信息表 system information table

存储与系统操作、业务控制有关参数的数据表。如：用户信息、权限、用户配置信息等数据表。

3 总体要求

3.1 基本要求

林业数据库设计应符合以下基本要求：

a)数据的共享性。林业数据库设计和建设要强调各级林业主管部门、多种应用、业务单位共建共用，共享数据服务。

b)数据的整体观念。数据库存储、管理和操作的对象是数据，必须具有整体的观念。

c)结构特性和行为特性密切结合。要充分了解对数据的处理和使用两个层面的特性，在整个设计过程中要把结构(数据)设计和行为(处理)设计紧密结合起来，同时考虑数据及其处理，便于达到整体最优。

d)设计“主题数据库”，而不是“应用数据库”。“主题数据库”是共享的、一致的、本来意义的数据库，它面向业务主题，而不是面向应用程序，所以数据独立于程序，数据本身基本稳定，不会随应用系统的变化而改变。“主题数据库”强调分析各业务层次上的数据源，要求数据从源头就地采集、处理、使用和存储，以及必要的电子传输、汇总，必须保证数据一次一处录入，杜绝数据多次录入，造成数据重复。“主题数据库”应由多个“基本表”组成，“基本表”具有原子性、演绎性和规范性。

e)关系模型规范化。对于关系模型而言，要尽可能满足第三范式的要求。

f)按照统一的时空框架、统一的林业信息分类编码体系、统一的数据交换平台、统一的林业信息资源目录体系、统一的面向对象数据组织等五个统一的要求，采用面向对象的设计和分析方法进行数据库设计。

g)数据模型设计采用面向对象的数据建模方法，采用统一建模语言 UML 作为模型描述方法，采用统一的时空模式和地理空间信息分类编码等数据标准。

3.2 数据库范式要求

林业数据库要求达到第三范式的要求。根据实际情况，若达到第三范式确有困难，不能低于第二范式。

3.3 设计阶段要求

林业数据库的设计包括以下六个阶段：

a)需求分析阶段。确定数据库的目标和范围，了解和分析用户需求，可行性分析。编制需求分析规格说明书。

b)概念设计阶段。在需求分析成果的基础上，对用户需求进行综合、归纳与抽象，形成一个独立于具体 DBMS 的概念模型。

c)逻辑设计阶段。将概念模型转换为某个 DBMS 所支持的数据模型，并对其进行优化，形成逻辑数据模型。

d)物理设计阶段。为逻辑数据模型选取一个最适合应用环境的物理结构，包括存储结构和存取方法，形成物理模型。

e)数据库实施阶段。运用 DBMS 提供的数据语言及其宿主语言，根据逻辑设计和物理设计的结果建立数据库，编制与调试应用程序，组织数据入库，并进行试运行。

f)数据库运行维护阶段。数据库正式投入运行后，要不断地对其进行评价、调整和修改。

3.4 数据库对象命名规范

3.4.1 命名约定

数据库、数据表、视图、存储过程、字段等数据库对象的名称应按照一定意义命名，在名称的字符之间不应留有空格，达到“见名知义”的效果。

3.4.2 命名规则

林业数据库各数据库对象命名规则按照表 1 规则命名，数据库对象名称格式为：{前缀}{类别_}<名称>，其中前缀和类别为可选的。

表 1　数据库对象命名规则

对象	前缀	类别	名　称	备注
数据库	LYDB_	公共基础数据库(FCB) 林业基础数据库(FB) 林业专题数据库(FS) 林业综合数据库(FC) 林业信息产品库(FIP) ……	直观、简短	源于《全国林业信息化建设纲要》
数据表	T_	地理空间基础数据表(GBO) 业务数据表(BO) 汇总统计数据表(TOT) 代码数据表(COD) 系统信息表(SYS) ……	直观、简短	建议按照林业信息分类以及作用进行分类
视图	V_		直观、简短	
主键	PK_	数据表名称_主数据表名称	直观、简短	
外键	FK_		直观、简短	
索引	IX_	数据表名称	直观、简短	
字段名			直观、简短	
存储过程	P_		直观、简短	
函数	F_		直观、简短	
触发器	TR_ TI_	表名称	I，U，D 的任意组合	After 触发器以 TR 作为前缀，Instead of 触发器以 TI 作为前缀。触发器名为相应的表名加上后缀，Insert 触发器加“_I”，Delete 触发器加“_D”，Update 触发器加“_U”

4　数据库设计内容和要求

4.1　需求分析

4.1.1　目标

通过了解原有系统(手工或计算机系统)的工作概况，分析实际(功能、数据)需求，并结合信息技术发展前景来考虑今后的功能扩充和改变，最终确定数据库的需求，形成业务流程图、数据流图和数据字典等成果，为后面的概念设计、逻辑设计、物理设计奠定坚实的基础，为未来的数据库优化提供可靠依据。

4.1.2　任务概述

a)确定数据库的名称、范围、目标、功能。

b)确定数据库建设所需要的资源(如人员、设备、资金等)。

c)形成业务流程图。

d)形成数据流图。

e)构建数据字典。

f)编写需求分析规格说明书。

4.1.3 实施步骤

如图1所示，需求分析按照以下步骤进行：

a)调查组织机构情况：明确调查组织由哪些部门组成以及各部门的职责是什么，为分析信息流程做准备，明确数据采集、产生、处理的单位。为UML用例模型建模提供活动者信息。

b)熟悉业务活动：调查各部门输入和使用什么数据，如何加工处理这些数据。输出什么信息，输出到什么部门，输出的格式等。在调查活动的同时，要注意对各种资料的收集，如票证、单据、报表、档案、计划、合同等，要特别注意了解这些报表之间的关系，各数据项的含义等，为数据流分析提供资料。

c)明确用户需求：在熟悉了业务活动的基础上，协助用户明确各种要求，包括信息要求、处理要求、安全性与完整性要求等。主要工作任务和成果：

①通过分析各部门的业务活动，识别出业务活动的使用者、事件、输入信息、业务处理、输出信息，建立业务流程图并通过文字和报表进行描述，使用图2中的图形元素描述业务流程；

②通过分析业务活动及其涉及的数据，建立数据流图并通过文字和报表进行描述，使用表2中的元素绘制数据流图；

③通过分析各种数据，依据林业数据字典编制规范建立数据字典；

④确定功能性需求，利用UML2.0规范构建用例模型(功能需求模型)；

⑤确定非功能性需求，如性能、安全、软硬件环境、设计原则、技术路线、时间等要求。

d)需求分析的结果以需求规格说明书的形式给出，其内容要求见附录A。

注1：在调查过程中，根据不同的问题和条件，可采用的调查方法很多，如跟班作业、咨询业务权威、设计调查问卷、查阅历史记录等。无论采用哪种方法，都必须有用户的积极参与和配合。

注2：收集用户需求的过程实质上是数据库设计者对各类管理活动进行调查研究的过程。设计人员与各类管理人员通过相互交流，逐步取得对系统功能的一致的认识。但由于用户缺少软件设计方面的专业知识，而设计人员往往又不熟悉业务知识，要准确地确定需求很困难，特别是某些很难表达和描述的具体处理过程。针对这种情况，设计人员在自身熟悉业务知识的同时，帮助用户了解数据库设计的基本概念。对于那些因缺少现成的模式、很难设想新的系统、不知应有哪些需求的用户，可应用原型化方法帮助用户确定需求，先构建一个比较简单的、易调整的真实数据库及其系统，让用户在熟悉使用它的过程中不断发现自己的需求，而设计人员则根据用户的反馈调整原型，反复验证最终协助用户发现和确定真实需求。

注3：调查了解用户的需求后，进一步分析和抽象用户的需求，使之转换为后续各设计阶段可用的形式。建议采用结构化分析(Structured Analysis，SA，用数据流图(Data Flow Diagram，DFD)、

数据字典(Data Dictionary，DD)描述系统。

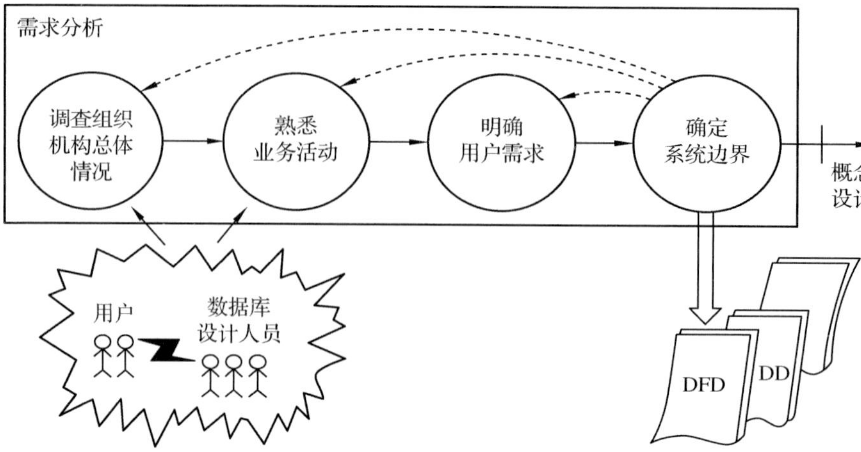

图1　需求分析实施步骤

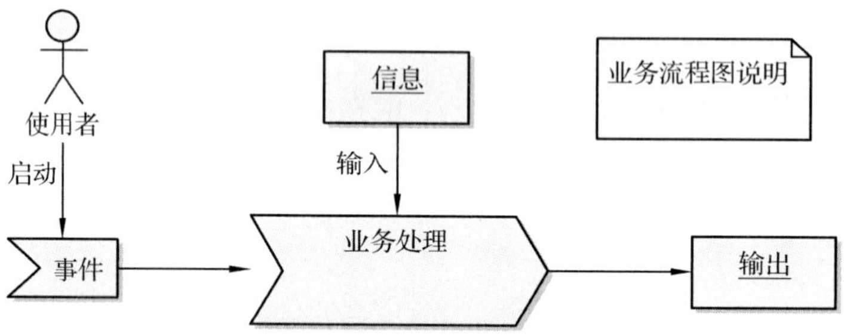

图2　业务流程图及其主要组成元素

表2　数据流图的基本元素及其图示表达

元素符号	元素名称	描述
<外部实体名称>	外部实体	指系统以外又和系统有联系的人或事物，它说明了数据的外部来源和去处，属于系统的外部和系统的界面。外部实体支持系统数据输入的实体称为源点，支持系统数据输出的实体称为终点。
<数据处理名称>	数据处理	它用来改变数据值。而每一种处理又包括数据输入、数据处理和数据输出等部分。
D<编号> <数据存储名称>	数据存储	数据存储表示数据保存的地方，它用来存储数据。系统处理从数据存储中提取数据，将处理的数据返回数据存储。与数据流不同的是数据存储本身不产生任何操作，它仅仅响应存储和访问数据的要求。
<数据流名称> →	数据流	指数据处理的输入或输出。它用来表示中间数据流值，但不能用来改变数据值。数据流是模拟系统数据在系统中传递过程的工具。

4.2 概念设计

4.2.1 概述

通过对需求分析的成果进行综合、归纳与抽象，形成一个独立于具体数据库管理系统的概念模型，并用E-R图或UML类图表示，建议使用UML类图。

概念模型独立于数据库的逻辑结构，也独立于支持数据库的DBMS。它是现实世界和机器世界的中介，是现实世界的一个真实模型，易于理解，便于和不熟悉计算机的用户讨论交流意见，并能很容易地进行调整来适应现实世界的需求改变。概念模型设计是整个数据库设计的关键。

4.2.2 目标

以需求分析阶段的成果(主要是用例图、业务流程图、数据流图和数据字典)为基础，对现实世界进行抽象，采用实体关系模型(E-R图)或面向对象模型(UML图)来描述现实林业业务应用领域的信息结构，建立一个既可为最终用户理解，又可在多种数据库管理系统上实现的概念模型。

4.2.3 设计策略

概念设计采用以下设计策略：

a)自顶向下。首先定义全局概念结构的框架，然后逐步细化。

b)自底向上。首先定义各局部应用的概念结构，然后将它们集成，得到全局概念结构。

c)逐步扩张。首先定义核心的概念结构，然后逐步向外扩充，以滚雪球的方式逐步生成其他概念结构，直至总体概念结构。

d)混合策略。用自顶向下策略设计一个全局概念结构框架，并以此为骨架集成自底向上策略中设计的各局部概念结构。

4.2.4 实施步骤

采用4.2.3的设计策略和UML2.0规范进行概念设计，最终按照本规范附录B的要求形成概念模型设计文档。如图3所示，概念模型设计主要包括以下步骤：

a)进行数据抽象，确定实体、属性和联系。

b)设计局部概念模型，形成UML类图或分E-R图。

c)集成局部概念模型，形成全局UML类图或E-R图。

d)进行全局UML类图或E-R图的优化。

概念设计采用基于UML的面向对象方法的具体做法是通过查找类、类与类的关系(关联、聚合、组合、依赖、继承)，建立类图，确定类属性，最终形成面向对象模型。

4.2.4.1 进行数据抽象

概念模型设计的第一步就是抽象，对需求阶段收集到的数据进行分类、组织和聚集，形成实体、属性和标识，然后确定实体之间的联系。数据抽象分为三类：

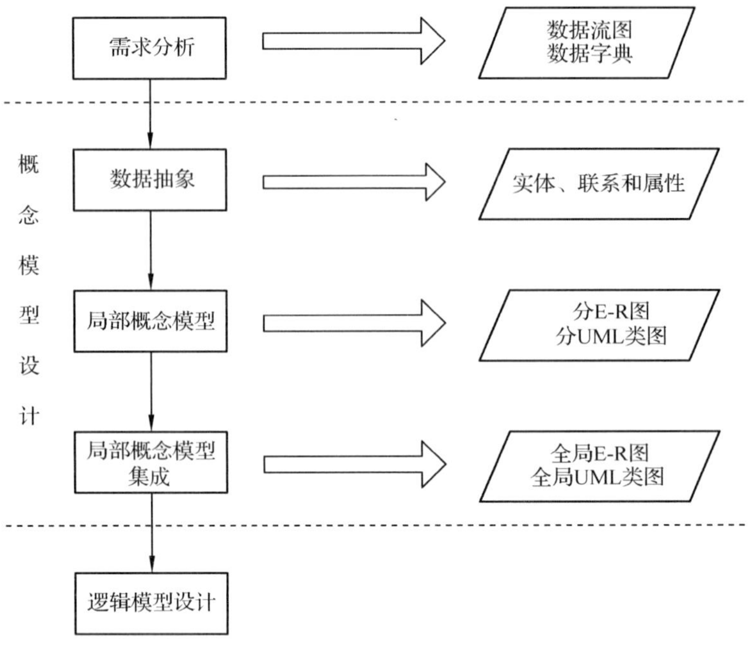

图 3 概念模型设计过程

a)分类。定义某一组对象的类型，这些对象具有某些共同的特性和行为。它抽象了对象值和实体之间的“is member of”的语义。通过分类抽象形成实体。

b)聚集。定义某一类型的组成成分。它抽象了对象内部类型和成分之间的“is part of”语义。若干属性的聚集组成了实体。

c)泛化。定义类型之间的一种子集联系，它抽象了类型之间的“is subset of”的语义。

示例：职工是一个实体，管理人员和领导干部也是实体，它们都是职工实体的子类实体，称职工为超类。泛化的一个很重要特性是继承性，子类继承超类的所有特性，还可增加自己的属性。

4.2.4.2 设计局部概念模型

设计局部概念模型分为以下几步：

a)选择局部应用。在数据流图中选择适当层次的子数据流图，作为设计局部概念模型的出发点。

b)确定实体。从基本数据资料中直接或间接标识出数据库的大部分实体，找出潜在的实体，形成初步实体表。一般按照自然习惯来划分确定实体，如人员、管护记录、小班等，这些都是自然存在的实体。

c)确定联系。根据子数据流图和数据字典，考虑实体之间是否存在联系，确定一对一、一对多、多对多的联系，同时消除冗余的联系。

d)确定继承。分析实体间的分类关系与包含关系。

e)确定嵌套。分析实体对属性的依赖关系，确认是否存在聚合与分解关系。

f)确定属性。分析子数据流图，将属性合理地分配给实体和联系，确定实体的关键字属性；定义属性的数据类型、长度、精度、非空、缺省值、约束规则等。定义触发器、存储过程、视图、角色等数据库对象信息。

g)消除属性冗余。对于在多个实体中出现的属性，应将它分配给其中的一个实体，以避免数据冗余，影响数据的一致性和完整性。

h)区分实体和属性遵循以下三条基本准则：

①描述性原则。一般实体需要有进一步的性质描述，而属性则无，属性一般不能再具有需要描述的性质，即属性不能是另一些属性的聚集。

②依赖性原则。一般属性仅单向依赖于某个实体，且这种依赖是包含性依赖。

③一致性原则。一个实体由若干个属性组成，这些属性间有内在的关联性与一致性。

4.2.4.3　集成局部概念模型，形成全局概念模型

从全局的观点出发，进行局部概念模型的综合和归并，并消除不一致和冗余，形成一个完整的、能支持各个局部概念模型的全局概念模型。

集成局部概念模型可以分步完成，先归并联系较紧密的两个或多个局部模型，形成中间局部模型，再将中间局部模型归并，最终形成全局概念模型。

局部模型归并主要采用三种方法：

①等同。指两个或多个数据对象有相同的语义，包括属性等同、实体等同和联系等同。

②聚集。将不同实体聚合为合成对象。

③泛化。将相似对象提取成一个新实体，并构成具有继承关系的结构。

局部模型归并分为实体类的合并和联系的合并。实体类合并重点解决以下问题：

①命名冲突。包括实体类型名、联系类型名之间同名异义或异名同义等命名冲突。

②标识符冲突。同一实体类的标识符应一致。

③属性冲突。包括属性域冲突、取值单位冲突、取值范围冲突等。

④约束冲突。不同局部模型存在不同的约束。

⑤结构冲突。如既作为实体又作为联系或属性，同一实体的属性不同等。

联系的合并用于消除合并后的冗余联系和属性。

4.2.5　实体、联系、属性的图形表达

实体、联系、属性的图形表达方法可使用 E-R 图和 UML 图进行表达，E-R 图使用见表 3，可采用 Microsoft Office Visio 等工具绘制，UML 图按照 UML2.0 规范的类图进行表达，如图 4 所示，可采用支持 UML2.0 规范的任何工具绘制。

表 3　实体、联系和属性的 E-R 图表示

概念	E-R 图元素	描述
实体	实体名称	实体(Entity)：实体是首要的数据对象，常用于表示一个人、地方、某样事物或某个事件。一个特定的实体被称为实体实例(entity instance 或 entity occurrence)。实体用长方形框表示，实体的名称标识在框内。
联系	联系名称	联系(Relationship)表示一个或多个实体之间的关系，依赖于实体，一般没有物理概念上的存在。用来表示实体之间，一对一，一对多，多对多的关系。联系用一个菱形表示，联系的名称一般为动词。联系的端点联系着角色(role)。一般情况下角色名可以省略，因为实体名和联系名已经能清楚的反应角色的概念，但有些情况下我们需标出角色名来避免歧义。
属性	属性名称	属性(Attribute)：属性为实体提供详细的描述信息。一个特定实体的某个属性被称为属性值。属性一般以椭圆形表示，并与描述的实体连接。Identifier 可以唯一标识实体的一个实例(key)，可以由多个属性组成，E-R 图中通过在属性名下加下划线来标识。复合属性(Complex attribute)本身还有其他属性。
标识符(键)	属性名称	
复合属性	属性名称 — 属性名称、属性名称、属性名称	

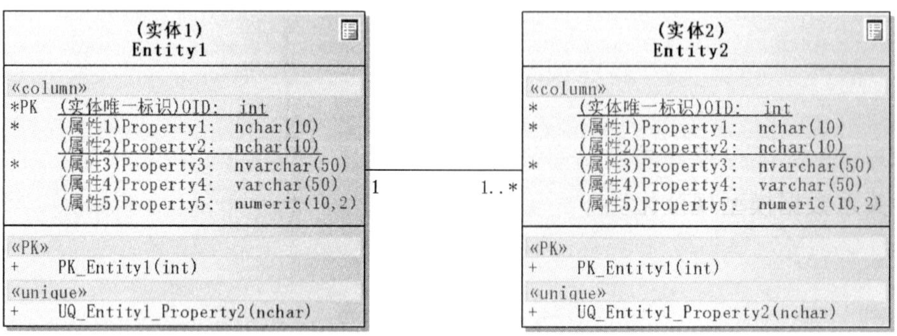

图 4　实体、关联、属性的 UML 图

全局 E-R 图或 UML 图除了能反映用户功能需求外，还应满足下列条件：

a)实体类型个数尽可能少。

b)实体类型所含属性尽可能少。

c)实体类型间关联无冗余。

d)合并相关实体类型，一般把一对一关联的两个实体类型合并，合并具有相同键的实

体类型，消除冗余属性，消除冗余关联。但有时为提高效率，根据具体情况可存在适当冗余。

4.3 逻辑设计

4.3.1 目标

将概念模型转换为某个关系型数据库管理系统所支持的数据模型，并对其进行优化。设计数据库逻辑结构应选择最适于描述与表达相应概念结构的数据模型，然后选择最合适的数据库管理系统。

4.3.2 任务

林业数据库逻辑模型设计的主要任务包括：

a)选择最合适的数据库管理系统(DBMS)。

b)将概念模型转换为选定数据库管理系统所支持的数据模型。

c)数据库逻辑模型的优化。

4.3.3 设计要求

逻辑结构设计产生的逻辑数据模型应符合下列要求：

a)选用的数据库管理系统(DBMS)完全支持。

b)满足完整性和安全性要求。

c)支持高效率的数据操作要求。

d)具有较高的存储空间利用率。

4.3.4 设计过程和内容

林业数据库逻辑模型设计过程如图5所示，主要设计内容：

a)将概念模型转换为一般的关系数据模型。

b)将关系数据模型转换为特定的DBMS支持的关系数据模型。

c)对关系数据模型进行优化。

d)对关系数据模型规范化。

e)设计用户子模式。

f)定义数据完整性和安全性约束。

g)性能估计与评价。

h)按照附录B的要求，编写逻辑模型设计文档。

4.3.4.1 E-R图向数据表转换

将E-R图转换成数据表实际上就是将实体、实体的属性和实体间的关联转换成数据表。要求遵循如下规则：

a)一个实体型转换为一个数据表。实体的属性就是数据表的列，实体的关键字就是数据表的主键。

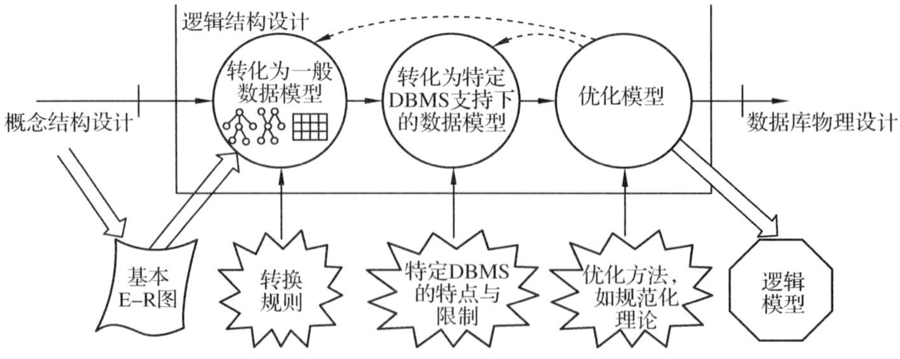

图5 林业逻辑模型设计的过程

b)一对一关联转换为数据表，按以下方式转换：

①作为一个数据表。两个实体之间的关联是真正的一对一关联时，将两个实体组合成一个数据表，选择任意实体的主键作为数据表的主键，这是本规范强烈建议的方式。

②作为两个数据表。在实体之间具有父子(parent-child)关系且子实体需要父实体的存在时，将父实体和子实体分别转换为数据表，并将父实体的主键作为子实体的外键。

c)一对多关联转换为数据表，按以下方式转换：

①作为两个数据表。将每个实体分别转换为数据表，一对多中的"一"方的数据表的主键为"多"方数据表的外键，这是本规范强烈建议的方式。

②作为一个数据表。将两个实体组合成一个数据表并使用它们的主键作为数据表的复合主键。

d)多对多关联转换为数据表，每个实体转换为相应数据表，假设分别为数据表 A 和数据表 B，创建一个交叉数据表，数据表 A 和数据表 B 的主键都是交叉数据表的外键，交叉数据表的主键可以是单独的特殊的一列，也可以是来自数据表 A 和数据表 B 的外键的组合。

4.3.4.2 UML 类图向数据表转换

将 UML 图转换成关系数据模型实际上就是将对象类、对象类的属性和对象类间的关联转换成数据表。通过下列转换规则将面向对象类模型转换成关系数据模型：

a)将对象类映射为数据表，对象类的属性映射为数据表的列，对象类的唯一标识码映射为数据表的主键。

b)一对一关联转换为数据表，按以下方式转换：

①作为一个数据表。两个对象类之间的关联是聚合、组合关联时，将两个对象类组合成一个数据表，选择任意对象类的唯一标识码作为数据表的主键，这是本规范强烈建议的方式。

②作为两个数据表。对象类之间的关联是一般关联或依赖时，将对象类分别转换为数

据表 A 和数据表 B，并将数据表 A 的主键作为数据表 B 的外键。

c）一对多关联转换为数据表，按以下方式转换：

①作为两个数据表。将每个对象类分别转换为数据表，一对多中的“一”方的数据表的主键为“多”方数据表的外键，这是本规范强烈建议的方式。

②作为一个数据表。将两个对象类组合成一个数据表并使用它们的唯一标识码作为数据表的复合主键。

d）多对多关联转换为数据表，每个对象类转换为相应数据表，假设分别为数据表 A 和数据表 B，创建一个交叉数据表，数据表 A 和数据表 B 的主键都是交叉数据表的外键，交叉数据表的主键可以是单独的特殊的一列，也可以是来自数据表 A 和数据表 B 的外键的组合。

e）泛化（继承）关系类转换为数据表，按以下方式映射：

①单表继承，每个类分层结构一张数据表，该数据表拥有该继承树中各类的所有属性。

②类表继承，每个子类一张数表，子类数据表通过主键关联到超类数据表（实际上是一对一关联）。

③具体表继承，每个具体类一张数据表，每张数据表为对应类的所有属性（包括从父类继承的属性）定义相应字段。

4.3.4.3 关系数据模型优化

对关系数据模型要求至少从以下方面进行优化：

a）分割数据表：

①垂直分割。把关系模式 R 的属性分解为若干个子集合，形成若干个关系模式。经常在一起使用的属性从 R 中分解出来形成子关系模式。垂直分割可以提高某些事务的效率。例如，将一个二类调查小班分割为：小班基本信息、林分因子、植被等。

②水平分割。把关系的元组分为若干子集合，定义每个子集合为一个关系模式，以提高系统的效率。例如，将一个二类调查小班按照年度分割为不同关系模式。

b）关系数据模型规范化，对生成的关系模型进行规范化，以期进一步优化模型，消除异常，改善完整性、一致性和存储效率，让一个关系模式描述一个概念。具体方法包括：

①确定关系模式的动态或静态性；

②确定静态关系模式的规范化级别，确保为第二范式（2NF）；

③将动态关系模式转换为第三范式（3NF）。

c）反规范化。规范化是基本设计目标，但是不能过头，应根据实际应用需求在规范化和性能之间进行权衡，有些处理由应用程序完成。

4.3.4.4 数据完整性

a）域完整性。可通过实现有效性检查和限制数据类型、格式、或列中允许值的变化范围来实现域完整性。

b)实体完整性。要求数据表的每一行有一个唯一的标识符，即主键值。

c)引用完整性。当一个关联的两个实体都必须存在，并且一个与另一个之间必须有一个有效连接时，需要引用完整性。引用完整性保证主键(在父实体数据表中)和外键(在子实体数据表中)之间的关联得到长期维护。引用完整性作为一种施加到数据表上的限制，重要的是要考虑当一个主键必须被更新或删除时应采取什么操作。如果在父实体中的主键值被改变或删除，实体的实例也将被修改。因此，所有引用父实体的子实体都将被适当修改。通过遍历所有相关子数据表并根据需要更新或删除数据，数据库可以保持引用完整性。

4.3.4.5　设计用户子模式

用户子模式是应用程序与数据库的接口，允许有效访问数据库而不破坏数据库的安全性。应根据局部应用的需求，结合具体 DBMS 的特点，设计用户的外模式。一般利用 DBMS 提供的视图、存储过程、触发器等功能来完成用户子模式的设计工作。步骤包括：

a)根据实际局部需求和使用情况进行应用划分。

b)根据具体应用确定子模式的信息结构。

4.3.4.6　性能估计与评价

对关系模式进行性能估计与评价的目的是检查关系模式是否满足用户的要求。一般采用以下评价方法：

a)定量分析，处理频率和数据容量及其增长情况。

b)性能测算，逻辑记录访问的数目，一个应用程序传输的总字节数和数据库的总字节数等。

4.4　物理设计

4.4.1　目标

在概念模型设计和逻辑模型设计的基础上，结合特定的数据库管理系统和计算机软硬件环境，确定一个最适合应用环境的数据库的物理结构，包括数据的存储结构和存取方法。

4.4.2　设计过程和内容

数据库的物理设计过程如图 6 所示，主要设计内容包括：

a)确定数据库的物理结构。

b)评价数据库的物理结构。

c)安全性和完整性考虑。

d)相关程序设计。

e)按照附录 B 的要求形成物理模型设计文档。

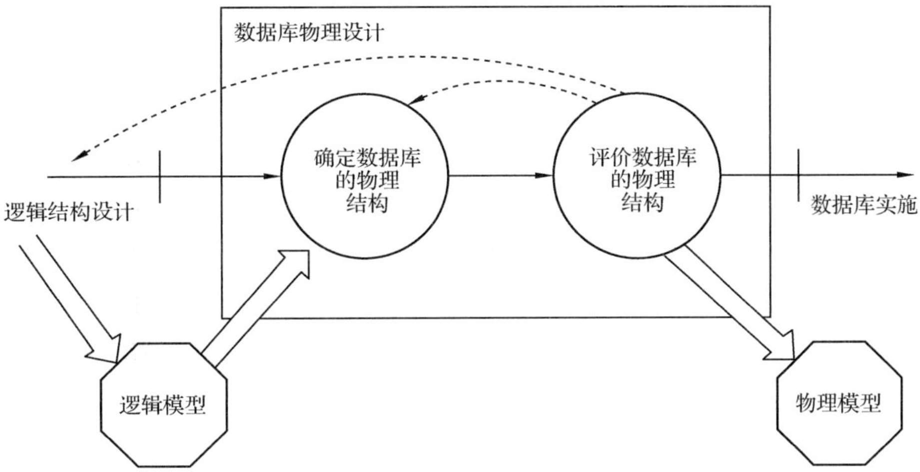

图6　数据库物理模型设计过程

4.4.2.1　确定数据库的物理结构

结合给定的计算机系统，在充分了解所用 DBMS 的内部特征后，确定数据库的以下几方面内容：

a)确定数据的存储结构。确定存储结构时，要综合考虑存取时间、存储利用率和维护代价三方面的因素。确定存储结构一般包含索引设计、聚簇设计和分区设计等三方面。

b)确定数据的存放路径。主要是确定建立哪些索引来提高访问效率。

c)确定数据的存放位置。分析数据的稳定性，分盘或分区存储数据，以加快存取速度。

d)确定系统配置。按照 DBMS 提供的配置参数，结合数据情况，对包括数据库大小、使用缓冲区个数与大小 、时间片大小、锁数目、用户数等参数进行合理配置，以使系统性能最优。

4.4.2.2　评价数据库的物理结构

从时间效率、安全性、完整性、有效性、维护代价和其他各种用户要求等方面对数据库物理结构进行权衡，以便对设计方案进行细致的评价，优化数据库的物理结构的设计。

评价数据库物理结构的方法依赖于所选用的 DBMS，主要是从定量估算各种方案的存取空间、存取时间和维护代价人手，对估算结果进行权衡、比较，选择出一个较优的、合理的物理结构。

4.4.2.3　完整性和安全性考虑

根据逻辑设计说明书中提供的对数据库的约束条件、DBMS 的性能特征和软硬件环境，设计数据库的完整性和安全措施。

4.4.2.4　相关程序设计

包括人机接口设计，如菜单、屏幕设计、I/O 格式设计、代码设计、处理加工设计等。

4.4.2.5　形成物理模型设计文档

按照附录 B 的要求形成物理模型设计的文档，即物理设计说明书。

4.4.2.6　数据库物理结构的优化设计

建议对林业数据库物理结构进行优化设计，使得在林业数据库上运行的事务响应时间最小，存储空间利用率高，事务吞吐率大。

可以采用合理设置数据库主键、外键，减少数据查询和磁盘输入输出时间的方式，实现对林业数据库物理结构的优化设计，提高数据库的运行速度；也可以采用对常用的查询字段建立索引的方式，提高数据查询效率。

4.4.2.7　数据库部署说明

林业数据库部署至少包括如下内容：

a)数据库部署方式(分布式/集中式)：当涉及地市级、省级、国家级林业数据逐级传输、上报，可以采用分布式数据库部署的方式，分别在地市级、省级、国家级部署林业数据库系统；各级林业主管部门相对独立的业务系统所对应的数据库系统可以采用集中式数据库部署方式。

b)数据库存储空间安排。

c)数据库表的分配。

4.4.2.8　数据库基础支撑环境

林业数据库主管单位应提供满足林业数据库系统运行条件的基础支撑环境，包括基础硬件系统和基础软件系统。

a)基础硬件系统

①网络设备。林业数据库系统的网络设备应符合国家和林业相关规定要求；

②服务器。林业数据库系统所配置的服务器，应在充分考虑用户数、使用频率等指标的基础上选用。各级林业数据库系统主管单位可以根据自身情况配备相应的服务器；

③存储设备。各级林业数据库系统主管单位可以根据自身情况配备相应容量的存储设备。国家级、省级林业数据库系统主管单位可以配备 TB 级的数据存储设备。存储介质可以选择硬盘、磁盘阵列、磁带等。

b)基础软件系统

①操作系统。各级林业数据库系统主管单位应配备能够满足数据库平稳运行的主流操作系统，如 windows、linux、Unix 等。

②数据库。各级林业数据库系统主管单位应配备安全、稳定、高效的主流数据库系统软件，如 Oracle、SQL Server、DB2 等。

4.5　数据库实现

4.5.1　目标

根据逻辑设计和物理设计阶段的成果，在目标计算机上建立起实际的数据库结构、装载数据，并实际测试和运行数据库系统。

4.5.2　实施步骤

数据库实施步骤如图 7 所示，包括以下实施步骤：

a) 定义数据库结构。用 DBMS 提供的 DDL，根据数据库的逻辑结构与物理结构设计结果，就可以用所选用的 DBMS 提供的数据定义语言（DDL）来严格描述数据库结构。

b) 数据装载。数据库结构建立好后，就可以向数据库中装载数据了。数据装载的主要步骤包括：

①筛选数据。原始数据可能存在于各个部门的文件或凭证中，首先将需要入库的数据进行筛选。

②输入数据。借助系统提供的输入界面，将原始数据输入到计算机中。

③校验数据。系统应采用多种检验技术，来保证输入数据的正确性，防止非法的、不一致的错误数据进入到数据库。

④转换数据。对于不符合数据库要求的数据，往往需要进行数据格式转换。

⑤综合数据。对转换好的数据根据系统的要求进一步综合成最终数据。

c) 编制与调试应用程序。数据库应用程序的设计应与数据库设计并行进行，数据库构建好后，就可以编制与调试数据库应用程序。编制与调试应用程序可以与组织数据入库同步进行，调试应用程序可先使用模拟数据。

d) 数据库试运行。应用程序调试完成，并已有小部分数据入库后，就可以开始数据库试运行。主要工作包括：

①功能测试。实际运行应用程序，执行各类数据库操作，检验各种功能是否正确无误，满足设计要求。

②性能测试。测量系统的性能指标，检验是否符合设计指标。

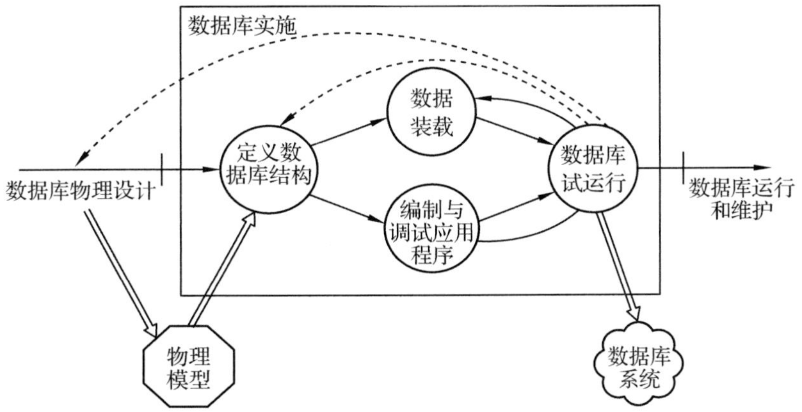

图 7　林业数据库实施步骤

③备份和恢复。在数据库试运行阶段，由于系统还不稳定，软硬件故障随时都可能发生，因此，必须做好数据库的备份和恢复工作。

4.6 数据库运行与维护管理

4.6.1 概述

各级林业主管部门应设立林业数据库系统主管单位，负责林业数据库系统的运行管理与维护工作。包括制定林业数据库系统运行任务计划、定期对林业数据库系统进行升级，以提高系统性能。

根据不同的林业数据库系统运行要求确定数据库系统的连续运行时间，保持24小时连续运行的数据库，建议采用双机热备等保护措施。

对数据库维护人员，每年提供数据库系统运行管理培训。

4.6.2 目标

当数据库试运行结果符合设计目标后，数据库就可以真正投入运行并进入维护阶段了。数据库运行维护将针对应用环境和物理存储的不断变化，对数据库设计进行评价、调整、修改等维护工作，是数据库设计的继续和提高。

4.6.3 人员要求

数据库的维护工作主要由DBA来完成。

4.6.4 工作任务

a)数据库备份和恢复。DBA要针对不同的应用要求制定不同的数据备份计划，定期对数据库和日志文件进行备份，以保证一旦发生故障，能利用数据库备份和日志文件备份，尽快将数据库恢复到某种一致性状态，并尽可能减少对数据库的破坏。

b)数据库安全性和完整性控制。DBA必须根据用户的实际需要授予其不同的操作权限，并在数据库运行过程中，根据环境的变化适当调整原有的安全性控制。同样由于应用环境的变化，数据库的完整性约束也会变化，需要DBA不断修正，以便满足用户要求。

c)数据库性能的监控、分析和改进。DBA应借助DBMS系统性能监测工具，来监督系统运行状态，并仔细分析监测数据，判断当前系统是否处于最佳运行状态；如果不是，则需要通过调整某些参数来进一步改进数据库性能。

d)数据库的重组和重构。在数据库运行一段时间后，由于数据记录的不断增、删、改，会使数据库的物理存储变坏，从而降低数据库存储空间的利用率和数据的存取效率，使数据库性能下降，这时DBA需要借助DBMS提供的实用程序对数据库进行重组织，或部分重组织，数据库重组织不会改变原设计的数据逻辑结构和物理结构，只是按原设计要求重新安排存储位置，回收垃圾，减少指针链，提高系统性能。同样随着数据库的应用环境的变化，可能会导致实体或对象发生变化，从而不得不适当调整数据库的模式和内模式，这时DBA需要对数据库进行重新构造，例如增加数据项，改变数据项的类型，增加或删除索引等。

4.6.5 用户管理

a)为了确保林业数据库系统及数据的安全，林业数据库系统主管单位应对林业数据库系统用户进行统一的管理。

b)林业数据库系统应提供明确的用户权限分级。

4.6.6 日志管理

林业数据库系统主管单位应建立林业数据库系统运行日志管理制度，包括系统运行日志管理和用户操作日志管理，并定期对日志进行归档、统计分析，保证林业数据库系统的安全稳定运行。

4.6.7 数据安全管理

为保证林业数据安全，林业数据库系统主管单位应采用适当的防病毒措施及防火墙技术，并定期升级相关软件，确保林业数据库系统所使用网络安全防护软件为最新版本。各级林业数据库系统主管单位可以根据自身情况采用适合的网络安全防护软件。

4.6.7.1 数据库备份与恢复管理

a)数据备份方式。林业数据库采用正常关闭数据库后进行备份的方式、实时备份方式。

b)数据备份操作。林业数据库选择全盘备份、增量备份。

c)数据恢复方式。林业数据库选择全盘恢复、个别文件恢复、重定向恢复。

4.6.7.2 安全保护措施

建议采用以下安全保护措施：

a)重要部分的冗余或备份。

b)计算机病毒防治。

c)网络攻击防范、追踪。

d)运行和用户操作日志记录保存60日以上。

e)记录用户网络地址。

f)身份登记和识别确认。

4.6.7.3 运行维护制度建立

a)日常管理制度。林业数据库系统主管单位应制定以下日常管理细则：

①林业数据库系统维护人员的任务、权限和责任；

②林业数据库系统日常运行记录管理，包括值班记录、系统故障及排除记录；

③处理林业数据库系统紧急情况的预案。

b)系统维护制度。系统维护的操作流程建议按照以下顺序执行：

①提出系统修改或维护要求；

②批准系统修改或维护要求；

③分配系统维护任务并执行；

④检查系统维护工作成果。

5　数据库设计说明书提交

林业数据库设计单位在完成林业数据库设计之后，应遵循附录B的要求，提交相应的林业数据库设计说明书。其中，数据字典设计参照国家和林业的数据字典规范，安全保密设计参照本标准林业数据库运行维护管理内容。

附录A(资料性附录)需求分析说明书

A.1　引言

A.1.1　编写目的

说明编写这份需求分析说明书的目的，指出预期的读者。

A.1.2　背景

说明：

a)说明待开发的数据库的名称和使用此数据库的软件系统的名称。

b)列出该软件系统开发项目的任务提出者、用户以及将安装该软件和这个数据库的计算站(中心)。

A.1.3　术语和定义

列出本文件中用到的专门术语的定义、外文首字母组词的原词组。

A.1.4　参考资料

列出有关的参考资料：

a)本项目的经核准的计划任务书或合同、上级机关批文。

b)属于本项目的其他已发表的文件。

c)本文件中各处引用到的文件资料，包括所要用到的软件开发标准。列出这些文件的标题、文件编号、发表日期和出版单位，说明能够取得这些文件的来源。

A.2　系统概述

概述系统名称、任务提出、系统范围等。

系统特性：

a)复杂性(系统是否设计空间信息、多媒体、实时检索等复杂技术内容)。

b)连续性(系统与现行系统关系、投资保护、可扩展性等)。

c)移植性(不同计算机系统环境下的应用情况)。

A.2.1　系统目标

系统总目标、分目标(子目标)，并逐层分解，以求目标明确具体。

A.2.2　设计原则

用户第一原则，系统开发的各个阶段尽可能吸收用户参加，倾听用户意见，交流问题，以便统一认识，提高设计质量。

A.2.3 需求调查

需求调查从以下方面进行调查，主要通过表格和相应文字描述。

A.2.3.1 业务处理流程

表 A.1 业务处理流程表

部门名称	岗位名称	本岗职责	业务处理流程	备注

A.2.3.2 信息及其处理

表 A.2 信息输入表

部门名称	岗位名称	输入表名称	信息提供者	提供方式	提供周期	原始资料简单说明

表 A.3 ×××输入表数据项一览表

输入表名称	数据项说明

表 A.4 信息处理表

部门名称	岗位名称	输入表名称	信息处理名称	信息处理描述	输出名称	输出方式

表 A.5 信息输出表

部门名称	岗位名称	输出表名称	信息处理名称	接收者部门名称	接收者部门名称	接收者信息处理名称

表 A.6 ×××输出表数据项一览表

输出表名称	数据项说明

A.2.3.3 功能要求

表 A.7 功能要求说明表

功能分类	功能	简短描述

A.2.3.4 系统资源

现有情况、系统需求和落实情况。

A.3 需求分析

A.3.1 功能性需求分析

A.3.1.1 功能需求分析

从功能要求出发，并使用UML从粗到细逐步构建用例模型(Use Case Model)。

用例模型是使用UML描述的系统功能集合，它描述了系统所执行动作序列集合，并为执行者产生可观察的结果，用例图表示了系统的功能，一个用例是系统功能的一个通用描述。

可以将用例应用到整个系统，也可以应用到系统的一部分，一个系统通常需要多个用例图来描述系统功能。

用例图描述了系统和外部环境的关系和提供的功能，包含系统、活动者、用例以及元素之间的各种关系(泛化、关联、依赖)等。

A.3.1.2　业务流程分析

列出各业务部门的各业务流程，识别出事件、处理、输入、输出、资源，并使用UML从粗到细逐步构建业务流程模型(Business Process Model)。

A.3.1.3　数据流分析

在需求分析阶段，采用结构化分析方法(SA)，用数据流图(data flow diagram)来描述系统的组成及各部分之间的关系。数据流图表达了数据和处理过程之间的关系。

A.3.1.4　数据字典

数据字典是各类数据描述的集合它是进行详细的数据收集和数据分析所获得的主要结果；是关于数据库中数据的描述，即元数据，而不是数据本身；是在需求分析阶段建立，在数据库设计过程中不断修改、充实、完善的。因此数据字典在数据库设计中占有很重要的地位。

数据字典通常包括数据项、数据结构、数据流、数据存储和处理过程5个部分。其中数据项是数据的最小组成单位。若干个数据项可以组成一个数据结构，数据字典通过对数据项和数据结构的定义来描述数据流、数据存储的逻辑内容。

表A.8　数据流一览表

数据流名	数据流来源	数据流去向	组成：{数据结构}	平均流量	高峰期流量	说明

其中数据流来源是说明该数据流来自哪个过程。数据流去向是说明该数据流将到哪个过程去。平均流量是指在单位时间里的传输次数。高峰期流量是指在高峰时期的数据流量。

表A.9　数据存储一览表

数据存储名	编号	流入的数据流	流出的数据流	组成：{数据结构}	数据量	存取方式	说明

注：其中数据量是指每次存取多少数据，每单位时间存取多少次等信息。存取方法包括是批处理还是联机处理，是检索还是更新，是顺序检索还是随机检索等。

表 A. 10　数据处理一览表

处理过程名	输入：{数据流}	输出：{数据流}	处理：{简要说明}	说明

注：其中简要说明中主要说明该处理过程的功能及处理要求，功能是指该处理过程用来做什么，处理要求包括处理频度要求。这些要求是后面物理设计的输入及性能评价标准。

表 A. 11　数据结构一览表

数据结构名	组成：{数据项或数据结构}	含义说明

表 A. 12　数据项表

数据项名	别名	数据类型	长度	取值范围	取值含义	数据项含义说明	与其他数据项的逻辑关系

注：其中取值含义、与其他数据项的逻辑关系数据结构定义了数据的完整性约束条件，是设计数据检验功能的依据。

A. 3. 2　非功能性需求分析

A. 3. 2. 1　数据性能分析

主要分析数据库的共享、访问、效率、性能等进行描述。

A. 3. 2. 2　可行性分析

技术可行性涉及硬软件问题和其他技术性问题；系统开发和运行环境的可行性包括需求的迫切性，领导与职工的支持，现行管理体制和管理水平能否保证系统顺利开发和实现。

A. 3. 2. 3　技术路线

尽可能采用较为成熟的先进技术和产品，尽可能采用国际和国家及林业行业的标准代码，尽可能保护现有投资(包括信息投资)，尽可能与周边环境相适应等。

A. 3. 2. 4　成本估算和效益评估

A. 3. 2. 4. 1　成本估算

分期估算是成本估算常采用的方法，其内容涉及各工期中的人力资源，包括不同水平的人员所要花费的时间及应花费的费用，必要的物质资源消耗即总的成本是人员投入成本和物资投入成本的总合。

A. 3. 2. 4. 2　效益评估

效益包括社会效益和经济效益。

附录 B(资料性附录)数据库设计说明书

B.1 引言

B.1.1 编写目的

说明编写这份数据库设计说明书的目的，指出预期的读者。

B.1.2 背景

说明：

a)说明待开发的数据库的名称和使用此数据库的软件系统的名称。

b)列出该软件系统开发项目的任务提出者、用户以及将安装该软件和这个数据库的计算站(中心)。

B.1.3 定义

列出本文件中用到的专门术语的定义、外文首字母组词的原词组。

B.1.4 参考资料

列出有关的参考资料：

a)本项目的经核准的计划任务书或合同、上级机关批文。

b)属于本项目的其他已发表的文件。

c)本文件中各处引用到的文件资料，包括所要用到的软件开发标准。列出这些文件的标题、文件编号、发表日期和出版单位，说明能够取得这些文件的来源。

B.2 外部设计

B.2.1 标识符和状态

详细说明用于唯一地标识该数据库的代码(按照 LY/T ×××× - ××××《林业信息分类与编码》进行编码)、名称(按照本规范 4.5 进行命名)或标识符，附加的描述性信息亦要给出。如果该数据库属于尚在实验中、尚在测试中或是暂时使用的，则要说明这一特点及其有效时间范围。

B.2.2 使用它的程序

列出将要使用或访问此数据库的所有应用程序，对于这些应用程序的每一个，给出它的名称和版本号。

B.2.3 约定

陈述一个程序员或一个系统分析员为了能使用此数据库而需要了解的建立标号、标识的约定，例如：用于标识数据库的不同版本的约定和用于标识库内各个文卷、记录、数据项的命名约定等。

B.2.4 专门指导

向准备从事此数据库的生成、测试、维护人员提供专门的指导，例如：将被送入数据库的数据的格式和标准、送入数据库的操作规程和步骤，用于产生、修改、更新或使用这些数据文卷的操作指导。如果这些指导的内容篇幅很长，列出可参阅的文件资料的名称和章条。

B.2.5 支持软件

简单介绍同此数据库直接有关的支持软件，如数据库管理系统、存储定位程序和用于装入、生成、修改、更新数据库的程序等。说明这些软件的名称、版本号和主要功能特性，如所用数据模型的类型、允许的数据容量等。列出这些支持软件的技术文件的标题、编号及来源。

B.3 模型设计

B.3.1 概念模型设计

说明本数据库将反映的现实世界中的实体、属性和它们之间的关系等的原始数据形式，包括各数据项、记录、系、文卷的标识符、定义、类型、度量单位和值域，建立本数据库的每一幅用户视图。

其主要内容包括：

B.3.1.1 实体和属性定义

表 B.1 实体属性一览表

实体名称	属性	是否关键字属性	备注
实体 1	属性 1		
	属性 2		
	……		
	属性 n		
实体 2	属性 1		
	属性 2		
	……		
	属性 n		

B.3.1.2 关联定义(包括继承和嵌套)

表 B.2 关联定义表

关联名称	关联类型(1∶1、1∶n、n∶m)	实体	实体
关联 1		实体 1	实体 2
……			
关联 n		实体 1	实体 2

B.3.1.3 域定义

规定字段的取值范围、代码等。

B.3.1.4 实体关系图(E-R 图或 UML 图)

B.3.2 逻辑模型设计

说明把上述原始数据进行分解、合并后重新组织起来的数据库全局逻辑结构，包括所确定的关键字和属性、重新确定的记录结构和文卷结构、所建立的各个文卷之间的相互关系，形成本数据库的数据库管理员视图。

其主要内容包括：

表 B.3　数据表(关系模式)一览表

数据表名称	范式	实体	约束	说明

表 B.4　×××数据表字段定义一览表

字段名称	数据类型	长度(精度)	小数位	是否主键	是否可空	约束		代码(域)	备注
						外键	值约束		

表 B.5　用户子模式定义表(视图)

视图名称	字段名称	数据表		关联	备注(SQL 语句)
		名称	字段名称		

表 B.6　性能评价表

任务名称	存取字节数	占用磁盘空间字节数	备注

B.3.3　物理模型设计

物理模型设计文档的内容视选用的 DBMS 的不同而存在差异，本规范规定了比较通用的一些文档内容和要求。物理设计文档主要内容包括：

a)数据库对象命名及编程规范约定表。

b)数据库表空间定义表。

c)数据库文件说明表：包括服务器名称、数据库名称、使用网络协议、库文件初始大小、日志文件初始大小、备份策略等。

d)索引定义表：包括表名称、索引名称、索引代码、说明等。

e)聚簇定义表。

f)分区定义表。

g)数据库用户定义，包括用户名称、代码、权限、说明等，并通过以下表和适当文字描述。

表 B.7　数据库用户定义

角色	用户名称	代码	权限	说明

B.4 数据库实现

按照本规范 4.5 的要求编写数据库的创建、数据加载、测试等内容。

B.5 数据库管理维护

按照本规范 4.6 的要求制定数据库的运行维护策略。

林业数据库更新技术规范

（LY/T 2174—2013，国家林业局2013年10月17日发布，2014年1月1日实施）

1 范围

本标准规定了林业数据库更新的基本要求、内容、方法、流程、质量控制与要求，以及更新成果等方面的要求。

本标准适用于非涉密林业数据库的更新工作。

2 规范性引用文件

下列文件对于本文件的应用是必不可少的。凡是注日期的引用文件，仅所注日期的版本适用于本文件。凡是不注日期的引用文件，其最新版本(包括所有的修改单)适用于本文件。

GB/T 16820 地图学术语

GB/T 17798 地理空间数据交换格式

GB/T 18316 数字测绘产品检查验收规定和质量评定

GB/T 13989 国家基本比例尺地形图分幅和编号

LY/T 2169—2013 林业数据库设计总体规范

3 术语和定义

下列术语和定义适用于本标准。

3.1 林业数据库 forestry database

根据林业生产、经营和管理特点所建立的数据库。根据《全国林业信息化建设纲要》的要求，林业数据库分为公共基础数据库(基础地理信息、遥感影像数据库等)、林业基础数据库(森林、湿地、沙地和生物多样性等资源数据库)、林业专题数据库(森林培育、生态

本标准按照GB/T 1.1—2009给出的规则起草。

本标准由全国林业信息数据标准化技术委员会(SAC/TC 386)归口。

本标准起草单位：国家林业局信息中心，北京苍穹数码测绘有限公司，国家林业局调查规划设计院。

本标准主要起草人：李世东、温战强、徐文中、朱泉根、谭吉福、刘冬琴、李应国、朱江、张乐、白莹。

工程、防灾减灾、林业产业、国有林场、林木种苗、竹藤花卉、森林公园、政策法规、林业执法、科技、人事、教育、党务管理、国际交流等数据库）、林业综合数据库（根据综合管理、决策的需要由基础、专题数据综合分析所形成的数据库）、林业信息产品库（为各类应用服务生成的信息产品）等。［LY/T 2169—2013 林业数据库设计总体规范，2.6］

3.2　数据库更新 database update

获取新的数据或记录，对原数据库中的数据进行替换、新增、或者删除的过程。

3.3　元数据 metadata

关于数据的数据，用于描述数据的内容、覆盖范围、质量、管理方式、数据的所有者、数据的提供方式等有关信息。

3.4　矢量数据 vector data

以坐标或有序坐标串表示的空间点、线、面等图形数据及与其联系的有关属性数据的总称。［GB/T 16820—2009，5.13］

3.5　栅格数据 raster data

将地理空间划分成按行、列规则排列的单元，且各单元带有不同“值”的数据集。［GB/T 16820—2009，5.14］

4　基本要求

4.1　更新原则

4.1.1　一致性

标准体系、技术指标、成果形式、数据库结构、数据精度等与所更新的原数据库一致，同一业务和关联业务之间应保持更新周期的一致性。

4.2.2　现势性

采用最新的数据更新，并建立动态更新机制，保证林业数据库的现势性。

4.3.3　安全性

有严密的安全和保密措施，确保数据库更新安全。

4.3.4　准确性

用于更新的数据、资料等应确保准确性。

4.3.5　规范性

数据格式、更新过程等应保证规范。

4.2　更新周期

更新周期由不同的数据类型，不同的更新方式，以及不同的环境决定，主要分为定期更新和不定期更新，对于不定期更新的数据可以进行实时更新或其他不定期的更新。林业主管部门可根据具体情况来决定具体的更新周期。

5 更新内容

林业数据库更新内容包括数据库中已发生变化并符合更新条件的所有数据，主要包括公共基础数据(基础地理信息、遥感影像数据等)、林业基础数据(森林、湿地、沙地和生物多样性等资源数据)、林业专题数据(森林培育、生态工程、防灾减灾、林业产业、国有林场、林木种苗、竹藤花卉、森林公园、政策法规、林业执法、科技、人事、教育、党务管理、国际交流等数据)、林业综合数据(根据综合管理、决策的需要由基础、专题数据综合分析所形成的数据)、林业信息产品(为各类应用服务生成的信息产品)等。

6 更新方法

a)根据不同的环境、不同的数据库类型等实际情况，结合各级林业管理工作的需要，制定可行的更新方法。

b)按照数据属性的不同，各类数据更新方法见表1。

表1 各类数据更新方法

分类		更新方法
空间数据	矢量数据	使用数据装载软件，批量导入更新数据，并以适当的方法将原数据作为历史数据管理。
	栅格数据	使用数据装载软件，批量导入更新数据，并以适当的方法将原数据作为历史数据管理。
非空间数据	属性数据	使用数据装载软件，批量导入更新数据，并以适当的方法将原数据作为历史数据管理。
	其他数据	用最新数据更新原数据，并以适当的方法将原数据作为历史数据管理。

c)各类元数据采用其原来的元数据建立时采用的方法更新。

7 数据交换格式

用于更新的数据源及更新成果格式应为常见通用格式，非常见格式应转换为常用格式供交换。各类数据格式要求如下。

a)矢量数据，主要包含*.shp、*.coverage、*.e00、*.mdb、*.vct等。

b)栅格数据，主要包含*.tif、*.img、*.tiff、*.grd、*.jpg等。

c)属性数据，主要包含*.mdb、*.xls/*.xlsx、*.dbf、*.xml、*.csv、*.json等。

d)其他数据，主要包含*.doc/*.docx、*.wps、*.avi、*.mpeg、*.pdf、*.txt、*.mp3等。

注：空间数据交换时宜符合GB/T 17798的规定。

8 更新流程

林业数据库更新应包括四个阶段，更新流程如图1所示。更新各个阶段需遵循相关标准与规定。

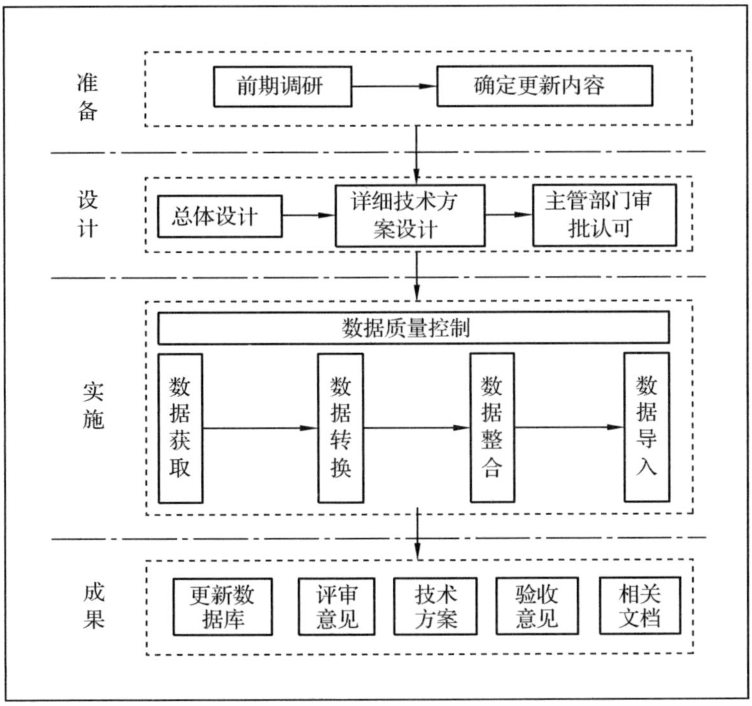

图 1　更新流程

9　质量控制与要求

9.1　质量控制

a) 依据有关法律法规、国家标准、行业标准等，制定质量控制与保障措施，并在数据库更新的各个阶段和环节严格执行。

b) 更新设计书应依据充分、格式规范，并经主管部门审批认可，参见附录 A。

c) 利用的资料和数据源应符合更新设计书的要求。

更新过程中采用的技术方法应符合更新设计书的要求。

9.2　质量要求

a) 数据库中空间数据质量应符合 GB/T 18316 相关条款。

b) 数据库中非空间数据需遵循相关规定要求，内容完整，符合逻辑。

c) 元数据质量应符合 LY/T ×××××《林业信息元数据》相关条款。

d) 要求文档齐全，编制规范，内容完整。

e) 符合更新设计中规定的其他质量要求。

10　更新成果

10.1　更新数据库

包括已更新的空间数据及非空间数据及其元数据等。

10.2　其他成果

包括数据库更新需提交的技术文档(如数据更新设计书、实施方案和详细技术方案等)、各类资料(采用的标准、数据分析资料等)，以及验收资料等归档成果。

附录A(资料性附录)更新设计书编写内容

A.1　引言

A.1.1　范围

阐明本数据库更新设计书的具体目的，并指出预期的效果。

A.1.2　参考资料

列出有关的参考资料：

a)本项目的经核准的计划任务书或合同、上级机关批文。

b)属于本项目的其他已发表的文件。

c)本文件中各处引用到的文件资料，包括所要用到的软件开发标准。列出这些文件的标题、文件编号、发表日期和出版单位，说明能够取得这些文件的来源。

A.1.3　术语和定义

列出本文件中用到的专门术语的定义、外文首字母组词的原词组。

A.2　基本要求

A.2.1　数学基础

规定数据更新过程中的数据基础，如坐标系统、高程系统、投影方式、计量单位、精度控制等内容。

A.2.2　数据交换格式

规定数据更新过程中的数据交换格式参见7。

A.3　数据库更新内容

详细规定数据库更新的内容参见5。

A.4　数据库更新总体流程

以文字同流程图相结合的方式规范数据更新流程。若需要分级，如按照行政级别分为省级、县级等，则按照不同的级别分别规定更新流程。

A.5　数据库更新方法

按照某种分类方法，如数据范围、数据类型、更新级别等，详细说明数据库更新的流程及方法，包括数据采集、数据转换、数据质量检查、数据导入等的详细说明，内容参见 8。

A.6　数据质量检查

规范数据质量检查的流程、数据检查的内容、数据评价、缺陷分级、评价标准与方法等，内容参见 9.2。

A.7　更新成果

详细指出数据库更新所要求的更新成果，必要时以列表或者模板方式列出。

林业信息图示表达规则和方法

（LY/T 2175—2013，国家林业局2013年10月17日发布，2014年1月1日实施）

1 范围

本标准规定了林业信息图示的表达模式、描述方法以及将这种图示表达模式映射到具体应用的基本规则和方法。

本标准适用于林业信息化建设中林业信息图示表达。

2 规范性引用文件

下列文件对于本文件的应用是必不可少的。凡是注日期的引用文件，仅所注日期的版本适用于本文件。凡是不注日期的引用文件，其最新版本(包括所有的修改单)适用于本文件。

GB/T17694 地理信息 术语

GB/T24355 地理信息 图示表达

LY/T1821 林业地图图式

ISO19103 Geographic Information-Conceptual Schema Language（地理信息－概念模式语言）

3 术语和定义

下列术语和定义适用于本标准。

3.1 图示表达 portrayal

人类对信息的表示。[GB/T 17694—2009 术语 B.360]

3.2 图示表达目录 portrayal catalogue

所有定义的图示表达的集合。[GB/T 17694—2009 术语 B.361]

本标准按照 GB/T 1.1—2009 给出的规则起草。

本标准由全国林业信息数据标准化技术委员会(SAC/TC 386)提出并归口。

本标准起草单位：国家林业局调查规划设计院。

本标准主要起草人：陈健、白降丽、徐泽鸿。

3.3　图示表达规则 portrayal rule

确定使用表达对象图示表达规范的规则。[GB/T 17694—2009 术语 B.362]

3.4　图示表达规范 portrayal specification

适用于表达对象实例图示表达的操作集合。[GB/T 17694—2009 术语 B.364]

3.5　图示表达服务 portral service

用于图示表达表达对象的通用接口。[GB/T 17694—2009 术语 B.363]

3.6　数据集 dataset

可识别数据的集合。[GB/T 17694—2009 术语 B.122]

3.7　外部函数 external function

不是应用模式组成部分的函数。[GB/T 17694—2009 术语 B.175]

3.8　几何单形 geometric primitive

表达空间中单一、连通和同质元素的几何对象。[GB/T 17694—2009 术语 B.220]

3.9　实例 instance

类的实现对象。[GB/T 17694—2009 术语 B.253]

3.10　关联 association

<UML>两个或两个以上类元之间的语义关系，定义了类中实例间的连接。[GB/T 17694—2009 术语 B.16]

注：二元关联就是指两个类元之间的关联(包括一个类元与其本身的关联)。

3.11　点 point

0 维几何单形，表示一个位置。[GB/T 17694—2009 术语 B.352]

3.12　曲线 curve

1 维几何单形，表达一条线的连续映像。[GB/T 17694—2009 术语 B.99]

4　林业信息图示表达

4.1　图示表达对象

林业信息图示表达的对象包括与林业信息有关的地物、地貌的符号表达和其属性的文字表示。如相关的测量控制点、水系、居民地及设施、行政中心及企事业单位、交通、管线、境界、地貌、地类、树种、竹类、林种等，以及相关的注记、林相色标、林种色标、地类色标等。

4.2　图示表达机制

以林业信息图示表达对象为中心，定义基于规则的图示表达机制，如图 1 所示。

4.3　图示表达规则

图示表达规则使用几何和属性信息，在具体应用模式中说明表达对象、属性和基本空间几何图形之间的关系。

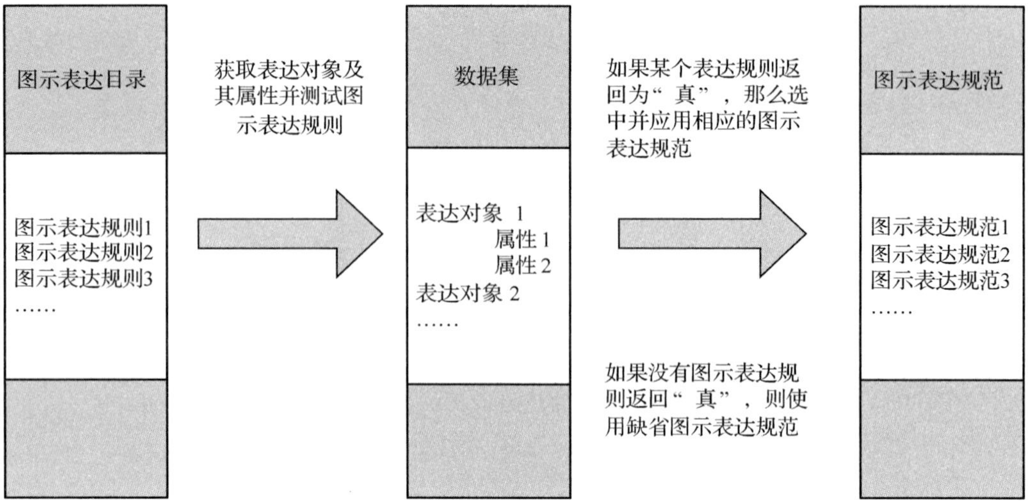

图 1　图示表达机制

4.4　图示表达过程

林业信息图示表达过程包括从林业信息数据库中读出表达对象的类名及其属性信息，根据图示规则逐一判断，如果哪一个规则返回为"真"，则调用相应的表示规范来实现；否则，如果不满足任何规则，即没有任何规则返回"真"，调用默认的表示规范。

4.5　图示表达规范

用具体符号实现系统与表达对象的空间数据的直接接口。

4.6　图示表达要求

图示表达应符合以下要求：

a)图示表达规则存储在图示表达目录中。图示表达规范被图示表达规则所引用，并与图示表达规则分开进行存储，应对表达对象详细说明其需要使用的图示表达规则。

b)图示表达规则应用 UML(Unified Modeling Language)来表达。图示表达规则机制用来实时处理图示表达问题。

c)图示表达目录中的图示表达规则应对数据集中的表达对象属性进行测试。图示表达规则应作为一种返回真或假的查询语句使用，然后调用与特定的图示表达规则相关联的图示表达规范。

d)图示表达规则返回为假时，那么应使用缺省图示表达规范。

5　林业信息图示表达模式

5.1　图示表达模式主要内容

林业信息图示表达模式主要包括图示表达服务、图示表达目录和图示表达规范，如图 2 所示。

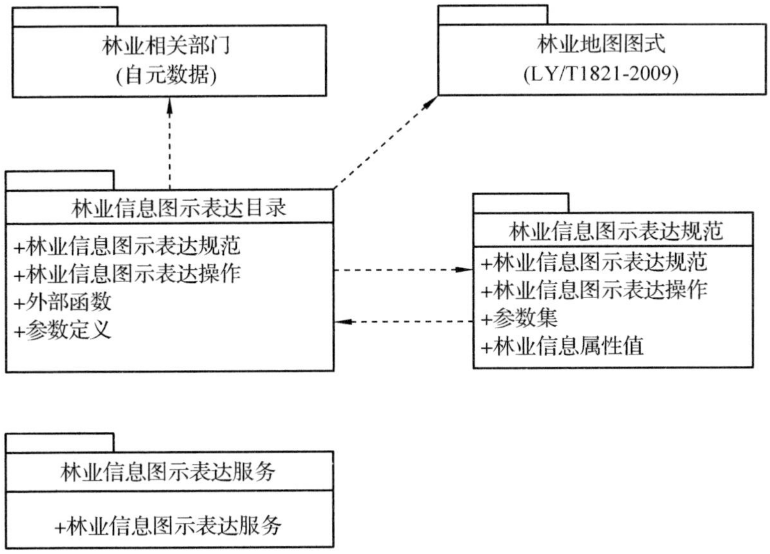

图 2　林业信息图示表达模式

5.2　图示表达服务

林业信息图示表达服务是用来描述林业信息的通用接口，用来表达林业信息一个或多个实例的一种服务，即如何用符号来表示林业信息。林业信息图示表达服务应有一个表达林业信息的操作，这个操作对应于一个或多个实例和一个或多个林业信息图示表达目录，如图 3 所示。

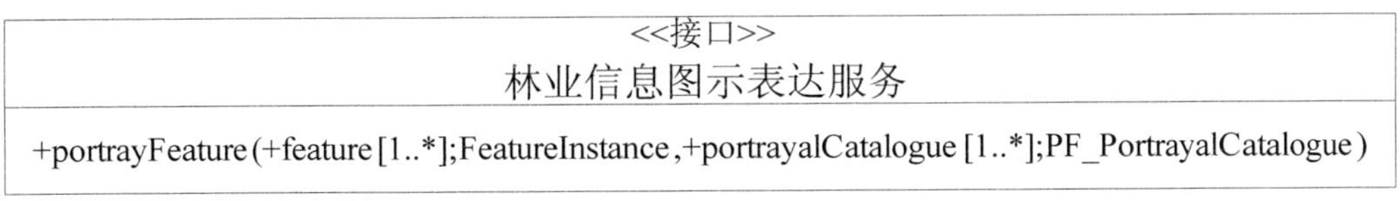

图 3　图示表达服务细节

5.3　图示表达目录

5.3.1　图示表达目录的主要内容

林业信息图示表达目录是所有定义的林业信息图示表达的集合。包括五部分：

a)基本的林业信息记录，即林业信息图示表达目录。

b)林业信息描述，记录了所有表达的林业信息名称，优先级和对该林业信息的描述。

c)林业信息图示表达规则，通常一类林业信息对应有一组图示规则，每条规则由一个查询语句和一个行为语句组成。行为表达指定在表达服务中哪个操作应该被激活，当满足查询的条件是，就是先指定的某种行为。若没有规则返回值为真，则调用默认的规范。

d)外部函数，行为语句调用它来具体实现某些功能。

e)参数定义，用于定义外部函数的形式参数和基本图示表达服务的描绘操作，它们通过专门定义的属性的名称、描述、基本类型和缺省属性值来调用。

林业信息图示表达目录的具体内容由以下部分组成：

Class name：//林业信息图示表达目录名

Attributes：//林业信息属性

+queryLanguage：//指定被执行查询的语句

+actionLanguage：//指定被执行行为的语句

+defaultPortrayalSpec：//确定缺省图示表达规范

Associations：//关联

+featurePortrayal：//一系列的林业信息图示表达对象，对每个在数据集中出现的林业信息类型都存在许多的林业信息图示表达对象

+externalFunction：//一系列的外部函数

Constraints：None：//约束：无

5.3.2 图示表达规则

林业信息图示表达规则由一个名字、一个文字说明、一个规则语句的形式化定义和一个表达行为关联组成。

如果规则的形式化定义判断为真，则调用相应的表达行为。如果不要求图示表达行为，则不指定图示表达规则。通过判断查询语句属性中的表达式，调用相应的林业信息图示表达规则。如果这个表达式判断为真，则执行图示表达行为，反之不执行。

林业信息图示表达规则的具体内容由以下部分组成：

Class name：//林业信息名

Attributes：//林业信息属性

+ruleName：//规则名，该名字一定是唯一的

+priority：//林业信息图示表达规则之间的优先级

+description：//表达规则所做的事情的一般性描述

+queryStatement：//查询语言所表述的形式化规范，用来判断真假

Associations：//关联

+portrayalAction：//形式化规范，用来调用预处理声明并调用表达操作

+externalFunction：//一系列的外部函数

+propertyName：//一系列的特性的类型

Constraints：None //约束：无

5.3.3 图示表达实现

林业信息图示表达对象通过林业信息名称、属性与类型相关联。林业信息类型在林业信息目录中定义，并在应用模式中具体说明。一个林业信息类型可以对应多个林业信息图示表达规则。林业信息图示表达的具体内容由以下部分组成：

Class name：//林业信息名

Attributes：//林业信息属性

+priority：//林业信息图示表达的优先级

+description：//林业信息及其表达规则的文本描述

Associations：//关联

+portrayalRule：//一系列表达规则对象

+definedFor：//对在应用模式中具体说明的林业信息的类名引用

+externalFunction：//一系列的外部函数

+definedForInst：//一系列的林业信息实例

Constraints：None //约束：无

5.3.4 外部函数

外部函数用于执行计算，该计算用于判断查询语句，也可用于执行图示表达规则的表达行为。

只要一个外部函数根据林业信息进行声明，其操作和返回类型将没有任何限制。外部函数不应在缺省图示表达规范中使用。林业信息图示表达外部函数的具体内容由以下部分组成：

Class name：//林业信息名

Attributes：//林业信息属性

+functionName：//函数名。不含空格，并且总是以字母或下划线字符开始

+returnType：//函数的返回类型

+description：//函数行为和作用的文本描述

Associations：//关联

+formalParameters：//外部函数使用的一系列形式参数

Constraints：None //约束：无

5.3.5 图示表达参数定义

林业信息图示表达参数定义用于定义外部函数的形式参数和基本图示表达服务的描绘操作。它们通过专门定义的属性的名称、描述、基本类型和缺省属性值来调用。

林业信息图示表达参数定义的具体内容由以下部分组成：

Class name：//林业信息名

Attributes：//林业信息属性

+name：Defines the name of the attribute definition. Shall be a legal name. //属性名：定义林业信息属性定义的名称，应是合法(符合表达规则)的名称。

+description：Describes the usage of this attribute definition. //描述：描述林业信息属性定义的用途。

+type：Identifies the data type of this attribute definition. Shall be of legal basic data type. //类型：指明林业信息属性定义的数据类型，应该是合法的基本数据类型。

+defaultValue：An optional value of the attribute definition. //缺省值：林业信息属性定义的可选值。

Associations：None //关联：无

Constraints：None //约束：无

5.4 林业信息图示表达规范

5.4.1 图示表达规范主要内容

林业信息图示表达规范是描述林业信息实例的所有操作的集合，主要分成三部分：

a)相当于头文件或元数据，说明了规范的名称、版本号等信息。

b)林业信息图示表达操作集，根据林业信息图示表达对象在地图上表示的特征，一般可以分成点状、线状、面状以及文本四种。

c)给出了操作函数中用到的所有参数的定义，参数的定义也是以图示对象为单位，用标签名加以区分，每个对象的属性集中在一个参数集中定义。

林业信息图示表达规范保存图示表达规范的实例，每个林业信息图示表达操作都对应于一个实例。

林业信息图示表达规范的具体内容由以下部分组成：

Class name：//林业信息名

Attributes：//林业信息属性

+citation：Citation information. //引用信息

Associations：//关联

+symbol：Association to a portrayal operation specification. //符号：与林业信息图示表达操作规范的关系。

Constraints：None //约束

5.4.2 图示表达操作

林业信息图示表达操作保存图示表达操作的名称和描述，它声明一系列的形式参数，当调用绘制函数时需要这些参数，并与相应操作的形式参数值相关联。

图示表达服务中定义的每个操作，都应有一个图示表达规范类的实例与之相对应。

林业信息图示表达操作的具体内容由以下部分组成：

Class name：//林业信息名

Attributes：//林业信息属性

+name：//被指定的操作的名字

+description：//林业信息图示表达对象对表达操作的描述

Associations：//关联

+formalParameter：//一系列的形式化参数，在调用相应的图示表达服务操作中的绘制函数时使用。

+parameterSet：//操作所使用的一系列的参数集

+externalFunction：//一系列的不属于应用模式的函数，用于完成或判断查询语句或执行表达规则的表达行为或两者都有的计算

Constraints：//约束

绘制操作所使用的所有必要参数都应在形式参数关联中定义。

5.4.3 参数集

林业信息图示表达参数集保存一系列实际参数值，由一个标记和一个描述来识别。

林业信息图示表达参数集的具体内容由以下部分组成：

Class name：//林业信息名

Attributes：//林业信息属性

+label：//标签，根据林业信息图示表达目录来确定图示表达规范中的信息。

+description：//该预定义操作的任务和目的的文本描述

Associations：//关联

+actualParameter：//一系列具有实际参数值的属性值对象

Constraints：//约束

实际参数关联的元素应对应于在表达操作中定义的形式参数。

5.4.4 林业信息属性值

林业信息属性值保存按字符串编码的属性值，一个属性值应总是和图示表达目录包中的属性定义相关联。

林业信息属性值的具体内容由以下部分组成：

Class name：//林业信息名

Attributes：//林业信息属性

+value：//由林业信息属性类型确定的数据类型的值

Associations：//关联

+attributeType：//林业信息属性值的属性类型

Constraints：None //约束：无

5.5 林业信息文本数据的图示表达

文本数据可以作为林业信息属性来处理，也可以作为林业信息注记应用模式来处理。按参照的几何单形决定文本的显示方式。

定义文本内容的字符串能够作为该表达对象的属性进行存储，或者通过引用相关联，也可由规则所产生。

5.6 符号表示

图示表达中使用一个参数集来表示符号，并通过符号库的名称引用符号。符号及其标识符是符号库的一部分，符号库用标识符来标识库里的符号。如果符号的一个或多个属性作为图示表达过程的一部分(如尺度、旋转、颜色)被修改了，则应说明属性和属性值。

6 林业信息地图图式

具体林业地图图式的符号和注记的规格和颜色等标准，以及使用这些符号的原则、要求和基本方法，内容详见 LY/T 1821—2009 林业地图图式。

附录 A(资料性附录)图示表达规范示例

A.1 示例：图示表达规范示例

下图为示例的一个对象结构图，根节点为图示表达规范，它有四个操作对象：点操作、线操作、面操作和文本操作。每个操作有一系列的形式参数和一系列参数集。形式参数定义了与操作相关的属性。参数集包含了预定义的标签和实际参数的值。

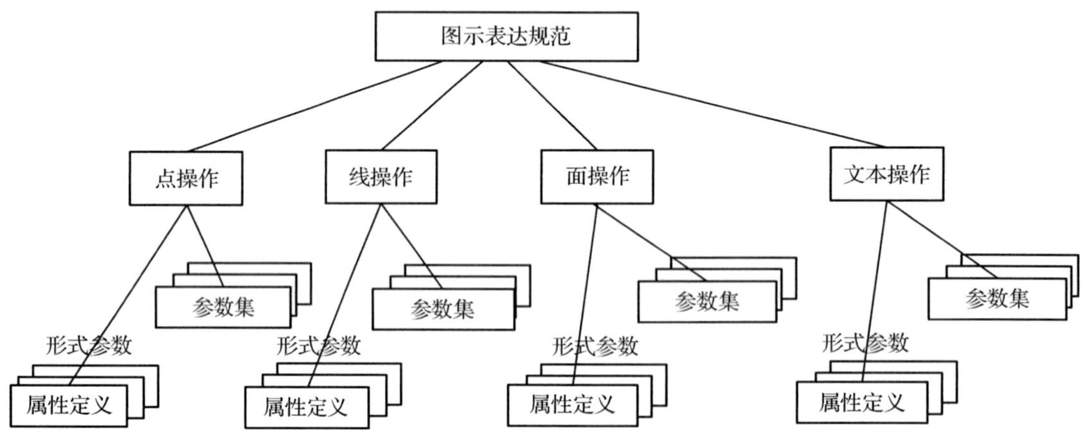

A.1 对象结构图

```
ps1：PortrayalSpecification
{
name = "",                //名称
version = "",             //版本
producer = "", //生产者
point = 01：Operation        //操作 1：点操作
{
name = "portrayPoint",                   //名称
description = "Portrays a point on any display", //描述 显示一个点
```

```
formal_parameters =                              //形式参数
{
ad1:AttributeDefinition( name = " colour" , description = " " , type = " RGB" , default_value
= " #BLACK" ),   //属性定义
ad2:AttributeDefinition( name = " width" , description = " " , type = " mm" , default_value = "
1" ),            //属性定义
ad3:AttributeDefinition( name = " token" , description = " " , type = " Symbol" , default_value
= " #POINT" ),      //属性定义
ad4:AttributeDefinition ( name = " url" , description = " " , type = " HREF" , default_value
= " " ) //属性定义
},
parameter_sets =                                      //参数集
{
ps0:ParameterSet                                  //参数集 0
{
label = " DEFAULT" ,                          //标签
description = " Default point parameter set" ,      //描述 缺省点参数集
actual_parameters =                               //实际参数
{
AttributeValue ( value = "0 0 0" , attribute_type = " ad1" ) //属性值
}
},
ps1:ParameterSet          //参数集 1
{
label = " White_Dot" ,    //标签
description = " " ,//描述
actual_parameters = //实际参数
{
AttributeValue ( value = " 1. 0 1. 0 1. 0" , attribute_type = " ad1" ) //属性值
}
},
ps2:ParameterSet//参数集 2
{
label = " Large_Church_Symbol" ,     //标签
```

```
description = "",     //描述
actual_parameters =     //实际参数
{
AttributeValue ( value = "0 0. 2 0. 7", attribute_type = "ad1" ), //属性值
AttributeValue (value = "50", attribute_type = "ad2"), //属性值
AttributeValue ( value = "church. gif", attribute_type = "ad3" )   //属性值
}
},
ps3:ParameterSet   //参数集 3
{
label = "Small_Church_Symbol", //标签
description = "",//描述
actual_parameters =      //实际参数
{
AttributeValue ( value = "0. 2 0. 2 0. 2", attribute_type = "ad1" ),      //属性值
AttributeValue ( value = "25", attribute_type = "ad2"), //属性值
AttributeValue ( value = "church. gif", attribute_type = "ad3" ) //属性值
}
}
}
}...
curve =02:Operation//操作 2:线操作
{
name = "portrayCurve",//名称
description = "Portrays a curve on any display", //描述 显示一条线
formal_parameters = //形式参数
{
ad5:AttributeDefinition(name = "Colour",description = "",type = "RGB", default_value = "#BLACK"),//属性定义
ad6: AttributeDefinition ( name = "Width", description = "", type = "mm", default_value = "1") //属性定义
}
parameter_sets =              //参数集合
{
```

```
ps21:ParameterSet//参数集 21
{
label = "Red_01mm_line", //标签
description = "",//描述
actual_parameters = //实际参数
{
AttributeValue ( value = "0. 0 0. 9 0. 9", attribute_type = "ad5" ) //属性值
}
},
ps22:ParameterSet //参数集 22
{
label = "Large_Church_Symbol",     //标签
description = "",//描述
actual_parameters = //实际参数
{
AttributeValue ( value = "#BLUE",attribute_type = "ad1" ), //属性值
AttributeValue ( value = "50",attribute_type = "ad2"), //属性值
AttributeValue ( value = "#CHURCH",attribute_type = "ad3" ) //属性值
}
}
}
}
}….
Surface =03:Operation //操作 3:面操作
{
name = "portraySurface" //名称
description = "Portrays a surface on any display", //描述:显示一个面
formal_parameters = //形式参数
{
ad7: AttributeDefinition ( name = "scolor", description = "Surface Color in RGB", type = "Sequence(Integers)"), //属性定义
ad8: AttributeDefinition ( name = "slib_id", description = "Name of stipple pattern library to use or RL",type = "String"), //属性定义
ad9: AttributeDefinition ( name = "spattern_id", description = "Name of stipple pattern to
```

```
use", type = "String" ) //属性定义
}
parameter_sets =  //参数集
{
ps31:ParameterSet //参数集 31
{
label = "Solid Red Area", //标签
description = "", //描述
actual_parameters =     //实际参数
{
AttributeValue ( value = "0. 9 0 0", attribute_type = "ad7" )
//属性值
}
},
ps32:ParameterSet //参数集 32
{
label = "Hatch Red Area", //标签
description = "", //描述
actual_parameters =  //实际参数
{
AttributeValue ( value = "0. 9 0 0", attribute_type = "ad7" ), //属性值
AttributeValue ( value = " http: // www. iso. org/hatch", attribute_type = " ad8" ), //属
性值
AttributeValue ( value = "crosshatch. cgm", attribute_type = "ad9" )        //属性值
}
}
}
}…. .
text =04:Operation //操作 4:文本操作
{
name = "portrayText"    //名称
description = "Portrays a text on any display", //描述:显示一个文本
formal_parameters =  //形式参数
{
```

ad10：AttributeDefinition (name = " tfont" , description = " Text Font" , type = " String") , //属性定义

ad11：AttributeDefinition (name = " tstyle" , description = " Text Style" , type = " String") , //属性定义

ad12：AttributeDefinition (name = " tsize" , description = " Text Size (pt)" , type = " String") , //属性定义

ad13：AttributeDefinition (name = " tjust" , description = " Text Justification" , type = " String") , //属性定义

ad14：AttributeDefinition (name = " tcolor" , description = " Text Color in RGB" ,

type = " Sequence(Integer) ") , //属性定义

Ad15：AttributeDefinition (name = " tdist" , description = " Distance from base (mm)" , type = " Integer") , //属性定义

Ad16：AttributeDefinition (name = " tdir" , description = " Text Direction from base (degrees)" , type = " Integer") //属性定义

}，

parameter_sets = //参数集

{

}

}

}

A.2 示例：图示表达目录及规范

A.2.1 图示表达目录

本图示表达目录有点、线和面的实例，也包括外部函数的定义实例。

有一系列的表达对象：

——表达对象 1 为具有如下一些属性的曲线：

- 名称 = 小班(地类)界
- 线粗 =
- 颜色 =
- 间隔 =

——表达对象 2 为具有如下一些属性的点：

- 名称 = 防火站
- 线型 = 虚线

——表达对象 3 为具有如下一些属性的面：

- 名称 = 乔木林地

● 边界线型 = 黑色填充

对以下 3 个表达对象使用图示表达目录和图示表达规范:

——表达对象 1: 规则名 = "小班(地类)界", 使用的图示表达规范为"小班(地类)界"

注: 绘制一条小班(地类)界, 线型为虚线。

——表达对象 2: 规则名 = "防火站", 使用的图示表达规范为"LY1 防火站"

注: 绘制一个文件符号, 该符号源于林业地图图式(LY/T1821—2009)4.4.37。

——表达对象 3: 规则名 = "乔木林地", 使用的图示表达规范为"乔木林"

注: 对面边界线进行黑色填充。

```
Pc1:PortrayalCatalogue //图示表达目录
{
Section 1——portrayal catalogue //图示表达目录的基本信息
name  = "林业地图图式", //名称
version = "LY/T1821—2009", //版本
producer = "国家林业局", //生产者
query_language = "SQL2", //查询语言
action_language = "Language X", //行为语言
Section 2——Feature Portrayal Sets //表达对象图示表达集合
Feature_Portrayal_Sets = //表达对象图示表达集
{
fp1:FeaturePortrayal //表达对象图示表达 1
{
feature_name = "小班(地类)界", //表达对象名
priority = "", //优先级
description = " " //界线—主要用于区分小班。
},
fp2:FeaturePortrayal //表达对象图示表达 2
{
feature_name = "防火站", //表达对象名
priority = "", //优先级
description = " " //描述
},
fp3:FeaturePortrayal //表达对象图示表达 3
{
```

feature_name = "乔木林地",//表达对象名

priority = "",//优先级

description = " " //描述

},

fp4:FeaturePortraya //表达对象图示表达 4

{

feature_name = "ZD040", //表达对象名

priority = "1",//优先级

description = "A geographic place on the Earth, not normally appearing as a feature instance on a map, but having a name that is required to be placed on a map" //描述:地球上的某个地理空间,在地图上并不以一个表达对象实例存在,却要标注其名称。

},

}

Section 3——Portrayal Rule Sets //图示表达规则集

Portrayal_Rule_Sets//图示表达规则集

{

pr1:PortrayalRule//图示表达规则 1

{

rule_name = "小班(地类)界", //规则名

priority = "", //优先级

description = "小班(地类)界", //描述:小班界线

query_statement = ("名称 = '小班(地类)界´and 线粗 =0.1MM and 颜色 =”K 100” and 线形 =“点虚线”点间隔 =0.25mm and eometry = curve"), //查询语句

portrayal_action = ("小班(地类)界") //图示表达行为

},

pr2:PortrayalRule//图示表达规则 2

{

rule_name = "防火站", //规则名

priority = "",//优先级

description = "防火站", ///描述:防火站

query_statement = ("名称 = 防火站´and eometry = POINT"), //查询语句

portrayal_action = ("防火站") //图示表达行为

},

pr3:PortrayalRule//图示表达规则 3

{

rule_name = "乔木林地", //规则名

priority = "", //优先级

description = "", //描述

query_statement = ("名称 = 乔木林地´and 边界线型 = 虚线 and geometry = SURFACE" and colour =" 面色 C30 Y 45"), //查询语句

portrayal_action = (" 乔木林地") //图示表达行为

},

pr4:PortrayalRule //图示表达规则 4

{

rule_name = "DefaultSurface", //规则名

priority = "", //优先级

description = "Any feature instance of type surface that does not have an associated rule will be captured ", //描述:获取没有任何相关规则的面类型表达对象实例。

query_statement = ("geometry = SURFACE"), //查询语句

portrayal_action = ("Default Surface") //图示表达行为

},

}

Section 4——External Function Sets //外部函数集

External Function Sets = //外部函数集

{

ef1:PF_ExternalFunction //外部函数 1

{

+functionName = "calc_daynight", //函数名

+returnType = "Integer", //返回值

+description = "Calculate whether it is daytime or nighttime to determine what type of display to use return 1 for day —1 for night ", //描述:计算是白天还是晚上,用来决定"显示"类型的返回值:1 为白天,—1 为晚上。

formal_parameters = //形式参数

{

ad11: AttributeDefinition (name = "time_of_day", description = ""Time of day taken from systemclock",type = "real")) //属性定义

}

},

ef2:PF_ExternalFunction //外部函数 2

{

+functionName = "calcBearing", //函数名

+returnType = "real", //返回值

+description = " Determine the bearing based on previous position and new position and return a real number representing the bearing in degrees", //描述:以前一位置和新的位置计算出方位,并以度数为单位返回一个实数。

formal_parameters = //形式参数

{

ad21: AttributeDefinition (name = "prev_lat_position", description = "Previous Latitude in decimal

degrees",type = "real"), //属性定义

ad22: AttributeDefinition (name = "prev_long_position", description = "Previous Longitude in decimal degrees",type = "real"), //属性定义

ad23: AttributeDefinition (name = " curr_lat_position", description = " Current Latitude in decimal

degrees",type = "real"), //属性定义

ad24: AttributeDefinition (name = "curr_long_position", description = "Current Longitude in decimal

degrees",type = "real") //属性定义

}

},

ef3:PF_ExternalFunction //外部函数 3

{

+functionName = "placeText",//函数名

+returnType = "sequence(real)",//返回值

+description = "extracts the text from a feature instance and returns a location for placement" //描述:从表达对象实例中提取其文本信息,返回一个用于定位的位置。

formal_parameters = //形式化参数

{

ad31: AttributeDefinition (name = "attributes", description = "Attributes that need to be passed for the rendering of the text",type = "Sequence(String)")//属性定义

}

}

```
}
}
```

A. 2. 2 图示表达规范

```
Ps1:PortrayalSpecification //图示表达规范
{
Section 1——基本信息
name = "林业地图图式",      //名称
version = " LY/T 1821—2009  ",//版本
producer = "国家林业局",//生产者
Section 2——Portrayal Operation //图示表达操作
Point =01:Operation //操作 1:点操作
{
name = "portrayPoint", //名称
description = " Portrays a point on any display ", //描述:显示一个点。
formal_parameters = //形式参数
{
ad1: AttributeDefinition (name = "plib_id", description = "Name of point library to use or URL", type = "String"),//属性定义
ad2: AttributeDefinition (name = "psym_id", description = "Name or ID of Point symbol to use", type = "String"),//属性定义
}
},
curve = 02: Operation//操作 2:线操作
name = "portrayCurve",//名称
description = "Portrays a curve on any display",//描述:显示一条曲线
formal_parameters = //形式化参数
{
ad21:AttributeDefinition ( name = "ccolor", description = "Curve Color in RGB", type = "Sequence(Integers)"), //属性定义
ad22: AttributeDefinition ( name = "cwidth", description = "Curve Width in point size", type = "Integer"),//属性定义
ad23: AttributeDefinition ( name = "linetype", description = "line type", type = "string") //属性定义
},
```

```
}
surface =03:Operation //操作3:面操作
{
name = "portraySurface", //名称
description = "Portrays a surface on any display",//描述 显示一个面
formal_parameters = //形式参数
{
ad31: AttributeDefinition (name = "scolor",description = "Surface Color in RGB", type = "Sequence(Integers)"), //属性定义
ad32: AttributeDefinition (name = "plib_id", description = "Name of point library to use or URL", type = "String"),//属性定义
ad33: AttributeDefinition (name = "psym_id", description = "Name or ID of Point symbol to use", type = "String"), //属性定义
}
},
Section 3——ParameterSet //参数集
parameter_sets = //参数集合
{
ps1:ParameterSet //参数集1
{
label = "防火站",//标签
description = "", //描述
actual_parameters = //实际参数
{
AttributeValue ( value = "林业地图图式(LY/T 1821—2009)", attribute _type = "ad1"), //属性值
AttributeValue ( value = "4.4.37", attribute_type = "ad2" ) //属性值
}
}
ps2:ParameterSet //参数集2
{
label = "木材加工厂", //标签
description = "", //描述
actual_parameters = //实际参数
```

```
{
AttributeValue ( value ="林业地图图式(LY/T 1821—2009)", attribute_ type =" ad1"
), //属性值
AttributeValue ( value ="4. 4. 33", attribute_type =" ad2" ), //属性值
}
},
ps21:ParameterSet //参数集 21
{
label =" 小班(地类)界", //标签
description =" border of ", //描述 小班界—虚线
actual_parameters = //实际参数
{
AttributeValue ( value ="0 0 0", attribute_type =" ad21" ), //属性值
AttributeValue ( value ="0. 25", attribute_type =" ad22" ), //属性值
AttributeValue ( value =" 虚线", attribute_type =" ad23" ), //属性值
}
},
ps31:ParameterSet //参数集 31
{
label =" 乔木林",           //标签
description =" ", //描述
actual_parameters =      //实际参数
{
AttributeValue ( value ="0 255 0", attribute_type =" ad31" )            //属性值
AttributeValue ( value =" 林业地图图式( LY/T 1821—2009)", attribute _ type = "
ad32"), //属性值
AttributeValue ( value ="4. 9. 1. 1a", attribute_type =" ad33" ) //属性值
}
}
```

A. 2. 3 图示表达规范 - 动态规范

```
Ps1: PortrayalSpecification//图示表达规范
{
Section 1——基本信息
name =" 林业地图图式",          //名称
```

```
version = "LY/T 1821—2009"        //版本
producer = "国家林业局",     //生产者
Section 2——Portrayal Operation //图示表达操作
point = 01: Operation //操作1:点操作
{
name = "portrayPoint", //名称
description = " Portrays a point on any display", //描述:显示一个点。
formal_parameters = //形式参数
{
ad1: AttributeDefinition ( name = "colour", description = "", type = "RGB", default_value = #BLACK"), //属性值
ad2:AttributeDefinition(name = "symbol",description = "",type = "Symbol", default_value = "#POINT"), //属性值
}
parameter_sets = //参数集
{
ps0:ParameterSet //参数集0
{
label = "DEFAULT", //标签
description = "Default point parameter set", //描述 默认的点参数集
actual_parameters = //实际参数
{
AttributeValue ( value = "0 0 0", attribute_type = "ad1" ) //属性值
}
}
}
}
}
}
```

林业生态工程信息分类与代码

（LY/T 2178—2013，国家林业局2013年10月17日发布，2014年1月1日实施）

1 范围

本标准规定了林业生态工程及生态工程信息分类与代码的术语和定义、分类和编码原则、林业生态工程及信息的分类和代码。

本标准适用于林业生态工程信息分类编码以及林业生态工程数据的组织、建库、存储和交换。

2 规范性引用文件

下列文件对于本文件的应用是必不可少的。凡是注日期的引用文件，仅注日期的版本适用于本文件。凡是不注日期的引用文件，其最新版本(包括所有的修改单)适用于本文件。

GB/T 7207 信息分类和编码的基本原则与方法

GB/T 10113 分类与编码通用术语

GB/T 26424 森林资源规划设计调查技术规程

GB/T 17296 中国土壤分类与代码

GB/T 14721 森林类型

GB/T 15778 林业资源分类与代码 自然保护区

LY/T 1812 林地分类

LY/T 2012 林种分类

3 术语和定义

下列术语和定义适用于本文件。

本标准按照 GB/T 1.1—2009 给出的规则起草。

本标准由全国林业信息数据标准化技术委员会(SAC/TC 386)提出并归口。

本标准起草单位：中国林业科学研究院资源信息研究所。

本标准主要起草人：刘鹏举、高开通、侯瑞霞、谢阳生、黄水生、唐小明。

3.1 线分类法 method of linear classification

将分类对象按所选定的若干个属性(或特征)逐次地分成相应的若干个层级的类目，并排列成一个有层次的、逐渐展开的分类方法。[GB/T 10113—2003，术语 2.1.5]

3.2 编码 encoding

给事物或概念赋予代码的过程。[GB/T 10113—2003，术语 2.2.1]

3.3 代码 code

表示特定事物或概念的一个或一组字符。[GB/T 10113—2003，术语 2.2.5]

3.4 林业生态工程 forestry ecological project

根据生态学、林学及生态控制论原理，设计、建造与调控以木本植物为主体的人工复合和保护自然

生态系统的工程。其目的在于保护、改善与持续利用自然资源与环境。

4 分类与编码原则

4.1 科学性、系统性

通过分析林业各生态工程本身的特征进行分类编码，形成林业生态工程及信息的分类编码体系。

4.2 唯一性

各类信息所包含的对象与代码一一对应，以保证信息存储和交换的一致性、语义的唯一性。

4.3 实用性

以我国现有基础地理信息和林业各生态工程信息的常规分类为基础，结合林业各生态工程及信息的特点，以适应业务数据的组织、建库、存储及交换等为目标，对林业各生态工程及信息进行科学的分类编码。

4.4 兼容性

与国际、国家及行业相关标准相协调，充分吸纳地方标准，利用已有成果，保持类别与代码的继承性和延续性。

4.5 完整性和可扩展性

充分考虑目前林业生态工程及信息的类别、范围与深度，同时也为今后信息分类编码的增加、升级留出扩展空间。

5 林业生态工程分类

5.1 分类

根据林业生态工程的生态功能和经济功能，将林业生态工程分为：生态保护型林业生态工程、生态防护型林业生态工程、生态经济型林业生态工程和环境改良型林业生态

工程。

注：生态保护型林业生态工程：主要解决天然林资源的休养生息和恢复发展；解决生物多样性保护、自然保护、湿地保护等生态问题。生态保护型林业生态工程可分为：天然林资源保护工程、次生林改造工程、水源涵养林营造工程、野生动植物保护及自然保护区建设工程、湿地保护恢复工程、森林公园建设工程、特种用途林建设工程等。

生态防护型林业生态工程：主要解决防沙治沙、防治荒漠化、农田防护、河岸河滩防护、护路等生态问题。生态防护型林业生态工程可分为：农田防护林工程、防风固沙林工程、河岸河滩防护林工程、护路林工程、盐碱地造林工程等。

生态经济型林业生态工程：主要解决与生态建设密切相关的木材和林产品的供应等问题。生态经济型林业生态工程可分为：农林复合生态工程、竹林基地建设工程、用材林基地建设工程、薪炭林基地建设工程、经济林基地建设工程、能源林基地建设工程等。

环境改良型林业生态工程：主要是对因各种人为活动破坏或自然原因造成退化的土地，采取各种整治及弥补措施，使其因地制宜地恢复到可供利用的期望状态的行动或过程。环境改良型林业生态工程可分为：城市林业建设工程、工矿区恢复与重建工程、劣地改良建设工程等。

5.2 代码结构

根据上述林业生态工程分类依据，按线分类法将林业生态工程分为大类、小类及工程。工程可根据具体业务需要扩充，即扩展码。具体林业生态工程代码结构如下：

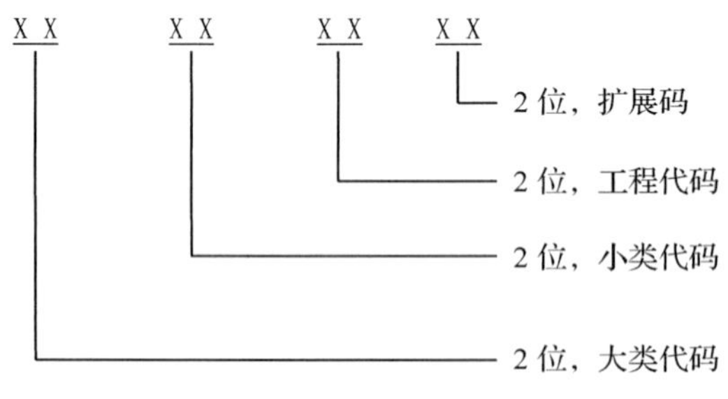

图 1　林业生态工程代码结构

5.3 分类与代码表

表 1　林业生态工程分类与代码表

大类	小类	工程	扩展码	名称
01000000				生态保护型林业生态工程
	01010000			天然林保护类工程
		01010100		天然林资源保护工程
			01010111	长江上游地区天然林资源保护一期工程
			01010112	长江上游地区天然林资源保护二期工程
			01010121	黄河中上游地区天然林资源保护一期工程
			01010122	黄河中上游地区天然林资源保护二期工程

（续）

大类	小类	工程	扩展码	名称
			01010131	东北、内蒙古等重点国有林区天然林资源保护一期工程
			01010132	东北、内蒙古等重点国有林区天然林资源保护二期工程
	01020000			次生林改造类工程
	01030000			水源涵养林营造类工程
	01040000			野生动植物保护及自然保护区类工程
		01040100		野生动植物及自然保护区工程
	01050000			湿地保护类工程
		01050100		湿地公园工程
	01060000			森林公园建设类工程
	01070000			特种用途林建设类工程
		01070100		重点公益林经营工程
		01070200		珍贵树种培育工程
	01990000			其他生态保护型林业生态工程
02000000				生态防护型林业生态工程
	02010000			农田防护林类工程
		02010100		全国农田林网化建设工程
	02020000			防风固沙林类工程
		02020100		京津风沙源治理工程
		02020200		全国石漠化治理工程
		02020300		全国防治沙漠化工程
		02020400		防沙治沙林工程
		02020500		三北及长江流域等重点防护林体系工程
			02020511	三北防护林一期工程
			02020512	三北防护林二期工程
			02020513	三北防护林三期工程
			02020514	三北防护林四期工程
			02020515	三北防护林五期工程
			02020516	三北防护林六期工程
			02020517	三北防护林七期工程
			02020518	三北防护林八期工程
			02020521	长江流域防护林一期工程
			02020522	长江流域防护林二期工程
			02020531	沿海防护林一期工程
			02020532	沿海防护林二期工程
			02020533	沿海防护林三期工程
			02020541	珠江流域防护林一期工程
			02020542	珠江流域防护林二期工程
			02020543	珠江流域防护林三期工程
			02020551	太行山绿化一期工程
			02020552	太行山绿化二期工程
			02020561	平原绿化一期工程

（续）

大类	小类	工程	扩展码	名称
			02020562	平原绿化二期工程
			02020571	淮河太湖流域防护林工程
		02020600		松花江嫩江流域防护林工程
		02020700		黄河下游及海河流域防护林工程
	02030000			河岸河滩防护林类工程
	02040000			护路林类工程
	02050000			盐碱地造林类工程
	02990000			其他生态防护型林业生态工程
		02990100		退耕还林工程
03000000				生态经济型林业生态工程
	03010000			农林复合类工程（含林粮、林药、林渔等复合）
		03010100		林业血吸虫病防治工程
	03020000			竹林基地建设类工程
	03030000			用材林（含速生丰产林、短轮伐期纸浆林）基地建设类工程
		03030100		速生丰产林基地建设工程
	03040000			薪炭林建设类工程
		03040100		重点地区薪炭林基地建设工程
	03050000			经济林（含果园、经济林园等）基地建设类工程
	03990000			其他生态经济型林业生态工程
		03990100		生物质能源林基地建设工程
04000000				环境改良型林业生态工程
	04010000			城市林业建设类工程
	04020000			工矿区恢复与重建类工程
		04020100		工矿废弃地复垦林业工程
	04030000			劣地（含裸盐裸土、陡崖等）改良类工程
	04990000			其他环境改良型林业生态工程

6　林业生态工程信息分类与代码

6.1　林业生态工程信息

林业生态工程建设过程主要包括组织、规划设计、实施、监管（包括：进度、质量、资金及其他）、评价和验收管理等环节。林业生态工程信息分类见表2。

表 2　林业生态工程管理信息分类

序号	林业生态工程管理类别	林业生态工程管理具体内容
1	组织	组织管理信息
2	规划设计	工程规划信息
		组织管理信息
3	实施	工程建设技术信息
		工程进度信息
4	监管	工程质量信息
		工程资金管理信息
		工程监理信息
5	评价	工程效益评价信息
		工程绩效评价
6	验收管理	检查验收信息
		工程档案信息
		工程验收信息

林业生态工程信息可分为基础信息、设计信息和验收管理信息。具体各类信息的数据项见表3。

表 3　林业生态工程信息数据项内容表

林业生态工程信息类别	数据项
基础信息	地类
	林种
	生态公益林事权等级
	国家生态公益林保护等级
	权属
	植被类型
	湿地类型
	湿地保护等级
	荒漠化类型
	沙化类型
	地貌
	坡位
	坡向
	坡度级
	土壤类型
	优势树种(组)
	龄组
	沙漠沙地
	森林类型
	自然保护区类型

（续）

林业生态工程信息类别	数据项
设计信息	设计情况
	整地方式
	混交类型
	工程建设措施
	林带结构
	造林类别
	造林方式
	治理方式
	防风固沙类型
	沙漠化防治方式
	封育类型
	封育方式
	封山（沙）育林（草）措施
	防风固沙型
	防风固沙林带的类型
	沙化土地类型区划
	保护类型
验收管理信息	不合格（未保存）原因
	验收情况
	档案情况
	管护情况
	补植情况
	沙障固沙效果评定等级
	防风固沙林网合格技术等级

6.2 林业生态工程基础信息代码表

林业生态工程基础信息的具体数据项和代码见表 4 ~ 表 21。

表 4 地类代码表

代码	名称
1000	林地
1100	有林地
1110	乔木林
1111	纯林
1112	混交林
1120	红树林
1130	竹林
1200	疏林地

（续）

代码	名称
1300	灌木林地
1310	国家特别规定的灌木林地
1320	其他灌木林地
1400	未成林地
1410	未成林造林地
1420	未成林封育地
1500	苗圃地
1600	无立木林地
1610	采伐迹地
1620	火烧迹地
1630	其他无立木林地
1700	宜林地
1710	宜林荒山荒地
1720	宜林沙荒地
1730	宜林沼泽地
1740	其他宜林地
1800	林业辅助生产用地
2000	非林地
2100	耕地
2200	牧草地
2300	水域
2400	未利用地
2500	建设用地
2510	工矿建设用地
2520	城乡居民建设用地
2530	交通建设用地
2540	其他用地

表 5　林种分类代码表

代码	名称
100	生态公益林
110	防护林
111	水源涵养林
112	水土保持林
113	防风固沙林
114	农田牧场防护林
115	护岸林
116	护路林
117	其他防护林
120	特种用途林
121	国防林
122	实验林
123	母树林
124	环境保护林
125	风景林

（续）

代码	名称
126	名胜古迹和革命纪念林
127	自然保护林
200	商品林
230	用材林
231	短轮伐期用材林
232	速生丰产用材林
233	一般用材林
240	薪炭林
250	经济林
251	果树林
252	食用原料林
253	林化工业原料林
254	药用林
255	其他经济林

表6　生态公益林事权等级代码表

代码	名称
10	国家公益林
11	补偿
12	未补偿
20	地方公益林
21	省
22	地区（市）
23	县

表7　国家生态公益林保护等级代码表

代码	名称
1	一级
2	二级
3	三级

表8　权属代码表

代码	名称
10	林地所有权
11	国家所有
12	集体所有
19	林地所有权未定
20	林所有权
21	国家所有
22	集体所有
23	个人所有

（续）

代码	名称
24	其他
29	林木所有权未定
30	林地使用权
31	国有使用
32	集体使用
33	个人使用
34	合作使用
35	其他使用权
39	林地使用权未定
40	林木使用权
41	国家使用
42	集体使用
43	个人使用
44	合作使用
45	其他使用权
49	林木使用权未定

表 9　植被类型代码表

代码	名称
100	自然植被
110	针叶林
111	寒温性针叶林
112	温性针叶林
113	温性针阔混交林
114	暖性针叶林
115	暖性针阔混交林
116	热性针叶林
117	热性针阔混交林
120	阔叶林
121	落叶阔叶林
122	常绿落叶阔叶混交林
123	常绿阔叶林
124	硬叶常绿阔叶林
125	季雨林
126	雨林
127	珊瑚岛常绿林

（续）

代码	名称
128	红树林
129	竹林
130	灌丛和灌草丛
131	常绿针叶灌丛
132	常绿革叶灌丛
133	落叶阔叶灌丛
134	常绿阔叶灌丛
135	灌草丛
140	草原和稀树草原
141	草原
142	稀树草原
150	荒漠(包括肉质刺灌丛)
151	荒漠
152	肉质刺灌丛
160	冻原
161	高山冻原
170	高山稀疏植被
171	高山垫状植被
172	高山流石滩稀疏植被
180	草甸
181	草甸
190	沼泽与水生植被
191	沼泽
192	水生植被
200	人工植被
210	草本类型
211	大田作物型
212	蔬菜作物型
213	草皮绿化型
220	木本类型
221	针叶林型
222	针阔混交林型
223	阔叶林型
224	灌木林型
225	其他木本类型
230	草本木本间作类型
231	农林间作型
232	农果间作型
233	草本绿化型

表 10　湿地类型代码表

代码	名称
100	近海及海岸湿地
101	浅海水域
102	潮下水生层
103	珊瑚礁
104	岩石性海岸
105	潮间沙石海滩
106	潮间淤泥海滩
107	潮间盐水沼泽
108	红树林沼泽
109	海岸性咸水湖
110	海岸性淡水湖
111	河口水域
112	三角洲湿地
200	河流湿地
201	永久性河流
202	季节性或间歇性河流
203	泛洪平原湿地
300	湖泊湿地
301	永久性淡水湖
302	季节性淡水湖
303	永久性咸水湖
304	季节性咸水湖
400	沼泽湿地
401	藓类沼泽
402	草本沼泽
403	沼泽化草甸
404	灌丛沼泽
405	森林沼泽
406	内陆盐沼
407	地热湿地
408	淡水泉或绿洲湿地
500	人工湿地
501	蓄水区
502	运河、输水河
503	淡水养殖池塘
504	海水养殖场
505	农用池塘
506	灌溉用沟、渠
507	稻田、冬水田
508	盐田
509	采矿性积水区
510	废水处理场所
511	城市性景观和娱乐水面

表 11　湿地保护等级代码表

代码	名称	备注
1	Ⅰ	湿地类型落在国家级自然保护区内
2	Ⅱ	湿地类型落在省级自然保护区内
3	Ⅲ	湿地类型落在地(市)级自然保护区内
4	Ⅳ	湿地类型落在县级自然保护区内
5	Ⅴ	湿地类型落在非自然保护区内

表 12　荒漠化类型要素代码表

代码	名称
1	风蚀
2	水蚀
3	盐渍化
4	冻融
0	非荒漠化土地

表 13　沙化类型要素代码表

代码	名称
100	沙化土地
110	流动沙地(丘)
120	半固定沙地(丘)
121	人工半固定沙地(丘)
122	天然半固定沙地(丘)
130	固定沙地(丘)
131	人工固定沙地(丘)
132	天然固定沙地(丘)
140	露沙地
150	沙化耕地
160	非生物治沙工程地
170	风蚀残丘
180	风蚀劣地
190	戈壁
200	有明显沙化趋势的土地
300	非沙化土地

表 14　地貌代码表

代码	名称
1	极高山
2	高山
3	中山
4	低山
5	丘陵
6	平原
7	其他地貌

表 15　坡位代码表

代码	名称
1	脊部
2	上部
3	中部
4	下部
5	谷部
6	平地
7	全坡位

表 16　坡向代码表

代码	名称
1	北
2	东北
3	东
4	东南
5	南
6	西南
7	西
8	西北
9	无坡向

表 17　坡度级代码表

代码	名称	备注
1	平坡	<5 度
2	缓坡	5～14 度
3	斜坡	15～24 度
4	陡坡	25～34 度
5	急坡	35～44 度
6	险坡	≥45 度

表 18　土壤类型代码表

代码	名称
100	铁铝土纲
101	砖红壤
102	赤红壤
103	红壤
104	黄壤
110	淋溶土纲
111	黄棕壤
112	棕壤
113	暗棕壤
114	灰黑土
115	漂灰土
120	半淋溶土纲
121	燥红土
122	褐土
123	塿土
124	灰褐土
130	钙层土纲
131	黑垆土
132	黑钙土
133	栗钙土
134	棕钙土
135	灰钙土
140	石膏盐层土纲
141	灰漠土
142	灰棕漠土
143	棕漠土
150	水成土纲
151	沼泽土
152	水稻土
160	半水成土纲
161	黑土
162	白浆土
163	潮土
164	砂姜黑土
165	灌淤土

（续）

代码	名称
166	绿洲土
167	草甸土
170	盐碱土纲
171	盐土
172	碱土
180	岩成土纲
181	紫色土
182	石灰土
183	磷质石灰土
184	黄绵土
185	风沙土
186	火山灰土
190	高山土纲
191	山地草甸土
192	亚高山草甸土
193	高山草甸土
194	亚高山草原土
195	高山草原土
196	亚高山漠土
197	高山漠土
198	高山寒冻土

表 19　优势树种(组)代码表

代码	名称
100	阔叶树种(组)
101	杨类
102	柳类
103	桉类
104	樟类
105	楠类
106	栎类
107	榆类
108	榉类
109	石楠类
110	檀类
111	桦类

（续）

代码	名称
112	椴类
113	山槐类
114	桐类
115	刺槐类
116	栲类
117	越橘类
118	槭类
119	楝类
600	阔叶其他树种(组)
601	阔叶混交树种组
602	杂木
603	水、胡、黄
700	针叶树种(组)
701	落叶松类
702	冷杉类
703	云杉类
704	松类
705	国外松类
706	铁杉、油杉类
707	柏类
708	杉类
800	针叶其他树种(组)
801	针叶混交树种组
900	特殊树种(组)
910	竹林
911	毛竹
912	杂竹
920	经济树种(组)
921	果树类
922	食用原料类
923	药材类
924	林化工业原料类
925	其他经济类

表 20　龄组代码表

代码	名称
1	幼龄林
2	中龄林
3	近熟林
4	成熟林
5	过熟林

表 21　沙漠沙地代码表

代码	名称
01	塔克拉玛干沙漠
02	古尔班通古特沙漠
03	鄯善库姆塔格沙漠
04	库木塔格沙漠
05	乌苏沙漠
06	库木库里沙漠
07	柴达木盆地沙漠
08	巴丹吉林沙漠
09	河西走廊沙漠
10	腾格里沙漠
11	乌兰布和沙漠
12	库布齐沙漠
13	巴音温都尔沙漠
14	科尔沁沙地
15	毛乌素沙地
16	浑善达克沙地
17	呼伦贝尔沙地
18	嫩江沙地
19	乌珠穆沁沙地

数据项森林类型及自然保护区的代码分别参见：GB/T 14721 森林类型、和 GB/T 15778 林业资源分类与代码自然保护区。

6.3　林业生态工程设计信息代码表

林业生态工程设计信息的具体数据项和代码见表 22 ~ 表 37。

表 22　设计情况代码表

代码	名称
1	图、表齐全
2	图、表不全

表 23　整地方式代码表

代码	名称
01	全面整地
02	水平带整地
03	撩壕整地
04	穴状整地
05	鱼鳞坑整地
06	块状整地
07	反坡梯田
08	台田整地
09	高垄整地
10	畦状整地
11	带状整地
12	未整地

表 24　混交类型代码表

代码	名称
1	针叶纯林
2	针叶混交
3	阔叶纯林
4	阔叶混交
5	针阔混交
6	乔灌混交

表 25　工程建设措施代码表

代码	名称
10	管护
20	封育
30	飞播
40	造林
41	退耕地造林
42	荒山造林
50	其他
51	防火隔离带

表 26 林带结构代码表

代码	名称
1	紧密
2	透风
3	疏透

表 27 造林类别代码表

代码	名称
10	人工造林
11	退耕地还林
12	荒山荒地造林
20	人工更新
30	人工促进天然更新
40	疏林地补植
50	非规划林地造林
60	生物防护林(防火隔离带)

表 28 造林方式代码表

代码	名称
10	植苗造林
11	裸根苗造林
12	容器苗造林
20	播种造林
21	直播
22	散播
23	飞播
30	封山(滩)育林

表 29 治理方式代码表

代码	名称
1	封山(沙)育林(草)
2	飞播造林治沙
3	人工造林治沙

表 30 防风固沙类型代码表

代码	名称
1	阻沙型
2	固沙型
3	输导型

表 31　沙漠化防治方式代码表

代码	名称
1	植苗造林治沙
2	直播造林治沙
3	扦插造林治沙
4	造林地抚育管理
5	新造林地管保

表 32　封育类型代码表

代码	名称
1	乔木型
2	乔灌型
3	灌木型
4	灌草型

表 33　封育方式代码表

代码	名称
1	全封
2	半封
3	轮封

表 34　封山（沙）育林（草）措施代码表

代码	名称
1	封禁
2	培育
3	森防

表 35　防风固沙林带的类型代码表

代码	名称
1	纯林
2	混交林

表 36　沙化土地类型区划代码表

代码	名称
1	极端干旱、干旱沙化土地类型区
2	北方干旱、半干旱沙化
3	高原高寒沙化
4	黄淮海平原半干旱、半湿润沙化
5	南方湿润沙化

表 37　保护类型代码表

代码	名称
01	森林生态系统
02	野生动物
03	野生植物
04	海洋和海岸生态系统
05	荒漠生态系统
06	内陆湿地及水系生态系统
07	地质遗迹
08	古生物遗迹
09	草原草甸
10	高山冰川

6.4　林业生态工程验收管理信息代码表

林业生态工程验收管理信息的具体数据项和代码见表 38 ~ 表 44。

表 38　不合格(未保存)原因代码表

代码	名称
1	自然因素
2	人畜破坏
3	种苗质量
4	造林技术
5	其他原因

表 39　验收情况代码表

代码	名称
1	有验收单
2	无验收单

表 40　档案情况代码表

代码	名称
1	有档案
2	无档案

表 41　管护情况代码表

代码	名称
1	有管护措施
2	无管护措施

表 42　补植情况代码表

代码	名称
1	补植造林
2	未补植

表 43　沙障固沙效果评定等级代码表

代码	名称
1	优
2	良
3	差

表 44　防风固沙林网合格技术等级代码表

代码	名称
1	成活率
2	保存率
3	完整度
4	林网化程度

野生动植物保护信息分类与代码

（LY/T 2179—2013，国家林业局2013年10月17日发布，2014年1月1日实施）

1 范围

本标准规定了野生动植物保护信息分类的基本框架、分类和代码。

本标准适用于野生动植物保护信息采集、处理、管理等工作。

2 规范性引用文件

下列文件对于本文件的应用是必不可少的。凡是注日期的引用文件，仅注日期的版本适用于本文件。凡是不注日期的引用文件，其最新版本（包括所有的修改单）适用于本文件。

GB/T 10113—2003 分类与编码通用术语

GB/T 7027 信息分类和编码的基本原则与方法

GB/T10114—2003 县以下行政区划代码编码规则

GBT 15778—1995 林业资源分类与代码　自然保护区

GB/T 15628.1—1995 中国动物分类代码　脊椎动物

GB/T 14467—1993 中国植物分类与代码

3 术语和定义

GB/T 10113—2003 和 GB/T 7027 中确立的术语和定义，以及下列术语和定义适用于本标准。

3.1 野生动物 wild animals

野生动物是指珍贵、濒危的陆生野生动物和有益的或者有重要经济、科学研究价值的陆生野生动物。

本标准按照 GB/T 1.1—2009 给出的规则起草。

本标准由全国林业信息数据标准化技术委员会（SAC/TC 386）提出并归口。

本标准起草单位：中国林业科学研究院资源信息研究所。

本标准主要起草人：刘鹏举、高开通、侯瑞霞、谢阳生、黄水生、唐小明。

3.2 野生植物 wild plants

野生植物指原生地天然生长的珍贵植物和原生地天然生长并具有重要经济、科学研究、文化价值的濒危、稀有植物。

3.3 野生动植物保护 wildlife conservation

野生动植物保护包括野生动物保护和野生植物保护，是指根据《中华人民共和国野生动物保护法》和《中华人民共和国野生植物保护条例》规定，由林业行政主管部门主管的陆生野生动物和植物的保护、发展和合理利用活动。

3.4 野生动植物保护信息 wildlife conservation information

以适合于通信、存储或处理的形式来表示野生动植物保护、发展和合理利用情况的知识或消息，包括文字、数字、符号、图形、图像、影像和声音等各种表达形式。

3.5 野生动植物保护信息分类 Classification of wildlife conservation information

根据野生动植物保护信息的属性或特征，按一定的规则对其进行区分和归类的过程。通过分类可以为野生动植物保护信息建库管理起一定的分类系统和排列顺序，有利于管理和使用信息。

3.6 野生动植物保护信息代码 code of wildlife conservation

表示野生动植物保护信息类目的一个或一组字符。

3.7 野生动植物保护信息编码 coding for wildlife conservation

在野生动植物保护信息分类的基础上，给野生动植物保护信息赋予代码的过程。

3.8 类目 class

一组具有共同属性的事物的集合，又称类。

3.9 分类体系 classification system

分类后所形成的相互关联的类目的整体。

4 分类原则

4.1 科学性

选择分类对象最稳定的本质属性或特征作为分类的基础和依据。

4.2 系统性

将选定的事物、概念的属性或特征按一定顺序予以系统化，并形成一个科学合理的分类体系。

4.3 可扩充性

通常设置收容类目，以保证增加新的事物或概念时，不打乱已建立的分类体系，同时还应为下级信息管理系统在本分类系统的基础上进行延拓细化创造条件。

4.4 兼容性

应与相关标准(包含国际标准)协调一致。

4.5 实用性

分类要从系统工程角度出发，把局部问题放在系统整体中处理，达到系统最优。即在满足系统总任务、总要求的前提下，尽量满足系统内各相关单位的实际需求。

5 分类方法

本标准中的基本分类方法遵循 GB/T 7027—2002 规定和要求。采用线分类法与面分类法相结合的混合分类法。

6 野生动植物保护信息编码

6.1 编码原则

编码原则遵循 GB/T 7027—2002 规定和要求。

6.2 编码方法

在本标准中，野生动植物保护信息的编码方法采用层次编码法，每层均采用数字顺序编码法。

层次编码法是依据编码对象的分类层级将代码分成若干层级，并与分类对象的分类层次相对应。代码自左至右表示的层级由高至低，代码的左端为最高位层级代码，右端为最低层级代码。

数字顺序编码法是按照数字的顺序对编码对象编写。本分类中采用的数字顺序编码为递增的数字顺序编码。

6.3 代码组成

保护信息代码组成：本标准中编码代码类目层次为四级，即第一级类目、二级类目、三级类目、四级类目。类目层次可根据发展需要增加。

类目代码用阿拉伯数字表示。每层类目采用 2 位阿拉伯数字表示，即 01 – 99。采用固定递增格式。顺序码采用递增的数字码。代码结构如图 1 所示。

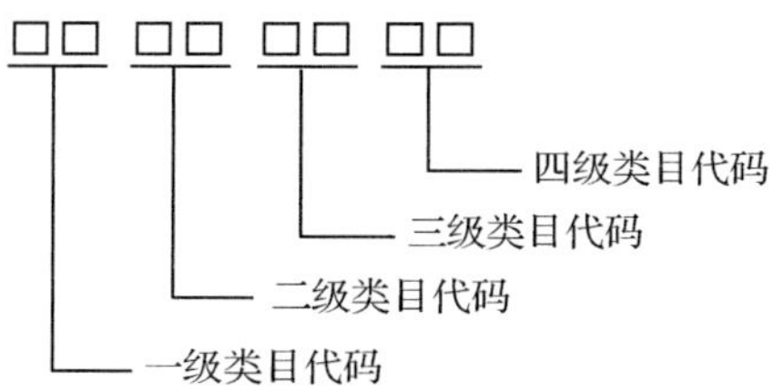

图 1 编码代码结构图

7 野生动植物保护信息类别与代码表

7.1 二级类目表

表1列出了野生动植物保护信息一、二级类目的名称、代码及对应的备注。

表1 野生动植物保护信息二级类目表

代码	一级类目	二级类目	备注
01	基本信息		
0101		物种信息	
0102		分类与编码信息	
0103		地理分布	
0104		栖息地	
0199		其他	
02	价值信息		
0201		经济价值	
0202		生态价值	
0203		观赏价值	
0204		药用价值	
0299		其他	
03	受威胁信息		
0301		干扰类型	
0302		干扰强度	
0303		干扰影响	
0399		其他	
04	保护措施信息		
0401		就地保护	
0402		迁地保护	
0403		离体保护	
0499		其他	
05	开发利用信息		
0501		产业开发	
0502		生态旅游	
0599		其他	

7.2 四级类目表

表2列出了野生动植物保护信息的所有四级类目的名称和代码及对应的备注。

表 2　野生动植物保护信息四级类目表

代码	一/二/三级类目	四级类目	备注
01	基本信息		
0101	物种信息		包括保护物种的名称、数量面积、保护级别等信息
010101	名称信息		
01010101		学名	
01010102		中文名	
01010103		英文名	
01010104		别名	
010102	数量与面积		
01010201		总数量	
01010202		总分布面积	
010103	保护级别		
01010301		CITES 濒危等级	
01010302		IUCN 濒危等级	
01010303		国家濒危等级	
01010304		国家保护等级	
01010305		地方保护等级	
01010399		其他	
010104	形态特征		
010105	生活习性		
010199	其他		
0102	分类与编码信息		
010201	野生动物		
01020101		脊椎动物	参见中国动物分类代码　脊椎动物
01020102		无脊椎动物	
010202	野生植物		参见中国植物分类与代码
0103	地理分布		
010301	分布范围		
01030101		行政区域	
01030102		气候带	
010302	各分布区数量		动物用活体数量描述，植物可用面积描述，特别稀有的用株数描述
010303	各分布区面积		
0104	栖息地		
010401	基本信息		
01040101		栖息地类型	栖息地为天然植被或人工林，记录其植被类型；栖息地为无植被水面的，依据《湿地公约》，描述到类，即沼泽、湖泊、河流、河口、滩涂、浅海湿地、珊瑚礁、人工湿地；栖息地为农田的，记录到水田或旱地

（续）

代码	一/二/三级类目	四级类目	备注
01040102		行政归属	
01040103		地理坐标范围	
01040104		面积	
01040105		海拔范围	
010402	主要动物种群		指栖息地内主要保护动物种群
01040201		数量	
01040202		种群结构	
01040203		种群发展趋势	
010403	主要植物种群		指栖息地内主要保护植物种群
01040301		株数	
01040302		蓄积量	
01040303		分布	
01040304		生长状况	
01040305		种群结构	
01040306		种群发展趋势	
010404	自然环境信息		
01040401		气象信息	包括温度、降水、光照等
01040402		地形信息	坡度、坡位、坡向等信息
01040403		地貌信息	地貌类型
01040404		植被信息	
01040405		土壤信息	
01040406		水环境信息	
01040499		其他	
010405	同域分布物种信息		除了主要保护物种外的其他动植物
01040501		动物	包括种类与数量
01040502		植物	包括种类与数量
01040503		与主要物种关系	分竞争、共生、捕食、无明显关系
010406	行政区域社会经济信息		
01040601		行政区面积	
01040602		总人口	
01040603		国内生产总值	
01040604		农民人均纯收入	
01040605		农林牧生产状况	
01040606		教育状况	
01040607		卫生状况	

（续）

代码	一/二/三级类目	四级类目	备注
01040608		劳动社会保障状况	
01040699		其他	
010407	受干扰状况		
01040701		干扰类型	分为人为干扰（盗伐、盗猎、采集、割竹、采伐）、牲畜干扰、建筑干扰、其他干扰
01040702		干扰强度	分为强、中、弱、无
010408	受保护现状		
01040801		种群保护	
01040802		栖息地保护设施及面积	
01040803		救护繁育	
01040804		野化放归	主要指动物
01040899		其他	
010499	其他		
0199	其他		
02	价值信息		
0201	经济价值		
020101	类型		燃料、食物、原材料
020102	评估价值		
020199	其他		
0202	生态价值		
020201	类型		防止自然灾害、调节气候、净化空气、消除噪音
020202	评估价值		
020299	其他		
0203	观赏价值		
020301	观赏动物特性		
02030101	类型		奇特性、珍稀性、驯化性、造园性
02030102	评估价值		
020302	观赏植物特性		
02030201	类型		观叶、观花、观果实、观干形
02030202	评估价值		
020399	其他		
0204	药用价值		
020401	类型		
020402	评估价值		

（续）

代码	一/二/三级类目	四级类目	备注
020499	其他		
0299	其他		
03	受威胁信息		
0301	干扰类型		
030101	人为干扰信息		
03010101		乱捕滥猎	
03010102		乱采滥挖	
03010103		倒卖走私	
03010104		工程建设	
03010199		其他	
030102	自然干扰		
03010201		林业病害虫害	
03010202		野生动物疫源疫情	
03010203		有害生物入侵	
03010204		森林火灾	
03010205		气象灾害	干旱、雪害、暴雨
03010206		洪水灾害	
03010207		气候变化	
03010299		其他	
0302	干扰强度		
0303	干扰影响		
030301	物种		
030302	数量		
030303	程度		
030399	其他		
0399	其他		
04	保护措施		
0401	就地保护		
040101	自然保护区		
04010101		名称	
04010102		级别	
04010103		位置	
04010104		面积	
04010105		概况	
04010199		其他	

（续）

代码	一/二/三级类目	四级类目	备注
040102	自然保护小区		
04010201		名称	
04010202		地点	
04010203		面积	
04010203		概况	
040103	监测点		
04010301		名称	
04010302		地点	
04010303		概况	
040104	禁猎(伐)区		
04010401		名称	
04010402		类型	永久性禁猎区，有禁猎期限的禁猎区
04010403		地点	
04010404		面积	
04010405		概况	
04010499		其他	
040105	鸟类环志中心(站)		
04010501		名称	
04010502		地点	
04010503		概况	
0402	迁地保护		
040201	野生动植物种源繁育		
04020101		珍稀植物种源基地	种质资源中心、植物园、树木园
04020102		野生动物种源繁育中心	
040202	野生动物驯养繁殖		
04020201		动物园	
04020202		野生动物园	
04020203		规模化养殖基地	
04020299	其他		
040203	野生动植物救护		
04020301		救护中心	
04020302		救护站	
0403	离体保护		
040301	基因资源库		
040302	标本展示馆		

（续）

代码	一/二/三级类目	四级类目	备注
0499	其他		
05	开发利用信息		
0501	产业开发		
050101	野生资源利用		
05010101		植物资源采集	
05010102		现代狩猎	
050102	人工培育产业		
05010201		动物养殖	
05010202		植物培植	
050103	产品加工与利用		
05010301		动物产品	
05010302		植物产品	
050199	其他		
0502	生态旅游		
0599	其他		

森林火灾信息分类与代码

（LY/T 2180—2013，国家林业局2013年10月17日发布，2014年1月1日实施）

1 范围

本标准规定了森林火灾信息分类的基本框架、分类和代码。

本标准适用于森林火灾信息采集、处理、管理和相关信息系统建设，为森林防火教学科研提供参考依据。

2 规范性引用文件

下列文件对于本文件的应用是必不可少的。凡是注日期的引用文件，仅所注日期的版本适用于本文件。凡是不注日期的引用文件，其最新版本(包括所有的修改单)适用于本文件。

GB/T 2260—2007 中华人民共和国行政区划代码

GB/T 10114—2003 县以下行政区划代码编制规则

GB/T 7027—2002 信息分类和编码的基本原则与方法

GB/T 10113—2003 分类与编码通用术语

GB/T 26424—2010 森林资源规划设计调查技术规程

LY/T 1627—2005 中国森林火灾编码

LY/T 1846—2009 森林火灾成因和森林资源损失调查方法

LY/T 1679—2006 森林火灾扑救技术规程

LY/T 2013—2012 森林可燃物的测定

《森林防火条例》中华人民共和国国务院 2008

3 术语和定义

下列术语和定义适用于本标准。

本标准按照 GB/T 1.1—2009 给出的规则起草。

本标准由全国林业信息数据标准化技术委员会(SAC/TC 386)提出并归口。

本标准起草单位：中国林业科学研究院资源信息研究所。

本标准主要起草人：黄水生、罗鹏、刘鹏举、谢阳生、侯瑞霞、唐小明。

3.1　森林火灾 forest fire

发生在《中华人民共和国森林法实施条例》第二条规定的“林地”上的非控制性燃烧。[LY/T 1846—2009，术语和定义 3.1]

3.2　森林火灾信息 forest fire information

森林火灾发生、发展、扑救和损失情况的信息，包括文字、数字、符号、图形、图像、影像和声音等各种表达形式。

3.3　森林火灾信息分类 forest fire information classification

根据森林火灾信息的属性或特征，按一定的规则对其进行区分和归类的过程。通过分类可以对森林火灾信息建立起一定的分类系统和排列顺序，有利于管理和使用信息。

3.4　森林火灾信息代码 forest fire information code

表示森林火灾信息类目的一个或一组字符。

3.5　森林火灾信息编码 forest fire information coding

给森林火灾信息赋予代码的过程。

3.6　类目 class

一组具有共同属性的事物的集合，又称类。

3.7　分类体系 classification system

分类后所形成的相互关联的类目的整体。

4　分类原则

4.1　科学性

选择森林火灾信息最稳定的本质属性或特征及其中存在的逻辑关联作为分类的基础和依据。

4.2　系统性

将森林火灾信息包含的属性和特征按其内在规律系统化地排列，以形成一个逻辑层次清晰、结构合理、类目明确的分类体系。

4.3　可扩展性

通过设置收容类目，以保证增加新的事物或概念时，不打乱已建立的分类体系，同时为下级信息管理系统在本分类框架体系的基础上进行延拓细化创造条件。

4.4　兼容性原则

与国内已有的相关信息分类标准相协调，保持继承性和实际使用的延续性，同时也与相关国际标准相符。

4.5　综合实用性原则

从森林火灾息管理的实际需求出发，分类体系要突出重点、方便检索、便于操作，同时还应考虑到森林资源管理、营造林等相关业务，适应这些业务对森林火灾信息管理的实际需要。

5 分类方法

本标准中的分类方法遵循 GB/T 7027—2002 规定和要求。采用线分类方法进行分类。

6 代码与编码

6.1 代码结构

本标准中编码代码类目层次为四个层级，即一级、二级、三级和四级类目。代码结构如图 1 所示。

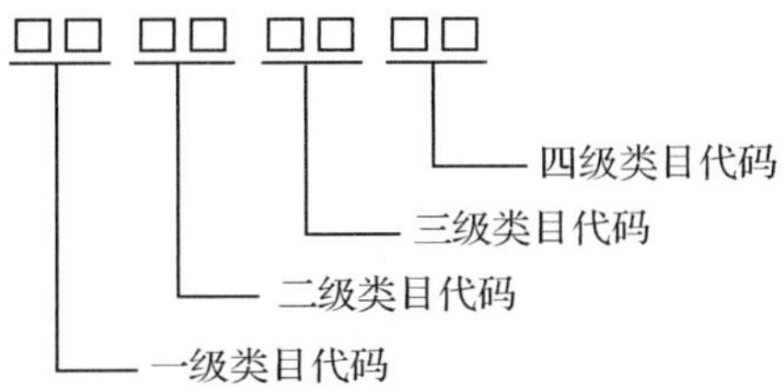

图 1 森林火灾信息代码结构图

6.2 编码方法

a)森林火灾信息编码方法采用层次码，每级类目代码均采用 2 位阿拉伯数字(即 01 - 99)表示，隶属于同一类目名称下的同级类目采用递增顺序码编码。

b)森林火灾信息分类的各级类目如果有收容类目时，其编码通常采用末尾数字为“99”的代码。

c)代码自左至右表示的层级由高至低，代码的左端为最高位级代码，右端为最低级代码。如 04030102，表示该森林火灾信息是第四层信息，其一级类目代码为 04，二级类目代码为 03，三级类目代码为 01，四级类目代码为 02。

7 森林火灾管理信息分类与代码表

7.1 二级类目表

表 1 列出了森林火灾信息第一、二级类目的名称、代码及对应的备注。

表 1 森林火灾信息二级类目表

代码	一级类目名称	二级类目名称	备注
01	基本信息		
0101		名称	
0102		种类	
0103		等级	
0104		发生	

（续）

代码	一级类目名称	二级类目名称	备注
0105		火行为	
0106		可燃物	
0107		气象	
0108		地形地貌	
0109		重点保护对象	
02	处置信息		
0201		发现	
0202		报告	
0203		接警	
0204		响应级别	
0205		扑救方法	
0206		扑救人员	
0207		出动飞机	
0208		出动车辆	
0209		扑火机具	
0210		专用通讯与定位设备	
0211		扑救指挥	
0212		扑救时间	
0213		问责处理	
03	损失信息		
0301		调查基本信息	
0302		火烧迹地	
0303		人员伤亡	
0304		受害森林	
0305		经济损失	
0399		其他	

7.2 四级类目表

表 2 列出了森林火灾信息的所有四级类目的名称和代码及对应的备注。

表 2 森林火灾信息四级类目表

代码	一级/二级/三级类目名称	四级类目名称	备注
01	基本信息		
0101	名称		
010101	编码		采用 LY/T 1627—2005
010102	火灾名称		

（续）

代码	一级/二级/三级类目名称	四级类目名称	备注
0102	种类		树冠火、地表火和地下火
0103	等级		一般、较大、重大和特别重大
0104	发生		
010401	发生时间		
010402	发生地点		
01040201		行政区划	
01040202		小地名	
01040203		坐标	
010403	发生原因		
0105	火行为		
010501	火场形状		
010502	火头		
01050201		火头位置	
01050202		火头前进方向	
010503	燃烧火焰		
01050301		火焰颜色	
01050302		火焰高度	
010504	烟		
01050401		颜色	
01050402		高度	
01050403		形态	
010505	火强度		低、中、高
010506	蔓延速度		
01050601		蔓延类型	稳进、速进
01050602		火线速度	
01050603		面积速度	
01050604		周长速度	
010507	特殊火行为		
0106	可燃物		
010601	林分		
01060101		地类	采用 GB/T 26424—2010 中 5.1
01060102		林种	采用 GB/T 26424—2010 中 5.3.1
01060103		起源	采用 GB/T 26424—2010 中 5.7.2
01060104		郁闭度等级	采用 GB/T 26424—2010 中 5.7.10.1
01060105		树种组成	采用 GB/T 26424—2010 中 5.4.3
01060106		龄组	采用 GB/T 26424—2010 中 5.5.1
010602	灌木优势种		
010603	草本优势种		
010604	枯落物数量		

（续）

代码	一级/二级/三级类目名称	四级类目名称	备注
010605	腐殖质		
01060501		厚度	厚、中、薄
01060502		组成	
01060503		结构	
01060504		性质	
010606	可燃物		
01060601		种类	
01060602		易燃程度	易燃、可燃、难燃
01060603		可燃物含水率	
01060604		可燃物载量	
0107	气象		
010701	天气		
010702	气温		
010703	风力		
010704	风速		
010705	风向		
010706	湿度		
010707	降水量		
0108	地形地貌		
010801	地貌类型		极高山、高山、中山、低山、丘陵、平原
010802	海拔		
010803	坡度		
010804	坡向		东、南、西、北、东北、东南、西北、西南、无
010805	坡位		脊、上、中、下、谷、平地
010806	小地形		
010807	土壤		
01080701		类型	
01080702		土层厚度	
01080703		质地	
0109	重点保护对象		
010901	村屯		
010902	工矿企业		
010903	仓库		
010904	学校		
010905	部队营房		

（续）

代码	一级/二级/三级类目名称	四级类目名称	备注
010906	重要设施		
010907	名胜古迹		
010908	革命纪念地		
010909	森林公园		
010910	自然保护区		
010999	其他		
02	处置信息		
0201	发现		
020101	发现时间		
020102	发现途径		
020103	发现人		
02010301		姓名	
02010302		性别	
02010303		年龄	
02010304		职业	
02010305		工作单位	
02010306		住址	
0202	报告		
020201	报告时间		
020202	报告途径		
020203	报告信息内容		
020204	报告人		
02020401		姓名	
02020402		性别	
02020403		年龄	
02020404		职业	
02020405		工作单位	
02020406		住址	
0203	接警		
020301	接警时间		
020302	接警人		
02030201		姓名	
02030202		性别	
02030203		年龄	
02030204		职务	

（续）

代码	一级/二级/三级类目名称	四级类目名称	备注
02030205		工作单位	
02030206		联系方式	
0204	响应级别		Ⅰ级、Ⅱ级、Ⅲ级
0205	扑救方法		地面直接灭火、地面间接灭火、以火灭火、航空灭火、人工增雨灭火、其他
0206	扑救人员		
020601	专业/半专业扑火队		
02060101		名称	
02060102		人数	
020602	武警森林部队		
02060201		名称	
02060202		人数	
020603	军队		
02060301		名称	
02060302		人数	
020604	武警		
02060401		名称	
02060402		人数	
020605	林业职工		
02060501		名称	
02060502		人数	
020606	其他人员		
02060601		名称	
02060602		人数	
0207	出动飞机		
020701	机降		
02070101		机型	
02070102		架次	
02070103		人次	
02070104		飞行时间	
02070105		飞行费用	
020702	化学灭火		
02070201		机型	
02070202		架次	
02070203		飞行时间	

（续）

代码	一级/二级/三级类目名称	四级类目名称	备注
02070204		飞行费用	
02070205		灭火剂种类	
020703	吊桶次数		
02070301		机型	
02070302		架次	
02070303		飞行时间	
02070304		飞行费用	
020799	其他		
02079901		机型	
02079902		架次	
02079903		飞行时间	
02079904		飞行费用	
0208	出动车辆		
020801	指挥车		
02080101		车型	
02080102		数量	
020802	运输车		
02080201		车型	
02080202		数量	
020803	装甲车		
02080301		车型	
02080302		数量	
020804	消防车		
02080401		车型	
02080402		数量	
020899	其他		
02089901		车型	
02089902		数量	
0209	扑火机具		
020901	风力灭火机		
02090101		品牌型号	
02090102		数量	
020902	水泵		
02090201		品牌型号	
02090202		数量	

（续）

代码	一级/二级/三级类目名称	四级类目名称	备注
020903	高压细水雾灭火机		
02090301		品牌型号	
02090302		数量	
020904	水枪		
02090401		品牌型号	
02090402		数量	
020905	二、三号工具		
02090501		品牌型号	
02090502		数量	
020906	割灌机水泵		
02090601		品牌型号	
02090602		数量	
020907	油锯		
02090701		品牌型号	
02090702		数量	
020999	其他		
02099901		品牌型号	
02099902		数量	
0210	专用通讯与定位设备		
021001	中继		
02100101		品牌型号	
02100102		数量	
021002	卫星电话		
02100201		品牌型号	
02100202		数量	
021003	卫星定位设备		
02100301		品牌型号	
02100302		数量	
021004	短波电台		
02100401		品牌型号	
02100402		数量	
021005	超短波电台		
02100501		品牌型号	
02100502		数量	
021099	其他		

（续）

代码	一级/二级/三级类目名称	四级类目名称	备注
02109901		品牌型号	
02109902		数量	
0211	扑救指挥		
021101	森林防火指挥机构		
02110101		机构名称	
02110102		负责人	
021102	火场指挥员		
02110201		姓名	
02110202		性别	
02110203		职务	
02110204		工作单位	
02110205		联系方式	
0212	扑救时间		
021201	开始时间		
021202	扑灭时间		
0213	问责处理		
021301	肇事者		
02130101		姓名	
02130102		性别	
02130103		年龄	
02130104		职业	
02130105		工作单位	
02130106		住址	
02130107		肇事事由	
02130108		行政处分	
02130109		刑事处罚	
021302	责任人员		
02130201		姓名	
02130202		性别	
02130203		年龄	
02130204		职业	
02130205		工作单位	
02130206		所负责任	
02130207		行政处分	
02130208		刑事处罚	

（续）

代码	一级/二级/三级类目名称	四级类目名称	备注
03	损失信息		
0301	调查基本信息		
030101	调查人		
03010101		姓名	
03010102		性别	
03010103		年龄	
03010104		职业	
03010105		工作单位	
030102	火因调查方法		
030103	调查时间		
03010301		开始时间	
03010302		结束时间	
0302	火烧迹地		
030201	行政区划		
030202	过火面积		
0303	人员伤亡		
030301	死亡人数		
030302	重伤人数		
030303	轻伤人数		
0304	受害森林		
030401	面积		
03040101		天然林	
03040102		人工林	
03040103		灌木林地	
030402	蓄积		
03040201		烧毁木	
03040202		烧死木	
03040203		烧伤木	
03040204		未伤木	
0305	经济损失		
030501	扑火经费支出		
030502	损失折款		
0399	其他		

湿地信息分类与代码

（LY/T 2181—2013，国家林业局 2013 年 10 月 17 日发布，2014 年 1 月 1 日实施）

1 范围

本标准规定了湿地信息分类与编码规则。

本标准适用于湿地信息采集、交换、加工、使用以及湿地信息系统建设等管理工作。

2 规范性引用文件

下列文件对于本文件的应用是必不可少的。凡是注明的引用文件，仅注日期的版本适用于本文件。凡不注日期的引用文件，其最新版本(包括所有的修改单)适用于本文件。

GB/T 10113—2003 分类与编码通用术语

GB/T 7027—2002 信息分类和编码的基本原则与方法

GB/T 24708—2009 湿地分类

GB/T 27648—2011 重要湿地监测指标体系

3 术语和定义

下列术语和定义适用于本标准。

3.1 湿地 wetland

湿地是指天然的或人工的，永久的或间歇性的沼泽地、泥炭地、水域地带，带有静止或流动，淡水或半咸水及咸水水体，包括低潮时水深不超过 6 米的海域。

3.2 湿地信息 wetland information

有关湿地自然环境、湿地功能与利用、湿地保护管理等，以及其相关动态变化信息，包括文字、数字、符号、图形、图像、影像和声音等各种表达形式。

3.3 湿地信息分类 classification of wetland information

根据湿地信息的属性或特征，按一定的规则对其进行区分和归类的过程。通过分类可

本标准按照 GB/T 1.1—2009 给出的规则起草。

本标准由全国林业信息数据标准化技术委员会(SAC/TC 386)提出并归口。

本标准起草单位：中国林业科学研究院资源信息研究所。

本标准主要起草人：张怀清、鞠洪波、凌成星、赵峰、刘华、黄建文。

以为湿地信息建立起一定的分类系统和排列顺序，有利于管理和使用信息。

3.4 湿地信息代码 wetland information code

表示湿地信息类目的一个或一组字符。

3.5 湿地信息编码 wetland information coding

在湿地信息分类的基础上给湿地信息赋予代码的过程。

3.6 类目 class

一组具有共同属性的事物的集合，又称类。

4 分类原则

4.1 科学性原则

选择湿地信息最稳定的本质属性或特性及其中存在的逻辑关联作为分类的基础和依据。

4.2 系统性原则

将选定的湿地信息中包括的事物、概念、属性、特征按完备的排列顺序予以系统化，形成合理的分类体系。

4.3 稳定性原则

根据国际通用的分类标准，参考我国行业工作需求和行业部门正在采用的分类与编码，增强湿地信息分类体系的稳定性与完备性。

4.4 可扩展性原则

在类目的扩展上预留空间，保证分类体系有一定弹性，可在本分类体系上进行延拓细化。在保持分类体系的前提下，保证基本框架稳定的前提下，允许在最后一级分类下制定适用的分类细则。

4.5 兼容性原则

与国内已有的相关信息分类标准相协调，保持继承性和实际使用的延续性，同时也与相关国际标准相符。

4.6 实用性原则

在进行湿地信息分类时，类目设置要全面、实用。

5 分类方法

5.1 基本方法

本标准中的基本分类方法遵循 GB/T 7027—2002 规定和要求。

5.2 湿地信息分类方法

湿地信息采用线分类方法进行分类，具有层次分明、隶属关系的明确特点，对于一些特殊类别的湿地信息，采用面分类方法进行补充，构成湿地信息分类体系。

6 编码

6.1 编码方法

1)编码方法采用层次码，每层中则采用顺序码，每级代码均采用2位阿拉伯数字表示，即01－99。顺序码采用递增的数字码；

2)湿地信息分类的各层级类目如果有收容类目时，其编码通常采用末尾数字为“99”的代码；

3)代码自左至右表示的层级由高至低。

6.2 代码结构

本标准中代码类目层次结构为三级，类目层次可根据发展需要增加。代码结构如图1所示。

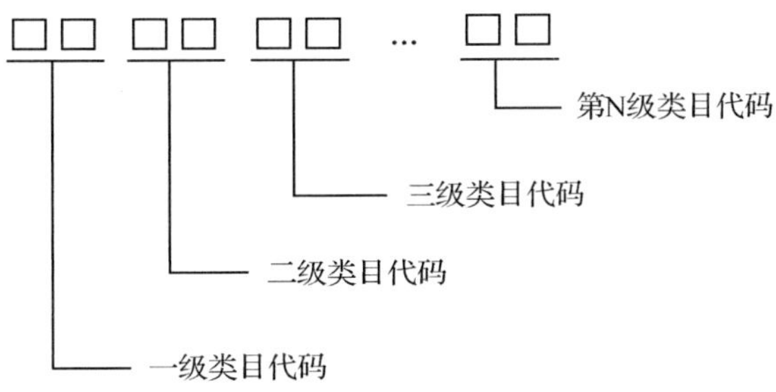

图1 代码结构图

7 湿地信息类别与代码表

7.1 湿地信息三级类目表

表1列出了湿地信息一、二、三级类目的名称、代码及对应的备注。

表1 湿地信息三级类目表

代码	一级类目名称	二级类目名称	三级类目名称	备注
01	湿地自然环境信息			
0101		自然资源		
010101			地理	包括位置、地形、地貌、地质、海拔
010102			土壤	包括土壤类型、泥炭厚度(沼泽湿地)等
010103			气候	包括气温、降水、蒸发量、光照、大气等

（续）

代码	一级类目名称	二级类目名称	三级类目名称	备注
010104			水文	包括水域、水源补给、流出状况、积水状况、水位、水深、蓄水等
010105			水质	包括地表水水质、地下水水质等
0102		生物多样性		
010201			野生动物	包括兽类、鸟类、两栖类、爬行类、鱼类、无脊椎类等
010202			植被与植物	包括沼生植物、湿生植物、水生植物、湿地植被等
0103		其他		
02	湿地功能与利用信息			
0201		资源功能与利用		
020101			生态	包括水资源、环境净化、调蓄、固碳等
020102			经济	包括天然产品、人工养殖与种植、矿产品及工业原料、航运、灌溉、水力发电等
020103			社会	包括休闲、旅游、疗养、体育运动等
020104			文化	包括文学、摄影、书法、绘画等
0202		周边社会经济		
020201			产业结构与产值	包括国民生产总值、产业结构、产业分布等
020202			工业	包括主要原材料消耗、产品产量、总产值等
020203			农林牧渔业	包括种植、捕捞、养殖、放牧等
020204			其他行业	包括运输、休闲旅游业等
0203		受威胁状况		
020301			自然威胁	包括泥沙淤积、盐碱化、沙化、外来物种入侵、赤潮、火灾等

（续）

代码	一级类目名称	二级类目名称	三级类目名称	备注
020302			人为威胁	包括城镇化、围垦、污染、承载人口、采集和捕捞、偷猎、水利工程和引排水、放牧、森林采伐等
0204		其他		
03	湿地保护管理信息			
0301		湿地保护状况		
030101			湿地重要性	包括国际重要湿地、国家重要湿地等
030102			自然保护区	包括国家级、省级、地（市）级、县级级别自然保护区
030103			湿地公园	包括国家湿地公园、国家城市湿地公园、地方湿地公园等
030104			湿地保护小区	包括湿地保护区域级别
030105			湿地保护工程	包括工程规划、工程实施、工程效果、湿地保护利用示范区等
030106			社区共管	包括湿地信访、建议提案、公众监督、公众调查、听证会、政务信息公开等
030107			宣传教育	包括湿地宣传、湿地教育与培训、湿地保护典范及表彰等
0302		湿地规划		
030201			国家规划	
030202			区域规划	
030203			流域规划	
030204			地方规划	
0303		湿地治理与恢复		
030301			水污染防治	包括工业废水防治、生活污水防治、农田排水防治、地表径流污染防治、养殖污染防治等
030302			大气污染防治	包括空气污染防治、酸雨防治、臭氧层保护、温室气体排放控制等
030303			固体废物与化学品污染防治	包括普通固体废物污染防治、危险废物污染防治、危险化学品污染防治等

（续）

代码	一级类目名称	二级类目名称	三级类目名称	备注
030304			污染事故应急管理	包括污染事故管理、事故应急管理等
030305			水资源配置	
030306			废水处理	包括物理处理、光化学处理、氧化塘处理、电源非电源处理等
030307			土地处理	
030308			沉积物抽取	
030309			先锋物种引入	
030310			土壤种子库引入	
030311			生物技术	包括生物操纵、生物控制、生物获取等
030312			种群动态调控与行为控制	
030313			物种保护	
0304		湿地监测		
030401			类型监测	
030402			面积监测	
030403			气象要素监测	
030404			水文监测	
030405			水质监测	
030406			土壤监测	
030407			植被及其群落监测	
030408			野生动物监测	
030409			外来物种监测	
030410			影响因子监测	
0305		湿地科技		
030501			湿地科学研究	包括科研项目管理、科研交流、科研机构等
030502			湿地科技成果管理	包括论文、专著、专利、软件、标准等
030503			湿地科技引进	
030504			湿地科技奖励	包括科学技术奖和其他科技奖励
030505			湿地保护科普	
0306		湿地政务管理		

（续）

代码	一级类目名称	二级类目名称	三级类目名称	备注
030601			机构人事管理	
030602			文档管理	
030603			日常政务信息	
030604			政务督查	
030605			资产管理	
030606			个人办公	
030607			会议管理	
030608			财务管理	
030609			后勤管理	
0307		合作与交流		
030701			国际合作	《湿地公约》履行工作、与国际组织合作、湿地保护组织交流工作
030702			区域合作	
030703			双边合作	
030704			国际贸易	
0308		湿地工程		
030801			湿地工程设计	
030802			湿地工程技术管理	
0309		其他		

荒漠化信息分类与代码

（LY/T 2182—2013，国家林业局 2013 年 10 月 17 日发布，2014 年 1 月 1 日实施）

1 范围

本标准规定了荒漠化信息代码编写原则与方法，制定荒漠化地区自然环境信息、荒漠化地区社会经济信息、荒漠化综合管理信息等相关信息的分类体系和代码表。

本标准适用于荒漠化信息管理，为各级荒漠化管理与应用部门进行信息采集、应用、交换和共享提供依据。

2 规范性引用文件

下列文件对于本文件的应用是必不可少的。凡是注日期的引用文件，仅注日期的版本适用于本文件。凡是不注日期的引用文件，其最新版本(包括所有的修改单)适用于本文件。

GB/T 10113—2003 分类与编码通用术语

GB/T 7027—2002 信息分类和编码的基本原则与方法

GB/T 20001. 3—2001 标准编写规则 第 3 部分：信息分类编码

GB/T20483—2006 土地荒漠化监测方法 2006 - 08 - 28 2006 - 11 - 01

3 术语和定义

下列术语和定义适用于本标准。

3. 1 荒漠化 desertification

由于气候变异和人类活动等因素造成的干旱、半干旱和亚湿润干旱地区的土地退化。

3. 2 荒漠化信息 desertification information

表现荒漠化地区自然环境信息、荒漠化地区社会经济信息、荒漠化综合管理信息等方面的数据；包括文字、数字、符号、图形、图像、影像和声音等各种表达形式。

本标准按照 GB/T 1. 1—2009 给出的规则起草。

本标准由全国林业信息数据标准化技术委员会(SAC/TC 386)提出并归口。

本标准起草单位：中国林业科学研究院资源信息研究所。

本标准主要起草人：侯瑞霞、孙伟、刘鹏举、黄水生、罗鹏、唐小明。

3.3 荒漠化信息分类 classification of desertification information

根据荒漠化信息的属性或特征，按一定的规则对其进行区分和归类的过程。通过分类可以为荒漠化信息建立起一定的分类系统和排列顺序，有利于管理和使用。

3.4 荒漠化信息代码 codes of desertification information

表示荒漠化信息类目的一个或一组字符。

3.5 荒漠化信息编码 coding for desertification information

在荒漠化信息分类的基础上，给荒漠化信息赋予代码的过程。

3.6 类目 class

一组具有共同属性的事物的集合，又称类。

3.7 分类体系 classification system

分类后所形成的相互关联的类目的整体。

4 分类原则

在荒漠化信息分类与编码过程中，应遵循科学性、系统性、稳定性、可扩延性、兼容性、实用性等基本原则。

4.1 科学性原则

依据分类的目的，选择荒漠化信息最稳定的本质属性或特性及其中存在的逻辑关联作为分类的基础和依据。

4.2 系统性原则

将选定的荒漠化信息中包括的事物、概念、属性、特征按完备的排列顺序予以系统化，形成逻辑层次清晰、结构合理、类目明确、科学的分类体系。

4.3 稳定性原则

分类时，结合我国多年来荒漠化各项工作积累成果，考虑行业部门正在采用的分类与编码，增强荒漠化信息分类体系的稳定与完备。

4.4 可扩延性原则

在类目的扩展上预留空间，保证分类体系有一定弹性，可在本分类体系上进行延拓细化。在保持分类体系的前提下，允许在最后一级分类下制定适用的分类细则。

4.5 兼容性原则

与国内已有的相关信息分类标准相协调，保持继承性和实际使用的延续性，同时也与相关国际标准相符。若有相关的国家标准，则应执行国家标准；其次，若没有相关的国家标准，则执行相关的行业标准；若二者均不存在，则应参照相关的国际标准。这样，才能保证不同分类体系间的协调一致和转换。

4.6 实用性原则

在进行荒漠化资源管理信息分类时，从荒漠化信息管理的实际需求出发，综合各种因素来确立具体的分类原则，类目设置要全面、实用。

5 分类方法

5.1 基本方法

本标准中的基本分类方法遵循 GB/T 7027 规定和要求。

5.2 荒漠化信息分类方法

本标准充分考虑荒漠化信息分类的应用需求、各级编码对象的特征和性质、拟定的分类原则，采用线分类方法进行分类，将荒漠化信息按三级划分，构成荒漠化信息分类体系。具有层次分明、隶属关系明确特点，对于一些特殊类别的荒漠化信息，采用线分类与面分类方法进行补充。

6 荒漠化信息编码

6.1 编码的原则

a)简单唯一性：在一个分类体系中，每一个荒漠化信息类目仅有一个代码，一个代码只唯一表示一个信息类目。代码结构应尽量简单，长度尽量短，以便节省机器存贮空间和减少代码的出错率。

b)规范合理性：代码结构要与分类体系相适应。代码的类型、结构以及编写格式必须统一。

c)稳定性：荒漠化信息类目的代码一旦被确定，只要名称没有发生变化，就应保持不变。

d)可扩充性：留有适当的后备容量，以便适应不断扩充的需要。

6.2 编码代码结构

本标准中编码代码类目层次为三级，类目层次可根据发展需要增加。代码结构如图 1 所示：

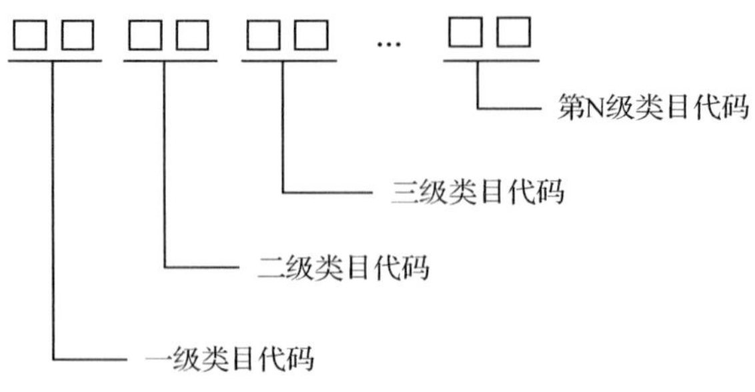

图 1 编码代码结构图

6.3 编码方法

a)采用层次码，每层中则采用顺序码，每层代码均采用 2 位阿拉伯数字表示，即 01 –

99。采用固定递增格式；

b)各层级类目如果有收容类目时，其编码通常采用末尾数字为“99”的代码；

c)代码自左至右表示的层级由高至低。

7 荒漠化信息类别与代码表

荒漠化信息按类别划分列出了各级级类目的名称、代码及对应的备注。

表 1 荒漠化信息三级类目表

代码	一级类目名称	二级类目名称	三级类目名称	备注
01	荒漠化地区自然环境信息			
0101		分布信息		
010101			地理分布	行政区划信息、生态区划、流域区划等
010199			其他分布信息	
0102		自然资源信息		
010201			地质信息	
010202			土壤信息	
010203			水文信息	
010204			气象信息	
010299			其他自然资源信息	
0103		生物多样性信息		
010301			动物信息	
010301			植物信息	
010399			其他生物多样性信息	
0104		自然灾害信息		
010401			地质灾害	水土流失、滑坡、崩塌、盐碱化等方面的类别、发生状况等
010402			水文灾害	洪水、涝渍、融雪、冰凌灾害状况
010403			气象灾害	干旱、风沙、酸雨、降雪等灾害
010404			动植物病虫害	
010499			其他自然灾害信息	
0199		其他自然环境信息		
02	荒漠化地区社会经济信息			
0201		人文信息		
020101			人口承载	

（续）

代码	一级类目名称	二级类目名称	三级类目名称	备注
020102			动态变迁	历史变迁、社会发展等
020103			教育程度	
020199			其他人文信息	
0202		经济信息		
020201			耕作开发	农垦、矿产等
020202			种植和养殖	经济树木、牲畜、渔业
020203			旅游	
020299			其他经济信息	
0203		产业发展信息		
020301			荒漠化产业项目	
020302			荒漠化产业工程	
020303			荒漠化产业技术	
020399			其他产业发展信息	
0204		社会灾害信息		
020401			社会灾害类别	砍伐、污染、过垦等信息
020402			社会灾害影响	
020403			灾害应急	预案管理、应急培训和演练、灾害应急流程
020499			其他社会灾害信息	
0299		其他社会经济信息		
03	荒漠化综合管理信息			
0301		科技管理信息		
030101			科研技术	技术研发、技术引进、研究成果等
030102			标准规范	调查规范、监测规范、技术规程等
030103			科技推广	
030199			其他科技管理	
0302		政务管理信息		
030201			事务管理	
030202			政策法规	与荒漠化有关法律、法规、政策等
030203			工程管理	
030299			其他政务管理	

（续）

代码	一级类目名称	二级类目名称	三级类目名称	备注
0303		监测信息		
030301			自然信息监测	气候、地质、动植物活动等方面的监测
030302			专项信息监测	类型变化、区域变迁、课题研究等
030399			其他监测	
0304		治理与恢复		
030401			生态环境保护与修复	
030402			社会规划治理	国家规划、区域规划、地方规划等
030499			其他治理与恢复	
0305		合作与交流		
030501			国际合作	国际公约、国际论坛、国际项目等
030502			社会组织合作	
030503			民众参与	
030599			其他合作	
0399		其他综合管理信息		

森林资源数据库术语定义

（LY/T 2183—2013，国家林业局 2013 年 10 月 17 日发布，2014 年 1 月 1 日实施）

1 范围

本标准规定了森林资源数据库建设的基本术语及定义。

本标准适用于以森林资源数据为本底的数据库、管理信息系统建设工作，也适用于林业信息化建设工作。

2 规范性引用文件

下列文件对于本文件的应用是必不可少的。凡是注日期的引用文件，仅注日期的版本适用于本文件。凡是不注日期的引用文件，其最新版本(包括所有的修订单)适用于本文件。

GB/T 14911 测绘基本术语

GB/T 16820 地图学术语

GB/T 17694 地理信息 术语

GB/T 14950 摄影测量与遥感术语

GB/T 26424 森林资源术语

3 术语和定义

GB/T 26424—2010 界定的以及下列术语和定义适用于本文件。

3.1 编码 encoding

数据到一系列代码的转换。[GB/T 17694—2009，B. 159]

3.2 编码规则 encoding rule

可标识的转换规则的集合。用于定义特定数据结构的编码。[GB/T 17694—2009，

本标准按照 GB/T 1.1—2009 给出的规则起草。

本标准由国家林业局森林资源管理司提出。

本标准由全国林业信息数据标准化技术委员会(SAC/TC 386)归口。

本标准起草单位：国家林业局调查规划设计院。

本标准主要起草人：侯瑞萍、李应国、闫宏伟、徐泽鸿、郑冬梅。

B. 160］

示例：XML，GB/T 2260—2007，GB/T 10114—2003.

注：编码规则既说明转换的数据类型，也用于说明数据结构的语法、结构和代码。

3.3　代码 code

依照特定模式的符号表示。［GB/T 17694—2009，B. 46］

3.4　要素类型 feature type

带有共同特性的要素的类别。

3.5　属性 attribute

< XML >一个元素中包含的名称 - 值对［GB/T 17694—2009，B. 19］

注：除非另有指明，否则在本文件中的一种属性就是一种 XMl 属性。一种 XML 属性的语法是"Attribute: : = Name = AttValue"。一种属性通常作为一个 XML 元素的修饰成分（如 < Road gml:id = "rl"/ >；这里的 gml:id 是一种属性）。

3.6　数据类型 data type

允许在值域内对值进行操作的值域的说明。［GB/T 17694—2009，B. 121］

示例：整型、实型、布尔型、字符串、日期型和 SG 点（将数据转换成系列编码）。

注：数据类型包括基本预定义类型和用户定义类型。

3.7　数据集 dataset

可以识别的数据集合。［GB/T 17694—2009，B. 122］

注：通过诸如空间范围或要素类型的限制，数据集在物理上可以是更大数据集较小的部分。从理论上讲，数据集可以小到更大数据集内的单个要素或要素属性。一张硬拷贝地图或图表均可以被认为是一个数据集。

3.8　元数据 metadata

数据的内容、质量、状况和其他特性的描述性数据。［GB/T 14911—2008，2. 65］

3.9　元数据元素 metadata element

元数据的基本单位。［GB/T 17694—2009，B. 307］

注 1：元数据元素在元数据实体中是唯一的。

注 2：与 UML 术语中的属性同义。

3.10　元数据实体 metadata entity

一组说明数据相同特性的元数据元素。［GB/T 17694—2009，B. 308］

注 1：可以包括一个或一个以上的元数据实体。

注 2：与 UML 术语中的类同义。

3.11　元数据子集 metadata section

元数据的子集合，由相关的元数据实体和元数据元素组成。［GB/T 17694—2009，B. 310］

注：与 UML 术语中的包同义。

3.12 核心元数据 core metadata

描述森林资源基本属性的元数据元素和元数据实体。

3.13 栅格 raster

通常由平行扫描线形成的或者由阴极射线管显示相对应的矩形图案。[GB/T 17694—2009，B.383]

注：栅格是格网的一种类型。

3.14 栅格数据 raster data

将地理空间划分成按行、列规则排列的单元，且各单元带有不同“值”的数据集。[GB/T 14911—2008，2.64]

3.15 像素 pixel

数字影像的最小元素，可对其赋予属性值。[GB/T 17694—2009，B.350]

3.16 数字正射影像图 digital orthophoto map（DOM）

经过正射投影改正的影像数据集。[GB/T 14911—2008，5.25]

3.17 数字高程模型 digital elevation model（DEM）

以规则格网点的高程值表达地表起伏的数据集。[GB/T 14911—2008，5.24]

3.18 数字栅格地图 digital raster graphic；digital raster graphics（DRG）

以栅格数据形式表达地形要素的地理信息数据集。[GB/T 14911—2008，5.26]

3.19 数字线划图 digital line graphic

以矢量数据形式表达地形要素的地理信息数据集。[GB/T 14911—2008，5.23]

3.20 大地坐标 geodetic coordinate

大地测量中以参考椭球面为基准面的坐标，通常以大地经度 L、大地纬度 B 和大地高 H 表示。[GB/T 14911—2008，5.1]

3.21 大地基准 geodetic datum

用于大地坐标计算的起算数据，包括参考椭球的大小、形状及其定位、定向参数[GB/T 14911—2008，2.18]

3.22 1954 年北京坐标系 Beijing geodetic coordinate system 1954

1954 年我国决定采用国家大地坐标系（采用克拉索夫斯基椭球），实质上是由原苏联普尔科沃为原点的 1942 年坐标系的延伸。[GB/T 14911—2008，2.30]

3.23 1980 西安坐标系 Xi′an geodetic coordinate system 1980

采用 1975 国际椭球，以 JYD1968.0 系统为椭球定向基准，选用陕西省泾阳县永乐镇为大地原点所在地，采用多点定位所建立的大地坐标系。[GB/T 14911—2008，2.31]

3.24 2000 国家大地坐标系 China geodetic coordinate system 2000（CGCS2000）

采用 2000 参考椭球，原点在地心的右手地固直角坐标系。Z 轴国际地球旋转局参考极方向，X 轴为国际地球旋转局的参考子午面与垂直于 Z 轴的赤道面的交线，Y 轴与 Z 轴

和 X 轴构成右手正交坐标系。[GB/T 14911—2008, 2.32]

3.25　1956 年黄海高程系 Huanghai Vertical Datum 1956

采用青岛水准原点和根据由青岛验潮站从 1950 年到 1956 年的验潮数据确定的黄海平均海平面所定义的高程基准，其水准原点的起算高程为 72.289m。[GB/T 14911—2008, 2.26]

3.26　1985 国家高程标准 national vertical datum 1985

1987 年颁布命名的，采用青岛水准原点和根据由青岛验潮站 1952 ~ 1979 年的验潮数据确定的黄海平均海水面所定义的高程标准，其水准原点的起算高程为 72.260m。[GB/T 14911—2008, 2.24]

3.27　高斯 - 克吕格投影 Gauss - Krueger projection

一种等角横切椭圆柱投影。其投影带中央子午线投影成直线且长度不变，赤道投影也为直线，并与中央子午线正交。[GB/T 14911—2008, 2.40]

3.28　高程 elevation

地面点至高程基准面的垂直距离。[GB/T 14911—2008, 5.9]

3.29　控制点 control point

以一定的精度测得几何、重力数据，为进一步测量和其他科学技术工作提供依据、控制精度的固定点。

3.30　几何校正 geometric correction

为消除图像的几何畸变而进行投影变换和不同波段图像的套合等校正工作。[GB/T 14950—94, 5.185]

3.31　残差 residual error

改正数：测量值的估值($\hat{L}$)与测量值(L)之差，一般用 V 表示，即有：$\hat{V} = \hat{L} - L$。[GB/T 14911—2008, 4.29]

3.32　中误差 mean square error

在等精度观测时取各次观测值真误差平方的平均值再开方。以公式表示为：$m = \pm\sqrt{\frac{[\Delta\Delta]}{n}}$。

3.33　要素 feature

真实世界现象的抽象。[GB/T 17694—2009, B.179]

注：要素可以类型或实例的形式出现。当仅表达一种含义时，应利用要素类型或要素实例。

3.34　矢量 vector

有方向且有大小的量。[GB/T 17694—2009, B.517]

注：如果一条线段的长度和方向等价于一个矢量的大小和方向，则该有向线段可以表示该矢量。术

语——矢量数据是指把表达要素空间结构的数据看作一个有向线段的集合。

3.35 属性值 attribute value

赋予一个属性特定的值。[GB/T 20258.1—2007]

3.36 拓扑 topology

对相连或相邻的点、线、面之间关系的科学阐述。特指那种在连续映射变换下保持不变的对象性质。

3.37 数据字典 data dictionary

是存储"关于数据项的数据"，记录有关数据的来源、说明、与其他数据的关系、用途和格式等信息。

3.38 接边 edge matching

为使相邻图幅数字化数据连接组成连续统一的图幅数据体，以便加入大型数据库或输出拼接后的图形，而对图幅边缘对应实体的数据进行匹配处理的过程或方法。[GB/T 16820—1997，5.85]

3.39 测量误差 true error

测量值（L）对其真值（$\tilde{L}$）之差，包括随机误差、系统误差和粗差。[GB/T 14911—2008，4.2]

3.40 限差 tolerance

一定测量条件下规定的测量误差绝对值的限值。[GB/T 14911—2008，4.11]

3.41 像片纠正 photo rectification

通过投影转换，将倾斜像片变换成规定比例尺水平像片的作业过程。[GB/T 14950—94，5.11]

3.42 像片镶嵌 photo mosaic

将有重叠影像的多张像片经过纠正，根据控制点或同名影像进行拼接，切去重叠部分的边条，将中央部分拼接和粘帖在图板上的作业过程。[GB/T 14950—94，5.32]

4.43 正射影像地图 orthophoto map

附有等高线的正射影像图。[GB/T 14950—94，6.20]

4.44 采样间隔 sampling interval

采样的空间间隔。[GB/T 14950—94，5.155]

3.45 数据交换 data interchange

数据的传输、接受和解释。[GB/T 17694—2009，B.105]

3.46 矢量数据 vector data

以坐标或有序坐标串表示的空间点、线、面等图形数据及其联系的有关属性数据的总称。[GB/T 14911—2008，2.63]。

3.47 地貌 relief

地球表面起伏形态的统称。[GB/T 14911—2008，2.50]

3.48 地物 ground features

地球表面上的各种固定性物体，可分自然地物和人工地物。[GB/T 14911—2008，2.51]

3.49 地形 landform；terrain；topograhy

地貌和地物的总称。[GB/T 14911—2008，2.52]

3.50 图名 map title

赋予每幅地图的名称。[GB/T 14911—2008，2.59]

3.51 图廓 map edge；map border

分幅地图的实际范围线和整饰范围线。[GB/T 14911—2008，2.60]

3.52 图例 legend

图上适当位置印出的图内所使用的图式符号及其说明。[GB/T 14911—2008，2.61]

3.53 卫星像片 satellite photograph

装载在卫星上的遥感器获取的像片。[GB/T 14950—94，6.48]

3.54 卫星像片图 satellite photomap

用经处理的卫星像片，按一定的几何精度要求，镶嵌成大片地区的影像镶嵌图。[GB/T 14950—94，6.51]

3.55 拓扑关系 topologic relationship

描述多个要素之间空间关系。

3.56 拓扑结构 topological structure

根据拓扑关系进行空间数据的组织方式。

3.57 森林资源数据库 forest resource database

描述和管理林地、林木的数量、质量、结构、布局及其相互关系的数据库。森林资源数据主要由下面四部分构成：

a）描述森林的属性数据库，存储描述森林的属性数据，例如地类、林种、树种、蓄积、权属等数据。

b）基础地理信息数据库，存储栅格地图数据和矢量地图数据。

c）遥感影像数据库，存储森林的遥感影像数据。

d）专题数据库，存储气象、土地、流域数据和社会经济状况等数据。

根据数据采集的方法和管理需求的不同，森林资源数据库分为森林资源连续清查数据库、森林资源规划设计调查数据库、森林资源作业设计调查数据库、森林资源专业调查数据库、林业工程数据库等。

3.58 森林资源连续清查数据库 forest continuous inventory database

以国家或省为单位建立，存储国家统一设置的固定样地数据。森林资源连续清查数据库简称森林资源一类清查数据库。

3.59 森林资源规划设计调查数据库 forest resource planning design and inventory database

一般以县或林业经营单位为单位建立，存储森林资源调查的小班数据和统计数据。森林资源规划设计调查数据库简称森林资源二类调查数据库。

3.60 森林资源作业设计调查数据库 forest resource operational design and inventory database

存储森林资源经营小班作业设计数据。作业设计数据库简称三类调查数据库。

3.61 森林资源专项调查数据库 forest resource specific inventory database

存储森林资源专项调查基础数据的数据库。

3.62 数据管理系统 data management system(DMS)

规定存取数据的方法以及组成文件的方式的一组专用程序包。该系统能广泛用于各种实际应用。提供的功能包括：建立和维护文件，对数据的排序、分类、查询、计算并最后产生各种报表。

3.63 数据库管理系统 database management system(DBMS)

用于控制数据库中数据的组、存储、检索、安全和完整性的一种软件。它管理和控制数据资源，接收应用程序的请求并引导操作系统传输恰当的数据。

3.64 地理信息系统 geographical information system(GIS)

综合处理和分析空间数据的一种技术系统。即在计算机软件和硬件的支持下，运用系统工程和信息科学的理论，科学管理和综合分析具有空间内涵的地理数据，以提供对规划、管理、决策和研究所需信息的技术系统。

3.65 森林资源信息系统 forest resources information system

在计算机软硬件支持下，把森林资源信息按照空间分布及属性，以一定的格式输入、处理、管理、空间分析、输出的技术系统。

3.66 林业专题地图 forestry thematic map

着重表示林业自然现象或社会现象中的某一种或几种要素的地图。如森林分布图、林相图、林种规划图、植被图等。

3.67 林业数字图像 forestry digital image

组成一幅林业像片的有规则有间隔的像素的二维阵列。

3.68 林业矢量地图 forestry vector map

数据基于图论数据模型的林业地图。

3.69 林业影像地图 forestry photomap

以航空和航天遥感影像为基础，通过几何纠正，配合以线划和少量注记，将制图对象综合表示在图面上的林业地图。

3.70 林业数字专题图 forestry digital thematic map

主要反映林业自然现象或社会现象中的某一种或几种要素，并基于图论数据模型的数字化林业地图。

附录A(规范性目录)汉语拼音索引

附录 B(规范性目录)英文对应词索引

森林资源数据库分类和命名规范

（LY/T 2184—2013，国家林业局2013年10月17日发布，2014年1月1日实施）

1 范围

本标准规定了森林资源数据库的分类和命名规则。

本标准适用于森林资源信息化建设、森林资源数据建库、森林资源信息交换等。

2 规范性引用文件

下列文件对于本文件的应用是必不可少的。凡是注日期的引用文件，仅注日期的版本适用于本文件。凡是不注日期的引用文件，其最新版本（包括所有的修订单）适用于本文件。

GB/T 26424—2010 森林资源规划设计调查技术规程

GB/T 13989—2012 国家基本比例尺地形图分幅和编号

LY/T 2012—2012 林种分类

《国家森林资源连续清查主要技术规定》（国家林业局林资发[2004]25号文）

3 森林资源数据分类

3.1 比例尺命名约定

表1 比例尺代码

代码	比例尺
A	1:4000000
I	1:1000000
B	1:500000
C	1:250000

本标准按照GB/T 1.1—2009给出的规则起草。

本标准由全国林业信息数据标准化技术委员会（SAC/TC 386）提出并归口。

本标准起草单位：国家林业局调查规划设计院。

本标准主要起草人：陈健、高显连、白降丽、闫宏伟

（续）

代码	比例尺
D	1:100000
E	1:50000
F	1:25000
G	1:10000
N	非比例尺

3.2 森林资源数据分类

将森林资源数据分为：核心元数据、基础类、监测类、应用类、其他类，具体分类见表2。

表2 森林资源数据分类

<table>
<tr><th>种类</th><th>子类</th><th>主要内容</th></tr>
<tr><td>核心元数据(Y)</td><td>森林资源(Z)</td><td>森林资源</td></tr>
<tr><td rowspan="6">基础类</td><td rowspan="3">遥感影像(DOM)</td><td>卫星影像</td></tr>
<tr><td>航空照片</td></tr>
<tr><td>其他</td></tr>
<tr><td>数字栅格地图(DRG)</td><td>系列比例尺</td></tr>
<tr><td>数字高程模型(DEM)</td><td>系列比例尺</td></tr>
<tr><td>数字线划图(DLG)</td><td>系列比例尺</td></tr>
<tr><td rowspan="9">监测类(J)</td><td rowspan="3">森林资源连续清查(1)</td><td>样地数据</td></tr>
<tr><td>样木数据</td></tr>
<tr><td>统计数据</td></tr>
<tr><td rowspan="3">规划设计调查(2)</td><td>基本图</td></tr>
<tr><td>森林资源分布图</td></tr>
<tr><td>小班调查数据</td></tr>
<tr><td rowspan="3">作业设计调查(3)</td><td>统计数据</td></tr>
<tr><td>营林数据</td></tr>
<tr><td>专项调查数据</td></tr>
<tr><td>应用类(Y)</td><td>经营管理(JY)</td><td>经营措施</td></tr>
<tr><td>其他类(Q)</td><td>成果类文档(W)</td><td>森林资源成果文档</td></tr>
</table>

4 核心元数据

按照核心元数据的类别划分对具体数据表命名时按照大类、中类分别进行命名，具体内容见表3。

表 3 森林资源核心元数据命名规则

大类	中类
YZ(核心元数据)	SLZY(森林资源)

示例：表名 YZ_SLZY 表示森林资源核心元数据表。

5 基础类

按照基础类数据的类别划分对数据表进行命名，按照大类、图幅号或行政区划、中类、小类、行政代码、时间、比例尺的不同分别进行命名，数据表命名规则见表 4。

a)大类采用 3 位表示，其中 DOM 表示遥感影像，DRG 表示数字栅格地图，DEM 表示数字高程模型，DLG 表示数字线划图。

b)号或行政区划用 6 位表示，行政代码包括县级单位和省管林业局，图幅号编号采用《国家基本比例尺地形图分幅和编号 GB/T 13989—2012》。

c)中类采用 4 位表示，中类的名称用 4 位汉语拼音的简写表示(XZJX 表示行政界线，XZJM 表示行政界面，LYJX 表示林业界线，LYJM 表示林业界面，YXSJ 表示影像数据等)，中类名称可以扩充。

d)小类采用最多不超出 5 位表示，小类的名称用不超出 5 位的字母(包括数字)表示(MODIS 表示中分辨率成像光谱仪系列数据，SPOT 表示法国空间研究中心研制的地球观测卫星系统的系列数据，TM(ETM)表示美国陆地探测卫星系统的系列数据，SMDX 表示扫描数据，HILL 表示阴影数据，GRID 表示格网数据，GJJSJ 表示全国范围数据，LGJSJ 表示林管局范围数据，LCJSJ 表示林场范围数据等)，小类名称可以扩充。

表 4 基础类数据命名规则

大类	图幅号或行政区划(6 位)	中类	小类	时间	比例尺
DOM	_××××××	_××××	_×××××	_××××	×
DRG	_××××××	_××××	_×××××	_××××	×
DEM	_××××××	_××××	_×××××	_××××	×
DLG	_××××××	_××××	_×××××	_××××	×

注：时间用 4 位表示，落实到年份。比例尺采用表 1 比例尺代码中的代码规则。

示例：表名 DOM_1000000_YXSJ_MODIS_2003_N 表示基础类数据中 2003 年全国 MODIS 影像数据表。

6 监测类

6.1 森林资源连续清查数据

森林资源连续清查数据的行政代码为 2 位，总体代码为 1 位，样地类型码为 1 位，时间用年份为单位，用 4 位表示。具体内容见表 5。

表 5　森林资源连续清查样地数据命名规则

大类	行政代码 + 总体代码 + 样地类型码	中类	时间
J1(森林资源连续清查)	_××××	_YD(地面样地)	_××××
		_YM(样木)	
		_KJ(跨角样地)	
		_YG(遥感样地)	
		_ST(生态重大调查样方)	

注：表名中样地类型码为 1 位(G 表示固定样地，L 表示临时样地)。

示例：表名 J1_431G_YM_2005 表示 2005 年湖南省森林资源连续清查固定样地数据中的样木调查数据表。

表 6　森林资源连续清查全国统计成果数据命名规则

大类	行政代码	中类	(第××次监测的××表)表名
J1(森林资源连续清查)	_××××××	TJ(统计成果)	××××

注：表名中行政代码为 6 位，表名一栏"××××"，前两位"××"表示监测次数，如第五次表示为"05"，后两位"××"表示"数据表的序列号"。

示例：表名 J1_100000TJ0501 表示森林资源连续清查全国统计成果数据中第五次清查统计结果的森林资源概况表(表 1)。

6.2　森林资源规划设计调查数据

森林资源规划设计调查数据的行政代码用 6 位表示(包括县级单位和省管林业局)，时间用年份为单位，用 4 位表示，见表 7、8。

表 7　森林资源规划设计调查数据命名规则

大类	中类	比例尺	行政代码	时间
J2(规划设计调查)	JB(基本图)	×	_××××××	_××××
	FB(森林分布图)	×	_××××××	_××××
	DA(小班数据库)	×	_××××××	_××××
	DA(林相图)	×	_××××××	_××××
	ZT(专题图)	×	_××××××	_××××

注：比例尺采用表 1 比例尺代码中的代码规则。时间用 4 位表示，如 2005 表示 2005 年。专题图的专题名称可以用 4 位汉语拼音的简写表示。

示例：表名 J2JBE_430181_2007 表示森林资源规划设计调查数据中 2007 年湖南省浏阳市规划设计调查基本图数据表。

表 8　森林资源规划设计调查数据统计表数据命名规则

大类	中类	表名	行政代码	时间
J2(规划设计调查)	TJ	××	_××××××	_××××

注：表名一栏"××"表示"数据表的序列号"。行政代码为 6 位，时间为 4 位。

示例：表名 J2TJ01_430181_2007 表示森林资源规划设计调查数据中 2007 年湖南省浏阳市规划设计调查统计表中的各类土地面积统计表(表 1)。

6.3 作业设计调查数据

作业设计调查数据的行政代码为12位，数据库建设单位可以具体落实到县级进行数据组织，时间用6位表示，4位表示年，2位表示月，见表9。

表9 作业设计调查数据命名规则

大类	中类	小类	比例尺	行政代码	时间(6位)
J3(作业设计调查)	_××	ZY(作业分布图)	_×	_××××××××××××	_××××××
		DC(调查表)			
		TJ(统计表)			

注：比例尺采用表1比例尺代码中的代码规则。行政代码为12位，前6位是到县级的行政代码，后6位是到村(林班)的行政代码。中类的作业类型名称可以用2位汉语拼音的简写表示(CF表示采伐，YL表示营林，FY表示抚育等)。

示例：表名J3_CFZY_N_430181000000_表示森林资源采伐作业数据中2007年5月湖南省浏阳市伐区作业分布图数据。

7 应用类

按照应用类数据的类别划分对数据表进行命名，按照大类、中类、小类、行政代码、时间的不同分别进行命名，数据表命名规则见表10。

a)大类采用1位表示，Y表示应用类；

b)中类采用2位表示，中类表示经营管理中各个环节的名称，用2位汉语拼音的简写表示(JY表示经营管理，ZY表示资源利用)，中类名称可以扩充；

c)小类采用4位表示，小类表示具体的经营措施的名称，用4位汉语拼音的简写表示(GXZL表示更新造林，SLFY表示森林抚育，LFGZ表示林分改造，HLFH表示护林防火，BCFZ表示林木病虫害防治，FQGL表示伐区管理等)，小类名称可以扩充。

表10 森林资源应用类数据命名规则

大类	中类	小类	行政代码	时间(6位)
Y(应用类)	_××	_××××	_××××××××××××	_××××××

注：行政代码为12位，前6位是到县级的行政代码，后6位是到村(林班)的行政代码。时间用6位表示，4位表示年，2位表示月。

示例：表Y_JY_SLFY_430181000000_200705表示2007年5月湖南省浏阳市在森林资源经营管理中进行森林抚育措施的数据表。

8 其他类

表 11 森林资源其他类数据命名规则

大类	中类	行政代码	时间(6 位)
Q(其他类)	_ZYWD(森林资源文档)	_××××××××××××	_××××××

注：行政代码为 12 位，前 6 位是到县级的行政代码，后 6 位是到村(林班)的行政代码。时间用 6 位表示，4 位表示年，2 位表示月。

示例：表 Q_ZYWD_430181000000_200705 表示其他类数据中 2007 年 5 月湖南省浏阳市森林资源文档数据表。

森林资源管理信息系统建设导则

（LY/T 2183—2013，国家林业局2013年10月17日发布，2014年1月1日实施）

1 范围

本标准规定了森林资源信息系统建设的总体框架和支撑技术，并对数据库、数据交换系统、应用系统、基础设施等重要建设内容的关键技术提出了应用要求，适用于国家和地方各级森林资源信息系统建设及运行维护工作。

本标准适用于非涉密森林资源管理信息系统的建设工作。其中数据库建设涉及的森林资源涉密数据，均不适用于本标准。

2 规范性引用文件

下列文件对于本文件的应用是必不可少的。凡是注日期的引用文件，仅注日期的版本适用于本文件。凡是不注日期的引用文件，其最新版本(包括所有的修改单)适用于本文件。

GB/T 17532 术语工作 计算机应用 词汇

GB/T 25647 电子政务术语

3 术语、定义和缩略语

3.1 术语和定义

3.1.1 森林资源数据标准化 forest resources data standardization

由国家林业主管部门统一制定用于指导数据交换的森林资源数据标准，包括数据分类、精度标准和传输方式等工作。

3.1.2 森林资源数据备案 forest resources data record

各省的森林资源数据除了在本省森林资源数据库中存放以外，还需要备案到国家森林

本标准按照 GB/T 1.1—2009 给出的规则起草。

本标准由全国林业信息数据标准化技术委员会(SAC/TC 386)提出并归口。

本标准起草单位：国家林业局调查规划设计院。

本标准主要起草人：高金萍、闫宏伟、高显连。

资源数据库中，技术上可采用动态增量备份或光盘复制等多种形式来实现。

3.1.3 WEB 服务 Web Service

一个通过 URL 识别的软件应用程序，其界面及绑定能用 XML 文档来定义、描述和发现，使用基于 Internet 协议上的消息传递方式与其他应用程序进行直接交互。WEB 服务采用了大量的标准化技术，充分利用了现有的网络技术、标准或者协议，建立在 HTTP、WSDL、SOAP 和 UDD I 等标准以及 XML 等技术之上。

3.2 缩略语

XML 可扩展标记语言(eXtensible Markup Language)

SOAP 简单对象访问协议(Simple Object Access Protocol)

HTTP 超文本传输协议(Hypertext Transfer Protocol)

WMS Web 地图服务规范(Web Map Service)

WFS Web 要素服务 WFS(Web Feature Service)

WCS Web 覆盖服务(Web Coverage Service)

SOA 面向服务体系架构(Service-oriented architecture)

ROA 面向资源体系架构(Resource-oriented Architecture)

REST 表述性状态转移(Representational State Transfer)

4 总体框架

4.1 总体架构

按照《全国林业信息化建设总体纲要》，全国森林资源管理信息系统由基础设施、数据库、数据交换系统、应用系统、标准规范体系、安全体系等 6 项建设内容组成，其中数据库、应用系统、数据交换系统是核心内容。总体框架如图 1 所示。

4.2 支撑技术

4.2.1 技术选型原则

全国森林资源管理信息系统建设应根据森林资源管理的特点和需求选择的信息支撑技术。支撑技术选型基本原则为国际先进、性能稳定成熟、符合主流发展方向。

4.2.2 主要支撑技术

a)地理空间信息技术。全国森林资源管理信息系统建设应充分利用地理空间信息技术，实现森林资源空间数据采集、建库、管理、查询、分析、显示和空间信息应用服务等功能。

b)海量数据管理和检索技术。全国森林资源管理信息系统建设应充分利用海量数据管理和检索技术，包括海量空间数据管理、数据挖掘、分布式计算和处理、空间查询和分析、网格等技术方法实现森林资源海量空间数据的存储、动态管理、组织优化、快速检索和分析。

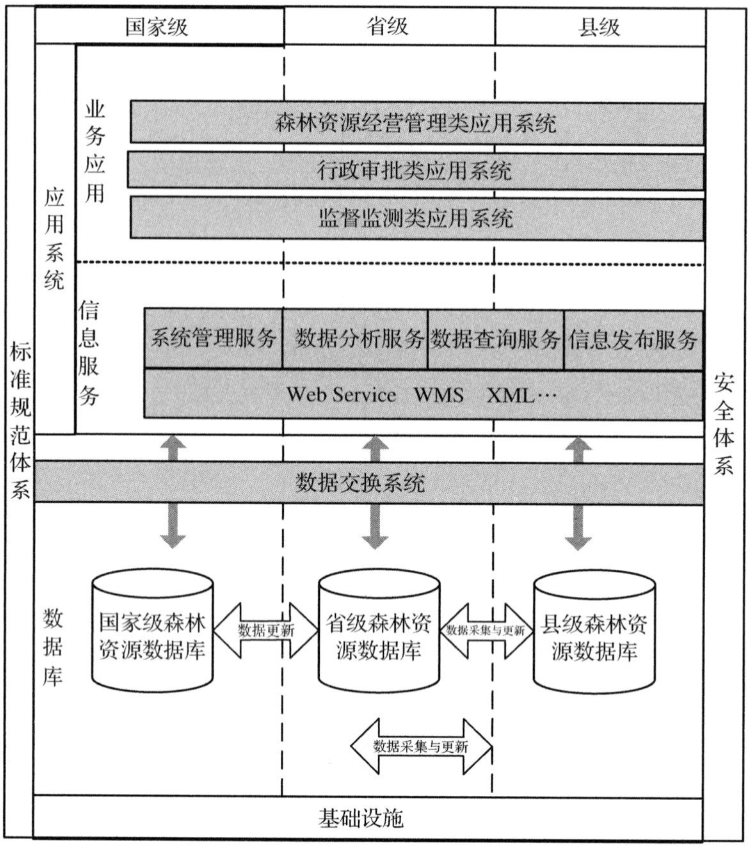

图1　全国森林资源管理信息系统总体框架

c)信息交换技术。全国森林资源管理信息系统建设应充分利用主流的信息交换技术，包括元数据、XML、REST、Web Service、SOA、ROA、云计算、物联网等技术和方法实现森林资源数据发现、数据转换、数据管理和数据使用等整个网络信息交换过程，从而实现跨部门、跨地域、多源异构的森林信息资源的共享和服务，实现多个森林资源应用系统之间实现无缝集成。

d)数据一体化更新技术。全国森林资源管理信息系统建设应利用成熟的数据一体化管理更新技术开展森林资源矢量和属性数据一体化采集、编辑、处理和同步更新工作，实现森林资源数据空间和属性数据的一体化管理。

e)数据集成技术。全国森林资源数据源由矢量数据、属性数据、统计数据、航天卫星数据、航空摄影测量数据、多媒体数据等多种类型组成，存储于多种异构关系数据库、空间数据库、数据文件中。应利用数据集成技术，包括数据仓库、GML、SOA 等方法和技术，实现森林资源多源、异质、多态数据的集成、综合处理与应用的无缝结合。

5 数据库

5.1 概述

森林资源数据库是系统建设的重要内容。应在统一的标准规范体系下，进行数据采集，对现有森林资源数据进行加工处理、整合及数据建库。通过应用系统的实际业务应用，实现森林资源数据库数据更新。

5.2 数据分类

森林资源数据库的数据来源于森林资源监测、规划、管理、生产等过程中产生的各类数据。森林资源数据类型多样，根据数据性质，分为五大类：基础地理类、调查监测类、经营管理类、文档类、元数据。

5.3 体系结构

全国森林资源数据库采用分布和集中相结合的管理模式。根据我国分级的森林资源管理模式，森林资源数据库纵向分为国家、省(地)、县三级层次，各级数据库相互关联、独立运行。

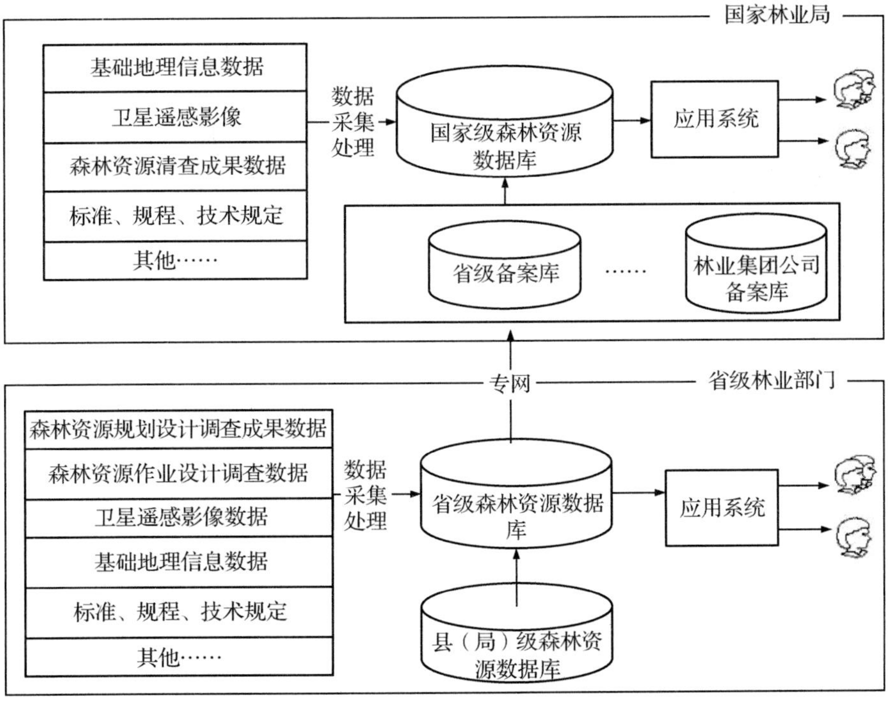

图 2 全国森林资源数据库分级体系结构

5.4 数据管理模式

全国森林资源数据库采取集中与分布式相结合的管理模式。

a)集中管理的内容：应包括省级数据库宜集中管理各县的森林资源规划调查小班成果

数据和其他成果数据，小班作业调查数据，采伐、运输、加工数据，其他监督管理数据。国家级数据库中宜集中备案各省的森林资源规划设计调查小班成果数据和统计成果数据。

b)除集中管理的数据外，其他数据应实行分布管理。国家通过数据交换系统访问分布在各省的森林资源数据。

5.5　数据库部署

根据各级应用需求和管理特点，国家级数据库部署在国家，省级数据库部署在本省，县级数据库的部署方式由本省确定。国家级数据库与各省数据库通过数据交换系统实现数据交换与共享。

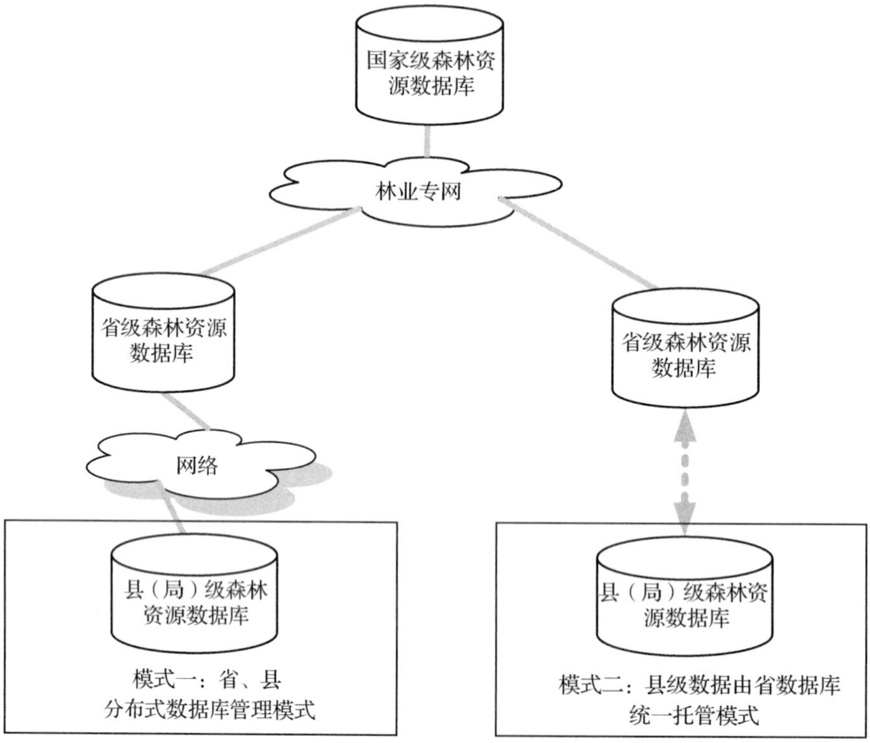

图3　全国森林资源数据库部署模式

5.6　数据库实施策略

5.6.1　已建设单位

已建立全省森林资源数据库的单位，实施策略是：

a)对不满足与国家数据共享要求的现有数据库，应按全国数据库建设标准进行数据标准化改造工作，或按数据交换要求完善现有数据库，以满足国家通过交换系统共享各省数据的要求。

b)应利用数据库建设成果开展森林资源经营管理活动，并及时将经营管理结果反映到森林资源数据上来。

c)在现有工作基础之上，建立森林资源数据更新机制，全面推动数据更新工作，并将最新一年更新后的森林资源成果数据提交国家林业局使用。

5.6.2 正在建设单位

正在建设单位(包括部分建成单位)实施策略是:

a)按照全国森林资源数据库建设标准，加快数据库建设进程，补充未建内容，建立起覆盖全省的森林资源数据库，允许适度扩展本省数据库建设内容。

b)本省森林资源数据库建成后，应推动森林资源数据在经营管理中的应用和数据更新工作。

5.6.3 未建单位

未建立全省森林资源数据库的单位，实施策略是:

a)按照全国森林资源数据库建设标准，对本单位现有数据资源进行标准化整合和建库，将标准化整合和改造后的成果数据提交国家林业局使用。

b)加强本省森林资源调查监测工作，提供和补充森林资源基础数据，逐步建立覆盖全省的森林资源数据库。

5.7 数据库软件要求

5.7.1 国家级及省级数据库管理系统

国家级及省级森林资源数据库数据量大、以空间数据管理为主，应选用成熟、先进的大型关系数据库管理系统，具体选型要求如下:

a)支持 TB 级空间数据存储管理，支持数据压缩功能。

b)具有开放性，支持多种主流操作系统。

c)高性能，能够在多用户时长时间较好地运行大量事务。

d)高安全性，获得较高认证级别的标准认证。

5.7.2 县级数据库管理系统

县级数据库需要采用成熟、稳定的中小型关系数据库管理系统，要求如下:

a)支持空间数据存储和管理。

b)高安全性，获得较高认证级别的标准认证。

5.7.3 空间数据引擎

国家级及省级森林资源数据管理需要选用成熟、先进的空间数据引擎，性能要求如下:

a)具有开放性，支持多种主流操作系统。

b)能够管理 TB 级的数据量并在国内有实际应用案例，建立海量、无缝空间数据库。

c)能够与多种数据库进行无缝连接。

d)支持快速的多用户并发访问。

e)支持版本管理、离线编辑、长事务处理。

f) 支持航片、卫片、DEM 等海量栅格数据的存储和管理。

6 数据交换系统

6.1 概述

数据交换系统由元数据、目录服务和数据交换接口三部分有机组成，实现可交换森林资源信息的查询、远程发送和接收。数据交换系统应实现国家和省之间的纵向森林资源数据交换和森林资源管理信息系统与其他部门应用系统之间横向数据交换。数据交换系统分为国家、省两级节点。

6.2 组成

6.2.1 元数据

森林资源数据库中每个数据集都应建立对应的元数据。元数据建设要遵循相关林业标准规范。

对于相关林业标准规范中已经存在的元数据项，可以通过扩展代码表对其值域增加限制，或者变更约束/条件施加更严格的限制。对于相关林业标准规范中没有的元数据项，可从行业标准、国家标准、ISO 标准中选取合适的元数据项作为本标准的扩展，或增加新的元数据项。

6.2.2 目录服务

国家和各省依托本级森林资源元数据，从中分别提取出交换服务的特征信息，编目形成交换服务目录。

使用者通过目录服务系统对信息资源进行目录查询。目录服务系统提供的基本功能应包括数据目录编目、注册、发布、查询、维护。

6.2.3 数据交换接口

森林资源数据交换接口标准由国家统一提出，对国家和省之间的数据交换内容、格式和要求进行规范。各省按照该标准建立并发布本省数据交换接口服务。

数据交换接口实现省级森林资源数据的远程访问，应完成的功能包括查询、统计汇总、专题图浏览等。数据交换接口包括三方面的接口：服务自描述接口、数据类型自描述借口、数据操作接口。每种接口要说明具体定义、参数、结构模型、请求、响应、异常处理等内容。数据交换接口基于 Web Service 和空间地图服务(WMS、WCS、WFS)技术，通信标准采用 SOAP 绑定 HTTP 协议或者 REST 协议。

6.3 结构框架

数据交换系统实现国家和各省之间森林资源数据交换。其结构框架如图 4 所示。

国家通过数据交换接口访问各省数据库，不采用直接访问数据库的形式，保证各省独立管理数据库和管理数据的权利。数据交换接口布置在各试点省的应用服务器上，不具有数据编辑功能，即国家不能通过接口修改各省的数据。

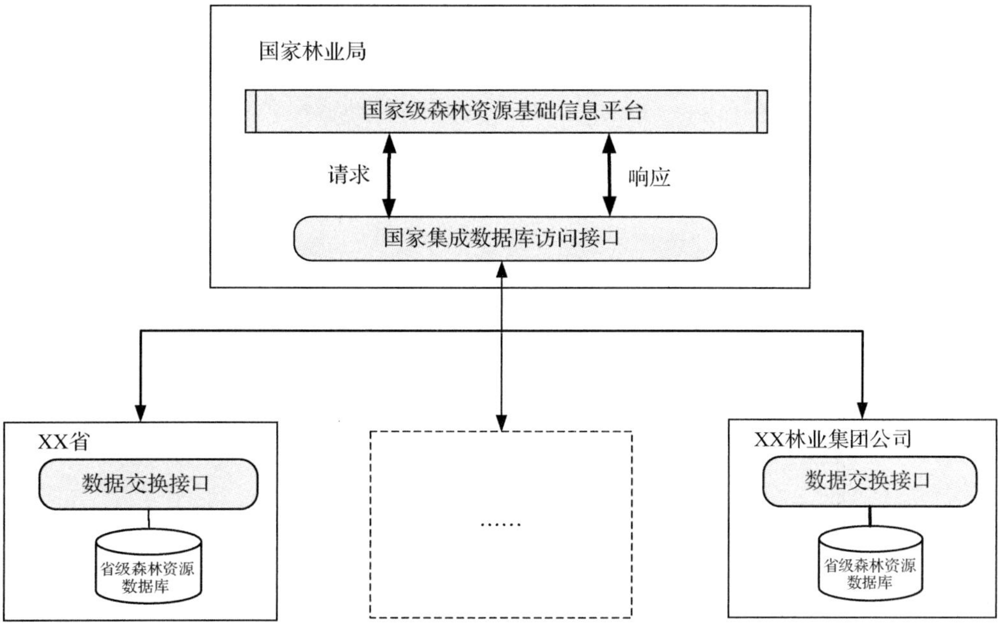

图 4　数据交换服务结构框架图

6.4　数据交换内容

6.4.1　基于 Web Service 的数据交换内容

以 Web Service 形式提供的查询、统计汇总功能至少包括：

a）提供指定条件的林木采伐管理相关属性和统计信息。

b）提供指定条件的木材运输管理相关属性和统计信息。

c）提供指定条件的木材加工管理相关属性和统计信息。

d）提供指定条件的林权管理相关属性和统计信息。

e）其他森林资源行政审批管理相关属性和统计信息。

6.4.2　基于空间地图服务（WMS、WCS、WFS）的数据交换内容

以空间地图服务（WMS、WCS、WFS）形式，提供的功能主要有：

a）提供规划设计调查小班相关专题地图服务信息，至少应包括地类、森林类别、林种、起源、权属、龄组、优势树种、工程类别等 8 个专题。

b）提供采伐验收小班相关专题地图服务信息，至少应包括采伐类型、采伐方式、林种、起源、工程类别、事权等级等 6 个专题。

c）其他森林资源数据专题地图服务信息。

6.5　部署要求

数据交换系统应布置在国家和省各自的应用服务器上。国家和省应提供 7＊24 小时不间断网络交换服务，并定期对应用服务器上布置的数据交换接口进行监控，保证其正常运行。同时建立运行维护机制，保证目录服务系统和数据交换接口的持续稳定运行。

6.6 性能要求

数据交换系统在满足 10 个以内用户并发访问的情况下，地图服务响应速度控制在 20 秒，统计汇总类服务响应速度控制在 30 秒，单条记录查询应控制在 10 秒。

7 应用系统

7.1 概述

应用系统由业务应用系统和信息服务系统组成。业务应用系统为森林资源管理工作服务，应涵盖国家和地方的森林资源经营管理、行政审批、森林资源监督监测等三类森林资源管理主体业务。信息服务系统基于业务应用系统，提供森林资源系统管理、数据查询、数据分析、信息发布和信息产品服务 5 类信息服务，服务对象包括森林资源管理部门和其他部门。

应用系统建设分为国家、省、县三级，地市级建议不作为一级建设单位进行系统布局与建设。如确实需要，各地可根据具体情况，参照省级或县级系统的建设模式进行安排。

7.2 业务应用

7.2.1 系统功能

a）森林资源经营管理类系统应围绕森林可持续经营管理提供功能支撑，包括森林经营管理、公益林管理等相关业务系统。

b）森林资源行政审批类系统应提供归口森林资源部门的所有行政审批管理功能，应实现包括林木采伐、木材运输和木材经营加工等审批业务的网上办公和信息查询。

c）森林资源监督监测类系统应提供森林资源调查监测和森林资源监督管理两类功能。森林资源调查监测系统应提供国家级森林资源清查、地方森林资源规划设计调查、年度监测等森林资源调查监测业务应用功能。森林资源监督管理系统应实现森林采伐管理、林地林权管理、造林核查等监督业务应用功能。

d）这些系统应基于统一的森林资源数据库，彼此衔接，形成统一的整体。通过业务应用系统的实际应用实现森林资源数据库更新。

7.2.2 支撑软件选型

业务应用系统应以网络化应用为主；不满足条件的，暂可采用单机系统。系统以 GIS 软件平台为基础软件平台，总体性能要求如下：

a）GIS 软件平台应支持当前主流计算机操作系统。

b）GIS 软件平台应能代表当今国际领先技术水平，各模块功能全面、性能稳定，在国内外的各行各业中有很多成熟的应用；在中国具有 1500 个以上应用单位，保证提供在中国有大量成熟应用的 GIS 平台软件。

c）GIS 软件平台应遵循国际主流 IT 标准，包括网格协议标准 TCP/IP、HTTP，Web 标准 XML，对象建模标准 UML，元数据标准 ISO、FGDC，开发标准支持 ActiveX、COM、

ASP、. NET、Java、JSP、Java Bean 等。

d) GIS 软件平台应在中国提供强大的技术支持能力，专职技术支持工程师应有 15 人以上。

e) GIS 软件平台应具有国际流行的 COM 组件结构，支持 . NET 技术和 Java。

7.3 信息服务

7.3.1 服务功能

a) 系统管理类服务。系统管理服务应提供系统注册、角色和权限管理、数据管理、报表定制、代码管理、访问日志等功能。

b) 森林资源信息专题查询服务。森林资源信息专题查询服务应提供多种查询方式，实现森林资源数据以及相关专题信息方便、快捷查询。查询方式应提供目录导航、定制查询、条件查询、按行政区划和林业区划逐级查询等。森林资源信息查询还应该提供利用空间选择工具在地图上直接选择查询对象的功能，选择工具可包括点选、矩形框选、任意多边形选等多种方式。

c) 数据分析服务。数据分析服务重点提供森林资源清查成果数据和森林资源调查规划成果数据的统计分析和空间分析功能。统计分析应提供基于统计报表和统计指标的两类分析功能，为方便用户，统计报表和统计指标应提供自定义功能，并保存统计分析结果。空间分析需要与统计分析相结合，提供按任意空间区域进行分析的功能。分析区域可以是行政区、规划区、缓冲区或其他分析区域。

d) 在线信息服务和发布。信息发布服务应实现森林资源监测、管理和其他综合信息的在线信息服务和信息发布服务。对不同权限级别的用户应显示不同的数据内容。在线信息服务应提供信息定制、在线信息显示和下载功能，对用户特定的信息需求通过定制的方式，生成相应的地图信息供用户在线浏览和查询使用。信息发布服务提供提供系统预先生成一些专题信息服务，通过 WMS、Web Service、XML 等服务形式提供给用户访问。

e) 信息产品服务。信息服务产品应以专题图表形式为主，包括森林资源管理常用的专题地图和报表，如森林分布图、地类分布图和各种报表等。信息服务产品应提供产品定制和已有产品服务提供 2 种服务方式。产品定制根据用户实际需要定制信息产品，已有产品提供是指系统预先生成一些常用的专题图供用户浏览和下载访问。服务产品需要经过基础数据提供部门、森林资源管理部门授权后，才能提供下载服务。

7.3.2 技术实现要求

森林资源基础信息服务系统的搭建应基于分布与集中相结合的森林资源数据库，充分利用 Web Service、地图服务、XML 等技术和开放标准协议，实现各类森林资源基础信息服务。

国家和省级基础信息服务系统应符合 SOA 架构或 ROA 架构要求，采用 B/S 结构进行开发。系统建设应与林业其他应用系统相协调，实现单点登录。系统建设过程中应将应用和应用支撑部分相分离，方便扩展。县级森林资源基础信息服务系统根据网络条件选用B/S或C/S结构。

信息服务系统采用REST、Web Service、地图服务、XML等技术和开放标准协议，按照全国森林资源管理信息系统的接口标准开发系统接口，以系统管理、数据分析、数据查询、信息发布和信息产品服务的方式，为森林资源管理应用系统和其他应用系统提供数据访问。

8 基础设施

基础设施由支撑森林资源管理信息系统运行的软硬件设备和网络运行环境组成。基础设施建设中技术应用要求如下：

a）应重点建设网络运行环境，充分利用国家林业局SDH专网和各省林业专网或本省政务专网，实现国家、省和县三级连接。

b）森林资源数据应逐步实现在林业专网或本省政务专网传输和共享。

c）各省应建立与国家SDH专网的连接机制，保证国家能够通过本省的网络安全设备连通数据交换系统，实现数据共享。

森林资源数据编码类技术规范

（LY/T 2186—2013，国家林业局 2013 年 10 月 17 日发布，2014 年 1 月 1 日实施）

1 范围

本标准规定了森林资源数据的分类编码原则、数据分类以及空间数据和属性数据的编码方法、代码结构和代码表。

本标准适用于森林资源数据管理、森林资源数据的采集与建库以及林业信息化建设等，是信息交换的统一标准。

2 规范性引用文件

下列文件对于本文件的应用是必不可少的。凡是注日期的引用文件，仅注日期的版本适用于本文件。凡是不注日期的引用文件，其最新版本(包括所有的修改单)适用于本文件。

GB/T 13923 基础地理信息要素分类与代码

LY/T 1646 森林采伐作业规程

GB/T 14467 中国植物分类与代码

GB/T 26424 森林资源规划设计调查技术规程

GB/T 17296 中国土壤分类与代码

GB/T 14721 森林类型

GB/T 15778 林业资源分类与代码 自然保护区

LY/T 1812 林地分类

LY/T 2012 林种分类

3 分类与编码原则

本标准采用线分类法与面分类法结合，按下列原则对森林资源基础信息数据进行分类

本标准按照 GB/T 1.1—2009 给出的规则起草。
本标准由国家林业局森林资源管理司提出。
本标准由全国林业信息数据标准化技术委员会(SAC/TC 386)归口。
本标准起草单位：国家林业局调查规划设计院。
本标准主要起草人：白降丽、李应国、高显连、闫宏伟、徐泽鸿、白卫国、郑冬梅。

编码。

3.1 科学性、系统性

根据森林资源特点，以适应现代计算机和森林资源信息管理数据库技术为目标，按森林资源基础信息数据进行严密的科学分类，形成系统的分类体系。

3.2 适用性

分类名称尽量沿用习惯名称，不致发生概念混淆。代码尽可能简短和便于记忆。

3.3 完整性和可扩充性

分类既要反映森林资源信息的类型特征，同时兼顾管理需求，具有完整性。代码结构留有适当的可

扩充空间。

3.4 规范性

代码的结构、类型以及编写的格式统一，便于系统的检索和调用。

4 森林资源数据分类

森林资源数据可以分为空间数据和属性数据，参照《国家森林资源连续清查技术规定》（国家林业局林资发[2004]25号文颁布）中的技术标准和实际应用情况，森林资源属性因子可以归成21类，并进行编码。如有新增的属性因子，可以在此基础上扩充。森林资源信息分类如图1所示。

表1 森林资源信息分类

数据类	类标识码
林地（地类）	01
森林分类	02
单株林木	03
人工造林措施	04
森林经营	05
资源动态变化	06
森林权属	07
森林健康	08
湿地类型	09
植被类型	10
土地退化类型	11
区域	12
地形地貌	13
土壤	14
森林结构	15

（续）

数据类	类标识码
森林主要调查树种（组）	16
森林主要植物种	17
森林类型	18
样地因子	19
利用管理	20
其他林分因子	21

5 森林资源空间数据

5.1 空间数据编码方法及代码结构

根据 GB/T 13923—2006 基础地理信息要素分类与代码中的规则，基础地理信息要素分为定位基础、水系、居民地及设施、交通、管线、境界与政区、地貌、土质与植被 8 大类；中类在上述各大类基础上划分出共 46 类，见 GB/T 13923—2006。地名要素作为隐含类以特殊编码方式在小类中具体体现。

代码结构由六位数字码组成，其结构如下：

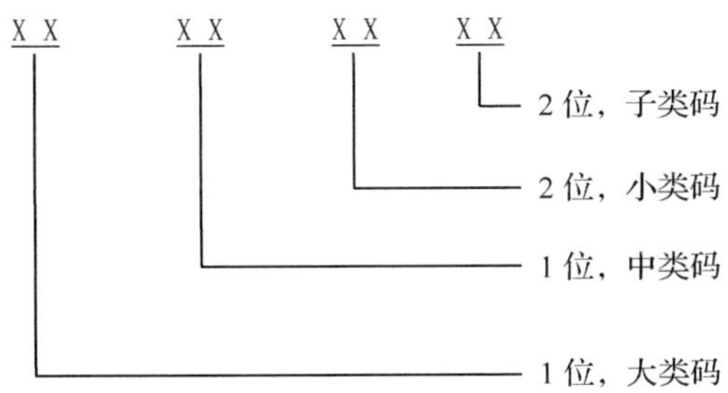

第一位为大类码；第二位为中类码，在大类基础上细分形成的要素类；第三、四位为小类码，在中类基础上细分形成的要素类；第五、六位为子类码，在小类的基础上细分形成的要素类。

森林资源信息空间数据编码扩充了 GB/T 13923—2006 编码体系，分别在“居民地及设施”中扩充了林业企事业机构、独立地物，在“境界”中扩充了林业境界，在“其他类”中扩充了有关林业要素。形成森林资源信息空间数据代码。

5.2 空间数据代码表

表 2 森林资源空间数据代码表

代码	名称
300000	居民地及设施
310000	居民地
320000	工矿及其设施

（续）

代码	名称
330000	农业及其设施
340000	公共服务及其设施
350000	名胜古迹
360000	宗教设施
370000	科学观测站
380000	其他建筑物及其设施
390000	林业企事业机构、独立地物
390100	林业管理机构
390101	国家林业局
390102	林业厅(局)
390103	森工集团
390104	建设兵团
390105	地(市林业局)
390106	林管局
390107	县(旗)林业局
390200	林业经营单位
390201	林场总公司(国家)
390202	林场公司(省)
390203	林场公司(地)
390204	林场公司(县)
390205	国有林业局
390206	国有林场
390207	林场
390207	国有林场分场
390300	其他林业经营机构
390301	经营所
390302	实验林场
390303	社队林场
390304	国营采育场
390305	社队采育场
390306	木材水运局
390307	国营牧场
390308	国营农场
390309	苗圃

（续）

代码	名称
390400	林业工作站
390401	林业站
390402	林业种子站
390403	林业种子园
390404	防火站
390405	木材收购站
390406	木材检查站
390407	航空护林站
390408	楞场
390409	贮木场
390410	林业管护站
390500	森工企业
390501	林化工厂
390502	松香厂
390503	橡胶厂
390504	纸浆厂
390505	人造板厂
390506	木材加工厂
390507	木材综合加工厂
390508	机修厂
390509	林机厂
390600	其他
390601	瞭望台
390602	养路工段
390603	森林防火线
600000	境界
680000	林业境界
680100	林业经营区划界
680101	林管局界
680102	林业局（林场）界
680103	林场（分场）界
680104	营林区（作业区）界
680105	林班界
680106	大班界

（续）

代码	名称
680107	小班界
680108	细班界
680200	公益林界
680300	重点工程区界
680301	天保工程区界
680302	三北及长江流域等重点防护林体系建设工程区界
680303	退耕还林工程区界
680304	京津风沙源治理工程区界
680305	野生动植物保护及自然保护区建设工程区界
680306	速生丰产林基地建设工程区界
680400	流域界
680500	湿地界
680600	其他界线
680601	特殊地区界
680602	自然保护区界
680603	森林公园界
90000	其他
96000	样地
96010	临时样地
96020	遥感判读样地
96030	固定样地

6　森林资源属性数据

6.1　属性数据编码方法和代码结构

6.1.1　林地(地类)

a)林地代码结构：

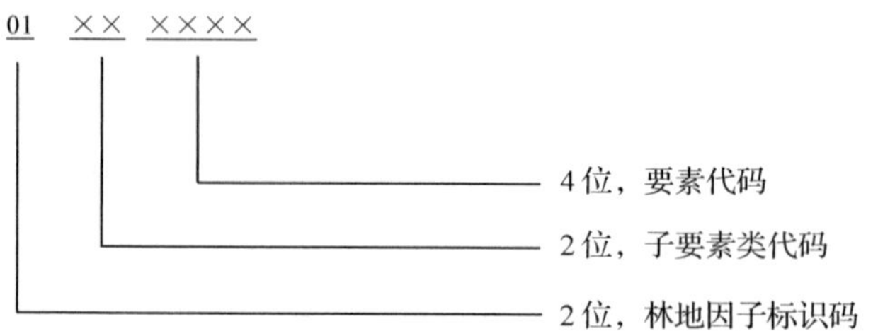

例：“乔木林”的代码为“01011110”，其中前两位“01”表示“林地”因子标识码，第3、

4 位“01”表示子要素“林地”代码，后四位“1110”表示要素“乔木林”代码。

b)地类变化原因代码结构：

例：“人为原因”的代码为“0102100”，其中前两位“01”表示“地类”因子标识码，第 3、4 位“02”表示子要素“地类变化原因”代码，后三位“100”表示要素“人为原因”代码。

6.1.2 森林分类

a)林种分类代码结构：

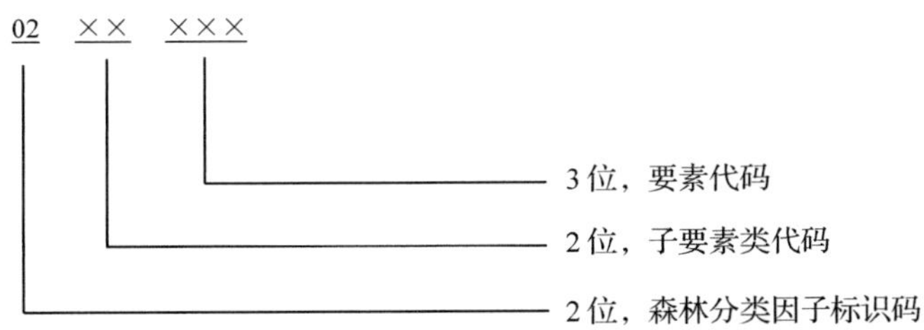

例：“护岸林”的代码为“0201115”，其中前两位“02”表示“森林分类”因子标识码，第 3、4 位“01”表示子要素类“林种分类”代码，后三位“115”表示要素“护岸林”代码。

b)生态公益林事权等级代码结构：

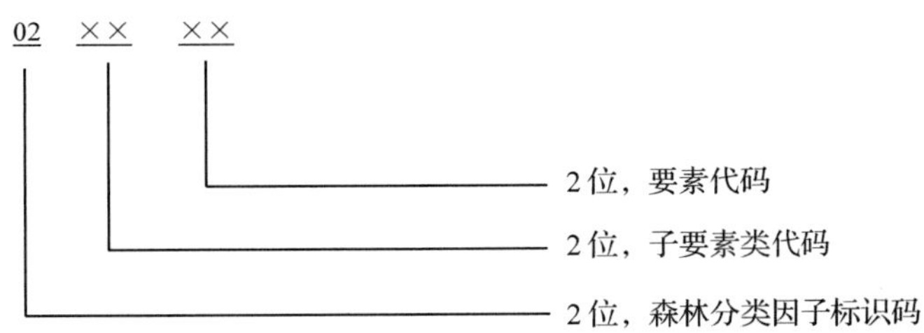

例：“国家公益林”的代码为“020210”，其中前两位“02”表示“森林分类”因子标识码，第 3、4 位“02”表示子要素类“生态公益林事权等级”代码，后两位“10”表示要素“国家公益林”代码。

c)生态公益林保护等级代码结构：

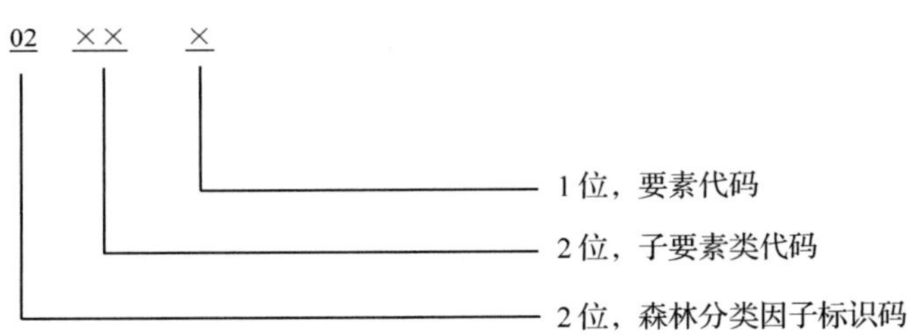

例："特殊"的代码为"02031"，其中前两位"02"表示"森林分类"因子标识码，第3、4位"03"表示子要素类"生态公益林保护等级"代码，最后一位"1"表示要素"生态公益林保护等级为特殊"代码。

d)商品林经营等级代码结构同生态公益林保护等级代码结构。

6.1.3 单株林木

a)量测木类别代码结构：

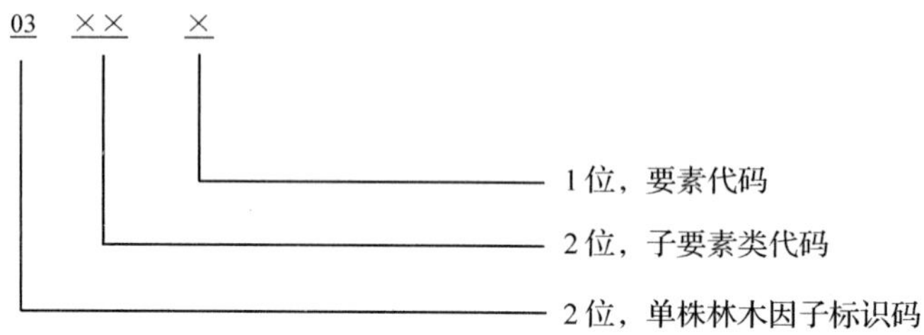

例："标准木"的代码为"03011"，其中前两位"03"表示"单株林木"因子标识码，第3、4位"01"表示子要素类"量测木类别"代码，最后一位"1"表示要素"标准木"代码。

b)林木生长类型、检尺木材类型的代码结构同量测木代码结构。

c)样木检尺类型代码结构：

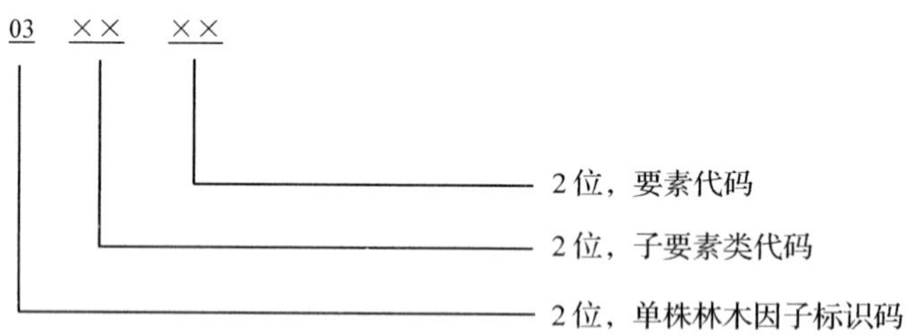

例："保留木"的代码为"030311"，其中前两位"03"表示"单株林木"因子标识码，第3、4位"03"表示子要素类"样木检尺类型"代码，最后两位"11"表示要素"保留木"代码。

6.1.4 人工造林措施

a)整地方式代码结构：

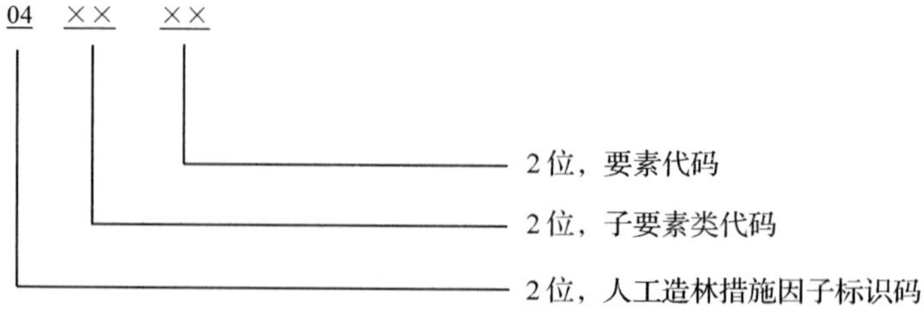

例："全面整地"的代码为"040101"，其中前两位"04"表示"人工造林措施"因子标识码，第3、4位"01"表示子要素类"整地方式"代码，后两位"01"表示要素"全面整地"代码。

b)造林地清理代码结构：

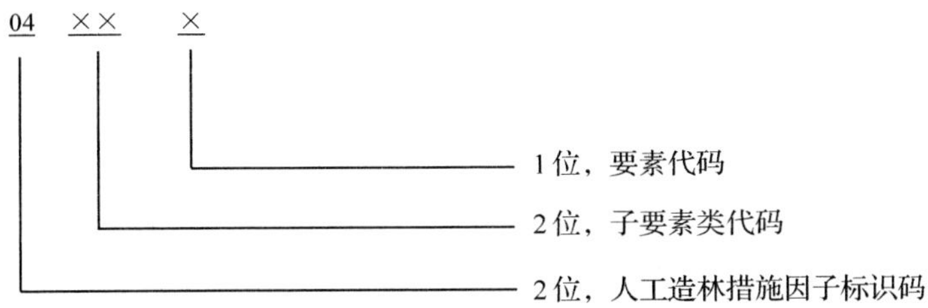

例：“全面清理”的代码为“04021”，其中前两位“04”表示“人工造林措施”因子标识码，第3、4位“02”表示子要素类“造林地清理”代码，最后一位“1”表示要素“全面清理”代码。

c)造林方式、混交类型、混交图式、幼林抚育的代码结构同造林地清理代码结构。

6.1.5 森林经营

a)森林更新代码结构：

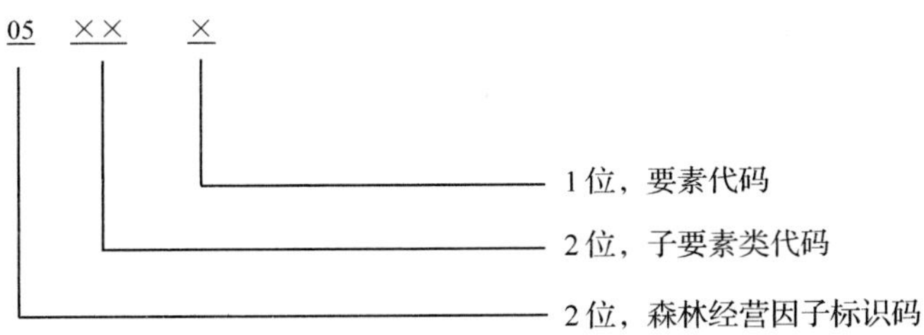

例：例：“人工促进更新”的代码为“05011”，其中前两位“05”表示“森林经营”因子标识码，第3、4位“01”表示子要素类“森林更新”代码，最后一位“1”表示要素“人工促进更新”代码。

b)林分改造的代码结构同森林更新代码结构。

c)采伐类型的代码结构：

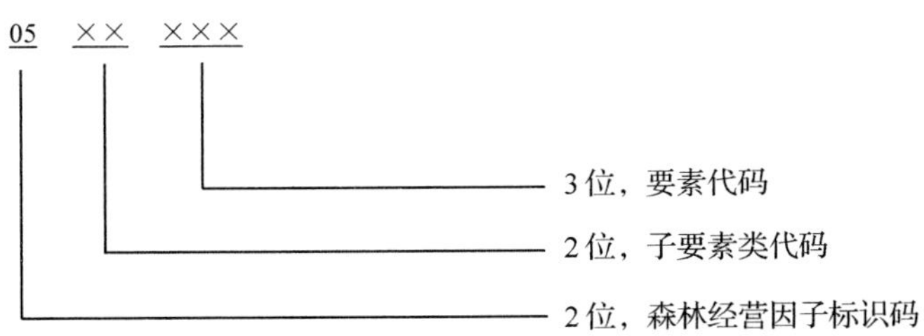

例：“分行采伐”的代码为“0502423”，其中前两位“05”表示“森林经营”因子标识码，第3、4位“02”表示子要素类“采伐类型”代码，最后三位“423”表示要素“分行采伐”代码。

d)不合理采伐作业代码结构：

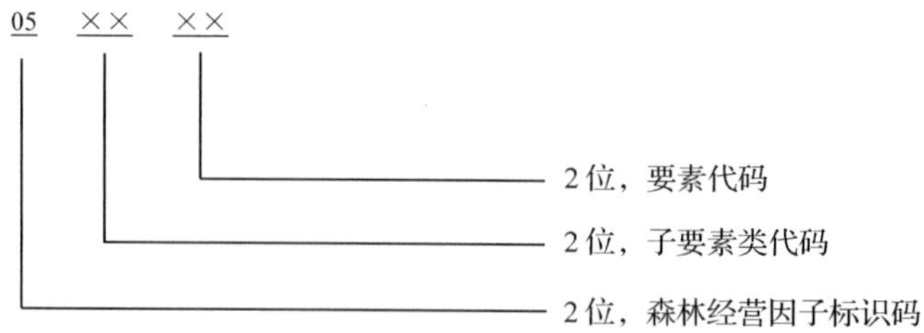

例：“主伐”的代码为“050510”，其中前两位“05”表示“森林经营”因子标识码，第3、4位“05”表示子要素类“不合理采伐作业”代码，最后两位“10”表示要素“主伐”代码。

e)工程建设措施的代码结构同不合理采伐作业的代码结构。

6.1.6 资源动态变化

a)蓄积动态代码结构：

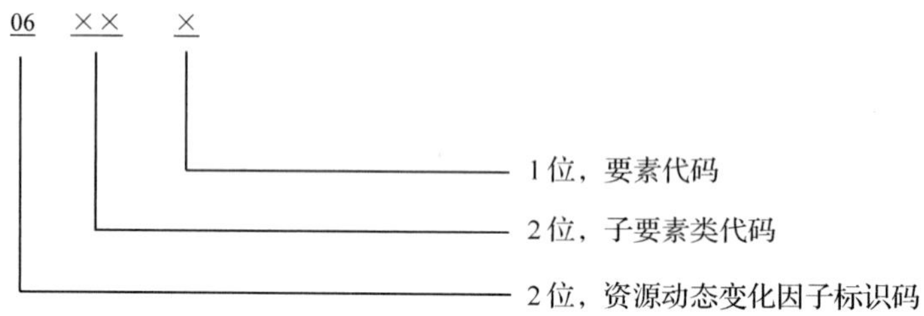

例：“蓄积增加”的代码为“06011”，其中前两位“06”表示“资源动态变化”因子标识码，第3、4位“01”表示子要素类“蓄积动态”代码，最后一位“1”表示要素“面积增加”代码。

b)面积动态、消耗类型的代码结构同面积动态代码结构。

6.1.7 森林权属

a)林地所有权代码结构：

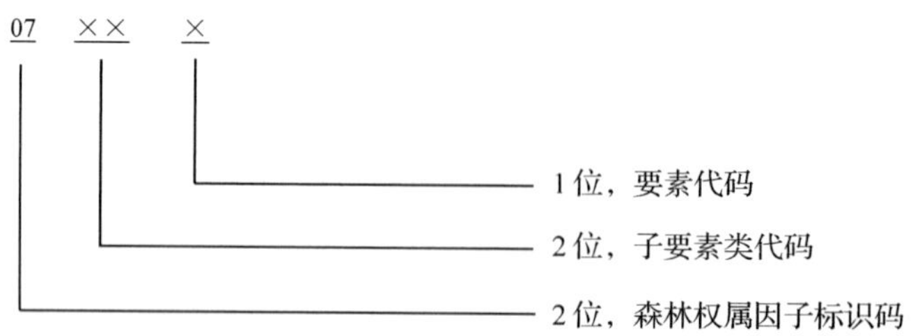

例：“国家所有”的代码为“07011”，其中前两位“07”表示“森林权属”因子标识码，第3、4位“01”表示子要素类“林地所有权”代码，最后一位“1”表示要素“国家所有”代码。

b)林木所有权、林地使用权、林木使用权的代码结构同林地所有权代码结构。

6.1.8 森林健康

a) 森林灾害类型代码结构：

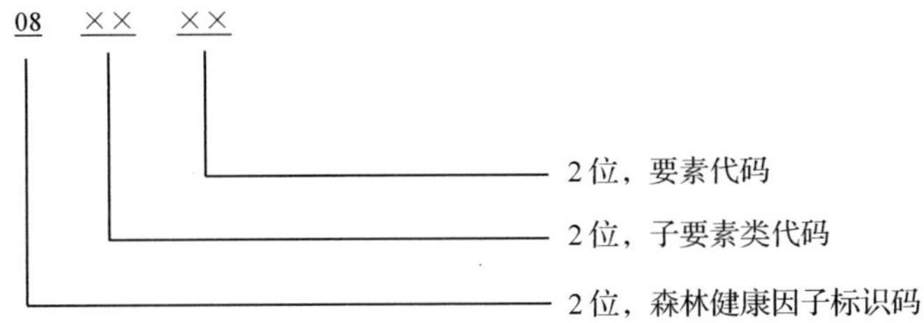

例："病害"的代码为"080111"，其中前两位"08"表示"森林健康"因子标识码，第3、4位"01"表示子要素类"森林灾害类型"代码，后两位"11"表示要素"病害"代码。

b) 森林灾害等级代码结构：

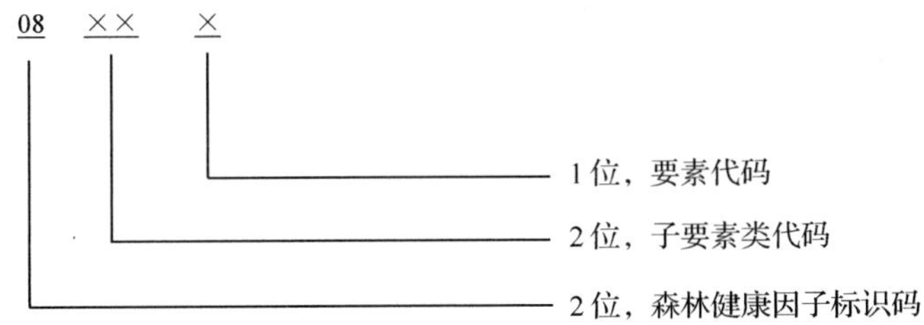

例："森林灾害等级轻度"的代码为"08021"，其中前两位"08"表示"森林健康"因子标识码，第3、4位"02"表示子要素类"森林灾害等级"代码，最后一位"1"表示要素"轻度"代码。

c) 森林健康等级、森林生态功能等级、经济林等级的代码结构同森林灾害等级

6.1.9 湿地类型

a) 湿地类型代码结构：

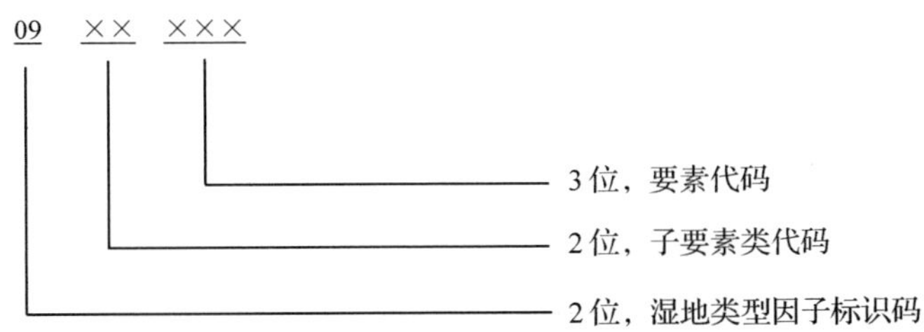

例："浅海水域"的代码为"0901101"，其中前两位"09"表示"湿地类型"因子标识码，第3、4位"01"表示子要素类"湿地类型"代码，后三位"101"表示要素"浅海水域"代码。

b) 湿地保护等级代码结构：

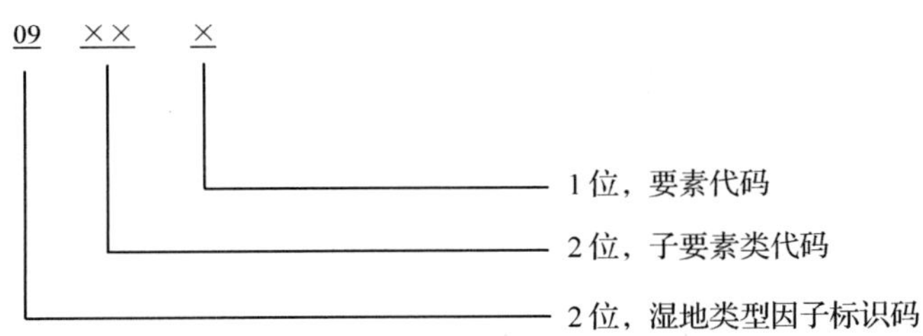

例："1 保护级"的代码为"09021"，其中前两位"09"表示"湿地类型"因子标识码，第3、4 位"02"表示子要素类"湿地保护等级"代码，后一位"1"表示要素"湿地保护等级Ⅰ"代码。

6.1.10 植被类型

植被类型代码结构：

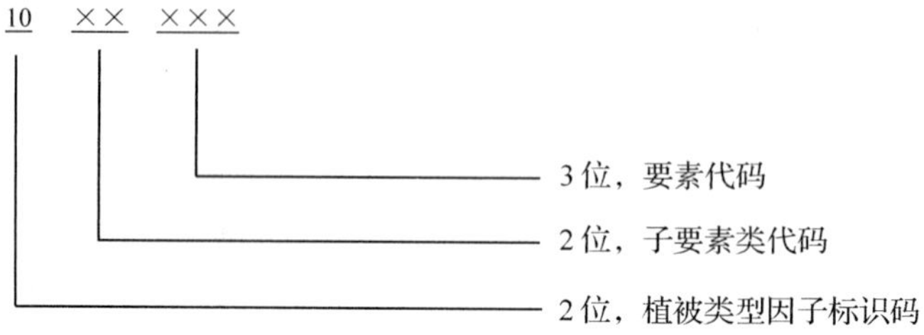

例："寒温性针叶林"的代码为"1001111"，其中前两位"10"表示"植被类型"因子标识码，第3、4 位"01"表示子要素类"植被类型"代码，后三位"111"表示要素"寒温性针叶林"代码。

6.1.11 土地退化类型

a）荒漠化类型代码结构：

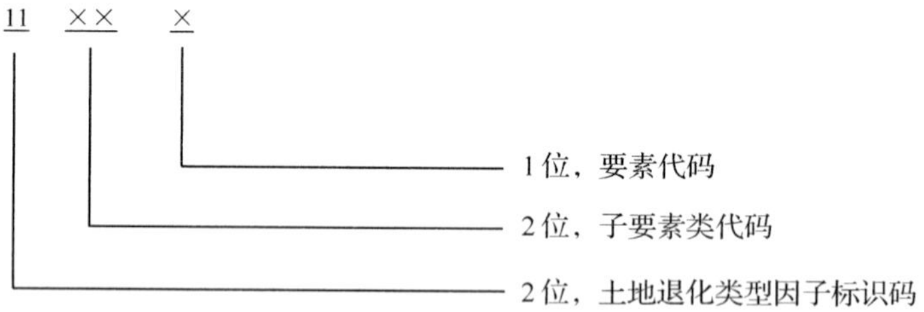

例："风蚀"的代码为"11011"，其中前两位"11"表示"土地退化类型"因子标识码，第3、4 位"01"表示子要素类"荒漠化类型"代码，最后一位"1"表示要素"风蚀"代码。

b）荒漠化程度、沙化程度、石漠化类型代码结构同荒漠化类型代码结构。

c）土地沙化监测类型代码结构：

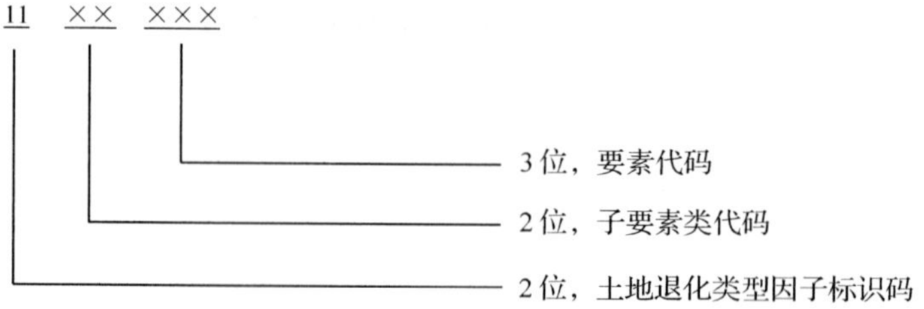

例："流动沙地（丘）"的代码为"1103110"，其中前两位"11"表示"土地退化类型"因子标识码，第3、4 位"03"表示子要素类"土地沙化监测类型"代码，后三位"110"表示要素"流动沙地（丘）"代码。

d)石漠化程度代码结构：

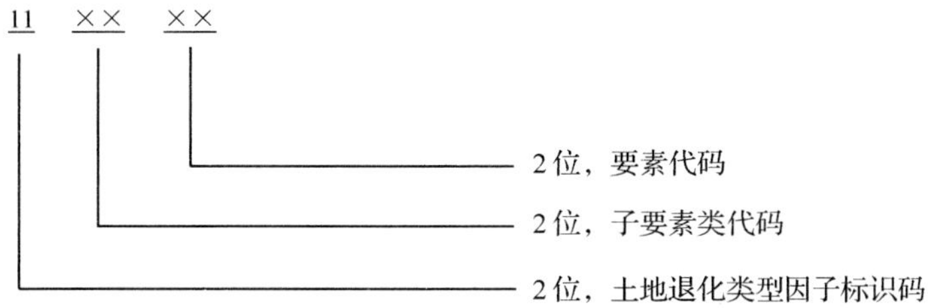

例：“石漠化极强度”的代码为“110624”，其中前两位“11”表示“土地退化类型”因子标识码，第3、4位“06”表示子要素类“石漠化程度”代码，后两位“24”表示要素“极强度”代码。

6.1.12 区域

a)流域代码结构：

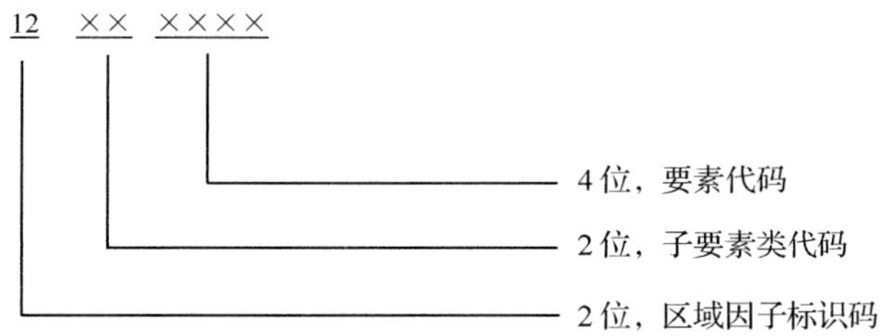

例：“额尔古纳河”的代码为“12010102”，其中前两位“12”表示“区域”因子标识码，第3、4位“01”表示子要素类“流域”代码，后四位“0102”表示要素“额尔古纳河”代码。

b)林区代码结构：

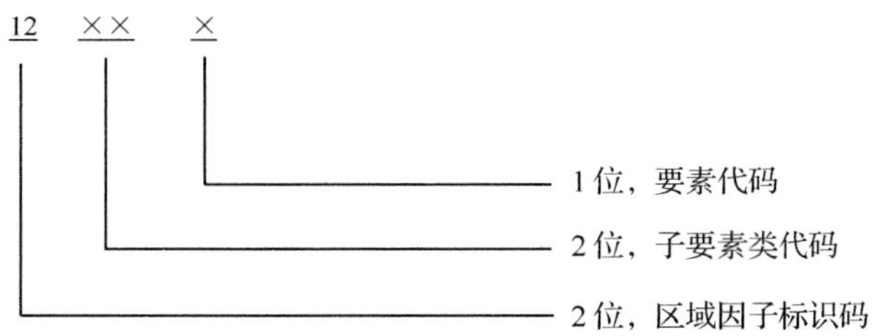

例：“东北内蒙古林区”的代码为“12021”，其中前两位“12”表示“区域”因子标识码，第3、4位“02”表示子要素类“林区”代码，最后一位“1”表示要素“东北内蒙古林区”代码。

c)气候带代码结构：

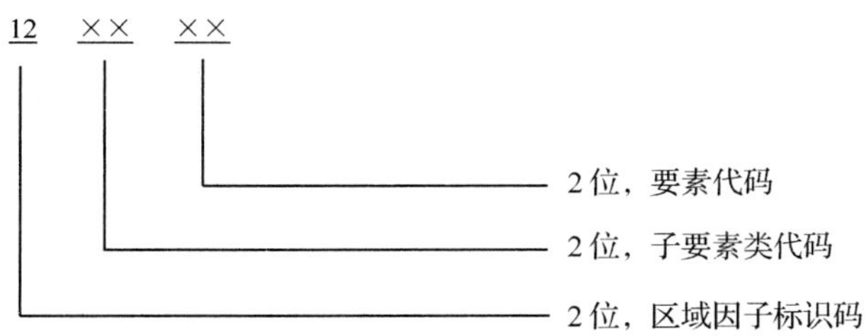

例：“北温带”的代码为“120311”，其中前两位“12”表示“区域”因子标识码，第3、4位“03”表示子要素类“气候带”代码，后2位“11”表示要素“北温带”代码。

d)林业生态工程代码结构：

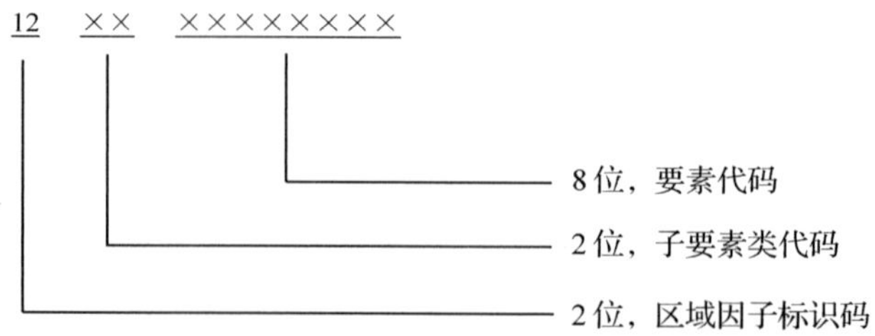

例：“长江上游地区天然林资源保护一期工程”的代码为“120401010111”，其中前两位“12”表示“区域”因子标识码，第3、4位“04”表示子要素类“林业生态工程”代码，后8位“01010111”表示要素“长江上游地区天然林资源保护一期工程”代码。

6.1.13 地形地貌

a)地貌因子代码结构：

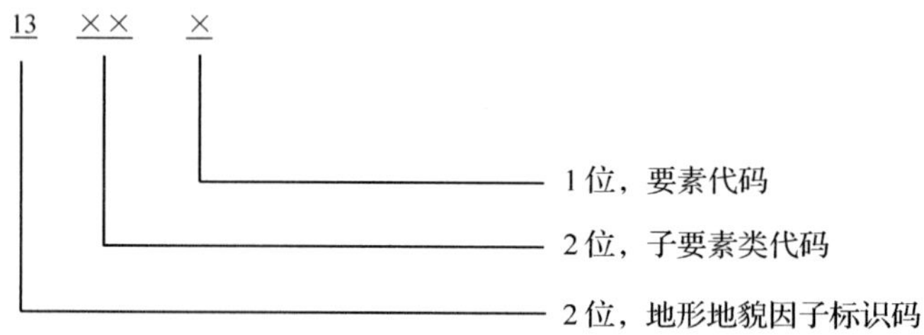

例：“极高山”的代码为“13011”，其中前两位“13”表示“地形地貌”因子标识码，第3、4位“01”表示子要素类“地貌”代码，最后一位“1”表示要素“极高山”代码。

b)坡向、坡位的代码结构同地貌因子代码结构。

c)坡度级因子代码结构：

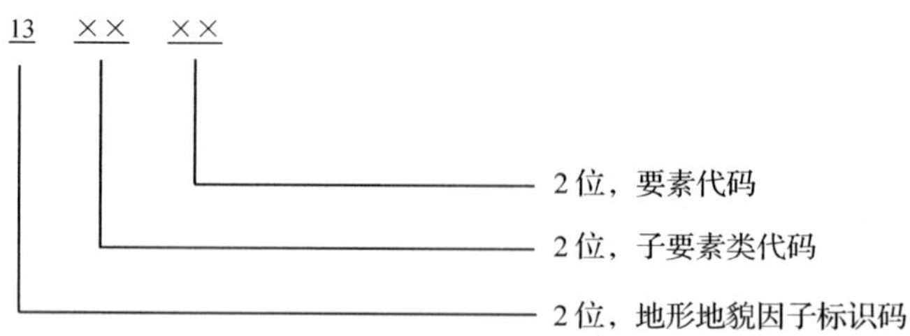

例：“平”的代码为“130410”，其中前两位“13”表示“地形地貌”因子标识码，第3、4位“04”表示子要素类“坡度级”代码，最后两位“10”表示要素“平”代码。

6.1.14 土壤

a)土壤名称代码结构：

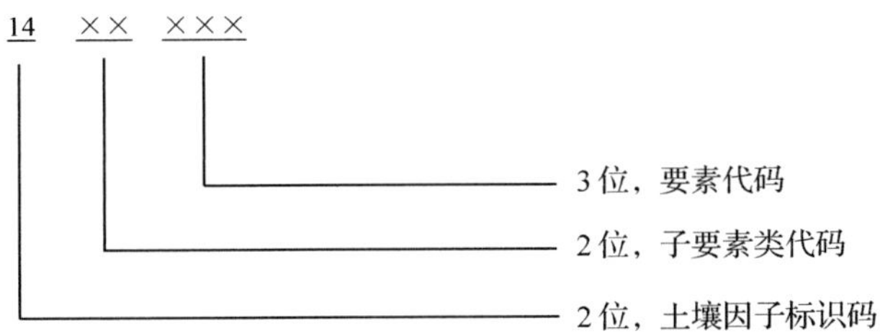

例：“砖红壤”的代码为“1401101”，其中前两位“14”表示“土壤”因子标识码，第3、4位“01”表示子要素类“土壤名称”代码，后三位“101”表示要素“砖红壤”代码。

b)土壤母质代码结构：

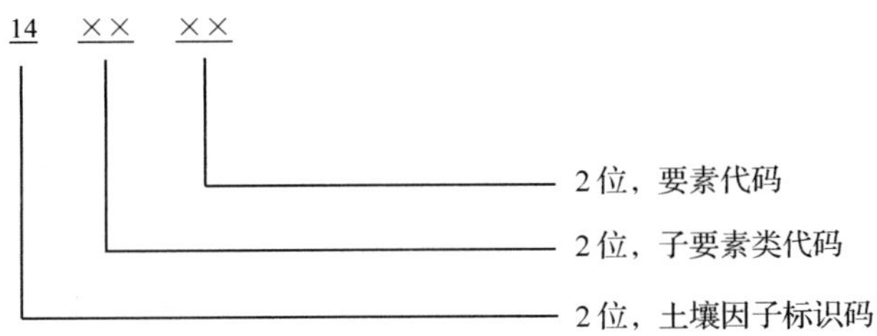

例：“花岗岩”的代码为“140601”，其中前两位“14”表示“土壤”因子标识码，第3、4位“06”表示子要素类“土壤母质”代码，后两位“01”表示要素“花岗岩”代码。

c)土壤质地代码结构：

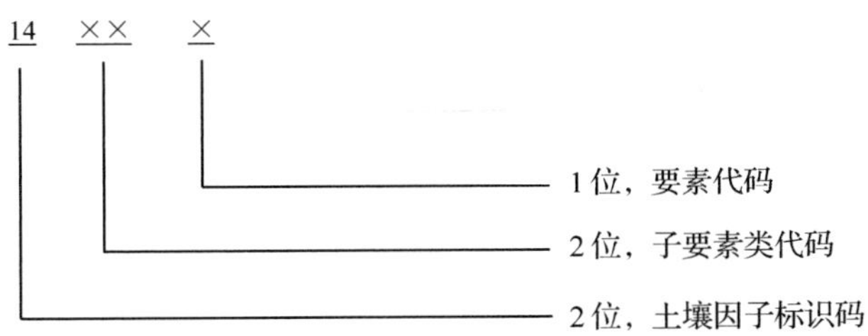

例：“黏土”的代码为“14071”，其中前两位“14”表示“土壤”因子标识码，第3、4位“07”表示子要素类“土壤质地”代码，最后一位“1”表示要素“黏土”代码。

c)土壤厚度、腐殖质层厚度、枯枝落叶层厚度、土壤湿度、土壤紧密度、土壤酸碱度、土壤排水状况、土壤侵蚀等级的代码结构同土壤质地代码结构。

6.1.15 森林结构

a)森林起源代码结构:

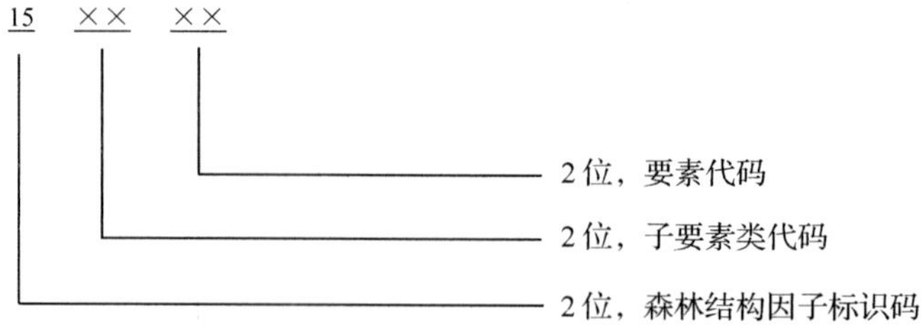

例:“纯天然”的代码为“150911”，其中前两位“15”表示“森林结构”因子标识码，第3、4位“09”表示子要素类“森林起源”代码，后两位“11”表示要素“纯天然”代码。

b)树种结构代码结构:

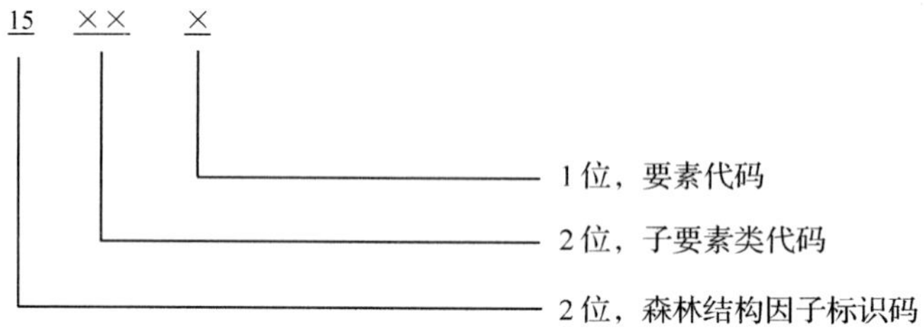

例:“针叶纯林”的代码为“15021”，其中前两位“15”表示“森林结构”因子标识码，第3、4位“02”表示子要素类“树种结构”代码，最后一位“1”表示要素“针叶纯林”代码。

c)群落结构、样地林层结构、林木林层结构、林龄、龄组、龄级、可及状况的代码结构同树种结构代码结构。

6.1.16 森林主要调查树种(组)

a)森林主要树种(组)代码结构表

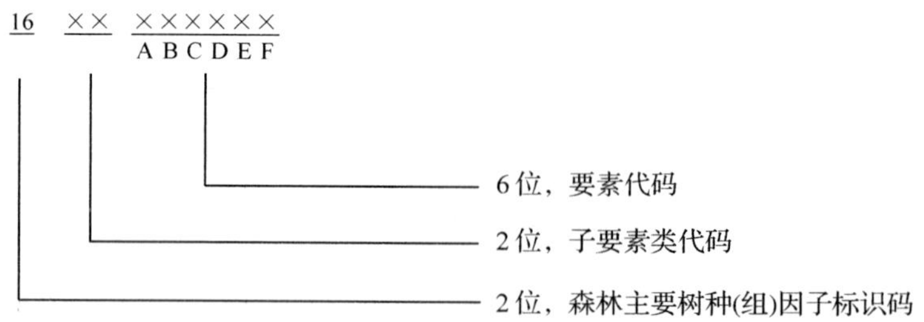

例:前两位“16”表示“森林主要调查树种(组)”因子标识码，第3、4位“01”表示子要素类“森林主要调查树种(组)”代码。

下面主要介绍后6位的代码结构及表示方法，为了下面介绍更加清楚，×××××× 用ABCDEF代替。其中:当A取“1”为针叶树种(组)，取“2…8”为阔叶树种(组)，取“9”为特殊树种(组)。

①针叶树种代码结构的表示方法:

针叶树种（组）的代码结构。当B取值为“1”时，表示针叶树种（组），CD位表示树种组，EF位表示相应树种组的树种。其中，当BCDEF取值为10000时，表示针叶树种（组）。如：110100表示落叶松类，110101表示落叶松。针叶其他树种（组）指森林调查规划设计技术规程中存在、无法按针叶树种（组）的代码结构进行编码的针叶树种（组）。B位取值为“2”时，表示针叶其他树种（组），ABCDEF为120000时表示针叶其他树种（组），如：120100表示针叶混交树种组。代码结构图如下：

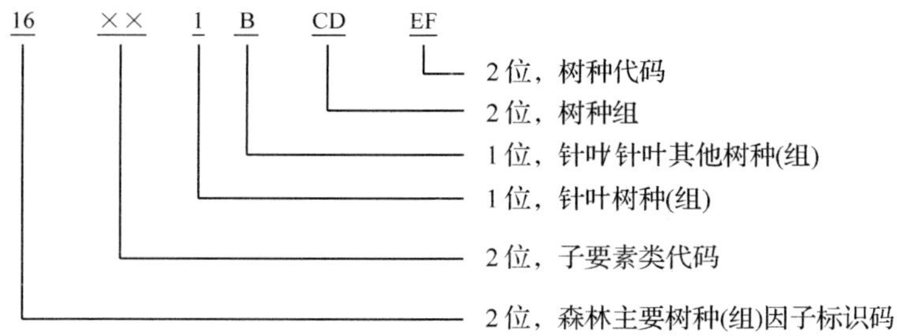

针叶其他树种的代码结构。针叶其他树种指无法归纳为某一树种组、单独的针叶树种。B位取值为“0”，CDEF取值为“0001”到“9999”，表示针叶其他树种。代码结构图如下：

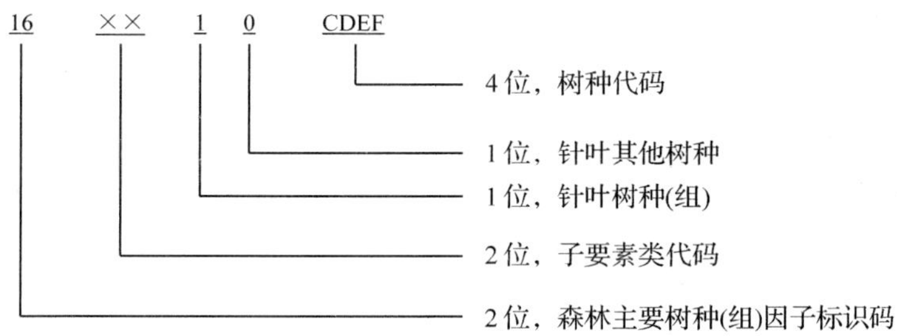

②阔叶树代码结构的表示方法：

阔叶树种（组）的代码结构。当A位取值为“2…6”时，表示阔叶树种（组），BCD表示阔叶树种组，EF位表示相应组的树种。当A位取值为“7”时，表示阔叶其他树种（组），阔叶其他树种（组）指森林调查规划设计技术规程中存在、无法按阔叶树种（组）的代码结构进行编码的阔叶树种（组）。代码结构图如下：

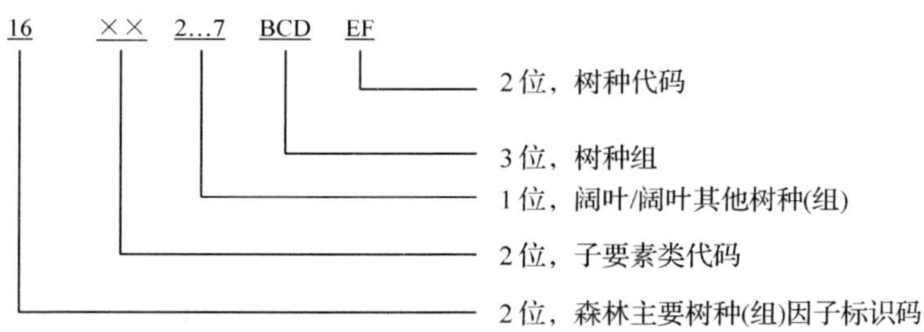

阔叶其他树种的代码结构。阔叶其他树种指无法归纳为某一树种组、单独的阔叶树种。当A位取值为“8”时，B位取值“0”，CDEF取值为0001到9999，表示阔叶其他树种。

代码结构图如下：

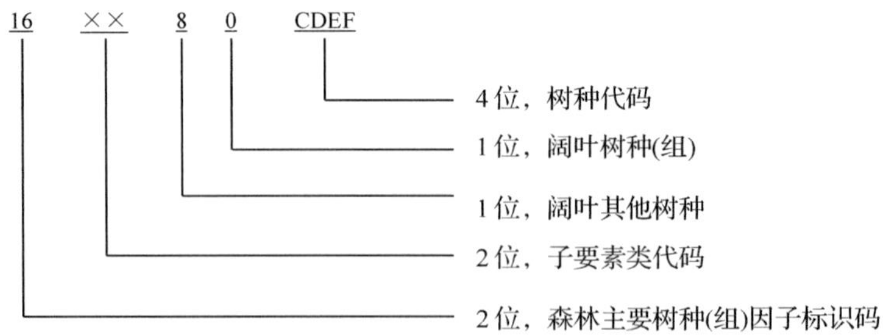

③特殊树种代码结构的表示方法：

特殊树种(组)的代码结构。特殊树种(组)指针阔混交树种组、灌木及有特殊意义的树种(组)，如：落叶松针阔混交、经济林、竹林、红树林等。A位取值“9”进行编码，BCDEF为00000时表示该大类。B位为1，表示竹类，CD位表示竹类组，EF位表示相应组的竹种；B位为2，表示经济林类，CD位表示经济林树种组；EF位表示相应组的树种；代码结构图如下：

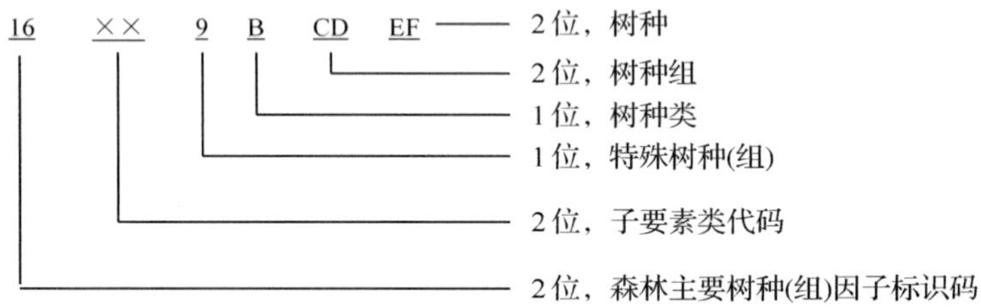

B位为3，表示针阔混，CDEF位表示针阔混交树种组；B位为4，表示灌木树种(组)，CDEF位表示灌木树种；B位为5，表示红树林树种(组)，CDEF位表示相应红树树种；B位为6，表示珊瑚岛常绿林树种(组)，CDEF位表示相应组的树种。B位为7，8，9，表示其他特殊树种(组)。代码结构图如下：

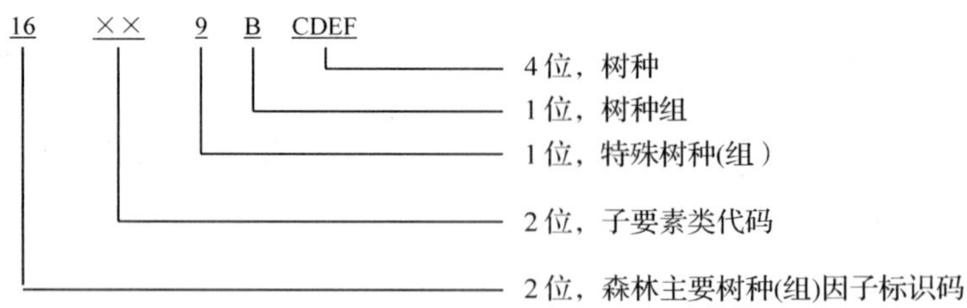

b)树种保护等级代码结构：

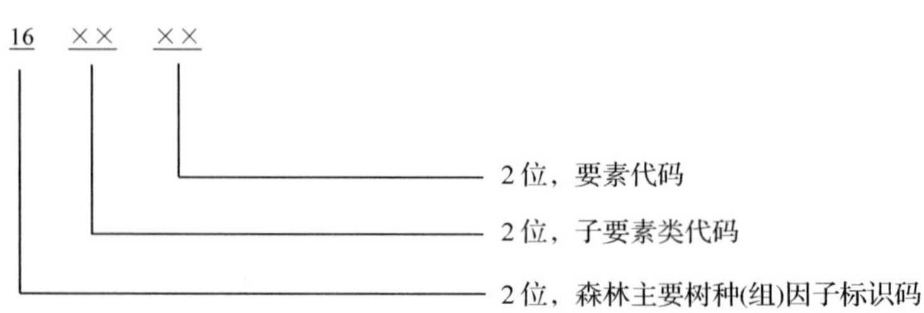

例：“国家一级树种保护等级”的代码为“160211”，其中前两位“16”表示“森林主要树种(组)”因子标识码，第3、4位“02”表示子要素类“树种保护等级”代码，后两位“11”表示要素“国家一级树种保护等级”代码。

6.1.17　森林主要植物种

森林主要植物种代码结构：

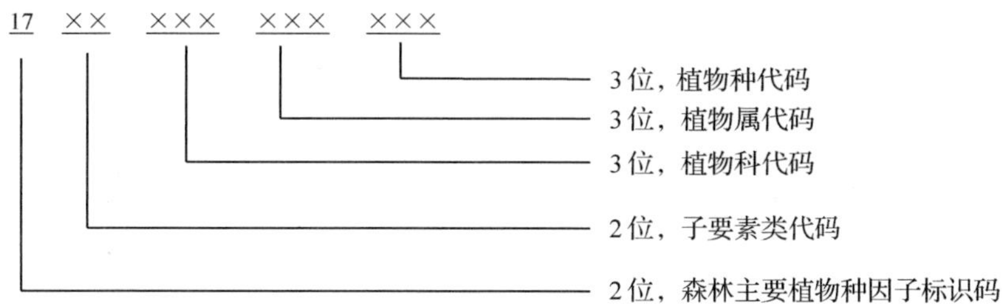

例：“赤杨叶”的代码为“1701003003001”，其中前两位“17”表示“森林主要植物种”因子标识码，第3、4位“01”表示子要素类“森林主要植物种”代码，第5、6、7位“003”表示“安息香科”代码，第8、9、10位“003”表示“赤杨叶属”代码，第11、12、13位“001”表示“赤杨叶”代码。

6.1.18　森林类型

森林类型代码结构：

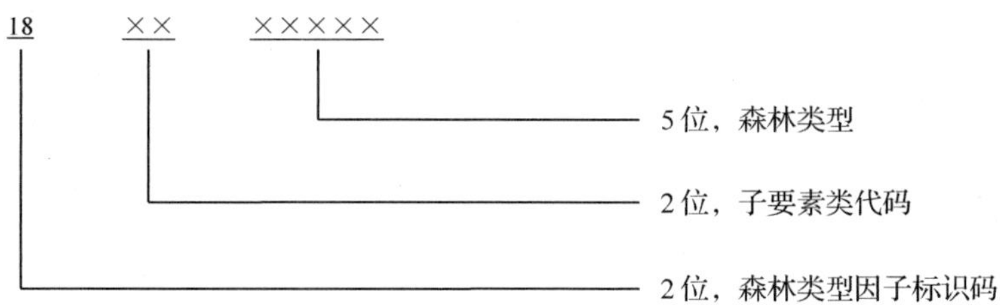

例：“兴安落叶松林”的代码为“180111101”，其中第1、2位“18”表示“森林类型”因子标识码，第3、4位“01”表示子要素类“森林类型”代码，后5位“11101”表示“兴安落叶松林”代码。

6.1.19　样地因子

调查总体代码结构图如下：

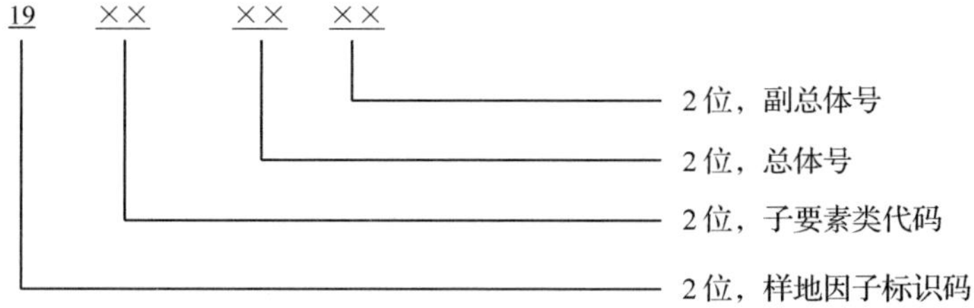

例：吉林总体中吉林三北副总体为19012203，其中第1、2位“19”表示“样地因子”标识码，第3、4位“01”表示“调查总体”子要素类代码，第5、6位“22”表示吉林省，第7、

8 位“03”表示吉林三北副总体。

a)样地类别代码结构：

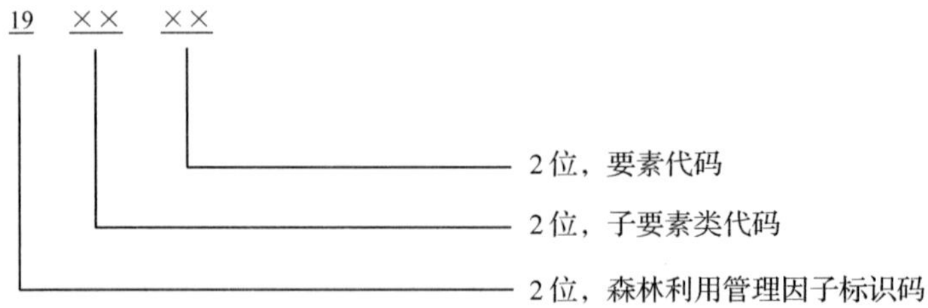

例：“复测样地”的代码为“190211”，其中前两位“19”表示“样地因子”标识码，第 3、4 位“02”表示子要素类“样地类别”代码，后两位“11”表示要素“复测样地”代码。

b)样地设置方法代码结构：

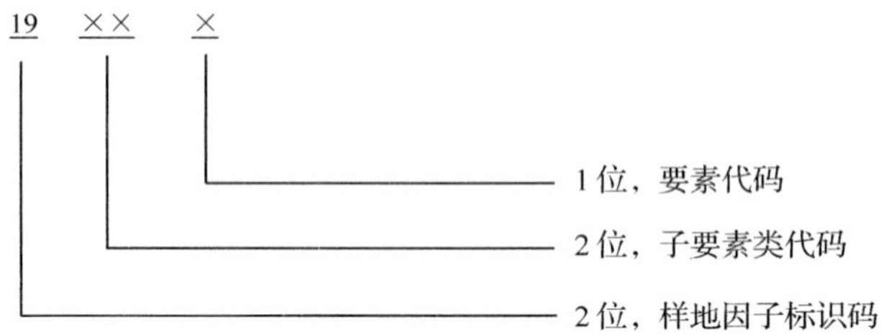

例：“定面积样地”的代码为“19031”，其中前两位“19”表示“样地因子”标识码，第 3、4 位“03”表示子要素类“样地设置方法”代码，最后一位“1”表示要素“定面积样地”代码。

c)样地形状、标准地类型同样地设置方法的代码结构。

6.1.20 利用管理

a)木材规格代码结构：

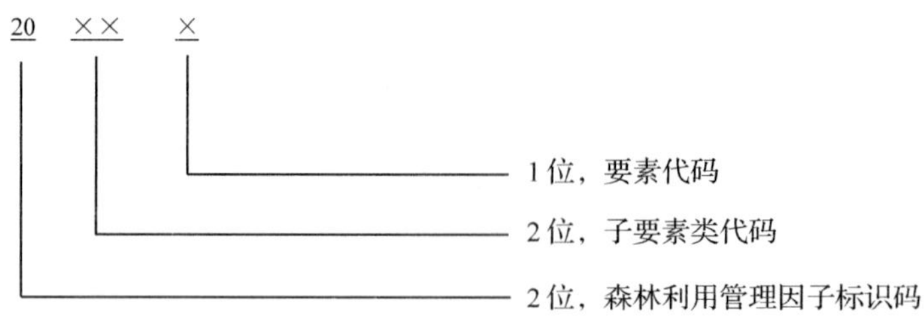

例：“规格材”的代码为“20011”，其中前两位“20”表示“利用管理”因子标识码，第 3、4 位“01”表示子要素类“木材规格”代码，最后一位“1”表示要素“规格材”代码。

b)品名、运输方式、证本状态、损失类型、没收类型、古树分级、使用林地申请类别、登记类型类别、办理状态的代码结构同木材规格代码结构。

6.1.21 其他林分因子

a)天然更新等级代码结构：

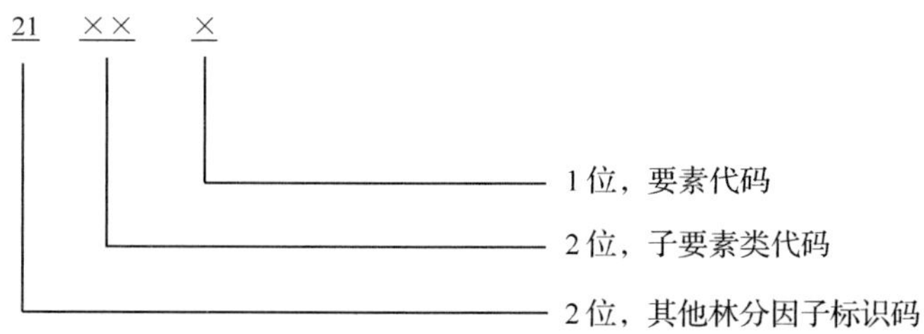

例：“良好”的代码为“21031”，其中前两位“21”表示“其他林分因子”标识码，第3、4位“04”表示子要素“天然更新等级”代码，最后一位“1”表示要素“良好”代码。

b)Ⅰa及以上地位级因子、出材率等级、自然度划分等级、经济林生产期、竹度的代码结构同天然更新等级的代码结构。

6.2 属性数据代码表

以下森林资源信息因子分类代码表中的每一词语由以下内容构成：

a)因子代码：对描述性的数据，给出数字代码。

b)汉语名称：作为因子的标准名称。

c)缩写名：用汉语拼音各音节字头的字母组成，长度为2～6个字符，超过6个字符时，则取关键的6个字符。汉语名称只有一个字时，取完整的拼音名。如遇重复，则再加具有标志性的字母。

6.2.1 林地(地类)(01)

表3 林地代码表

子要素类	子要素类名称	代码	要素名称	拼音缩写
01	林地	1000	林地	LD
		1100	有林地	YLD
		1110	乔木林	QMLD
		1111	纯林	CL
		1112	混交林	HJL
		1120	红树林	HSLD
		1130	竹林	ZLD
		1200	疏林地	SLD
		1300	灌木林地	GMLD
		1310	国家特别规定的灌木林地	GJTGGM
		1320	其他灌木林地	QTGMLD
		1400	未成林地	WCLD
		1410	未成林造林地	WCLZLD

（续）

子要素类	子要素类名称	代码	要素名称	拼音缩写
01	林地	1420	未成林封育地	WCLFYD
		1500	苗圃地	MPD
		1600	无立木林地	WLMLD
		1610	采伐迹地	CFJD
		1620	火烧迹地	HSHJD
		1630	其他无立木林地	QTWLMD
		1700	宜林地	YILD
		1710	宜林荒山荒地	YLHSHD
		1720	宜林沙荒地	YLSHD
		1730	宜林沼泽地	YLZZD
		1740	其他宜林地	QTYLD
		1800	林业辅助生产用地	LYFZYD
		2000	非林地	FLD
		2100	耕地	GDI
		2200	牧草地	MCD
		2300	水域	SYU
		2400	未利用地	WLYD
		2500	建设用地	QTLD
		2510	工矿建设用地	GKJSYD
		2520	城乡居民建设用地	CXJMYD
		2530	交通建设用地	JTJSYD
		2540	其他用地	QTYD

表 4　地类变化原因代码表

子要素类	子要素类名称	代码	要素名称	拼音缩写
02	地类变化原因	100	人为原因	RWYYIN
		110	采伐	CAIFA
		111	主伐	ZHUF
		112	抚育采伐	FYCF
		113	更新采伐	GXCF
		114	低产林改造	DCLGZ
		120	造林更新	ZLGXIN
		121	人工造林	RGZLIN
		122	人工更新Ⅰ	RGGXY
		123	人工更新Ⅱ	RGGXE
		124	造林更新失败	ZLGXSB

（续）

子要素类	子要素类名称	代码	要素名称	拼音缩写
02	地类变化原因	125	飞播造林	FBZLIN
		130	种植结构调整	ZZJGTZ
		140	规划调整	GHTZH
		141	退耕还林	TGHLIN
		142	其他规划调整	QTGHTZ
		150	征占用林地	ZZYLD
		160	毁林开荒	HLKH
		170	其他人为原因	QTRWYS
		200	灾害因素	ZHAIYS
		210	火灾	HUOZAI
		220	病虫害	BCHAI
		230	其他灾害	QTZHAI
		300	自然因素	ZRYSU
		310	天然更新	TRGXIN
		311	封山育林	FSYLIN
		312	其他天然更新	QTTRGX
		320	自然变化	ZRBHUA
		330	其他自然因素	QTZRYS
		400	调查因素	DCYSU
		410	样地未复位	YDWFW
		420	特殊对待	TSDDAI
		430	前期误判	QQPWU
		440	标准变化	BZBHUA
		500	其他因素	QTYINS

6.2.2 森林分类(02)

表5 林种分类代码表

子要素类	子要素类名称	代码	要素名称	拼音缩写
01	林种分类	100	生态公益林	STGYL
		110	防护林	FHL
		111	水源涵养林	SYHYL
		112	水土保持林	STBCL
		113	防风固沙林	FFGSL
		114	农田牧场防护林	NTMFHL
		115	护岸林	HAL
		116	护路林	HLL

（续）

子要素类	子要素类名称	代码	要素名称	拼音缩写
01	林种分类	117	其他防护林	QTFHL
		120	特种用途林	TZYTL
		121	国防林	GFL
		122	实验林	SYL
		123	母树林	MSL
		124	环境保护林	HJBHL
		125	风景林	FJL
		126	名胜古迹和革命纪念林	MSJNL
		127	自然保护林	ZRBHL
		200	商品林	SPLIN
		230	用材林	YCL
		231	短轮伐期用材林	DFYCL
		232	速生丰产用材林	SFYCL
		233	一般用材林	YBYCL
		240	薪炭林	XTL
		250	经济林	JJL
		251	果树林	GSHUL
		252	食用原料林	SYYLL
		253	林化工业原料林	LHGYYL
		254	药用林	YYL
		255	其他经济林	QTJJL

表 6　生态公益林事权等级代码表

子要素类	子要素类名称	代码	要素名称	拼音缩写
02	生态公益林事权等级	10	国家公益林	GJGYL
		11	补偿	BUCH
		12	未补偿	WEIBUC
		20	地方公益林	DFGYL
		21	省	SHENG
		22	地区(市)	DIQU
		23	县	XIAN

表 7　生态公益林保护等级代码表

子要素类	子要素类名称	代码	要素名称	拼音缩写
03	生态公益林保护等级	1	特殊	TESHU
		2	重点	ZDIAN
		3	一般	YB

表 8　商品林经营等级代码表

子要素类	子要素类名称	代码	要素名称	拼音缩写
04	商品林经营等级	1	好	HAOO
		2	中	ZHONG
		3	差	CHA

6.2.3　单株林木(03)

表 9　量测木类别代码表

子要素类	子要素类名称	代码	要素名称	拼音缩写
01	量测木类别	1	标准木	BZM
		2	计算木	JSM
		3	解析木	JXM
		4	固定样木	GDYD
		5	普通样木	PTYM

表 10　林木生长类型代码表

子要素类	子要素类名称	代码	要素名称	拼音缩写
02	林木生长类型	1	优势木	YSM
		2	亚优势木	YYSM
02	林木生长类型	3	中等木	ZDM
		4	被压木	BYM
		5	死亡木	SWM

表 11　样木检尺类型代码表

子要素类	子要素类名称	代码	要素名称	拼音缩写
03	样木检尺类型	10	活立木	HLM
		11	保留木	BLM
		12	进界木	JJM
		20	枯立木	KLM
		30	采伐木	CFM
		40	枯倒木	KDM
		50	漏测木	LCM

（续）

子要素类	子要素类名称	代码	要素名称	拼音缩写
03	样木检尺类型	60	多测木	DCM
		70	错测木	CCM
		71	胸径错测木	XJCCM
		72	树种错测木	SZCCM
		73	类型错测木	LXCCM

表 12　检尺木材类型代码表

子要素类	子要素类名称	代码	要素名称	拼音缩写
04	检尺木材类型	1	用材	YC
		2	半用材	BYC
		3	薪炭	XT

6.2.4　人工造林措施(04)

表 13　整地方式代码表

子要素类	子要素类名称	代码	要素名称	拼音缩写
01	整地方式	01	全面整地	QMZD
		02	水平带整地	SPDZD
		03	撩壕整地	LHZD
		04	穴状整地	XZZD
		05	鱼鳞坑整地	YLKZD
		06	块状整地	KZZD
		07	反坡梯田	FPTT
		08	台田整地	TTZD
		09	高垄整地	GLZD
		20	未整地	WZD

表 14　造林地清理代码表

子要素类	子要素类名称	代码	要素名称	拼音缩写
02	造林地清理	1	全面清理	QMQL
		2	带状清理	DZQL
		3	块状清理	KZQL
		4	火烧清理	HSQL

表 15　造林方式代码表

子要素类	子要素类名称	代码	要素名称	拼音缩写
03	造林方式	1	植苗造林	ZMZL
		2	播种造林	BZZL
		3	分根造林	FGZL
		4	插条造林	CTZL
		5	地下茎造林	DXJZL
		6	飞播造林	FBZL
		7	林农间种	LNJZ

表 16　混交类型代码表

子要素类	子要素类名称	代码	要素名称	拼音缩写
04	混交类型	1	针叶纯林	ZYCL
		2	针叶混交	ZYHJ
		3	阔叶纯林	KYCL
		4	阔叶混交	KYHJ
		5	针阔混交	ZHKHJ
		6	乔灌混交	QGHJ

表 17　混交图式代码表

子要素类	子要素类名称	代码	要素名称	拼音缩写
05	混交图式	1	纯林图式	CLTS
		2	带状混交	DZHJ
		3	块状混交	KZHJ
		4	复层混交	FCHJ
		5	行间混交	HJHJ
		6	株间混交	ZJHJ

表 18　幼林抚育代码表

子要素类	子要素类名称	代码	要素名称	拼音缩写
06	幼林抚育	1	补植	BUZ
		2	补插	BUC
		3	除草松土	CCST
		4	培土	PEIT
		5	间苗	JIANM
		6	修枝	XIUZ
		7	浇水	JIAOS
		8	施肥	SHIF

6.2.5 森林经营(05)

表 19 森林更新代码表

子要素类	子要素类名称	代码	要素名称	拼音缩写
01	森林更新	1	人工促进更新	RGCJGX
		2	人工更新	RGGX
		3	封山育林	FSYL
		4	天然更新	TRGX

表 20 采伐类型代码表

子要素类	子要素类名称	代码	要素名称	拼音缩写
02	采伐类型	100	抚育采伐	FYCF
		110	透光伐	TGF
		120	生长伐	SZF
		130	定株抚育	DZFY
		140	生态疏伐	STSF
		150	卫生伐	FSF
		200	主伐	ZHUF
		210	择伐	ZEFA
		211	径级作业伐	JJZYF
		212	单株择伐	DZZF
		213	群状择伐	QZZF
		220	皆伐	JIEF
		221	块状皆伐	KZJF
		222	带状皆伐	DZJF
		230	渐伐	JIANF
		231	二次渐伐	ECJF
		232	三次渐伐	SCJF
		300	低产(效)林改造	DCLGZ
		310	皆伐改造	JFGZ
		320	择伐改造	ZFGZ
		330	综合改造	ZHGZ
		400	更新采伐	GXCF
		410	林分更新采伐	LFGXCF
		411	渐伐	JIANF
		412	择伐	ZEFA
		413	径级择伐	JJZF
		420	林带更新采伐	LDGXCF
		421	全带采伐	QDCF
		422	断带采伐	DDCF
		423	分行采伐	FXCF
		900	其他	QITA

表 21　林分改造代码表

子要素类	子要素类名称	代码	要素名称	拼音缩写
03	林分改造	1	块状改造	KZGZ
		2	带状改造	DZGZ
		3	林冠下改造	LGXGZ

表 22　工程建设措施代码表

子要素类	子要素类名称	代码	要素名称	拼音缩写
04	工程建设措施	10	管护	GUANHU
		20	封育	FENGYU
		30	飞播	FEIBO
		40	造林	ZAOLIN
		41	退耕地造林	GDZAOL
		42	荒山造林	HSZAOL
		50	其他	QITA

表 23　不合理采伐作业代码表

子要素类	子要素类名称	代码	要素名称	拼音缩写
05	不合理采伐作业	10	主伐	ZHUFA
		11	龄组为中、幼林	WZHYOU
		12	林种为非用材林	WFYCL
		13	森林类别为公益林	WGYL
		14	森林类别为禁伐林、限伐林	WJFXF
		20	抚育	FUY
		21	龄组为近、成、过	WJCG
		30	更新伐	GXF
		31	林种为商品林	SPL
		32	龄组为幼、中、近	YZJ

6.2.6　资源动态变化(06)

表 24　蓄积动态代码表

子要素类	子要素类名称	代码	要素名称	拼音缩写
01	蓄积动态	1	增加	ZEJIA
		2	减少	JSHAO
		3	持平	CHIP

表 25　面积动态代码表

子要素类	子要素类名称	代码	要素名称	拼音缩写
02	面积动态	1	增加	ZEJIA
		2	减少	JSHAO
		3	持平	CHIP

表 26　消耗类型代码表

子要素类	子要素类名称	代码	要素名称	拼音缩写
03	消耗类型	1	木材生产消耗	MCSCXH
		2	基建消耗	JJXH
		3	林副产品消耗	LFCPXH
		4	能源消耗	NYXH
		5	林区生活消耗	LQSHXH
		6	自然灾害消耗	ZRZHXH
		7	乱砍滥伐消耗	LKLFXH
		8	自然枯损	ZRKS
		9	其他消耗	QTXH

6.2.7　森林权属(07)

表 27　林地所有权代码表

子要素类	子要素类名称	代码	要素名称	拼音缩写
01	林地所有权	1	国家所有	GJSY
		2	集体所有	JTSY
		9	林地所有权未定	SYQWD

表 28　林木所有权代码表

子要素类	子要素类名称	代码	要素名称	拼音缩写
02	林木所有权	1	国家所有	GUOJSY
		2	集体所有	JITSY
		3	个人所有	GRSYQ
		4	其他	QTSY
		9	林木所有权未定	MSYQWD

表 29　林地使用权代码表

子要素类	子要素类名称	代码	要素名称	拼音缩写
03	林地使用权	1	国有使用	GUOYSY
		2	集体使用	JTISY
		3	个人使用	GERSY

（续）

子要素类	子要素类名称	代码	要素名称	拼音缩写
03	林地使用权	4	合作使用	HZSY
		5	其他使用权	QITSY
		9	林地使用权未定	LSHIYW

表 30　林木使用权代码表

子要素类	子要素类名称	代码	要素名称	拼音缩写
04	林木使用权	1	国家使用	GJSYQ
		2	集体使用	JTSYQ
		3	个人使用	GRENSY
		4	合作使用	HZSYQ
		5	其他使用权	QTASY
		9	林木使用权未定	MSYWD

6.2.8　森林健康(08)

表 31　森林灾害代码表

子要素类	子要素类名称	代码	要素名称	拼音缩写
01	森林灾害	00	无灾害	WZH
		10	病虫害	BCH
		11	病害	BINGH
		12	虫害	CH
		20	火灾	HZ
		21	地表火	DBH
		22	树冠火	SGH
		23	地下火	DXH
		30	气候灾害	QHZH
		31	风折(倒)	FZM
		32	雪压	XY
		33	滑坡泥石流	HPNSL
		34	干旱	GANH
		40	人为灾害	RWZH
		41	过度放牧	GDFM
		42	毁林开荒	HLKH
		43	过度砍伐	GFKF
		44	乱砍滥伐	LKLF
		45	盗伐	DF
		50	生态性灾害	STXZH

（续）

子要素类	子要素类名称	代码	要素名称	拼音缩写
01	森林灾害	51	水土流失	STLS
		52	沙化	SHAHUA
		53	风蚀	FSHI
		90	其他灾害	QTZH

表 32　森林灾害等级代码表

子要素类	子要素类名称	代码	要素名称	拼音缩写
02	森林灾害等级	0	无	WU
		1	轻	QI
		2	中	ZHONG
		3	重	ZHO

表 33　森林健康等级代码表

子要素类	子要素类名称	代码	要素名称	拼音缩写
03	森林健康等级	1	健康	JK
		2	亚健康	YJK
		3	中健康	ZJK
		4	不健康	BJK

表 34　森林生态功能等级代码表

子要素类	子要素类名称	代码	要素名称	拼音缩写
04	森林生态功能等级	1	好	HAO
		2	中	ZHONG
		3	差	CHA

表 35　经济林等级代码表

子要素类	子要素类名称	代码	要素名称	拼音缩写
05	经济林等级	1	集约经营	JIYUE
		2	一般经营	YIABN
		3	粗放经营	CUFANG

6.2.9　湿地类型(09)

表 36　湿地类型代码表

子要素类	子要素类名称	代码	要素名称	拼音缩写
01	湿地类型	100	近海及海岸湿地	JHASD
		101	浅海水域	QHSY
		102	潮下水生层	CXSSC
		103	珊瑚礁	SHJIAO

（续）

子要素类	子要素类名称	代码	要素名称	拼音缩写
01	湿地类型	104	岩石性海岸	YSXHA
		105	潮间沙石海滩	CJSSHT
		106	潮间淤泥海滩	CJYNHT
		107	潮间盐水沼泽	CJYSZZ
		108	红树林沼泽	HSLZZ
		109	海岸性咸水湖	HAXXSH
		110	海岸性淡水湖	HAXDSH
		111	河口水域	HKSY
		112	三角洲湿地	SJZSD
		200	河流湿地	HLSD
		201	永久性河流	YJXHL
		202	季节性或间歇性河流	JJXHL/JXXHL
		203	泛洪平原湿地	FHPYSD
		300	湖泊湿地	HPSD
		301	永久性淡水湖	YJXDSH
		302	季节性淡水湖	JJXDSH
		303	永久性咸水湖	YJXXSH
		304	季节性咸水湖	JJXXSH
		400	沼泽湿地	ZZSD
		401	藓类沼泽	XLZZ
		402	草本沼泽	CBZZ
		403	沼泽化草甸	ZZHCD
		404	灌丛沼泽	GCZZ
		405	森林沼泽	SLZZ
		406	内陆盐沼	NLYZ
		407	地热湿地	DRSD
		408	淡水泉或绿洲湿地	DSQLZS
		500	人工湿地	RGSD
		501	蓄水区	XSQ
		502	运河、输水河	YHSSH
		503	淡水养殖池塘	DSYZCT
		504	海水养殖场	HSYZC
		505	农用池塘	NYCT
		506	灌溉用沟、渠	GGYGQ
		507	稻田、冬水田	DTDST
		508	盐田	YTIAN
		509	采矿性积水区	CKXJSQ
		510	废水处理场所	FSCLCS
		511	城市性景观和娱乐水面	CSJGYL

表 37　湿地保护等级代码表

子要素类	子要素类名称	代码	要素名称	拼音缩写
02	湿地保护等级	1	Ⅰ	YIJI
		2	Ⅱ	ERJI
		3	Ⅲ	SANJI
		4	Ⅳ	SIJI
		5	Ⅴ	WUJI

6.2.10 植被类型(10)

表 38　植被类型代码表

子要素类	子要素类名称	代码	要素名称	拼音缩写
01	植被类型	100	自然植被	ZRZB
		110	针叶林	ZYEL
		111	寒温性针叶林	HWXZYL
		112	温性针叶林	WXZYL
		113	温性针阔混交林	WXZKHL
		114	暖性针叶林	NXZYL
		115	暖性针阔混交林	NXZKHL
		116	热性针叶林	RXZYL
		117	热性针阔混交林	RXZKHL
		120	阔叶林	KUOYL
		121	落叶阔叶林	LYKYL
		122	常绿落叶阔叶混交林	CLYKHL
		123	常绿阔叶林	CLKYL
		124	硬叶常绿阔叶林	YYCLKY
		125	季雨林	JYL
		126	雨林	YL
		127	珊瑚岛常绿林	SHDCLL
		128	红树林	HSL
		129	竹林	ZHUL
		130	灌丛和灌草丛	GCGCC
		131	常绿针叶灌丛	CLZYGC
		132	常绿革叶灌丛	CLGYGC
		133	落叶阔叶灌丛	LYKYGC
		134	常绿阔叶灌丛	CLKYGC
		135	灌草丛	GCC
		140	草原和稀树草原	CYXSCY
		141	草原	CAOY

（续）

子要素类	子要素类名称	代码	要素名称	拼音缩写
01	植被类型	142	稀树草原	XSCY
		150	荒漠(包括肉质刺灌丛)	HMOO
		151	荒漠	HMO
		152	肉质刺灌丛	RZCGC
		160	冻原	DY
		161	高山冻原	GSDY
		170	高山稀疏植被	GSXSZB
		171	高山垫状植被	GSDZZB
		172	高山流石滩稀疏植被	GSLS
		180	草甸	CDIAN
		181	草甸	CD
		190	沼泽与水生植被	ZZSSZB
		191	沼泽	ZZHE
		192	水生植被	SSZB
		200	栽培植被	ZPZB
		210	草本类型	CBLX
		211	大田作物型	DTZW
		212	蔬菜作物型	SCZW
		213	草皮绿化型	CPLH
		220	木本类型	MBLX
		221	针叶林型	ZYLX
		222	针阔混交林型	ZKHJLX
		223	阔叶林型	LYLX
		224	灌木林型	GMLX
		225	其他木本类型	QTMB
		230	草本木本间作类型	CMJZ
		231	农林间作型	NLJZ
		232	农果间作型	NGJZ
		233	草本绿化型	CBLH

6.2.11 土地退化类型(11)

表 39 荒漠化类型要素代码表

子要素类	子要素类名称	代码	要素名称	拼音缩写
01	荒漠化类型	1	风蚀	FS
		2	水蚀	SSHI
		3	盐渍化	YZH
		4	冻融	DR
		0	非荒漠化土地	FHMTD

表 40 荒漠化程度要素代码表

子要素类	子要素类名称	代码	要素名称	拼音缩写
02	荒漠化程度	1	轻度	QD
		2	中度	ZHDU
		3	重度	ZHD
		4	极重度	JZHD

表 41 土地沙化监测类型要素代码表

子要素类	子要素类名称	代码	要素名称	拼音缩写
03	土地沙化监测类型	100	沙化土地	SHTD
		110	流动沙地(丘)	LDSD
		120	半固定沙地(丘)	BGDSD
		121	人工半固定沙地(丘)	RBGDSD
		122	天然半固定沙地(丘)	TBGDSD
		130	固定沙地(丘)	GDSD
		131	人工固定沙地(丘)	RGDSD
		132	天然固定沙地(丘)	TGDSD
		140	露沙地	LSD
		150	沙化耕地	SHGD
		160	非生物治沙工程地	FSWZSD
		170	风蚀残丘	FSCQ
		180	风蚀劣地	FSLD
		190	戈壁	GBI
		200	有明显沙化趋势的土地	MXSHD
		300	非沙化土地	FSHTD

表 42　沙化程度要素代码表

子要素类	子要素类名称	代码	要素名称	拼音缩写
04	沙化程度	1	轻度	SQD
		2	中度	SZD
		3	重度	SZHD
		4	极重度	SJZHD

表 43　石漠化类型要素代码表

子要素类	子要素类名称	代码	要素名称	拼音缩写
05	石漠化类型	0	非石漠化土地	FSMH
		1	潜在石漠化土地	QZSMH
		2	石漠化土地	SMH

表 44　石漠化程度要素代码表

子要素类	子要素类名称	代码	要素名称	拼音缩写
06	石漠化程度	00	无	WU
		10	潜在	SHQZ
		21	轻度	SHQD
		22	中度	SHZD
		23	强度	SHQD
		24	极强度	SHJQD

6.2.12　区域(12)

表 45　流域代码表

子要素类	子要素类名称	代码	要素名称	拼音缩写
01	流域	0100	黑龙江流域	HLJLY
		0101	黑龙江水系	HLJSX
		0102	额尔古纳河水系	EEGNH
		0103	松花江水系	SHJSX
		0104	乌苏里江水系	WSLJSX
		0105	绥芬河水系	SFHSX
		0106	图们江水系	TMJSX
		0200	长江流域	CJLY
		0201	金沙江水系	JSJSX
		0202	嘉陵江水系	JLJSX
		0203	汉江水系	HJSX
		0204	岷江水系	MJSX
		0205	长江干流水系	CJGLSX

（续）

子要素类	子要素类名称	代码	要素名称	拼音缩写
01	流域	0206	太湖水系	THSX
		0207	洞庭湖水系	DTHSX
		0208	乌江水系	WJSX
		0209	鄱阳湖水系	PYHSX
		0300	东南沿海诸河流域	DNYHZH
		0301	钱塘江水系	QTJSX
		0302	浙北沿海诸河水系	ZBYHZH
		0303	瓯江水系	OJSX
		0304	闽江水系	MJSX
		0305	浙南沿海诸河水系	ZNYHZH
		0306	韩江水系	HJSX
		0307	闽南水系	MNSX
		0308	台湾诸河水系	TWZHSX
		0309	粤东沿海诸河水系	YDYHZH
		0400	国际河流	GJHL
		0401	额尔齐斯河内流区	EEQSH
		0402	澜沧江流域	LCJLY
		0403	怒江流域	NJLY
		0404	雅鲁藏布江流域	YLZBJ
		0405	元江－红河	YJHH
		0500	海河流域	HHLY
		0501	滦河水系	LHSX
		0502	永定河	YDHSX
		0503	大清河水系	DQHSX
		0504	子牙河水系	ZYHSX
		0505	漳卫南运河水系	ZWNYH
		0506	徒骇、马颊河水系	THMJH
		0600	淮河流域	HHLY
		0601	沂沭泗水系	YSSSX
		0602	淮河干流水系	HHGLSX
		0603	里下河水系	LXHSX
		0700	黄河流域	HHLY
		0701	黄河干流水系	HHGLSX
		0702	汾河水系	FHSX
		0703	山东半岛水系	SDBDSX
		0704	渭河水系	WHSX

（续）

子要素类	子要素类名称	代码	要素名称	拼音缩写
01	流域	0800	辽河流域	LHLY
		0801	辽河干流水系	LHGLSX
		0802	大凌河水系	DLHSX
		0803	鸭绿江水系	YLJSX
		0804	辽东半岛诸河水系	LDBDZH
		0900	内流区	NLQ
		0901	乌裕尔河内流区	WYEH
		0902	准噶尔内流区	ZGEH
		0903	内蒙古内流区	NMGNLQ
		0904	白城内流区	BCNLQ
		0905	伊犁河内流区	YLHNLQ
		0906	塔里木内流区	TLMNLQ
		0907	阿拉善河内流区	ALSHNL
		0908	鄂尔多斯内流区	EEDSNL
		0909	柴达木内流区	CDMNLQ
		0910	西藏内流区	XZNLQ
		1000	珠江流域	ZJLY
		1001	西江水系	XJSX
		1002	北江水系	BJSX
		1003	东江水系	DJSX
		1004	三角洲水系	SJZSX
		1005	粤西沿海诸河水系	YXYHZH
		1006	琼诸河水系	QZHSX

表 46　林区代码表

子要素类	子要素类名称	代码	要素名称	拼音缩写
02	林区	1	东北内蒙古林区	DBNM
		2	西南高山林区	XNGSLQ
		3	东南低山丘陵区	DNDSQL
		4	西北高山林区	XBGSLQ
		5	热带林区	REDAIL

表 47　气候带代码表

子要素类	子要素类名称	代码	要素名称	拼音缩写
03	气候带	11	北温带	BWD
		12	中温带	ZWD
		13	南温带	NWD
		21	北亚热带	BYRD
		22	中亚热带	ZYRD
		23	南亚热带	NYRD
		31	北热带	BRD
		32	中热带	ZRD
		33	南热带	NRD
		40	高原气候区	GYQH

表 48　林业生态工程类别代码表

子要素类	子要素类名称	代码	要素名称	拼音缩写
04	林业生态工程	01000000	生态保护型林业生态工程	STBH
		01010000	天然林保护类工程	TBLGC
		01010100	天然林资源保护工程	TBGC
		01010111	长江上游地区天然林资源保护一期工程	CJTBYQ
		01010112	长江上游地区天然林资源保护二期工程	CJTBEQ
		01010121	黄河中上游地区天然林资源保护一期工程	HHTBYQ
		01010122	黄河中上游地区天然林资源保护二期工程	HHTBEQ
		01010131	东北、内蒙古等重点国有林区天然林资源保护一期工程	GYTBYQ
		01010132	东北、内蒙古等重点国有林区天然林资源保护二期工程	GYTBEQ
		01020000	次生林改造类工程	CSGZ
		01030000	水源涵养林营造类工程	SYHY
		01040000	野生动植物保护及自然保护区类工程	YSBHL
		01040100	野生动植物及自然保护区工程	YSBH
		01050000	湿地保护类工程	SDBHL
		01050100	湿地公园工程	SDGY
		01060000	森林公园建设类工程	SLGYL
		01070000	特种用途林建设类工程	TZYTL
		01070100	重点公益林经营工程	ZDGYL
		01070200	珍贵树种培育工程	ZGSZPY
		01990000	其他生态保护型林业生态工程	QTSTBH
		02000000	生态防护型林业生态工程	STFH

（续）

子要素类	子要素类名称	代码	要素名称	拼音缩写
04	林业生态工程	02010000	农田防护林类工程	NTFHL
		02010100	全国农田林网化建设工程	NTLW
		02020000	防风固沙林类工程	FFGS
		02020100	京津风沙源治理工程	JJFS
		02020200	全国石漠化治理工程	SMHZL
		02020300	全国防治沙漠化工程	FZSMH
		02020400	防沙治沙林工程	FSZS
		02020500	三北及长江流域等重点防护林体系工程	SBFH
		02020511	三北防护林一期工程	SBFHYQ
		02020512	三北防护林二期工程	SBFHEQ
		02020513	三北防护林三期工程	SBFHSQ
		02020514	三北防护林四期工程	SBFHSI
		02020515	三北防护林五期工程	SBFHWQ
		02020516	三北防护林六期工程	SBFHLQ
		02020517	三北防护林七期工程	SBFHQQ
		02020518	三北防护林八期工程	SBFHBQ
		02020521	长江流域防护林一期工程	CJFHYQ
		02020522	长江流域防护林二期工程	CJFHEQ
		02020531	沿海防护林一期工程	YHFHYQ
		02020532	沿海防护林二期工程	YHFHEQ
		02020541	珠江流域防护林一期工程	ZJFHYQ
		02020542	珠江流域防护林二期工程	ZJFHEQ
		02020551	太行山绿化一期工程	THSYQ
		02020552	太行山绿化二期工程	THSEQ
		02020561	平原绿化一期工程	PYLHYQ
		02020562	平原绿化二期工程	PYLHEQ
		02020571	淮河太湖流域防护林工程	HHTHFH
		02020600	松花江嫩江流域防护林工程	SHJFH
		02020700	黄河下游及海河流域防护林工程	HHXYFH
		02030000	河岸河滩防护林类工程	HAHTFH
		02040000	护路林类工程	HLL
		02050000	盐碱地造林类工程	YJDZL
		02990000	其他生态防护型林业生态工程	QTSTFH
		02990100	退耕还林工程	TGHL
		03000000	生态经济型林业生态工程	STJJ
		03010000	农林复合类工程（含林粮、林药、林渔等复合）	NLFH

（续）

子要素类	子要素类名称	代码	要素名称	拼音缩写
04	林业生态工程	03010100	林业血吸虫病防治工程	XXCBFH
		03020000	竹林基地建设类工程	ZLJD
		03030000	用材林（含速生丰产林、短轮伐期纸浆林）基地建设类工程	YCLJD
		03030100	速生丰产林基地建设工程	SSFCL
		03040000	薪炭林建设类工程	XTLJS
		03040100	重点地区薪炭林基地建设工程	ZDXTL
		03050000	经济林（含果园、经济林园等）基地建设类工程	JJLJD
		03990000	其他生态经济型林业生态工程	QTSTJJ
		03990100	生物质能源林基地建设工程	SWZNY
		04000000	环境改良型林业生态工程	HJGL
		04010000	城市林业建设类工程	CSLY
		04020000	工矿区恢复与重建类工程	GKQHF
		04020100	工矿废弃地复垦林业工程	GKFQFK
		04030000	劣地（含裸盐裸土、陡崖等）改良类工程	LDGL
		04990000	其他环境改良型林业生态工程	QTHJGL

6.2.13 地形地貌（13）

表 49 地貌因子代码表

子要素类	子要素类名称	代码	要素名称	拼音缩写
01	地貌	1	极高山	JGS
		2	高山	GS
		3	中山	ZSHAN
		4	低山	DS
		5	丘陵	QL
		6	平原	PYUAN
		7	其他地貌	QTDM

表 50 坡位因子代码表

子要素类	子要素类名称	代码	要素名称	拼音缩写
02	坡位	1	脊部	JB
		2	上部	SB
		3	中部	ZHOBU
		4	下部	XIAB
		5	谷部	GBU
		6	平地	PD
		7	全坡位	QPW

表 51　坡向因子代码表

子要素类	子要素类名称	代码	要素名称	拼音缩写
03	坡向	1	北	BEI
		2	东北	DB
		3	东	DONG
		4	东南	DNAN
		5	南	NAN
		6	西南	XN
		7	西	XI
		8	西北	XB
		9	无坡向	WPX

表 52　坡度级因子代码表

子要素类	子要素类名称	代码	要素名称	拼音缩写
04	坡度级	10	平	PING
		20	缓	HUAN
		30	斜	XIE
		40	陡	DOU
		50	急	JI
		60	险	XIAN

6.2.14　土壤(14)

表 53　土壤名称因子代码表

子要素类	子要素类名称	代码	要素名称	拼音缩写
01	土壤名称	100	铁铝土纲	TLTG
		101	砖红壤	ZHR
		102	赤红壤	CHR
		103	红壤	HR
		104	黄壤	HUR
		110	淋溶土纲	LRTG
		111	黄棕壤	HZR
		112	棕壤	ZR
		113	暗棕壤	AZR
		114	灰黑土	HHTU
		115	漂灰土	PHT
		120	半淋溶土纲	BLRTG
		121	燥红土	ZHT
		122	褐土	HET

（续）

子要素类	子要素类名称	代码	要素名称	拼音缩写
01	土壤名称	123	塿土	LT
		124	灰褐土	HHT
		130	钙层土纲	GCTG
		131	黑垆土	HLT
		132	黑钙土	HGT
		133	栗钙土	LGT
		134	棕钙土	ZGT
		135	灰钙土	HUIGT
		140	石膏盐层土纲	SGYTG
		141	灰漠土	HMOT
		142	灰棕漠土	HZMT
		143	棕漠土	ZMT
		150	水成土纲	SCTG
		151	沼泽土	ZZT
		152	水稻土	SDT
		160	半水成土纲	BSCTG
		161	黑土	HT
		162	白浆土	BJT
		163	潮土	CHAOT
		164	砂姜黑土	SJHT
		165	灌淤土	GYT
		166	绿洲土	LZT
		167	草甸土	CDT
		170	盐碱土纲	YJTG
		171	盐土	YANT
		172	碱土	JT
		180	岩成土纲	YCTG
		181	紫色土	ZST
		182	石灰土	SHT
		183	磷质石灰土	LZSHT
		184	黄绵土	HMT
		185	风沙土	FST
		186	火山灰土	HSHT
		190	高山土纲	GSTG
		191	山地草甸土	SDCDT
		192	亚高山草甸土	YGSCDT

（续）

子要素类	子要素类名称	代码	要素名称	拼音缩写
01	土壤名称	193	高山草甸土	GSCDT
		194	亚高山草原土	YGSCYT
		195	高山草原土	GSCYT
		196	亚高山漠土	YGSMT
		197	高山漠土	GSMT
		198	高山寒冻土	GSHDT

表 54　土壤厚度因子代码表

子要素类	子要素类名称	代码	要素名称	拼音缩写
02	土壤厚度	1	厚	HOU
		2	中	ZHONG
		3	薄	BO
		4	极薄	JIBO

表 55　腐殖质层厚度因子代码表

子要素类	子要素类名称	代码	要素名称	拼音缩写
03	腐殖质层厚度	1	厚	HOUH
		2	中	ZHONG
		3	薄	BOB

表 56　枯枝落叶层厚度因子代码表

子要素类	子要素类名称	代码	要素名称	拼音缩写
04	枯枝落叶层厚度	1	厚	HOUHO
		2	中	ZHONG
		3	薄	BOBO

表 57　土壤湿度因子代码表

子要素类	子要素类名称	代码	要素名称	拼音缩写
05	土壤湿度	1	干	GAN
		2	潮湿	CHAOS
		3	重湿	ZHONGS
		4	极湿	JSHI

表 58　土壤母质因子代码表

子要素类	子要素类名称	代码	要素名称	拼音缩写
06	土壤母质	01	花岗岩	HGY
		02	砂岩	SY
		03	砾岩	LYAN
		04	页岩	YY
		05	紫色页岩	ZSYY
		06	板岩	BY
		07	片岩	PY
		08	千牧岩	QMY
		09	泥质岩	NZY
		10	玄武岩	XWY
		11	石灰岩	SHY
		12	第四纪红土	DSJHT
		13	冲击母质	CJMZ
		14	风积母质	FJMZ
		15	板页岩	BANYAN
		16	红砂岩	HONGSY
		17	砂页岩	SHAYEY
		18	变质岩	BIANZHI
		19	片麻岩	PIANMA
		20	沙页岩	SHAYEY
		21	沙砾岩	SHALIY

表 59　土壤质地因子代码表

子要素类	子要素类名称	代码	要素名称	拼音缩写
07	土壤质地	1	黏土	NT
		2	重壤土	ZRT
		3	壤土	RT
		4	砂壤土	SRT
		5	砂土	ST

表 60　土壤紧密度因子代码表

子要素类	子要素类名称	代码	要素名称	拼音缩写
08	土壤紧密度	1	疏松	SS
		2	稍紧密	SJM
		3	紧密	JM
		4	极紧密	JJM

表 61　土壤酸碱度因子代码表

子要素类	子要素类名称	代码	要素名称	拼音缩写
09	土壤酸碱度	1	酸性	SXING
		2	中性	ZXING
		3	碱性	JXING

表 62　土壤排水状况因子代码表

子要素类	子要素类名称	代码	要素名称	拼音缩写
10	土壤排水状况	1	稍过量	SGL
		2	良好	LH
		3	中等	ZDENG
		4	不畅	BC
		5	极差	JC

表 63　土壤侵蚀等级因子代码表

子要素类	子要素类名称	代码	要素名称	拼音缩写
11	土壤侵蚀等级	1	无侵蚀	WQS
		2	轻度侵蚀	QDQS
		3	中度侵蚀	ZDQS
		4	强度侵蚀	QDQSHI

6.2.15　森林结构(15)

表 64　群落结构因子代码表

子要素类	子要素类名称	代码	要素名称	拼音缩写
01	群落结构	1	完整结构	WZJG
		2	复杂结构	FZJG
		3	简单结构	JDJG

表 65　树种结构因子代码表

子要素类	子要素类名称	代码	要素名称	拼音缩写
02	树种结构	1	针叶纯林	ZYCL
		2	针叶混交	ZYHJ
		3	阔叶纯林	KYCL
		4	阔叶混交	KYHJ
		5	针阔混交	ZHKHJ
		6	乔灌混交	QGHJ

表 66 样地林层结构因子代码表

子要素类	子要素类名称	代码	要素名称	拼音缩写
03	样地林层结构	0	单层林	DCL
		1	复层林	FCL

表 67 林木林层结构因子代码表

子要素类	子要素类名称	代码	要素名称	拼音缩写
04	林木林层结构	0	单林层	DLC
		1	复层林主林层	FCLZLC
		2	复层林次林层	FCLCLC

表 68 林龄类型因子代码表

子要素类	子要素类名称	代码	要素名称	拼音缩写
05	林龄类型	1	同龄林	TLL
		2	异龄林	YLL

表 69 龄组因子代码表

子要素类	子要素类名称	代码	要素名称	拼音缩写
06	龄组	1	幼龄林	YOULL
		2	中龄林	ZLL
		3	近熟林	JSL
		4	成熟林	CSLIN
		5	过熟林	GSL

表 70 龄级因子代码表

子要素类	子要素类名称	代码	要素名称	拼音缩写
07	龄级	1	Ⅰ龄级	YLJ
		2	Ⅱ龄级	ELJ
		3	Ⅲ龄级	SLJ
		4	Ⅳ龄级	SILJ
		5	Ⅴ龄级	WLJ
		6	Ⅵ龄级	LLJ
		7	Ⅶ龄级	QLJ
		8	Ⅷ龄级	BLJ
		9	Ⅸ龄级以上	JLJYS

表 71　可及状况因子代码表

子要素类	子要素类名称	代码	要素名称	拼音缩写
08	可及状况	1	即可及	JKJ
		2	将可及	JIKJ
		3	不可及	BKJ

表 72　森林起源因子代码表

子要素类	子要素类名称	代码	要素名称	拼音缩写
09	森林起源	10	天然	TR
		11	纯天然	CTR
		12	人工促进	RGCJ
		13	萌生天然林	MSTRL
		20	人工	RGONG
		21	植苗	ZM
		22	直播	ZB
		23	飞播	FB
		24	萌生人工林	MSRGL

6.2.16　森林主要调查树种(组)(16)

表 73　森林主要调查树种(组)因子代码表

子要素类	子要素类名称	代码	要素名称	拼音缩写
01	森林主要调查树种(组)	100000	针叶树种(组)	ZYSZ
		110100	落叶松类	LYSL
		110101	落叶松	LYS
		110102	长白落叶松	CBLYS
		110103	华北落叶松	HBLYS
		110104	兴安落叶松	XALYS
		110105	新疆落叶松	XJLYS
		110106	日本落叶松	RBLYS
		110200	冷杉类	LSL
		110201	冷杉	LS
		110202	臭冷杉	CLS
		110203	长苞冷杉	CBLS
		110204	秦岭冷杉	QLLS
		110300	云杉类	YSL
		110301	云杉	YS
		110302	青海云杉	QHYS
		110303	紫果云杉	ZGYS

（续）

子要素类	子要素类名称	代码	要素名称	拼音缩写
01	森林主要调查树种（组）	110304	川西云杉	CXYS
		110305	青扦	QQ
		110306	鳞皮云杉	LPYS
		110307	紫杉(红豆杉)	ZS
		110308	白皮云杉	BPYS
		110309	康定云杉	KDYS
		110310	麦吊云杉	MDYS
		110311	大果青扦	DGQQ
		110312	垂直云杉	CZYS
		110313	油麦吊云杉	YMDYS
		110314	白豆杉	BDS
		110315	德昌杉	DCS
		110316	米德杉	MDS
		110317	日本柳杉	RBLS
		110318	秃杉(台湾杉)	TS
		110400	松类	SL
		110401	马尾松	MWS
		110402	黄山松	HSS
		110403	粤松	YS
		110404	金钱松	JQS
		110405	华山松	HSS
		110406	红松	HS
		110407	樟子松	ZZS
		110408	赤松	CS
		110409	黑松	HS
		110410	油松	YS
		110411	云南松	YNS
		110412	思茅松	SMS
		110413	高山松	GSS
		110414	水松	SS
		110415	沙松	SS
		110416	大别山五针松	DBSWZS
		110417	越南松	YNS
		110418	辐射松	FSS
		110419	巴山松	BSS
		110420	海南五针松	HNWZS

（续）

子要素类	子要素类名称	代码	要素名称	拼音缩写
01	森林主要调查树种（组）	110500	国外松类	GWSL
		110501	湿地松	SDS
		110502	火炬松	HJS
		110503	加勒比松	JLBS
		110504	陆均松	LJS
		110505	雪松	XS
		110600	铁杉油杉类	TSYSL
		110601	铁杉	TS
		110602	铁坚杉	TJS
		110603	三尖杉	SJS
		110604	油杉	YS
		110605	蓖子三尖杉	BZSJS
		110606	丽江铁杉	LJTS
		110607	黄杉	HS
		110608	花旗松	HQS
		110700	柏类	BML
		110701	侧柏	CB
		110702	圆柏(桧柏)	YB
		110703	福建柏	FJB
		110704	柏木	BM
		110705	祁连圆柏	QLYB
		110706	大果圆柏	DGYB
		110707	方枝柏	FZB
		110708	细枝圆柏	XZYB
		110709	刺柏	CB
		110710	竹柏	ZB
		110711	杜松	DS
		110712	岷江柏木	MJBM
		110713	崖柏	YB
		110714	高山柏	GSB
		110715	藏柏	ZB
		110716	密枝圆柏	GZYB
		110717	墨西哥柏	MXGB
		110800	杉类	SML
		110801	杉木	SM
		110802	柳杉	LS

（续）

子要素类	子要素类名称	代码	要素名称	拼音缩写
01	森林主要调查树种（组）	110803	红杉	HS
		110900	三杉类	SSL
		110901	水杉	SS
		110902	池杉	CS
		110903	落羽杉	LYS
		110904	银杉	YS
		120000	针叶其他树种(组)	ZYQT
		120100	针叶混交树种组	ZYHJ
		200000	阔叶树种(组)	KY
		200100	杨类	YL
		200101	钻天杨	ZTY
		200102	毛白杨	MBY
		200103	响叶杨	XYY
		200104	欧美杨(加杨)	OMY
		200105	山杨	SY
		200106	意杨	YY
		200107	大青杨	DQY
		200108	品种杨	PZY
		200109	香杨	XY
		200110	小叶杨	XYY
		200111	69 杨	LJY
		200112	72 杨	QEY
		200113	黑杨	HY
		200114	小黑杨	XHY
		200115	胡杨	HY
		200116	新疆杨	XJY
		200117	北京杨	BJY
		200118	青杨	QY
		200119	滇杨	DY
		200120	大叶杨(冬瓜杨)	DYY
		200200	柳类	LL
		200201	朝鲜柳	CXL
		200202	钻天柳	ZTL
		200203	旱柳	HL
		200204	垂柳	CL
		200205	大叶柳	DYL

（续）

子要素类	子要素类名称	代码	要素名称	拼音缩写
01	森林主要调查树种（组）	200206	青钱柳	QQL
		200300	桉类	AL
		200301	巨尾桉	JWA
		200302	尾叶桉	WAY
		200303	巨桉	JA
		200304	赤桉	CA
		200305	蓝桉	LA
		200306	直杆蓝桉	ZGLA
		200307	白桉	BA
		200308	柳桉	LA
		200309	柠檬桉	NMA
		200400	樟类	ZL
		200401	樟树	ZS
		200402	紫桂	ZG
		200403	兴叶樟	XYZ
		200404	云南樟	YNZ
		200405	油樟	YZ
		200406	新樟	XZ
		200407	厚壳桂	HQG
		200408	月桂	YG
		200409	木姜子	MJZ
		200410	天竺桂	TZG
		200500	楠类	NL
		200501	闽楠	MN
		200502	润楠	RN
		200503	四川润楠	SCRN
		200504	桢楠	ZN
		200505	黄肉楠	HRN
		200506	琼楠	QN
		200507	黑壳楠	HQN
		200508	赛楠	SN
		200600	栎类	LIL
		200601	辽东栎	LDL
		200602	麻栎	ML
		200603	槲栎	HL
		200604	蒙古栎	MGL

（续）

子要素类	子要素类名称	代码	要素名称	拼音缩写
01	森林主要调查树种（组）	200605	柏栎	BL
		200606	白栎	BL
		200607	石栎	SL
		200608	巴山水青冈	BSSQG
		200609	高山栎	GSL
		200610	黄背栎	HBL
		200611	其他栎类	QTLL
		200700	榆类	YL
		200701	春榆	CY
		200702	裂叶榆	LYY
		200703	家榆	JY
		200704	白榆	BY
		200705	榆树	YS
		200706	黑榆	HY
		200707	朴树	PS
		200800	榉类	YL
		200900	石楠类	SNL
		200901	石楠	SN
		201000	檀类	TL
		201001	檀树	TS
		201002	青檀	QT
		201100	桦类	HL
		201101	白桦	BH
		201102	枫桦	FH
		201103	黑桦	HEIH
		201104	岳桦	YH
		201105	红桦	HH
		201106	糙皮桦	ZPH
		201107	赤杨	CY
		201108	香桦	XH
		201109	高山桦	GSH
		201110	亮叶桦	LYH
		201111	九龙桦	JLH
		201112	刺榛	CZ
		201113	毛桤木	MQM
		201200	椴类	DL

（续）

子要素类	子要素类名称	代码	要素名称	拼音缩写
01	森林主要调查树种（组）	201201	紫椴	ZD
		201202	糠椴	KD
		201203	蒙椴	MD
		201300	山槐类	SHL
		201301	山槐(怀槐)	SH
		201400	桐类	TL
		201401	梧桐	WT
		201402	泡桐	PT
		201403	川桐	CT
		201404	刺桐	CT
		201405	野桐	YT
		201500	刺槐类	CHL
		201501	刺槐	CH
		201502	国槐	GH
		201600	栲类	KL
		201601	栲树	KS
		201602	峨眉栲	EMK
		201700	越橘类	YJL
		201800	槭类	QL
		201801	色木槭	SMQ
		201802	白牛槭	BNQ
		201803	拧筋槭	NJQ
		201804	樟叶槭	ZYQ
		201805	青榨槭	QZQ
		201806	金钱槭	JQQ
		201807	元宝枫	YBF
		201900	楝类	LL
		201901	楝树	LS
		201902	山楝	SL
		201903	苦楝	KL
		201904	香椿	XC
		201905	红椿	HC
		202000	榕类	RL
		202001	榕树	RS
		202100	珙桐类	GTL
		202101	珙桐	GT

（续）

子要素类	子要素类名称	代码	要素名称	拼音缩写
01	森林主要调查树种（组）	202102	光叶珙桐	GYGT
		700000	阔叶其他树种(组)	KYQT
		700100	阔叶混交树种组	KYHJ
		700200	杂木	ZM
		700201	鹅耳栎	EEL
		700202	灯台树	DTS
		700203	水榆	SY
		700204	梓树	ZS
		700205	火炬树	HJS
		700206	野胡桃	YHT
		700207	化香	HX
		700208	麻柳	ML
		700209	杜樱	DY
		700210	灰叶稠李	HYCL
		700211	红豆木	HDM
		700300	水、胡、黄	SHH
		700301	水曲柳	SQL
		700302	胡桃楸	HTQ
		700303	黄波罗	HBL
		800001	臭椿	CC
		800002	女贞	NZ
		800003	喜树	XS
		800004	木荷	MH
		800005	酸枣	SZ
		800006	木兰	ML
		800007	相思	XS
		800008	木麻黄	MMH
		800009	悬铃木	XLM
		800010	柞树	ZS
		800011	枫香	FX
		800012	檫木	CM
		800013	桤木(水青冈)	QM
		800014	色木	SM
		800015	枫杨	FY
		800016	刺杨叶	CYY
		800017	合欢	HH

（续）

子要素类	子要素类名称	代码	要素名称	拼音缩写
01	森林主要调查树种（组）	800018	青皮	HDS
		800019	榧	FEI
		800020	花曲柳	HQL
		800021	交让木	JRM
		800022	黄连木	HLM
		800023	山拐枣	SGZ
		800024	构树	GS
		800025	凤凰木	FHM
		800026	重阳木	CYM
		800027	伯乐树	BLS
		800028	栾树	LS
		800029	冬青	DQ
		800030	木棉树	MMS
		800031	八角枫	BJF
		800032	油柿	YS
		800033	皂荚	ZJ
		800034	野茉莉	YML
		800035	刺楸	CQ
		800036	南酸枣	NSZ
		800037	连香树	LXS
		800038	香果树	XGS
		800039	鹅掌楸	EZQ
		800040	白辛树	BXS
		800041	水青树	SQS
		800042	领春木	LCM
		800043	木瓜红	MGH
		800044	大头茶	DTC
		800045	黑荆	HJ
		800046	沙枣	SZ
		800047	台湾相思	TWXS
		800048	马占相思	MZXS
		900000	特殊树种(组)	QTSZ
		910000	竹林树种(组)	ZLSZ
		910100	毛竹	MZ
		910200	杂竹	ZZ
		910201	旱竹	ZAOZ

（续）

子要素类	子要素类名称	代码	要素名称	拼音缩写
01	森林主要调查树种（组）	910202	绿竹	LZ
		910203	石竹	SZ
		910204	苦竹(唐竹)	KZ
		910205	刚竹(篌竹)	GZ
		910206	淡竹	DZ
		910207	黄古竹	HGZ
		910208	哺鸡竹	BJZ
		910209	水竹	SZ
		910210	紫竹	ZIZ
		910211	金镶玉竹	JXYZ
		910212	慈竹	CZ
		910213	斑竹	BZ
		910214	刺竹	CZHU
		910215	白夹竹	BJZ
		910216	箭竹(滑竹)	JZ
		910217	方竹(四方竹)	FZ
		910218	箬竹	RZ
		910219	巴山竹	BSZ
		910220	金竹	JINZ
		910221	筇竹	QZ
		910222	凤凰竹	FHZ
		910223	木竹(扁担竹)	MZ
		910224	麻竹	MZ
		910225	笋用竹	SYZ
		920000	经济树种(组)	JJSZ
		920100	果树类	GSL
		920101	柑橘	GJ
		920102	苹果	PG
		920103	梨	LI
		920104	桃	TAO
		920105	李	LI
		920106	杏	XING
		920107	枣	ZAO
		920108	山楂	SZ
		920109	柿	SHI
		920110	核桃	HT

（续）

子要素类	子要素类名称	代码	要素名称	拼音缩写
01	森林主要调查树种（组）	920111	板栗	BANLI
		920112	芒果	MG
		920113	荔枝	LZ
		920114	龙眼	LY
		920115	椰子	YZ
		920116	槟榔	BL
		920117	杨梅	YM
		920118	柚	YOU
		920119	枇杷	PP
		920120	猕猴桃	MHT
		920121	青梅	QM
		920122	文旦	WD
		920123	胡柚	HY
		920124	葡萄	PT
		920125	樱桃	YT
		920126	沙果	SG
		920127	山丁子	SDZ
		920128	脐橙	QC
		920129	石榴	SL
		920130	黑枣(君迁子)	HZ
		920131	柠檬	NM
		920132	香蕉	XJ
		920133	木瓜	MG
		920200	食用原料类	SYYLL
		920201	油茶	YC
		920202	油橄榄	YGL
		920203	文冠果	WGG
		920204	油棕	YZ
		920205	茶叶	CY
		920206	咖啡	KF
		920207	可可	KK
		920208	花椒	HJ
		920209	八角	BJ
		920210	肉桂	RG
		920211	桂花	GH
		920212	胡椒	HJ

（续）

子要素类	子要素类名称	代码	要素名称	拼音缩写
01	森林主要调查树种（组）	920213	黄杞	HQ
		920300	药材类	YCL
		920301	杜仲	DZ
		920302	厚朴	HP
		920303	枸杞	GQ
		920304	银杏	YX
		920305	黄柏	HB
		920306	五倍子（盐肤木）	WBZ
		920307	金银花	JYH
		920308	照山白	ZSB
		920309	香槐	XH
		920310	吴芋	WY
		920400	林化工业原料类	LHGYYL
		920401	漆树	QS
		920402	紫胶寄生树	ZJJSS
		920403	油桐	YT
		920404	乌桕	WJ
		920405	棕榈	ZL
		920406	橡胶	XJ
		920407	白蜡树	BLS
		920408	栓皮栎	SPL
		920409	山苍子	SCZ
		920410	栲胶	KJ
		920500	其他经济类	QTJJL
		920501	蚕桑	CS
		920502	蚕柞	CZ
		920503	芦竹	LZ
		920504	桑	SANG
		920505	红越橘	HYJ
		920506	杜香	DX
		920507	刺玫果	CMG
		920508	山茱萸	SZY
		920509	苦丁茶	KDC
		920510	山桃	ST
		920511	菠萝蜜	BLM
		930000	针阔混树种（组）	ZKH

（续）

子要素类	子要素类名称	代码	要素名称	拼音缩写
01	森林主要调查树种（组）	940000	灌木林树种（组）	GML
		940001	梭梭	SS
		940002	白刺	BC
		940003	盐豆木	YDM
		940004	灌木柳	LG
		940005	小檗	XB
		940006	杜鹃（映山红）	DJ
		940007	桃金娘	TJN
		940008	水柏枝	SBZ
		940009	松灌	SG
		940010	竹灌	ZG
		940011	柽柳	CL
		940012	山生柳	SSL
		940013	金露梅	JLM
		940014	银露梅	YLM
		940015	锦鸡儿	JJE
		940016	沙棘	SJ
		940017	柠条	NT
		940018	紫穗槐	ZSH
		940019	胡枝子	HZZ
		940020	忍冬	RD
		940021	榛子	ZHENZ
		940022	溲疏	SS
		940023	山梅花	SMH
		940024	绣线菊	XXJ
		940025	接骨木	JGM
		940026	鼠李	SL
		940027	稠李	CL
		940028	珍珠梅	ZZM
		940029	刺梅	CM
		940030	卫矛	WM
		940031	荆条（黄荆）	JT
		940032	花楸	HQ
		940033	穗花杉	SHS
		940034	海桐	HT
		940035	檵木	JM

（续）

子要素类	子要素类名称	代码	要素名称	拼音缩写
01	森林主要调查树种（组）	940036	黄杨	HY
		940037	香叶树	XYS
		940038	丁香	DX
		940039	连翘	LQ
		940040	地锦	DJ
		940041	锦带花	JDH
		940042	葛藤	GT
		940043	黄刺玫	HCM
		940044	六道木	LDM
		940045	无患子	WHZ
		940046	山皂荚	SZJ
		940047	杞柳	QL
		940048	虎榛子	HZZ
		940049	黄栌	HL
		940050	地椒	DJ
		940051	河朔荛花	HSRH
		940052	悬钩子	XGZ
		940053	铁线莲	TXL
		940054	狼牙刺	LYC
		940055	胡颓子	HTZ
		940056	沙柳	SL
		940057	偃松	YS
		940058	野樱桃	YYT
		940059	山矾	SF
		940060	算盘子	SPZ
		940061	泡花树	PHS
		940062	树五加	SWJ
		940063	山荔枝（四照花）	SLZ
		940064	栌菊木	LJM
		940065	黄牛奶	HNN
		940066	粗糠树	CKS
		940067	含笑	HX
		940068	灰木	HM
		940069	栀子	ZZ
		940070	桫椤	SL
		940071	攀枝花苏铁	PZHST

（续）

子要素类	子要素类名称	代码	要素名称	拼音缩写
01	森林主要调查树种（组）	940072	十大功劳	SDGL
		940073	鲜卑花	XBH
		940074	高山柳	GSL
		940075	蔷薇	QW
		940076	茶镳子	ZBZ
		940077	柃木	LM
		940078	五加	WJ
		940079	海棠	HT
		940080	马桑	MS
		940081	楤木	CM
		940082	火棘	HJ
		940083	醉鱼草	ZYC
		940084	杭子梢	HZS
		940085	绣球(八仙花)	XQ
		940086	山蚂蝗	SMH
		940087	羊蹄甲	YTJ
		940088	紫荆	ZJ
		940089	霸王	BW
		940090	白皮柳	BPL
		940091	半日花	BRH
		940092	扁桃	BT
		940093	扁杏	BX
		940094	柄扁桃(山樱桃)	BBT
		940095	藏锦鸡儿	ZJJE
		940096	叉子圆柏	CZYB
		940097	丛桦	CH
		940098	大果榆	DGY
		940099	大叶细裂槭	DYXLQ
		940100	短叶假木贼	DYJMQ
		940101	鄂尔多斯小檗	EEDSXB
		940102	古酸枣	GSZ
		940103	河柳	HL
		940104	黑果荀子	HGXZ
		940105	红端木	HDM
		940106	红砂	HS
		940107	花棒	HB

（续）

子要素类	子要素类名称	代码	要素名称	拼音缩写
01	森林主要调查树种（组）	940108	黄柳	HL
		940109	黄榆	HY
		940110	灰栒子	HXZ
		940111	栎灌	LG
		940112	裸果木	LGM
		940113	玫瑰	MG
		940114	蒙古扁桃	MGBT
		940115	棉刺	MC
		940116	泡泡刺	PPC
		940117	沙冬青	SDQ
		940118	沙拐枣	SGZ
		940119	山桑	SS
		940120	山杏	SX
		940121	山竹子	SZZ
		940122	水冬瓜	SD
		940123	水栒子	SXZ
		940124	四合木	SHM
		940125	乌柳	WL
		940126	狭叶锦鸡儿	XYJJE
		940127	小叶忍冬	XYRD
		940128	兴安柳	XAL
		940129	盐爪爪	YZZ
		940130	杨柴	YC
		940131	杨树灌丛	YSGC
		940132	阴山胡枝子	YSHZZ
		940133	榆叶梅	YYM
		940134	沼柳	ZL
		940135	针枝蓼	ZZL
		940136	珍珠柴	ZZC
		940137	角果木	JGM
		950000	红树林树种(组)	HSL
		950001	白骨壤	BGR
		950002	桐花树	THS
		950003	秋茄	QQ
		950004	红海榄	HHL
		960000	珊瑚岛常绿林树种(组)	SHDCL

表 74　树种保护等级代码表

子要素类	子要素类名称	代码	要素名称	拼音缩写
02	树种保护等级	10	国家保护等级	GJBHDJ
		11	一级	YIJI
		12	二级	ERJI
		20	地方保护等级	DFBHDJ
		30	无保护等级	WBHDJ

6.2.17　森林主要植物种(17)

森林主要植物种代码是在“GB/T 14467 中国植物分类与代码”编码前加了两位森林主要植物种标识码和两位子要素类“森林主要植物种”代码。

6.2.18　森林类型(18)

森林类型代码是在“GB/T 14721.1 林业资源分类与编码 森林类型”编码前加了两位森林类型标识码和两位子要素类“森林类型”代码。

6.2.19　样地因子(19)

表 75　调查总体代码表

子要素类	子要素类名称	代码	要素名称	拼音缩写
01	调查总体	1100	北京	BEIJ
		1200	天津	TJ
		1300	河北	HBEI
		1301	河北山区	HBSQ
		1302	河北平原	HBPY
		1400	山西	SHANX
		1500	内蒙	NMENG
		1501	次生林	CISL
		1502	原始林	YSL
		1503	人工林	RGL
		1504	内蒙森工	NEIM
		2100	辽宁	LN
		2200	吉林	JL
		2201	吉林森工	JLSG
		2202	吉林地方	JLDF
		2203	吉林三北	JLSB
		2204	长白山保护区	CBSBH
		2300	黑龙江省	HLJS
		2301	黑龙江地方 1	HLJDFY
		2302	黑龙江地方 2	HLJDFE

（续）

子要素类	子要素类名称	代码	要素名称	拼音缩写
01	调查总体	2303	黑龙江森工	HLJSG
		2304	大兴安岭森工	DXALSG
		3100	上海	SH
		3200	江苏	JS
		3300	浙江	ZJ
		3400	安徽	AH
		3500	福建	FJ
		3600	江西	JX
		3700	山东	SD
		4100	河南	HN
		4200	湖北	HB
		4201	第一副总体	HDYFZT
		4202	第二副总体	HDEFZT
		4300	湖南	HUNAN
		4400	广东	GDONG
		4500	广西	GX
		4600	海南	HN
		5100	四川	SC
		5200	贵州	GZ
		5300	云南	YN
		5400	西藏	XZ
		5401	第一副总体	XDYFZT
		5402	第二副总体	XDEFZT
		5403	第三副总体	XDSFZT
		6100	陕西	SX
		6200	甘肃	GS
		6201	第一副总体	GYI
		6202	第二副总体	GER
		6203	第三副总体	GSAN
		6300	青海	QH
		6301	第一副总体	QYI
		6302	第二副总体	QER
		6400	宁夏	NX
		6500	新疆	XJ
		6501	第一副总体	XYI
		6502	第二副总体	XER
		9400	重庆	CQ
		9401	重庆动态	CQDT

表 76 样地类别因子代码表

子要素类	子要素类名称	代码	要素名称	拼音缩写
02	样地类别	10	地面调查样地	DMDCYD
		11	复测样地	FCYD
		12	增设固定样地	ZSGYD
		13	改设固定样地	GSGYD
		14	目测样地	MCYD
		19	放弃样地	FQYD
		20	临时样地	LSYD
		30	遥感判读样地	YGPDYD

表 77 样地设置方法因子代码表

子要素类	子要素类名称	代码	要素名称	拼音缩写
03	样地设置方法	1	定面积样地	DMJYD
		2	定株样地	DZYD
		3	角规样地	JGYD
		4	成数样地	CSYD
		5	模拟样地	MNYD
		6	群状样地	QZYD

表 78 样地形状因子代码表

子要素类	子要素类名称	代码	要素名称	拼音缩写
04	样地形状	1	方形样地	FXYD
		2	圆形样地	YXYD
		3	矩形样地	JXYD
		4	可变样地	KBYD

表 79 标准地类型因子代码表

子要素类	子要素类名称	代码	要素名称	拼音缩写
05	标准地类型	1	固定标准地	GDBZD
		2	临时标准地	LSBZD

6.2.20 利用管理(20)

表 80 木材规格代码表

子要素类	子要素类名称	代码	要素名称	拼音缩写
01	木材规格	1	规格材	GGC
		2	非规格材	FGGC

表 81　品名代码表

子要素类	子要素类名称	代码	要素名称	拼音缩写
02	品名	1	成品	CHENGP
		2	半成品	BCP
		3	原材	YUANC
		4	锯材	JUCAI
		5	板材	BANCAI

表 82　运输方式代码表

子要素类	子要素类名称	代码	要素名称	拼音缩写
03	运输方式	1	铁路运输	TLYS
		2	公路运输	GLYS
		3	水路运输	SLYS
		4	航空运输	HKYS
		5	其他	QT

表 83　证本状态代码表

子要素类	子要素类名称	代码	要素名称	拼音缩写
04	证本状态	1	已发放	YFF
		2	注销	ZXIAO
		3	未发放	WFF
		4	打印错误	DYCW

表 84　损失类型代码表

子要素类	子要素类名称	代码	要素名称	拼音缩写
05	损失类型	1	损失林地	SSLD
		2	损失林木	SSLM
		3	损失幼树	SSYS
		4	损失竹子	SSZHUZ
		5	损失种子	SSZZI
		6	损失苗木	SSMM
		7	损失动物	SSDW

表 85　没收类型代码表

子要素类	子要素类名称	代码	要素名称	拼音缩写
06	没收类型	1	金额	JE
		2	木材	MC
		3	种子	ZZHI

（续）

子要素类	子要素类名称	代码	要素名称	拼音缩写
06	没收类型	4	苗木	MM
		5	松香	SONGX
		6	野生动物	YSDW

表 86　古树分级代码表

子要素类	子要素类名称	代码	要素名称	拼音缩写
07	古树分级	1	一级	YJ
		2	二级	EJ
		3	三级	SJ

表 87　使用林地申请类别代码表

子要素类	子要素类名称	代码	要素名称	拼音缩写
08	使用林地申请类别	1	征收	ZHS
		2	占用	ZY
		3	临时占用	LSZY

表 88　登记类型类别代码表

子要素类	子要素类名称	代码	要素名称	拼音缩写
09	登记类型	1	初始	CSHI
		2	变更	BG
		3	注销	ZHUX

表 89　办理状态代码表

子要素类	子要素类名称	代码	要素名称	拼音缩写
10	办理状态	1	申请	SQ
		2	正在审核	ZZSH
		3	正在办理	ZZBL
		4	办理完成	BLWC
		5	审核未通过	SHWTG

6.2.21　其他林分因子(21)

表 90　Ⅰa 及以上地位级因子代码表

子要素类	子要素类名称	代码	要素名称	拼音缩写
1	Ⅰa 及以上地位级	1	Ⅰa 地位级	YADWJ
		2	Ⅰ地位级	YDWJ
		3	Ⅱ地位级	EDWJ
		4	Ⅲ地位级	SDWJ

（续）

子要素类	子要素类名称	代码	要素名称	拼音缩写
1	Ⅰa及以上地位级	5	Ⅳ地位级	SIDWJ
		6	Ⅴ地位级	WDWJ
		7	Ⅴa及以上地位级	VADWJ

表91　出材率等级因子代码表

子要素类	子要素类名称	代码	要素名称	拼音缩写
02	出材率等级	1	1出材级	YCCJ
		2	2出材级	ECCJ
		3	3出材级	SCCJ

表92　天然更新等级因子代码表

子要素类	子要素类名称	代码	要素名称	拼音缩写
03	天然更新等级	1	良好	LIANGH
		2	中等	ZHONGD
		3	不良	BLIANG

表93　自然度划分等级因子代码表

子要素类	子要素类名称	代码	要素名称	拼音缩写
04	自然度划分等级	1	Ⅰ	YZR
		2	Ⅱ	EZR
		3	Ⅲ	SZR
		4	Ⅳ	SIZR
		5	Ⅴ	WZR

表94　经济林生产期因子代码表

子要素类	子要素类名称	代码	要素名称	拼音缩写
05	经济林生产期	1	产前期	CQQI
		2	初产期	CCQI
		3	盛产期	SCQI
		4	衰产期	SCQI

表95　竹度因子代码表

子要素类	子要素类名称	代码	要素名称	拼音缩写
06	竹度	1	幼龄竹	YLZHU
		2	壮龄竹	ZLZHU
		3	老龄竹	LLZHU

森林资源核心元数据

（LY/T 2187—2013，国家林业局2013年10月17日发布，2014年1月1日实施）

1 范围

本标准规定了描述森林资源信息所需要的核心元数据的内容和结构。定义了森林资源信息的标识、内容、质量、状况和其他相关特征的核心元数据内容。

本标准适用于各类以空间数据为主的数据集和以非空间数据为主的森林资源数据集的描述、数据集信息的发布。本标准适用于：

——数据集编目；

——数据集描述（包括建立、存储、管理和维护数据集的相关信息）；

——森林资源部门与林业其他部门之间交换和传输森林资源数据；

——林业行业与其他相关行业、机构组织共享森林资源信息。

2 规范性引用文件

下列文件对于本文件的应用是必不可少的。凡是注日期的引用文件，仅注日期的版本适用于本文件。凡是不注日期的引用文件，其最新版本（包括所有的修改单）适用于本文件。

ISO/TS 19103：2005 地理信息概念模式语言

GB/T 19710—2005 地理信息元数据

3 术语与定义

3.1 数据类型 data type

允许对域内的值进行操作的值域说明。[ISO 19103：2005]

例如整形、实型、布尔型、字符串、日期型和GM_点（GM_Point）。

本标准按照GB/T 1.1—2009给出的规则起草。

本标准由国家林业局森林资源管理司提出。

本标准由全国林业信息数据标准化技术委员会（SAC/TC 386）归口。

本标准起草单位：国家林业局调查规划设计院。

本标准主要起草人：高显连、林辉、闫宏伟、白降丽、张敏、张成程、郑冬梅。

3.2　数据集 dataset

可以识别的数据集合。[GB/T 19710—2005]

3.3　元数据 metadata

关于数据的数据。即数据的标识、覆盖范围、质量、空间和时间模式、空间参照系和分发等信息。[GB/T 19710—2005]

3.4　元数据元素 metadata element

元数据的基本单元。[GB/T 19710—2005]

3.5　元数据实体 metadata entity

一组说明数据相同特性的元数据元素。[GB/T 19710—2005]

3.6　元数据子集 metadata section

元数据的子集合，由相关的元数据实体和元素组成。

[GB/T 19710—2005]

3.7　核心元数据 metadata core section

元数据的子集合，由专业领域最为关注的元数据实体和元素组成。

4　核心元数据内容

森林资源信息可分为空间数据和非空间数据两大类。森林资源信息核心元数据主要是关于空间数据和非空间数据的说明性数据，是关于数据集内容、质量、表示方式、空间参照系、管理方式等数据集特征数据的数据。森林资源信息核心元数据是林业信息元数据的子集，并按照《林业信息 元数据标准》中6.1的扩展规则，增加了森林资源共享信息。

4.1　标识信息

标识信息唯一标识森林资源数据集的基本描述信息，应包括数据集摘要、数据集建立的目的、地理区域范围和联系方式等信息。

4.2　数据质量信息

数据质量信息是数据集质量评价的描述信息，应包含数据生产相关的数据志信息，如定位和属性精度、数据完整性和一致性、森林资源信息的生产时间及数据生产使用的方法，数据验收等信息。

4.3　空间表示信息

空间表示信息包含数据集中用于表示空间信息的方法信息，如栅格数据和矢量数据的空间表示信息。

4.4　空间参照信息

数据集的坐标系和投影系统信息。

4.5　数据发行信息

关于获得数据集内容的信息，包括发行部门和单位、发行格式、数据量和数据提供方式等信息。

4.6 数据共享信息

关于数据集产权单位、管理单位、密级、共享方式等。

5 数据字典说明

元数据按层状结构进行组织，包括数据元素和复合元素(子集、实体)。元素是元数据最基本的信息单元，一个信息单元包括元素名、定义、约束/条件、重复次数(最大出现次数)、数据类型、域、英文名称和英文缩写。复合元素由元素和其他复合元素组成。

5.1 约束/条件

M：必选(Mandatory，M)——元数据的核心内容，适用于各种被描述对象，是元数据文件必须包含的子集、实体或元素。

C：一定条件下必选(Conditional，C)——针对不同的被描述对象特征，当满足一定条件时，元数据文件所必须提供的子集、实体或元素。

O：可选(Optional，O)——该子集、实体或元素是可选的，由用户决定是否将其包含在元数据文件中。

5.2 重复次数

0：表示不出现；

1：表示出现并且不重复使用；

N：表示可重复使用。

5.3 数据类型

a)复合型：元数据实体：表示为复合元素，可由元素或复合元素或子集组成。

b)文本型：自由文本，表明对字段的内容没有限制。

c)实数型：实数。

d)整数型：整数。

e)日期型：时间数据。

5.4 域值

表示该元素/复合元素/实体的取值范围。对一个元数据元素而言，域说明允许的值或使用自由文本。

6 数据字典

表 1　森林资源数据标识信息表

编号	名称	定义	约束/条件	重复次数	数据类型	域值	标识码	英文名称	短名
1	标识信息	关于目标资源的基本信息	M	1	复合型		010000	IdentificationInformation	IdInfo
1.1	标题	数据集的名称	M	1	文本型	自由文本	010100	Title	Title
1.2	提交人	提交该数据集的组织或个人名	M	1～n	文本型	自由文本	010200	Originator	Origin
1.3	提交日期	数据集提交的日期	M	1	日期型	任何日期	010300	SubmissionDate	SubDate
1.4	数据集联系信息	可知的关于数据集的个体或团体的联系信息	O	0～1	复合型		010400	PointOfContact	PtContac
1.4.1	联系人	联系人的姓名	M	1	文本型	自由文本	010401	ContactPerson	CntPer
1.4.2	联系人单位	联系人的单位信息	O	0～1	文本型	自由文本	010402	OrganizationofContactPerson	CntOrg
1.4.3	地址	地址的地址路线	O	0～n	文本型	自由文本	010403	Address	Address
1.4.4	邮政编码	地址注明的邮政编码或其他邮递编码	M	1	文本型	自由文本	010404	PostalCode	PosCode
1.4.5	联系电话	能够与组织或个人通话的电话号码	M	1～n	文本型	自由文本	010405	ContactVoiceTelephone	CntTele
1.4.6	传真	组织或个人的传真机的电话号码	O	0～n	文本型	自由文本	010406	ContactFacsimileTelephone	CntFax
1.4.7	电子邮件地址	组织或个人的电子信箱的地址	O	0～n	文本型	自由文本	010407	ContactElectronicMailAddress	CntMail
1.5	字符集	数据集所用的字符集	O	0～1	文本型	字符集域值	010500	CharacterSet	CharSet
1.6	数据集主题类别	数据集的主题	O	0～n	文本型	数据集的主题域值	010600	TopicCategory	TpCat
1.7	边界坐标	用最西、最东、最北、最南端的经纬度表示的数据集所覆盖的区域边界	C	0～1	复合型		010700	BoundingCoordinates	BndCor
1.7.1	西边界坐标	最西端坐标点的经度	M	1	实数型	(－180,180]	010701	WestBoundingCoordinate	wBnd Cor
1.7.2	东边界坐标	最东端坐标点的经度	M	1	实数型	(－180,180)	010702	EastBoundingCoordinate	eBndCor
1.7.3	北边界坐标	最北端坐标点的纬度	M	1	实数型	[－90,90]	010703	NorthBoundingCoordinate	nBndCor
1.7.4	南边界坐标	最南端坐标点的纬度	M	1	实数型	[－90,90]	010704	SouthBoundingCoordinate	sBndCor
1.8	地理区域标识符	用来代表一定地理区域的标识符代码	C	0～1	文本型	林业区划代码	010800	GeographicIdentifier	GeoId

（续）

编号	名称	定义	约束/条件	重复次数	数据类型	域值	标识码	英文名称	短名
1.9	空间数据精度		O	0～1	文本型	自由文本	010900	SpatialDataPrecision	SpaPrec
1.9.1	比例尺	表示图上距离比实地距离缩小或扩大的程度，能够提供对数据精度的直观认识	O	0～1	文本型	比例尺的分类信息或具体描述数据	010901	SpatialScale	SpaSca
1.9.2	空间分辨率	数据集中空间数据的空间分辨率，能够提供对数据精度的一般了解	O	0～1	文本型	空间分辨率的分类信息或具体描述数据	010902	SpatialResolution	SpaReso
1.10	摘要	关于数据集的简短的概括描述	O	1	文本型	自由文本	011000	Abstract	Abstract
1.11	目的	数据集建立的目的	O	1	文本型	自由文本	011100	Purpose	Purpose
1.12	浏览图	提供数据集说明的浏览图，包括图例	O	0～n	复合型		011200	BrowseGraphic	BroGra
1.12.1	浏览图文件名称	提供数据集说明的相关浏览图的文件名称	M	1	文本型	自由文本	011201	BrowseGraphicFileName	BroGraFN
1.12.2	浏览图文件描述	对图解文件的文字描述	M	1	文本型	自由文本	011202	BrowseGraphicFileDescription	BroGraFD
1.12.3	浏览图文件类型	浏览图的文件类型	M	1	文本型	浏览图文件类型域值	011203	BrowseGraphicFileType	BroGraFT
1.12.4	浏览图文件地址	浏览图文件在 Internet 上的地址	O	1	文本型	自由文本	011204	BrowseGraphicFileURL	BroGraFU
1.13	格式名称	数据记录格式的名称	M	1	文本型	数据记录格式域值	011300	FormatName	ForName
1.14	格式版本号	数据记录格式的版本号	C	0～1	文本型	自由文本	011400	FormatVersionNumber	ForVerN
1.15	格式版本日期	格式的版本日期	C	0～1	日期型	任何日期	011500	FormatVersionDate	ForVerD

表 2　森林资源数据质量信息表

编号	名称	定义	约束/条件	重复次数	数据类型	域值	标识码	英文名称	短名
2	数据质量信息	关于数据集质量的评价	M	1	复合型		020000	DataQualityInformation	DataQual
2.1	数据集内容的时间信息	数据集内容的时间信息	M	1	复合型		020100	TimePeriodOfContent	TimePerd
2.1.1	生产时间	数据集开始制作时间	M	1	日期型	任何日期	020101	StartDate	StaDate
2.1.2	完成时间	数据集完成时间	M	1	日期型	任何日期	020102	EndDate	EndDate
2.2	生产工具	制作数据集的软件等工具说明	M	1	文本型	自由文本	020200	MakeTools	MakeTool
2.3	制作人	创建该数据集的组织或个人名	M	1	文本型	自由文本	020300	Maker	Maker
2.4	验收情况	数据集验收的相关信息	M	1	复合型		020400	CheckDeliveryInformation	ChecInfo
2.4.1	验收人	数据验收人单位、名字	M	1	文本型	自由文本	020401	CheckDeliveryPerson	ChecPer
2.4.2	验收时间	数据验收时间	M	1	日期型	任何日期	020402	CheckDeliverDate	ChecDat
2.4.3	验收意见	数据质量验收评价	M	1	文本型	自由文本	020403	CheckDeliverOpinion	ChecOpi

表 3　森林资源空间数据表示信息表

编号	名称	定义	约束/条件	重复次数	数据类型	域值	标识码	英文名称	短名
3	空间数据表示信息	数据集空间信息的表示	C	0～1	复合型		030000	SpatialDataRepresentationInformation	SpaInfo
3.1	空间数据表示类型	地理信息空间表示方法	M	1～n	文本型	空间表示类型域值	030100	SpatialRepresentationType	SpaRep

表 4　森林资源空间参照信息表

编号	名称	定义	约束/条件	重复次数	数据类型	域值	标识码	英文名称	短名
4	空间参照信息	数据集中编码、坐标系统的参照框架	C	0～1	复合型		040000	SpatialReferenceInformation	SpaRef
4.1	坐标系统	数据所采用的坐标系统	M	1	文本型	水平基准名域值	040100	CoordinatSystem	CoorSys
4.2	投影系统	数据所采用的投影系统	M	1	文本型	投影系统域值	040200	ProjectionSystem	ProjSys

表 5　森林资源数据发行信息表

编号	名称	定义	约束/条件	重复次数	数据类型	域值	标识码	英文名称	短名
5	发行信息	关于数据集的发行和获取的信息	C	0～1	复合型		050000	DistributionInformation	DistInfo
5.1	发行部门单位	数据集的发行部门单位名称	M	1	文本	自由文本	050100	DistributionUnit	DistUnit
5.2	发行格式	分发单位提供的数据格式	M	1	文本型	数据记录格式域值	050200	DistributionFormat	DistFor
5.3	发行介质	从分发单位得到的数据所用的介质名称	M	1	文本型	媒体名称域值	050300	DistributionMedia	DistrMed
5.4	数据量	数据量大小，以 megabyte 表示	M	1	实数型	(0，+∞)	050400	DataAmount	DataAmt
5.5	提供数据方式	从数据分发者获取数据方法的说明	M	1	文本型	自由文本	050500	ProvideData	ProData

表 6　森林资源数据共享信息表

编号	名称	定义	约束/条件	重复次数	数据类型	域值	标识码	英文名称	短名
6	共享信息	林业地理空间信息资源共享分类	O	1	文本型	自由文本	060000	DataShareInformation	ShareInfo
6.1	密级	保密级别	O	1	文本型	自由文本	060100	Security Level	SecLevel
6.2	专题分类	森林资源信息分类	O	1	文本型	自由文本	060200	Forest ResourceInformationType	InfoType
6.2.1	基础类	地理空间信息按图形类型分类	O	1	文本型	自由文本	060201	SpatialInformationByGraphType	GraType
6.2.2	监测类	按调查类型分类	O	1	文本型	自由文本	060202	BySurveyType	SurType
6.2.3	管理类	按管理类型分类	O	1	文本型	自由文本	060203	ByManagementType	ManType
6.2.4	文档类	按执行标准分类	O	1	文本型	自由文本	060204	ByStandards	ByStd
6.2.5	元数据	用来描述森林资源信息	O	1	文本型	自由文本	060205	ForestMetaData	FrstMeta
6.2.6	其他类	按执行标准分类	O	1	文本型	自由文本	060206	OtherByStandards	OthByStd
6.3	应用方式分类	资源数据应用方式分类信息	O	1	文本型	自由文本	060300	ApplicationMethod	AppMeth
6.4	投资类型	信息投资类型	O	1	文本型	自由文本	060400	InvestmentType	InvType
6.5	用户类型	信息用户类型	O	1	文本型	自由文本	060500	UserType	UserType
6.6	产权单位	产权单位	O	1	文本型	自由文本	060600	OwnerDepartment	OwnDept
6.7	管理维护单位	管理维护单位	O	1	文本型	自由文本	060700	MaintainDepartment	MntnDept

森林资源数据采集技术规范第 1 部分：森林资源连续清查

（LY/T 2188.1—2013，国家林业局 2013 年 10 月 17 日发布，2014 年 1 月 1 日实施）

1　范围

本标准规定了森林资源数据库建设工作中森林资源连续清查（一类调查）的数据源及技术要求、数据采集技术指标、成果及质量要求等内容。

本标准适用于以森林资源数据为本底的数据库、管理信息系统建设工作，也适用于林业信息化建设工作。

2　规范性引用文件

下列文件对于本文件的应用是必不可少的。凡是注日期的引用文件，仅注日期的版本适用于本文件。凡是不注日期的引用文件，其最新版本（包括所有的修订单）适用于本文件。

GB/T 14721 林业资源分类与代码 森林类型

GB/T 16820 地图学术语

GB/T 26423 森林资源术语

GB/T 14911 测绘基本术语

3　术语和定义

3.1　国家森林资源连续清查 national forest continuous inventory

全国森林资源连续清查

一类调查　forest first type inventory

本标准按照 GB/T 1.1—2009 给出的规则起草。

本标准由国家林业局森林资源管理司提出。

本标准由全国林业信息数据标准化技术委员会（SAC/TC 386）归口。

本标准起草单位：国家林业局调查规划设计院。

本标准主要起草人：侯瑞萍、黄国胜、李应国、闫宏伟、徐泽鸿、张敏、郑冬梅。

以掌握宏观森林资源现状和动态为目的，以省(自治区、直辖市)为单位，利用固定样地为主进行定期复查的森林资源调查。[GB/T 26423—2010，6.2]

3.2 森林类型 forest type

森林按其生态生活型、外貌、树种组成与结构所划分的类别。[GB/T 14721—2010，2.1.1]

3.3 大地坐标 geodetic coordinate

大地测量中以参考椭球面为基准面的坐标，通常以大地经度L、大地纬度B和大地高H表示。[GB/T 14911—2008，5.1]

3.4 大地基准 geodetic datum

用于大地坐标计算的起算数据，包括参考椭球的大小、形状及其定位、定向参数。[GB/T 14911—2008，2.18]

3.5 2000 **国家大地坐标系** China geodetic coordinate system 2000；CGCS2000

采用2000参考椭球，原点在地心的右手地固直角坐标系。Z轴为国际地球旋转局参考极方向，X轴为国际地球旋转局的参考子午面与垂直于Z轴的赤道面的交线，Y轴与Z轴和X轴构成右手正交坐标系。[GB/T 14911—2008，2.32]

3.6 1980西安坐标系 Xi′an geodetic coordinate system 1980

采用1975国际椭球，以JYD1968.0系统为椭球定向基准，选用陕西省泾阳县永乐镇为大地原点所在地，采用多点定位所建立的大地坐标系。[GB/T 14911—2008，2.31]

3.7 1954年北京坐标系 Beijing geodetic coordinate system 1954

1954年我国决定采用国家大地坐标系(采用克拉索夫斯基椭球)，实质上是由原苏联普尔科沃为原点的1942年坐标系的延伸。[GB/T 14911—2008，2.30]

3.8 1956年黄海高程系 Huanghai Vertical Datum 1956

采用青岛水准原点和根据由青岛验潮站从1950年到1956年的验潮数据确定的黄海平均海平面所定义的高程基准，其水准原点的起算高程为72.289m。[GB/T 14911—2008，2.26]

3.9 1985国家高程标准 national vertical datum 1985

1987年颁布命名的，采用青岛水准原点和根据由青岛验潮站从1952年到1979年的验潮数据确定的黄海平均海水面所定义的高程标准，其水准原点的起算高程为72.260m。[GB/T 14911—2008，2.24]

3.10 高斯-克吕格投影 Gauss-Kruger projection

一种等角横切椭圆柱投影。其投影带中央子午线投影成直线且长度不变，赤道投影也为直线，并与中央子午线正交。[GB/T 14911—2008，2.40]

4 数学基础

4.1 大地基准

2000 国家大地坐标系、1980 西安坐标系或 1954 北京坐标系。

4.2 投影方式

高斯-克吕格投影。

4.3 高程基准

1956 黄海高程系或 1985 国家高程标准。

5 数据源及技术要求

5.1 数据源

森林资源连续清查地面样地因子数据。

5.2 技术要求

大地基准、投影方式、高程基准应满足本规范 4 的规定。

6 技术指标

6.1 样地位置

按照《国家森林资源连续清查技术规定》有关条款执行。

6.2 样地编码

按照《森林资源数据编码类技术规范》对地面样地进行统一编码。

6.3 样地属性数据转换

进行样地属性数据转换，生成新的地面样地数据。

6.4 生成样地分布数据

6.4.1 生成分带样地分布数据

在转换后的地面样地因子数据基础上，大地基准、投影方式、高程基准按照本规范 4 的规定生成分带地面样地分布数据。

6.4.2 生成全国样地分布数据

a）样地数据：

①将 6.4.1 中生成的分带地面样地分布数据转换为经纬度的地面样地数据。

②将地面样地数据拼接为统一的全国地面调查样地数据。

b）属性数据：

①森林资源信息应符合《森林资源数据编码类技术规范》属性代码表的要求，不应有遗漏。

②地面样地属性数据与样地分布图形数据连接，并完全匹配。

6.5 样地坐标检查和修正

a)检查是否存在空缺样点，如果发现空缺样点，应查明原因。

b)检查是否存在重复样点，如果发现存在重复样点，应查明原因。

c)通过样地分布图与县级行政区叠加，检查样地号、县代码和样地坐标三者之间是否存在逻辑错误，包括样地号是否按照样地位置顺序排列，样地坐标是否定位在相应的行政区内。发现错误应一并改正。

7 成果及质量要求

7.1 成果

森林资源连续清查地面样地分布图。

7.2 质量要求

a)数据存储格式：shapefile 或 E00 格式。

b)坐标系：经纬度坐标系统，采用2000 国家大地坐标系、1980 西安坐标系或1954 北京坐标系为大地基准，采用1956 黄海高程系或1985 国家高程标准。

森林资源数据采集技术规范第 2 部分：森林资源规划设计调查

（LY/T 2188.2—2013，国家林业局 2013 年 10 月 17 日发布，2014 年 1 月 1 日实施）

1 范围

本标准规定了森林资源数据库建设工作中森林资源规划设计调查（二类调查）数据源、图形数据和属性数据采集技术指标、成果及质量要求等内容。

本标准适用于以森林资源数据为本底的数据库、管理信息系统建设工作，也适用于林业信息化建设工作。

2 规范性引用文件

下列文件对于本文件的应用是必不可少的。凡是注日期的引用文件，仅注日期的版本适用于本文件。凡是不注日期的引用文件，其最新版本（包括所有的修订单）适用于本文件。

GB/T 13989 国家基本比例尺地形图分幅和编号

GB/T 13923 基础地理信息要素分类与代码

GB/T 14721 林业资源分类与代码 森林类型

LY/T 1646 森林采伐作业规程

GB/T 16820 地图学术语

GB/T 26423 森林资源术语

GB/T 14911 测绘基本术语

本标准按照 GB/T 1.1—2009 给出的规则起草。

本标准由国家林业局森林资源管理司提出。

本标准由全国林业信息数据标准化技术委员会（SAC/TC 386）归口。

本标准起草单位：国家林业局调查规划设计院。

本标准主要起草人：侯瑞萍、黄国胜、李应国、闫宏伟、徐泽鸿、张敏、郑冬梅。

3 术语和定义

3.1 森林资源规划设计调查 forest inventory for planning and design

森林经理调查 forest management inventory

二类调查

以森林经营管理单位或行政区域为调查总体，查清森林、林木和林地资源的种类、分布、数量和质量，客观反映调查区域森林经营管理状况，为编制森林经营方案、开展林业区划规划、指导森林经营管理等需要进行的调查活动。[GB/T 26423—2010，6.3]

3.2 森林类型 forest type

森林按其生态生活型、外貌、树种组成与结构所划分的类别。[GB/T 14721—2010，2.1.1]

3.3 作业区 operating area

根据集材系统，按一个楞场或装车场所吸引的采伐范围划分的区域。[GB/T 26423—2010，5.16]

3.4 林班 compartment

为便于森林资源经营管理、合理组织生产作业而划分的一种长期性的、最小的森林经营管理区划单元。[GB/T 26423—2010，5.5]

3.5 小班 subcompartment

内部特征基本一致，与相邻地段有明显区别，而需要采取相同经营措施的森林地块或小区。是森林资源规划设计调查、统计和森林经营管理的基本单位。[GB/T 26423—2010，5.7]

3.6 细班 subplot

森林调查中，面积0.067hm^2 以上，但达不到小班面积要求(通常1hm^2 以上)的小块林地。通常两个以上的细班组成小班。[GB/T 26423—2010，5.8]

3.7 林种 category of forest

森林按照其经营目的或所发挥效益的不同而划分的分类单位。[GB/T 26423—2010，5.10]

3.8 优势树种(组) dominant tree species；dominant group

林分中蓄积量或株数最多的树种(组)。[GB/T 26423—2010，6.8]

3.9 龄级 age class

林木或林分按年龄的分级。[GB/T 26423—2010，6.26]

3.10 树种组成 species composition

组成林分各树种(组)的蓄积量或株数所占比例。[GB/T 26423—2010，6.10]

3.11 大地坐标 geodetic coordinate

大地测量中以参考椭球面为基准面的坐标，通常以大地经度 L、大地纬度 B 和大地高 H 表示。[GB/T 14911—2008，5.1]

3.12 大地基准 geodetic datum

用于大地坐标计算的起算数据，包括参考椭球的大小、形状及其定位、定向参数 [GB/T 14911—2008，2.18]

3.13 2000 **国家大地坐标系** China geodetic coordinate system 2000；CGCS2000

采用 2000 参考椭球，原点在地心的右手地固直角坐标系。Z 轴国际地球旋转局参考极方向，X 轴为国际地球旋转局的参考子午面与垂直于 Z 轴的赤道面的交线，Y 轴与 Z 轴和 X 轴构成右手正交坐标系。[GB/T 14911—2008，2.32]

3.14 1980 西安坐标系 Xi′an geodetic coordinate system 1980

采用 1975 国际椭球，以 JYD1968.0 系统为椭球定向基准，选用陕西省泾阳县永乐镇为大地原点所在地，采用多点定位所建立的大地坐标系。[GB/T 14911—2008，2.31]

3.15 1954 年北京坐标系 Beijing geodetic coordinate system 1954

1954 年我国决定采用国家大地坐标系(采用克拉索夫斯基椭球)，实质上是由原苏联普尔科沃为原点的 1942 年坐标系的延伸。[GB/T 14911—2008，2.30]

3.16 1956 年黄海高程系 Huanghai Vertical Datum 1956

采用青岛水准原点和根据由青岛验潮站从 1950 年到 1956 年的验潮数据确定的黄海平均海平面所定义的高程基准，其水准原点的起算高程为 72.289m。[GB/T 14911—2008，2.26]

3.17 1985 国家高程标准 national vertical datum 1985

1987 年颁布命名的，采用青岛水准原点和根据由青岛验潮站从 1952 年到 1979 年的验潮数据确定的黄海平均海水面所定义的高程标准，其水准原点的起算高程为 72.260m。[GB/T 14911—2008，2.24]

3.18 森林资源分布图 forest resource distribution map

森林分布图

以林相图为基础，反映地类和林班内优势林分空间状况的图件资料。[GB/T 26423—2010，6.84]

3.19 林相图 stock map；stand map；forest map

反映森林经营单位的地物、地类及森林按优势树种及龄组分布特征的图。其特点是按不同的地类、不同的优势树种、不同的龄组进行着色。[GB/T 26423—2010，6.83]

3.20 高斯-克吕格投影 Gauss-Krueger projection

一种等角横切椭圆柱投影。其投影带中央子午线投影成直线且长度不变，赤道投影也

为直线，并与中央子午线正交。[GB/T 14911—2008，2.40]

3.21 接边 edge matching

为使相邻图幅数字化数据连接组成连续统一的图幅数据体，以便加入大型数据库或输出拼接后的图形，而对图幅边缘对应实体的数据进行匹配处理的过程或方法。[GB/T 16820—1997，5.85]

3.22 限差 tolerance

一定测量条件下规定的测量误差绝对值的限值。[GB/T 14911—2008，4.11]

4 数据源及技术要求

4.1 数据源

4.1.1 纸质数据

a)满足质量要求的森林资源规划设计调查(以下简称二类调查)调绘手图。

b)二类调查小班数据。

4.1.2 电子数据

即在二类调查过程中通过掌上森林资源调查仪(PDA)等调查工具对二类调查数据进行现地矢量化后的电子数据。

4.2 技术要求

4.2.1 调绘手图

二类调查调绘手图是以地形图或高分辨率卫星数据为调绘底图经外业勾绘成图。因此，二类调查调绘手图的技术要求包括对调绘底图、外业调绘数据内容两方面的技术规定。

4.2.1.1 调绘底图

a)基于地形图制作的调绘底图要求：

①比例尺：1∶10000或1∶50000。

②数学基础：应满足国家标准或行业标准关于1∶10000、1∶50000数字栅格地图的相关规定。

③分幅与编号：采用GB/T 13989—2012《国家基本比例尺地形图分幅和编号》。

④纸张质量：铜版纸≥150g。

⑤单色图采用8bit，彩色图采用RGB 24bit。

⑥公里网：图面应有公里网格分布，且有或可以推算相应网格交叉点的坐标值。

⑦精度：图廓点位误差≤0.3mm；

图廓边长误差≤0.4mm；

图廓对角线误差≤0.6mm；

公里网点间距误差≤0.4mm。

⑧在 1∶10000 或 1∶50000 扫描地形图上转绘已知变更界线和其他界线(如行政区域界、区划界、经营区划界等)。

⑨绘图分辨率≥250DPI。

b)基于高分辨率卫星数据制作的调绘底图要求：

①分幅与编号：采用 GB/T 13989—2012《国家基本比例尺地形图分幅和编号》。

②纸张质量：相纸≥180g。

③彩色 RGB 24bit。

④公里网：图面应有公里网格分布，且有或可以推算相应网格交叉点的坐标值。

⑤已知变更界线和其他界线(如行政区域界、经营区划界等)预勾于图上。

⑥绘图分辨率≥250DPI。

4.2.1.2 外业调绘数据内容

外业调绘数据内容包括：国有林业局、林场、作业区、林班、小班、地类界等各种境界线。

4.2.2 小班调查数据

按照《森林资源规划设计调查主要技术规定》、《GB/T 26424—2010 森林资源规划设计调查技术规程》等有关条款执行。

4.2.3 电子数据

a)外业调绘数据内容应满足本规范 4.2.1.2 的相关规定。

b)要素分层、矢量化、属性数据采集、图形和属性数据连接和数据拼接等技术要求应满足本规范 5 的相关规定。

5 技术指标

5.1 图形数据采集

5.1.1 图纸扫描和处理

a)扫描分辨率：300～400DPI。

b)扫描方式：单色图采用黑白二值方式或 8bit 灰度扫描；彩色图采用 8bit 灰度或 RGB 24bit 扫描。

5.1.2 要素分层

按 GB/T 13923—2006《基础地理信息要素分类与代码》与《森林资源数据编码类技术规范》进行分层。林网、林带等用线状要素表示的就要独立分层；细班、不够上图面积的小班等用点状要素表示的也要独立分层。

5.1.3 矢量化

即对校正匹配好的底图进行矢量化。其主要技术要求有：

a)面状要素应闭合，无悬挂或过头现象。一个面状要素应能唯一标识。

b)线划应连续，不允许有线划被错误打断的现象，需连通的要素应保持连通。

c)有方向性的要素，其符号方向必须正确。

d)经营区划应同行政界线保持一致。

e)精度：应满足国家标准或行业标准关于1∶10000、1∶50000数字线划图的相关规定。

5.2 属性数据采集

5.2.1 属性数据技术要求

a)描述每个要素特征的属性类型应完备，应符合按GB/T 13923—2006《基础地理信息要素分类与代码》、《森林资源数据编码类技术规范》的属性代码表的要求，不应遗漏。

b)点、线、面状要素属性表中，字段名、字段类型、字段长、属性与属性值均应正确无误。

5.2.2 数据检查

检查图形和属性数据是否符合入库格式和数据库逻辑要求，做到图形和属性数据相互对应，不重不漏，检查校对后误差为0。

5.3 图形数据与属性数据连接

图形数据与属性数据空间位置应完全匹配。

5.4 数据拼接

5.4.1 图幅组织

a)分县组织：按照县行政界区划拼接标准分幅图，拼接成全县整幅图；

b)林业行政管理区划组织：按照林业局、林场等林业行政管理区划拼接成图。

5.4.2 数据接边

数据接边是把被相邻图幅分割开的同一图形对象不同部分拼接完整的对象。相同比例尺之间的数据接边(作为示意图的数据)限差为图面单位的1mm所代表的实地距离。图形接边的同时要注意保持与属性数据的一致性。

不同比例尺数据接边(作为示意图的数据)时需要根据不同比例尺的接边限差来接边，在限差内的以大比例尺的图形和属性要素为接边和匹配依据，在限差外的不接边。不同比例尺数据间的接边限差(平面直角坐标系单位)详见表1。

表1 数据接边限差表 单位：m

	1∶5000	1∶10000	1∶25000	1∶50000
1∶5000		10	25	25
1∶10000			25	50
1∶25000				50
1∶50000				

6 成果及质量要求

6.1 成果

县级森林资源规划设计调查数据。

6.2 质量要求

a)数据存储格式：shapefile 或 E00 格式。

b)大地基准：2000 国家大地坐标系、1980 西安坐标系或1954 北京坐标系。

c)投影方式：高斯－克吕格投影，1∶50000 比例尺采用 6°分带，1∶10000 比例尺采用 3°分带。

d)高程基准及深度基准：1956 黄海高程系或1985 国家高程标准。深度基准一般采用理论最低潮面。

e)图幅组织：应满足本规范 5.4.1 的规定。

f)数据精度：应满足本规范 5 的规定。

森林资源数据采集技术规范第3部分：作业设计调查

（LY/T 2188.3—2013，国家林业局2013年10月17日发布，2014年1月1日实施）

1 范围

本标准规定了森林资源数据库建设工作中作业设计调查（三类调查）数据源及技术要求、数据采集技术指标、成果及质量要求等内容。

本标准适用于以森林资源数据为本底的数据库、管理信息系统建设工作，也适用于林业信息化建设工作。

2 规范性引用文件

下列文件对于本文件的应用是必不可少的。凡是注日期的引用文件，仅注日期的版本适用于本文件。凡是不注日期的引用文件，其最新版本（包括所有的修订单）适用于本文件。

GB/T 13989 国家基本比例尺地形图分幅和编号

GB/T 13923 基础地理信息要素分类与代码

GB/T 17160 1:500、1:1000、1:2000 地形图数字化规范

GB/T 14721 林业资源分类与代码 森林类型

LY/T 1646 森林采伐作业规程

GB/T 16820 地图学术语

GB/T 26423 森林资源术语

GB/T 14911 测绘基本术语

本标准按照GB/T 1.1—2009给出的规则起草。

本标准由国家林业局森林资源管理司提出。

本标准由全国林业信息数据标准化技术委员会（SAC/TC 386）归口。

本标准起草单位：国家林业局调查规划设计院。

本标准主要起草人：侯瑞萍、黄国胜、李应国、闫宏伟、徐泽鸿、张敏、郑冬梅。

3 术语和定义

3.1 作业设计调查 forest operational inventory

简称三类调查。查清一个伐区内，或者一个抚育、改造林分范围内的森林资源数量、出材量、生长状况、结构规律等，据以确定采伐或抚育、改造的方式、采伐强度、预估出材量以及更新措施、工艺设计等。这一类调查是企业经营利用的手段，应在二类调查的基础上，根据规划设计的要求逐年进行，森林资源应落实到具体的伐区或一定范围的作业地块上。

3.2 森林类型 forest type

森林按其生态生活型、外貌、树种组成与结构所划分的类别。[GB/T 14721—2010, 2.1.1]

3.3 作业区 operating area

根据集材系统，按一个楞场或装车场所吸引的采伐范围划分的区域。[GB/T 26423—2010, 5.16]

3.4 林班 compartment

为便于森林资源经营管理、合理组织生产作业而划分的一种长期性的、最小的森林经营管理区划单元。[GB/T 26423—2010, 5.5]

3.5 小班 subcompartment

内部特征基本一致，与相邻地段有明显区别，而需要采取相同经营措施的森林地块或小区。是森林资源规划设计调查、统计和森林经营管理的基本单位。[GB/T 26423—2010, 5.7]

3.6 细班 subplot

森林调查中，面积0.067hm^2 以上，但达不到小班面积要求(通常 1hm^2 以上)的小块林地。通常两个以上的细班组成小班。[GB/T 26423—2010, 5.8]

3.7 伐区 cutting area

同一年度内，用相同采伐类型采伐作业的、在地域上相连的森林地段。伐区是森林采伐作业设计、施工、管理与监督的基本单位。[GB/T 26423—2010, 4.1]

3.8 林种 category of forest

森林按照其经营目的或所发挥效益的不同而划分的分类单位。[GB/T 26423—2010, 5.10]

3.9 大地坐标 geodetic coordinate

大地测量中以参考椭球面为基准面的坐标，通常以大地经度 L、大地纬度 B 和大地高 H 表示。[GB/T 14911—2008, 5.1]

3.10　大地基准 geodetic datum

用于大地坐标计算的起算数据，包括参考椭球的大小、形状及其定位、定向参数［GB/T 14911—2008，2.18］

3.11　2000国家大地坐标系 China geodetic coordinate system 2000；CGCS2000

采用2000参考椭球，原点在地心的右手地固直角坐标系。Z轴国际地球旋转局参考极方向，X轴为国际地球旋转局的参考子午面与垂直于Z轴的赤道面的交线，Y轴与Z轴和X轴构成右手正交坐标系。［GB/T 14911—2008，2.32］

3.12　1980西安坐标系 Xi′an geodetic coordinate system 1980

采用1975国际椭球，以JYD1968.0系统为椭球定向基准，选用陕西省泾阳县永乐镇为大地原点所在地，采用多点定位所建立的大地坐标系。［GB/T 14911—2008，2.31］

3.13　1954年北京坐标系 Beijing geodetic coordinate system 1954

1954年我国决定采用国家大地坐标系（采用克拉索夫斯基椭球），实质上是由原苏联普尔科沃为原点的1942年坐标系的延伸。［GB/T 14911—2008，2.30］

3.14　1956年黄海高程系 Huanghai Vertical Datum 1956

采用青岛水准原点和根据由青岛验潮站从1950年到1956年的验潮数据确定的黄海平均海平面所定义的高程基准，其水准原点的起算高程为72.289m。［GB/T 14911—2008，2.26］

3.15　1985国家高程标准 national vertical datum 1985

1987年颁布命名的，采用青岛水准原点和根据由青岛验潮站从1952年到1979年的验潮数据确定的黄海平均海水面所定义的高程标准，其水准原点的起算高程为72.260m。［GB/T 14911—2008，2.24］

3.16　高斯-克吕格投影 Gauss-Krueger projection

一种等角横切椭圆柱投影。其投影带中央子午线投影成直线且长度不变，赤道投影也为直线，并与中央子午线正交。［GB/T 14911—2008，2.40］

3.17　接边 edge matching

为使相邻图幅数字化数据连接组成连续统一的图幅数据体，以便加入大型数据库或输出拼接后的图形，而对图幅边缘对应实体的数据进行匹配处理的过程或方法。［GB/T 16820—1997，5.85］

4　数据源及技术要求

4.1　数据源

4.1.1　纸质数据

a）满足质量要求的作业设计调查（以下简称三类调查）调绘手图。

b）作业设计外业调查数据。

4.1.2　电子数据

即在三类调查过程中通过掌上森林资源调查仪（PDA）等调查工具对三类调查数据进行现地矢量化后的电子数据。

4.2　技术要求

4.2.1　调绘手图

三类调查调绘手图是以地形图或高分辨率卫星数据为调绘底图经外业勾绘成图。因此，三类调查调绘手图的技术要求包括对调绘底图、外业调绘数据内容两方面的技术规定。

4.2.1.1　调绘底图

a）基于地形图制作的调绘底图要求：

①比例尺：1∶500－1∶10000。

②数学基础：应满足国家标准或行业标准对相应比例尺数学基础的相关规定。

③分幅与编号：采用GB/T 13989—2012《国家基本比例尺地形图分幅和编号》。

④纸张要求：打印纸型按A3横向。

⑤单色图采用8bit，彩色图采用RGB24bit。

⑥公里网：图面应有公里网格分布，且有或可以推算相应网格交叉点的坐标值。

⑦精度：图廓点位误差≤0.45mm；图廓边长误差≤0.6mm；图廓对角线误差≤0.9mm；公里网点间距误差≤0.6mm。

⑧在扫描地形图上转绘已知变更界线和其他界线（如行政区域界、区划界、经营区划界等）。

⑨绘图分辨率≥250DPI。

b）基于高分辨率卫星数据制作的调绘底图要求：

①分幅与编号：采用GB/T 13989—2012《国家基本比例尺地形图分幅和编号》。

②纸张要求：打印纸型按A3横向。

③彩色RGB24bit。

④公里网：图面应有公里网格分布，且有或可以推算相应网格交叉点的坐标值。

⑤已知变更界线和其他界线（如行政区域界、经营区划界等）预勾于图上。

⑥绘图分辨率≥250DPI。

4.2.1.2　外业调绘数据内容

外业调绘数据内容包括：国有林业局、林场、作业区、林班、小班、地类界等各种境界线。

4.2.2　作业设计调查数据

应满足当地作业设计调查相关技术规定。

4.2.3 电子数据

a)外业调绘数据内容应满足本规范4.2.1.2的相关规定；

b)要素分层、矢量化、属性数据采集、图形和属性数据连接和数据拼接等技术要求应满足本规范5的相关规定。

5 技术指标

5.1 图形数据采集

5.1.1 图纸扫描和处理

a)扫描分辨率：300 ~400DPI。

b)扫描方式：单色图采用黑白二值方式或8bit灰度扫描；彩色图采用8bit灰度或RGB24bit扫描。

5.1.2 要素分层

按GB/T 13923—2006《基础地理信息要素分类与代码》与《森林资源数据编码类技术规范》进行分层。林网、林带等用线状要素表示的就要独立分层；细班、不够上图面积的小班等用点状要素表示的也要独立分层。

5.1.3 矢量化

即对校正匹配好的底图进行矢量化。其主要技术要求有：

a)面状要素应闭合，无悬挂或过头现象。一个面状要素应能唯一标识。

b)线划应连续，不允许有线划被错误打断的现象，需连通的要素应保持连通。

c)有方向性的要素，其符号方向必须正确。

d)经营区划应同行政界线保持一致。

e)精度：应满足国家标准或行业标准对相应比例尺数字化图的相关规定。

5.2 属性数据采集

5.2.1 属性数据技术要求

a)描述每个地形要素特征的属性类型应完备，数据应符合按GB/T 13923—2006《基础地理信息要素分类与代码》、《森林资源数据编码类技术规范》的属性代码表的要求，不应遗漏。

b)点、线、面状要素属性表中，字段名、字段类型、字段长、属性与属性值均应正确无误。

5.2.2 图形数据与属性数据连接

图形数据与属性数据空间位置应完全匹配。

5.3 数据拼接

5.3.1 图幅组织

a)分县组织：按照县行政界区划拼接标准分幅图，拼接成全县整幅图；

b）林业行政管理区划组织：按照林业局、林场等林业行政管理区划拼接成图。

5.3.2 数据接边

数据接边精度应满足《森林资源数据采集技术规范 第 2 部分：森林资源规划设计调查》的规定，并参照各省不同比例尺之间数据接边的技术要求执行。

6 成果及质量要求

6.1 成果

县级作业设计调查数据。

6.2 质量要求

a）数据存储格式：shapefile 或 E00 格式。

b）大地基准：2000 国家大地坐标系、1980 西安坐标系或 1954 北京坐标系。

c）投影方式：高斯－克吕格投影，1∶10000 比例尺采用 3°分带。

d）高程基准及深度基准：1956 黄海高程系或 1985 国家高程标准。深度基准一般采用理论最低潮面。

e）图幅组织：应满足本规范 5.3.1 的规定。

f）数据精度：应满足本规范 5 的规定。

森林资源数据处理导则

（LY/T 2189—2013，国家林业局2013年10月17日发布，2014年1月1日实施）

1 范围

本标准规定了森林资源及其相关基础数据的标准化采集、数据建库、数据库管理、数据更新、数据传输、数据使用等森林资源数据处理各环节的工作。

本标准适用于国家、省、县三级森林资源数据库建设及运行维护。

2 规范化引用文件

下列文件对于本文件的应用是必不可少的。凡是注日期的引用文件，仅注日期的版本适用于本文件。凡是不注日期的引用文件，其最新版本（包括所有的修订单）适用于本文件。

LY/T 2187 森林资源核心元数据

LY/T 2188 森林资源数据库数据采集技术规范

LY/T 2186 森林资源数据编码类技术规范

3 标准化采集

3.1 基础测绘成果数据

按照《基础测绘成果提供使用管理暂行办法》（国测法字〔2006〕13 号）规定，向国家和地方测绘地理信息局申请使用基础测绘成果数据。

a）对数字化成果数据各类图形要素进行处理时，应保持数据的完整性。处理过程中应及时进行检查，注意图形数据和属性数据是否丢失，发现有丢失的情况应根据原始数据及时进行更改和补充。

b）对于非数字化成果，可由符合测绘资质要求的林业调查规划单位进行数字化。数字

本标准按照 GB/T 1.1—2009 给出的规则起草。

本标准是由国家林业局森林资源管理司提出。

本标准由全国林业信息数据标准化技术委员会（SAC/TC 386）归口。

本标准起草单位：国家林业局调查规划设计院。

本标准主要起草人：高显连、闫宏伟、白降丽、白卫国、张成程、郑冬梅。

化工作应遵循测绘行业标准《基础地理信息数字产品 1∶10000 、1∶50000 生产技术规程》(CH/T 1015.1—2007，1015.4—2007)等标准的规定。省级和县级界线以国家最新勘界成果为准，或以测绘部门大于1∶25万比例尺(含)基础地理信息数据中的界线为准，两者均具法律效力；乡镇级、村级界线及林业系统特有区域界线(林场界、自然保护区界等)以林业调查的最新成果为准。

3.2 监测类数据

监测类数据的数字化遵循《森林资源数据库数据采集技术规范》的要求。

a)对没有按统一的行政界限和经营区划界限进行边界处理的调查成果数据应进行接边处理，以保证各县(经营单位)边界间的缝隙控制在允许误差内。现有调查成果数据存在的空间拓扑关系错误应在数字化前进行修改。数字化后应形成完整的拓扑关系。

b)属性数据错误应在标准化处理工作前完成改正。标准化时应保持数据分类体系一致，数据编码符合《森林资源数据编码类技术规范》要求，数据结构符合要求。

3.3 经营管理活动数据

林木采伐、木材流通、林地收征占用、林权管理等经营管理活动数据应使用标准化的森林资源管理应用软件采集。

3.4 文档类数据

文档类数据应将以纸介质、照片、磁介质等形式保存的文字、数字、照片、视频等文档类原始数据数字化，并转换成目前主流办公软件、多媒体软件支持的格式，以便于通过数据库进行存储和通过主流软件进行访问。

3.5 核心元数据

核心元数据通过软件工具采集，核心元数据的结构设计应符合《森林资源核心元数据》标准的要求。

4 数据建库

4.1 基础测绘成果数据库

a)大于1∶50万比例尺(含)基础测绘成果数据的数据库运行环境应符合测绘部门的安全保密管理要求。

b)数据库空间参考按照国家要求，应采用2000国家大地坐标系。

c)地理空间数据应进行适当分层，宜按基础地理信息要素大类，分幅、分层组织数据入库，每一要素大类组织成一个图层。

4.2 监测类数据库

a)监测类数据应按运行库和加工库两个部分进行组织，运行库用于提供数据在线服务，加工库用于数据产品服务、数据更新等应用。

b)按照监测类数据要素的空间特征，按年度(或数据更新周期)分层组织数据入库。

在同一数据层中，根据使用目的不同，可以以县或经营单位组织数据，或将数据整体组织成一个图层。

c)数据组织应满足数据交换和数据服务技术要求。为易于实现省、县(经营单位)数据更新成果的同步，省、县两级森林资源规划设计调查成果数据库的数据组织应考虑数据更新机制要求，宜使用数据库管理系统的数据版本管理机制实现数据同步。

d)数据库空间参考按照国家要求，结合林业单位现有数据成果现状，应采用2000国家大地坐标系。

4.3 经营管理活动数据库

a)林木采伐、木材流通、林地征收占用等经营管理活动数据可按年度组织数据库，逐步形成分年度的历史数据管理机制。林权管理数据宜将各年度数据组织成统一的数据表，采用数据分区等技术合理组织数据，以保证大数据量条件下数据查询和分析效率要求。

b)作业设计和作业验收数据，宜按年度组织数据库，也可将各年度数据组织成统一的数据表。

4.4 文档类数据库

文档类数据应采用数据库管理系统进行管理，对存在大量视频类数据的文档数据，可采用独立的视频管理技术进行管理。

4.5 核心元数据库

核心元数据主要是在国家和省级数据库中进行管理。数据入库可采用两种方式，可导入核心元数据编辑软件处理完成的核心元数据，或通过核心元数据管理系统直接编辑输入核心元数据。

5 数据库管理

a)应进行数据库运行状态、系统资源使用情况的监控、巡检，定期开展数据备份、数据恢复、系统优化、数据安全审计等管理作业。

b)应加强对涉密基础测绘成果数据的安全保密管理，指定专人进行数据管理，加强系统日志管理，记录数据访问信息，以备核查。

6 数据更新

6.1 基础测绘成果数据

采用测绘行政主管部门提供的基础测绘成果数据更新成果更新基础测绘成果数据库。数据库已有数据可采用全层更新和分幅更新两种更新形式，建议采用全层更新方式，以形成按数据版本保存历史数据的技术机制。

6.2 监测类数据

监测类数据更新主要是指森林资源规划设计调查成果数据的更新。

a）由县（经营单位）承担数据更新工作并对数据更新成果负责。各县应建立严格的变化数据收集、确认，数据更新操作、审核的管理制度，实现数据更新的规范化管理。

b）应保持省、县两级数据库森林资源数据的一致和同步。在省级数据库建立本底数据库，各县（经营单位）通过数据分发从省级数据库获取本单位当年本底数据，完成数据更新操作将数据汇集到省级数据库。

c）应使用调查深度不低于森林资源规划设计调查要求的其他专业调查成果资料进行数据更新，其他部门提供的用于更新的数据必须经过森林资源部门的审核和确认。

d）应开展必要的数据更新补充调查，使更新数据能够真实反映森林资源的实际变化情况。补充调查数据成果和其他变化数据应独立建库，以便于开展更新操作，同时备查。

e）应利用森林资源调查现有成果数据，或开展必要的专项调查，建立林分、林木生长模型，以真实反映森林资源的自然生长情况。在生长模型建立之前，可用生长率进行自然生长更新。

6.3 经营管理活动数据

经营管理活动数据更新采用增量更新方式，即通过软件系统的运行实时记录每一经营管理活动产生的数据。

6.4 核心元数据

森林资源数据发生变化，应同步更新核心元数据。

7 数据传输

涉密基础测绘成果数据或森林资源数据应按国家有关部门的安全保密管理规定，采用保密介质或通过达到安全保密管理要求的网络传输。

8 数据使用

a）数据管理单位应按照与测绘部门签订的数据使用协议管理和使用基础测绘成果数据，制定专门的数据使用管理办法，建立可监督、可核查的数据使用机制。

b）森林资源数据更新成果的发布应按各级森林资源管理部门的要求进行。

c）国家主要通过数据交换系统访问和使用各地森林资源数据。对于国家提出特殊要求的数据，地方应按要求提交国家使用。

d）应根据各级森林资源主管部门确定的访问权限，查询和访问森林资源数据，获取森林资源数据产品。

FIVE YEARS 2009~2014

应用标准

YINGYONG BIAOZHUN

林业信息化

Forestry Informatization

林业信息交换体系技术规范

（LY/T 2171—2013，国家林业局2013年10月17日发布，2014年1月1日实施）

1 范围

本标准规定了林业信息资源交换体系技术支撑环境的功能组成及要求，规定了林业信息系统间互联互通的技术要求。

本标准适用于设计与建设林业信息资源交换体系。

2 规范性引用文件

下列文件对于本文件的应用是必不可少的。凡是注日期的引用文件，仅所注日期的版本适用于本文件。凡是不注日期的引用文件，其最新版本（包括所有的修改单）适用于本文件。

GB/T21062.1—2007 政务信息资源交换体系 第1部分：总体框架

GB/T21062.2—2007 政务信息资源交换体系 第2部分：技术要求

GB/T21062.3—2007 政务信息资源交换体系 第3部分：数据接口规范

RFC 2616 超文本传输协议 HTTP/1.1

简单对象访问协议（SOAP）1.2 第1部分：消息框架 2003年6月

Web 服务描述语言（WSDL）1.2 2003年6月

Web 服务业务流程可执行语言（BPEL）2.0

3 术语、定义和缩略语

GB/T21062.1—2007 和 GB/T 19488.1—2004 确立的术语和定义，及以下术语和定义适用于本标准。

本标准按照 GB/T 1.1—2009 给出的规则起草。

本标准由全国林业信息数据标准化技术委员会（SAC/TC 386）提出并归口。

本标准起草单位：国家林业局调查规划设计院。

本标准主要起草人：彭松波、徐泽鸿、张旭、李应国、白降丽、马宏伟、李浩川、汪志强、余鹏。

3.1 术语和定义

3.1.1 林业信息资源 forestry information resource

由林业或者为林业采集、加工、使用、处理的信息资源。

3.1.2 交换结点 interchange node

实现信息资源传送和处理的系统单元。交换结点分为端交换结点和中心交换结点两类。

3.1.3 交换 interchange

信息资源从一个交换结点到其他交换结点的传送和处理过程。

3.1.4 交换系统 interchange system

提供信息资源交换与共享的计算机软硬件设施，部署在端交换结点和中心交换结点。交换系统分为前置交换系统和中心交换系统。

3.1.5 交换域 interchange domain

由部署在中心交换结点的中心交换系统及与其直接交换的部署在端交换结点的前置交换系统组成的交换环境。

3.1.6 提供者 provider

提供信息资源交换内容的机构或软件系统。

3.1.7 使用者 user

使用信息资源交换内容的机构或软件系统。

3.1.8 管理者 manager

管理信息资源结点的机构。

3.1.9 消息中间件 message-oriented middleware

安装在需要进行消息传递的系统之上，在它们之间建立逻辑通道实现消息传送的一组分布式的服务程序。

3.1.10 Web 服务 Web service

Web 上可用的，能够通过基于 XML 等标准开放协议(如 WSDL、UDDI、SOAP)进行描述、发现和访问的，执行特定功能的软件应用程序。

3.1.11 数据库访问服务 database access service

通过一组统一的异构数据库访问接口所提供的特定功能。

3.1.12 数据访问接口 data access interface

数据访问行为或功能的执行过程所能体现的服务。

3.1.13 林业信息资源交换体系 forestry information resource interchange system

由服务模式、交换系统、信息资源、技术标准与管理机制组成的整体，实现林业信息资源交换与共享。

3.2 缩略语

下列缩略语适用于本标准。

BPEL　Business Process Execution Language 业务流程执行语言

SOAP　Simple Object Access Protocol 简单对象访问协议

UDDI　Universal Description, Discovery and Integration 统一描述、发现与集成

WSDL　Web Service Description Language Web 服务描述语言

XML　eXtensible Markup Language 扩展标记语言

URI　Uniform Resource Identifier 统一资源标识符

SOA　Service Oriented Architecture 面向服务架构

4　林业信息资源交换体系总体技术要求

4.1　面向服务架构技术要求

4.1.1　概述

林业信息资源交换体系建设采用面向服务的体系架构(SOA)，应该遵循 SOA 的原则、方法和标准规范。

4.1.2　技术架构设计指导原则

林业信息交换体系技术架构设计至少遵循以下指导原则：

a)业务驱动原则。架构必须以业务发展、需求为导向，以业务驱动为原动力，同时能够根据业务发展的需求，进行动态、灵活的调整。

b)基于组件/服务原则。采用 SOA 进行设计。通过提供可重用的业务单元级组件，以及规则驱动的模型，解耦各个业务功能。

c)标准统一原则。整体架构必须遵从标准统一的原则，目前在建或未建的应用系统应遵循架构统一原则，遵守统一的架构规范和设备选型标准，避免造成系统资源过于庞杂，难以管理，难以共享。

d)IT 资产重用原则。充分利用现有的硬件、软件、服务组件等 IT 资产，进行适当重组合、再分配和更新配置等方式实现。

e)多层次应用体系原则。至少包括：

①表示层。提供用户界面表现和获取其输入。

②会话管理层。管理用户会话。

③应用层。包含大多数业务逻辑。

④数据管理层。管理业务数据及完整约束。

f)统一规划，分阶段实施原则。整体架构统一规划，分阶段实施。

4.2 交换方式

4.2.1 基于消息中间件的交换方式

a)技术实现。使用现有的消息中间件产品，实现异构数据库之间的数据交换。这类中间件产品在底层以XML技术为基础，利用适配器(adapter)、端口(port)、管道(pipeline)等技术实现数据提供者与数据使用者之间的实时数据交换和同步。

b)适用场景。该交换方式适用于数据量较大、对效率要求较高的场合，但由于直接操作在数据层，存在一定安全风险，灵活性较差。

c)接口设计。符合GB/T 21062.3—2007。

d)实施要求。采用该方式的交换体系建设参见本标准5.1。

4.2.2 基于Web服务的交换方式

a)技术实现。采用Web service技术进行组件和应用系统的包装，将系统的数据展示和需求都看作一种服务，通过服务的请求和调用实现系统间的数据交换和共享。该方式无需在数据库层面相互连接，具有较好的安全性。

b)适用场景。该交换方式适合于对可扩展性和灵活性要求较高的场合，以及工作流驱动的、数据量不大的交换。

c)接口设计。符合GB/T 21062.3—2007。

d)实施要求。采用该方式的交换体系建设参见本标准5.2。

4.3 交换协议

4.3.1 消息传送层协议

消息传送层应采用HTTP/HTTPS，实现消息的信息传送。邮件、文件传输可选择采用JMS、SMTP、FTP等作为信息传送协议。

4.3.2 消息层协议

a)消息传递协议。消息层应基于XML进行消息传递，并采用SOAP作为XML消息传递协议。引用GB/T 21062.2—2007。

b)消息寻址协议。消息寻址协议规定了定位服务地址所需要处理的属性和操作行为。引用GB/T 21062.2—2007。

c)消息可靠性协议。消息可靠性协议是可选的，在需要可靠消息传输时应遵循该协议规范，本协议的基本目标是在应用程序产生异常、系统发生崩溃、网络出现故障时消息能够不丢失。引用GB/T 21062.2—2007。

d)安全性协议。引用GB/T 21062.2—2007。

4.3.3 服务描述协议

服务描述采用WSDL 1.2规范作为描述语言，WSDL是定义了服务交互的接口和结构。引用GB/T 21062.2—2007。

4.3.4 业务流程协议

采用 BPEL1.1 作为流程描述语言进行定义。引用 GB/T 21062.2—2007。

4.4 异构数据库的访问

引用 GB/T 21062.3—2007。

5 交换体系建设

5.1 消息中间件技术建设方式

5.1.1 前置交换系统建设

前置交换系统的主要组成部件和要求：

a)交换服务器。提供与现有业务系统的连接，以及共享信息的采集、转换、传输等服务。交换服务器通过物理隔离设备与内部网络相隔离。交换服务器上安装数据库及消息中间件；

b)交换信息库。存储交换的临时数据信息，设计应符合本标准 5.3 的规定；

c)消息中间件。负责传输和接收交换数据，保证数据的安全准确及时传输。数据交换中间件的功能应至少包括：

①数据采集。设置触发器，记录数据的变化，并能通过定时或实时任务将数据变化记录到交换信息库。

②数据格式转换。转换成标准格式的 XML 数据传送到中心服务器，中心服务器将接收到的数据转换成可以入库格式的数据。

③通讯。将增量变化数据以 XML 格式发送到目的服务器。

④数据入库。将接收到的数据存入交换信息库。

5.1.2 中心交换系统建设

a)部署要求。中心交换系统应支持消息中间件技术，客户接入端软件部署在每个端交换结点的交换服务器上，实现中心交换系统和各端交换结点的有机结合。

b)功能要求。中心交换系统应实现如下功能：

①交换服务器到数据中心的数据交换。交换系统把接收的数据按交换类型存储到中心共享信息库，以备监控和数据比对使用。

②数据中心到交换服务器的数据交换。根据数据与交换结点间的关系，动态确定目的服务器的地址，并把数据的副本发送到目的服务器。

③数据比对。可以根据不同条件对数据进行比对，比对结果的输出和查询。

④交换监控。对端交换结点和中心交换结点进行监控。能对所有的交换结点进行启动、停止服务、下载工作日志等活动；能远程对所有结点进行数据交换通讯的配置，如配置远程结点的实时、定时通讯活动，配置远程结点至远程结点的表对表通讯活动。

⑤日志功能。

⑥安全管理。提供身份验证、权限管理、数据加密等功能。

5.2 Web服务技术建设方式

5.2.1 前置交换系统建设

前置交换系统的主要组成部件和要求：

a)交换服务器。提供与部门现有业务系统的连接，负责完成系统前端的数据配置与采集。交换服务器通过物理隔离设备与内部网络相隔离。交换服务器上应安装有数据库，用于存放交换的临时数据信息。

b)交换信息库。交换信息库的设计应符合本标准5.3的规定。另外，在分布交换模式中，如果是信息资源提供者，还应部署适当的数据库访问服务，以便于其他结点能够从该交换结点获取信息资源。

c)数据库访问服务。符合GB/T 21062.3—2007规定的一组标准Web服务接口，包括：

①创建会话接口：规范化的建立用户会话，包括用户会话的创建操作。

②关闭会话接口：规范化的关闭并回收用户会话资源，包括用户会话的关闭操作。

③服务自描述接口：规范化的描述自身服务能力，包含服务能力描述操作。

④数据类型自描述接口：规范化的需要访问的数据类型结构模型，包含数据类型描述操作。

⑤数据操作接口：规范化的各种各样数据操作的实现，包含数据操作。其操作类型有五种，分别是查询数据、插入数据、修改数据、删除数据和用户自定义的数据操作。

5.2.2 中心交换系统建设

中心交换系统完成数据的存储、格式转换和数据交换，它由一系列服务、Web Service接口以及共享信息库组成。中心交换系统核心部件应包括：

a)Web服务管理。提供对Web服务的注册管理和发布功能。通过Web服务管理，各数据交换结点向数据中心注册自己的数据交换Web服务，数据中心根据注册的信息进行Web服务的路由，主动调用数据交换结点的数据访问服务来向数据交换结点传送数据或从数据交换结点获取数据。

b)Web Service接口。向外部应用程序和数据交换结点展示数据交换的相关Web服务，Web服务的实现可以是基于HTTP、邮件SMTP以及JMS等各种协议的，可以是异步的也可以是同步的。Web Service接口通过安全管理服务来实现可信的Web服务调用。

c)安全管理服务。利用系统安全平台实现用户管理、身份认证和授权管理等服务，安全管理服务中的安全中间层还提供安全的Web Service服务，管理Web服务会话，实现安全的数据交换。

d)系统管理服务：实现对系统的配置管理和状态监控。通过系统管理服务配置数据中心各部分的运行参数，服务的启停控制，监控整个系统的运行状态。

e)共享信息库。提供数据转储和存储功能。采集和交换过程中的数据可以转储到共享信息库，并在转储过程中提供数据的正确性和一致性校验功能，保证数据的权威性。

5.3 交换信息库规范

5.3.1 交换信息库名命名规范

a)交换信息库实例名格式为：交换服务器 IP 地址(或交换服务器机器名)：交换信息库端口号。

b)交换信息库方案名格式为："LYFDB"与连字符"_"以及应用系统简称的汉语拼音首字母的组合。

5.3.2 交换信息库表名命名规范

数据表命名方法 ："数据库名称" + "_" + "表拼音首字母"。

5.3.3 交换信息库字段名命名规范

数据字段命名方法：数据字段命名采用中文字段名的拼音全拼表示。

5.3.4 增量更新交换信息库的数据规范

5.3.4.1 交换信息库数据表设计规范

适用于定时或者实时更新交换信息库的数据。

在表结构上增加两个标志字段。两个字段的标准规范如表 1。

表 1 交换信息库表新增字段

字段名称	类型	中文简称	长度	默认值	是否允许为空	备注
TimeFlag	timestamp	时间戳标志	默认	系统当前时间	否	
DelFlag	Int	删除标志	1	0	否	1 表示删除；0 表示有效

5.3.4.2 更新交换信息库的数据

定期或实时更新交换信息库的数据，遵照如下的规范：

a)增加交换信息库的数据时："时间戳标志"与"删除标志"有默认值，不需要更新。

b)修改交换信息库的数据时：修改"时间戳标志"为系统当前的时间。

c)删除交换信息库的数据时：修改"删除标志"改为 1，修改"时间戳标志"为系统当前的时间。

d)避免修改数据库表结构。

5.3.4.3 辅助通讯表规范

a)辅助通讯表负责与共享数据库进行数据交换，保持最新的更新数据，当原表中的数据定时清除、重新导入后，通过调用比对更新程序或者调用存储过程等方式，将原表中的数据逐条与辅助通讯表中的数据进行比对更新。表结构规范如下：

①表名。辅助通讯表名在原表基础上加"_TX"。

②表结构。辅助通讯表在原表的基础上加入两个字段。两个字段的标准规范如表 2。

表 2　辅助通讯表新增字段

字段名称	类型	中文简称	长度	默认值	是否允许为空	备注
TimeFlag	timestamp	时间戳标志	默认	系统当前时间	否	
DelFlag	Int	删除标志	1	0	否	1 表示删除； 0 表示有效

b)使用数据比对更新程序或者编写存储过程实现原表与辅助通讯表的比对更新。比对更新的规则如下：

①对原表中有，辅助通讯表中没有的数据(新增数据)，插入到辅助通讯表中，“时间戳标志”与“删除标志”有默认值，不需要更新。

②对原表中没有，辅助通讯表中有的数据(删除数据)，则将辅助表中的“删除标志”改为1，修改“时间戳标志”为系统当前的时间。

③对原表与辅助通讯表中都有的数据，判断是否有修改，有修改，则修改辅助通讯表中对应的数据，同时修改“时间戳标志”为系统当前的时间。

6　交换系统技术要求

6.1　概述

林业信息资源交换体系技术支撑环境由网络及硬件基础设施、操作系统、应用系统、交换信息库、共享信息库、交换共享子系统、交换应用子系统、交换传输子系统、交换管理子系统组成。

信息交换通过交换共享子系统或交换应用子系统将部门需要交换的信息交换到林业交换信息库，在交换管理子系统的流程控制下，通过交换传输子系统，把需要交换的信息定向传输到接收部门。

6.2　交换共享子系统

6.2.1　系统结构

交换共享子系统用来实现部门交换信息库之间数据的双向信息同步。交换共享子系统的结构示意如图 1 所示。

6.2.2　组成

交换共享子系统至少由以下三部分组成。

a)桥接服务运行环境。桥接服务的容器，提供日志管理、安全管理、应用适配器管理等基本功能。

b)桥接服务。利用桥接服务配置工具组装应用适配器组件以完成一个数据桥接流程的服务程序。

c)桥接服务器配置工具。提供图形化的配置系统，通过配置业务信息库与交换信息库之间桥接内容映射规则生成桥接服务器描述信息。

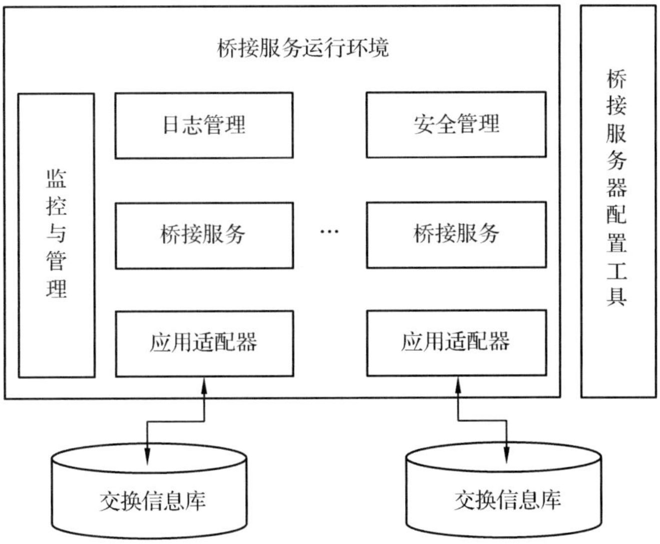

图1　信息交换共享子系统基本结构示意图

6.2.3　技术要求

交换共享子系统应满足以下技术要求：

a)应支持部门交换信息库之间的双向信息同步。

b)应支持各种主流操作系统。

c)应支持国内外主流数据库。

d)应支持结构化及非结构化文件。

e)应采用适配器组件访问桥接对象，实现数据的获取与存储。

f)应提供增量数据识别功能。在不修改信息库结构的情况下，系统应能够自动识别出需要交换的信息，包括新增、被修改或被删除的信息。

g)应提供图形化的信息交换共享配置及管理工具，支持桥接指标定义与桥接管理等功能。

h)应支持多个桥接任务或服务同时运行，应支持桥接服务的远程部署。

6.3　交换应用子系统

6.3.1　概述

交换应用子系统为基于 SOA 的应用提供基础的技术和标准规范支撑，如服务的接口描述与发现，服务的组合与编排，服务的管理，服务的代理中介(典型代表为服务总线)，服务的访问安全保障，服务的注册与管理及服务和 SOA 应用的相应开发工具。对于已存在的服务/资源，它还提供资源的服务化封装和接入，以满足相应的数据信息、业务功能等的重用要求。

6.3.2　技术要求

交换应用子系统应满足以下技术要求：

a）描述与发现：

①要消费或发布一个服务，需要以统一的标准服务描述接口，基于服务发现的标准机制和访问接口，与服务注册库进行交互，对服务进行注册、变更、检索和消费。

②服务可以发布到服务库中，而且服务消费者可以从服务库中查找符合需要的服务。服务的描述基于标准的信息模型描述，从服务的描述信息中可以得到服务的协议绑定信息，据此信息可以建立与目标服务的绑定关系，并将目标服务与其他要消费的服务按照接口匹配方式进行组装和逻辑处理。

③要做到服务消费的动态变更，以适应业务敏捷性的要求，需要屏蔽服务的位置及具体实现。

④服务管理包括注册、审核、发布、变更、注销、权限管理等生命周期。具体的管理内容，还包括服务自身、服务元数据、服务评价指标及服务质量属性等方面的管理。

b）管理：

①对基础运行设施及部署的 SOA 应用进行配置、部署、启动、停止、定时调度、部署管理等。

②对基础运行设施及部署的 SOA 应用的运行状态，服务品质进行实时监控，对异常情况进行预警、警示和执行管理操作。

③对基础运行设施及部署的 SOA 应用的历史运行数据、日志、报警、报错信息等进行统计和溯源分析，为系统和流程的改进提供参考。

④对数据实施有效的管理，数据管理范围包括：历史数据维护、元数据管理、配置信息变更、数据库中共享数据管理等。数据管理服务包括：数据的增加、删除、修改、查询和统计等服务操作。

c）安全：

①组织结构管理。包括组织结构中的用户、角色等分级管理和控制。

②资源权限管理。将服务、数据、应用等资源的访问、操作及控制权限等分配到相应的组织、角色和用户，对资源授权进行管理。

③访问控制。基于角色、用户、应用等，为不同的服务资源访问请求进行身份验证及访问控制，避免非法用户访问有安全性要求的相应资源。

④传输安全。提供传输过程中的安全防护措施，防止信息在传输过程中被篡改、泄密等。

⑤信息/数据安全。为信息/数据等资源提供加解密、签名、数据完整性校验等服务。

⑥隐私保护。涉及与人、组织相关的私密信息，提供安全防护措施。

⑦审计。提供用户、应用等访问相关受限资源的操作轨迹、历史记录等，便于跟踪和发现资源访问或操作问题。

d)服务总线：

①适配器服务或者其他接入服务可以处理对遗留的 IT 基础设施的接入，将其作为服务接入“服务总线”。

②服务的寻址为服务提供一个基于“服务总线”的服务寻址模式，以达到为服务的位置提供透明支持的目的。使用“服务总线”的寻址，外部服务运行环境所依赖的地址，对服务总线上的其他服务能够做到完全透明。

③消息的路由与转发服务通过“服务总线”交互时，交互的消息由“服务总线”来进行路由与转发，来自动完成不同系统之间协议转换以及消息变换。

④服务的安全支持通过“服务总线”为服务的访问提供统一的安全控制机制。

⑤“服务总线”的统一管理工具为“服务总线”提供管理工具，以统一的手段来管理服务的生命周期，以及监控服务的运行。

⑥“服务总线”的集成开发工具为用户使用“服务总线”提供集成开发工具。通过集成开发工具，用户可以执行：服务相关的开发，包括——设计新的业务逻辑、创建新的服务、创建对外部服务或基础设施的连接、控制服务的部署；定义“服务总线”的系统运行环境；通过“服务库”发现/发布服务等功能。

e)组合与流程：

①服务组装及编排工具，包括提供服务的组装、合成、流程建模、服务编排等功能。

②服务容器，为组装好的合成应用或服务提供运行时的容器环境。

③流程执行引擎，为部署的复杂业务流程脚本提供解释、执行、控制和管理等功能。

④人工任务管理，为流程中需要人机交互的任务进行管理、授权、控制等功能。

f)展现：

①界面服务用于在客户端及浏览器的人工交互界面中提供将脚本语言描述的界面文件转换为可以在客户端展现的服务。

②具有灵活而强大的自定义设计报表的服务功能，通过对表和数据进行 XML 标准化设计，把报表展现功能和报表计算引擎封装成为通用性的服务组件。服务提供者把报表系统创建的报表存储在服务库，服务的消费者订购发布到服务库中报表服务后，无需具有报表设计的专业知识的实施人员，就可利用报表计算引擎服务根据需要动态生成报表，利用报表展现服务下载报表，获取他们想要的信息。

③基于表单服务能够快速构建出基于 Internet/Intranet 的数据采集/发布应用，并可集成到现有的业务流程和应用系统中，方便提供展现服务和数据处理服务。

g)基本要求：

①采用 W3C 的 SOAP 1. 2 作为消息封装格式。

②采用 W3C 的 WSDL 1. 2 作为交换服务描述规范。

③提供服务的封装、路由、解包等功能。

④应支持各种主流操作系统。

⑤应支持国内外主流数据库。

⑥应支持国内外主流应用服务器。

6.4 交换传输子系统

引用 GB/T 21062.3—2007 政务信息资源交换体系 第2部分：技术要求 4.4 交换传输子系统。

6.5 交换管理子系统

引用 GB/T 21062.3—2007 政务信息资源交换体系 第2部分：技术要求。

附录 A（资料性附录）林业交换体系架构的分层模型

林业交换体系架构的分层模型如图 A. 1 所示。

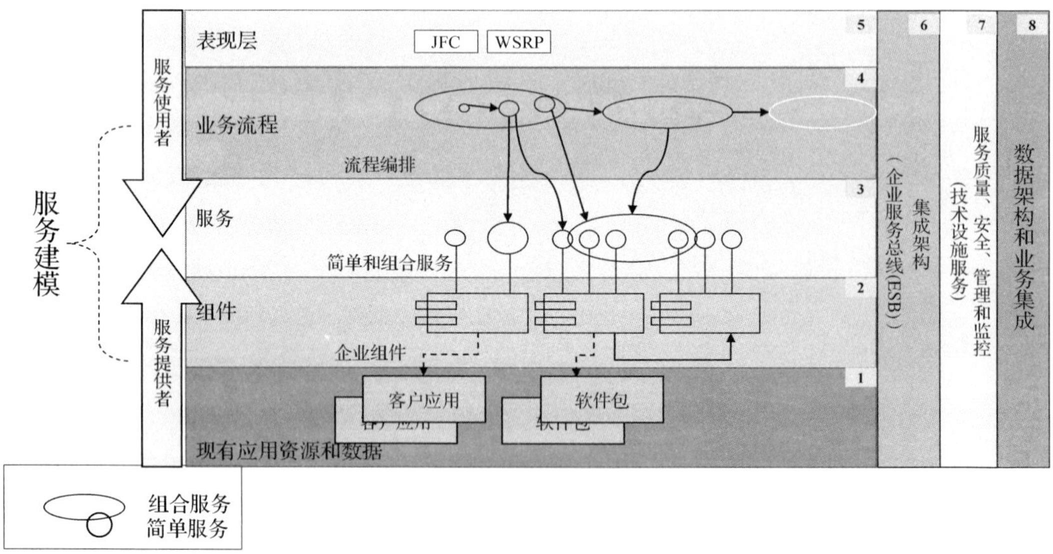

图 A. 1 林业交换体系架构的分层模型

林业交换体系架构分为 8 层：

a)第 1 层。系统已经存在的程序资源。

b)第 2 层。组件层，在这一层中用不同的组件把底层系统的功能封装起来。

c)第 3 层。服务层，在这层中要用底层功能组件来构建我们所需要的不同功能的服务。总的来说，服务可以被映射成具体系统中的任何功能模块，从功能性方面可以大致划分为以下三种类型：

①业务服务(business service)或者是业务过程(business process)。这一类的服务是可以暴露给外部用户使用的服务。

②业务功能服务(business function service)。这类服务会完成一些具体的业务操作，也

会被更上层的业务服务调用，不过大多数情况下这类服务不会暴露给外部用户直接调用。

③技术功能服务(technical function service)。这类服务主要完成一些底层的技术功能，如日志服务以及安全服务等。

d)第4层。业务流程层，利用已经封装好的各种服务来构建业务系统中的业务流程。

e)第5层。表示层，构建业务流程层之上，向用户提供用户界面服务，可基于门户的系统来构建。

f)第6层。企业服务总线(ESB)。

g)第7层。主要提供服务质量管理、安全管理等的辅助功能。

h)第8层。数据架构和业务集成层。

林业信息资源目录体系技术规范

（LY/T 2173—2013，国家林业局2013年10月17日发布，2014年1月1日实施）

1　范围

本规范规定了林业信息目录体系的技术要求。

本规范适用于林业部门规划和建立信息目录服务。

2　规范性引用文件

下列文件对于本文件的应用是必不可少的。凡是注日期的引用文件，仅注日期的版本适用于本文件。凡是不注日期的引用文件，其最新版本（包括所有的修改单）适用于本文件。

GB/T 21063.2—2007 政务信息资源目录体系　第2部分：技术要求

LY/T 2269—2014　林业信息资源目录体系框架

3　术语和定义

下列术语和定义适用于本标准。

3.1　林业信息资源目录 forestry information resource catalog

林业信息资源目录是指按照林业信息资源分类体系对林业信息资源的有序排列。

3.2　林业信息资源目录体系 forestry information resource catalog system

林业信息资源目录体系是目录信息与服务、保障与支撑元素组成的一个总体。

4　概述

本规范给出林业信息资源目录体系的技术要求和基本功能。林业信息资源目录体系分为林业信息资源目录和服务目录。信息资源目录通过对林业的各类信息资源进行梳理形

本标准按照GB/T 1.1—2009给出的规则起草。

本标准由全国林业信息数据标准化技术委员会（SAC/TC 386）归口。

本标准起草单位：中国林业科学研究院资源信息研究所。

本标准主要起草人：张旭、于新文、李凡、雷振宇、范东璞、杨彦臣、李轩、刘燕、陈艳、邓广。

成，用元数据来进行描述。服务目录由林业应用系统支撑的业务服务构成，采用 SOA 技术将应用系统封装为服务并注册，它的编目对象涉及林业各应用系统中的业务协同和动态的数据交换。

5　林业信息资源目录体系管理结构

林业信息资源目录体系管理采用集中分布式管理与存储的模式，国家林业局及各省（自治区、直辖市）林业厅为目录中心节点，各市、区（县）为分目录节点。目录中心具有构成目录内容的核心元数据的注册、保存、维护、服务等管理功能。在目录管理中，各目录中心节点的名称需要具有唯一性，并且能够体现出各级节点的所属关系，因此采用了LDAP（Lightweight Directory Access Protocol，轻量目录访问协议）格式的编码标准，以 OU 作为名称前缀，以目录中心节点的父节点名称作为 Base DN。目录节点为树状结构，如图 1 所示。

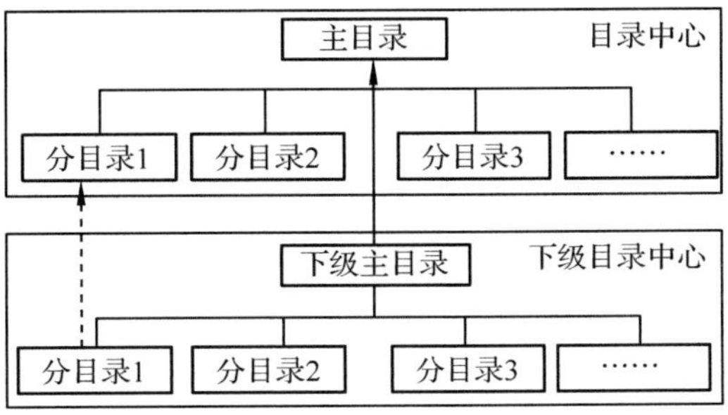

图 1　目录中心结构

6　林业信息资源目录体系技术结构

6.1　基础设施层

基础设施层应包括林业信息资源目录服务需要的软硬件环境及网络基础设施。应保障上级与下级目录中心的网络畅通。

6.2　数据资源层

数据资源层由信息资源核心元数据数据库、服务资源核心元数据库、资源目录和服务目录构成。图 2 描述了林业信息资源目录元数据的结构。每个元数据包包含一个或多个实体以及元数据元素。

a）元数据信息包含：内容信息、数据质量信息、标识信息、负责单位联系信息、分发记录信息。

b）数据质量信息除了包含关于数据质量的说明信息，还包含引用信息。

c）标识信息除了包含元数据的关键标识，还包含引用信息。

d）分发信息除了包含分发内容、分发对象等信息，还包含负责单位联系信息。

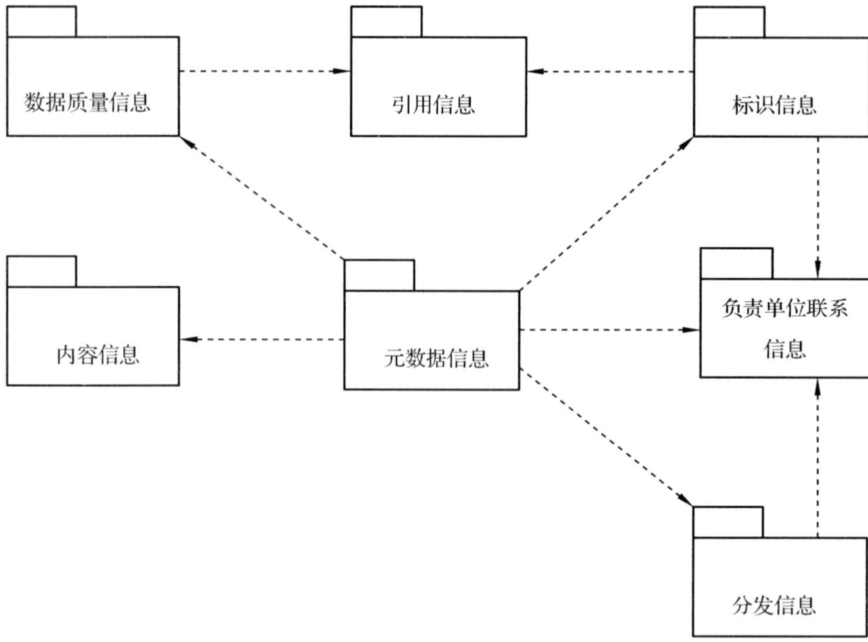

图 2　林业信息资源目录元数据的结构图

6.3　目录服务功能层

目录服务功能层包括：编目、注册、发布、查询、目录维护、用户管理和交换接口等服务功能。

6.4　目录服务表现层

目录服务表现层是面向最终用户的统一入口，包括外部网站、内部网站、单机系统等访问方式。通过内、外访问实现元数据的统一浏览、查询、编目等。

7　林业信息资源目录体系基本业务功能

7.1　元数据采集

元数据的采集有人工方式和自动方式。

元数据采集应对不同元数据内容标准的元数据进行采集，同时能够对采集的元数据进行数据完整性和逻辑一致性的检查。

7.2　编目

提供林业信息资源元数据的编辑功能，目录编辑人员按照元数据标准对林业信息资源进行著录、分类和标引，形成林业信息资源目录。

完成的工作包括根据林业信息资源元数据标准提取信息资源相关特征信息编制目录，形成林业信息资源目录。

7.3　目录注册

提交：各林业部门将编制好的林业信息资源核心元数据提交到上级目录中心。下级目录中心将核心元数据注册到上级目录中心。

审核：目录中心对注册的数据进行审核。审核分为自动审核和手动审核两种，自动审核未通过的数据可以通过手动审核得到进一步的确认，也可以在手动审核阶段改正错误目录数据使其有效。

入库：对审核的元数据，生成信息资源核心元数据和服务资源核心元数据，并放入相应的核心元数据库中，形成正式目录。

7.4 目录发布

目录中心按照服务对象对林业各部门、其他单位、公众发布相应的林业信息资源目录。

7.5 目录检索

目录中心提供目录内容的查询功能，包括基于林业信息资源目录的分类导航、条件检索和全文检索等查询。

7.6 目录维护

各目录中心对需要修改的已注册的目录数据进行修改，并重新编目注册。

7.7 目录报送

各林业部门的目录数据向目录中心的进行报送。报送方式为通过网络进行报送。

7.8 目录关联

本级目录中心将各分之间的业务资源进行合并出路，同时找出同名的信息资源，确定信息资源的责任方和共享方，还可以将关联后的资源进行编辑和删除处理。

7.9 目录系统接口

目录系统提供的接口见表1。

表1　目录中心接口的信息表

接口名称	接口作用
元数据查询接口	通过对元数据库中核心元数据的查询，返回核心元数据的全部信息
元数据注册接口目录树接口	根据权限实现对元数据的注册管理功能；查询用户权限范围内的目录树的数量、名称和内容，包括目录树名称接口、目录树查询接口、目录树内容接口
元数据访问验证接口	更加用户授权信息，判断该用户是否有权限访问该条元数据
角色、权限接口	根据权限唯一标识查询角色、权限信息
同步接口	实现CA、交换、求安全模块与目录系统之间的权限同步

7.10 目录安全证书管理

目录中心节点必须具备单独的web服务器。为支持SSL通信，必须为Web服务器配置SSL证书，包括生成证书申请、提交证书申请、颁发证书、在Web服务器上安装证书和将资源配置为要求SSL访问几个步骤。

7.11 目录数据备份

目录管理系统中，包括接收数据库、存储数据库及发布数据库，在原始数据丢失或遭到破坏的情况下，利用备份数据恢复系统，使系统正常工作。

7.12 用户管理

在整个目录体系的各目录中心中，均使用了用户权限验证。对于不同的角色，分配其对于不同模块或程序的访问权限。而用户可以属于一或多个角色，通过用户所属角色进行权限验证。用户的角色信息存储在 session（会话）中，通过 session. getAttribute（“roleld”）获得，重要的程序模块分配其一个 functionId，在数据库中，存储每个角色拥有权限的全部 functionId。用户登陆系统后，当调用某个模块时，通过 session. CheckRoleAuthorzation（）方法进行权限验证。图 3 显示的是用户权限关系图。

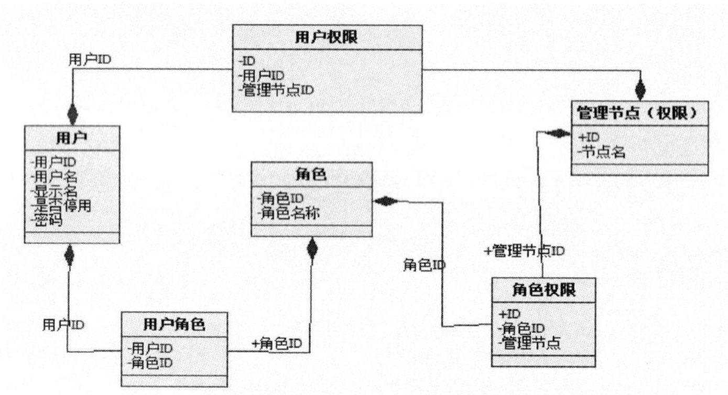

图 3　用户权限关系图

8　林业信息资源目录服务化封装使用要求

8.1 功能组成

目录服务的功能组成：发现、访问和管理三部分。

发现服务允许客户端定位描述林业信息资源的元数据。访问服务是提供客户端获取林业信息资源的服务。

访问服务可以分为两种类型：直接访问，提供客户端入口，当这个如后被客户端使用时，可以提供数据给客户端；代理访问，提供客户端订购数据方法，以外部的其他方式提供数据访问。

管理服务提供客户端方法，来改变目录中所包含的元数据。

8.2 接口模型

图 4 显示了基本的服务接口。这些接口允许对目录信息公共资源的发现、访问和管理。接口操作通过客户端和服务器之间的传递请求/相应消息对类实现。

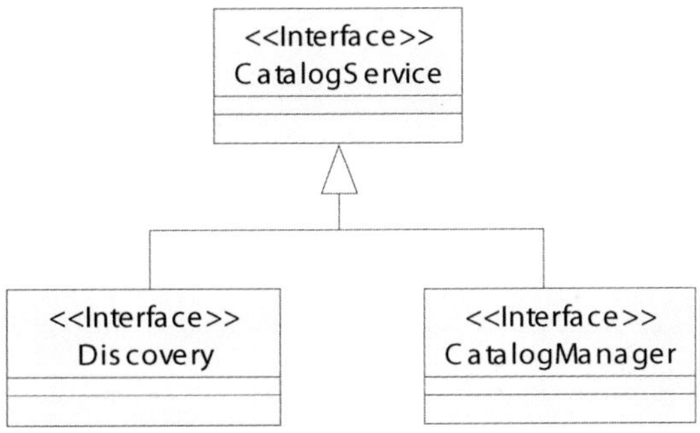

图 4　接口模型

如图 4 所示，目录服务包含三个主要接口，目录服务公共接口(CatalogService)，发现服务接口(Discovery)，和目录服务管理接口(CatalogManager)。

其中，公共接口是结合现有的信息技术的基础上，将发现服务接口和目录管理接口中共性的操作定义成一个公共的接口。

8.3　消息模式

消息模式的基类目录服务(Message)类包含一组所有消息中所包括的公共参数。这些参数可以备用作基础的操作平台来实现消息的路由和管理。目录服务请求消息类(Request)和目录服务响应消息类(Response)是目录服务消息类得子类。目录服务请求消息类包含了客户端要发送致服务器，消息请求服务器提供服务的所有消息。目录服务响应消息包含了服务器响应和护短请求的所有消息。请求消息和响应消息是一一对应的，对每一个请求消息有且只有一个响应消息产生。图 5 为消息的类图。

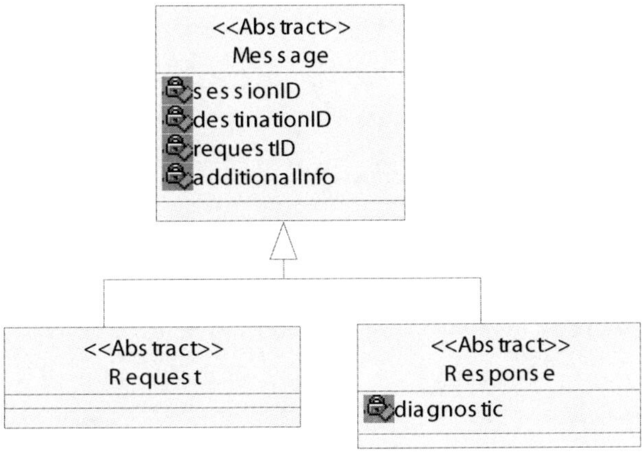

图 5　消息的类图

8.4　目录服务消息类

目录服务消息类定义核心参数，用于客户端和服务器的消息传递。这些参数支持消息的发送和信息管理。所有请求和响应消息类都是该类得子类。

Message :: = sessionID destinationID requestID additionalInfo

sessionID :: = Integer

destinationID :: = CharacterString

requestID :: = CharacterString

additionalInfo :: = CharacterString

sessionID 类型：Integer

destinationID 类型：CharacterString

该参数标注消息的目标。可以标注是服务器、服务或者在服务中的进程。

requestID 类型：CharacterString

该参数是消息的唯一标注符。在请求消息中，这个标注符可以用来监视和控制处理请求消息返回的结果。

additionalInfo 类型：CharacterString

这是唯一的客户端/服务器的会话标志。这个会话标志的值由 InitSessionRequest 获得。在这个会话中的其他消息在 sessionID 参数中都包含这个会话标志。

8.5 请求消息类

目录服务通过请求消息由客户端激发。请求消息包括消息类的参数，但是不增加其本身。所有的引发目录服务的消息都是该类的子类，如图 6 所示。

Request:: = sessionID destinationID requestID additionalInfo

sessionID :: = Integer

destinationID :: = CharacterString

requestID :: = CharacterString

additionalInfo :: = CharacterString

8.6 消息响应类

响应消息被服务器端用来答复客户端。该类是所有答复客户端请求的在服务器端产生的响应消息，如图 7 所示。

8.6.1 响应请求

目录服务终止请求消息(TerminateRequest)类用来终止现在的会话。这个消息从客户端发送到目录服务器端。一旦收到信息，目录服务器将执行终止操作，停止该会话的所有进程，删除查询和结果。

8.6.2 响应消息

目录服务终止响应消息(TerminateResponse)类被服务器端用来发送给客户端终止请求的状态解释。

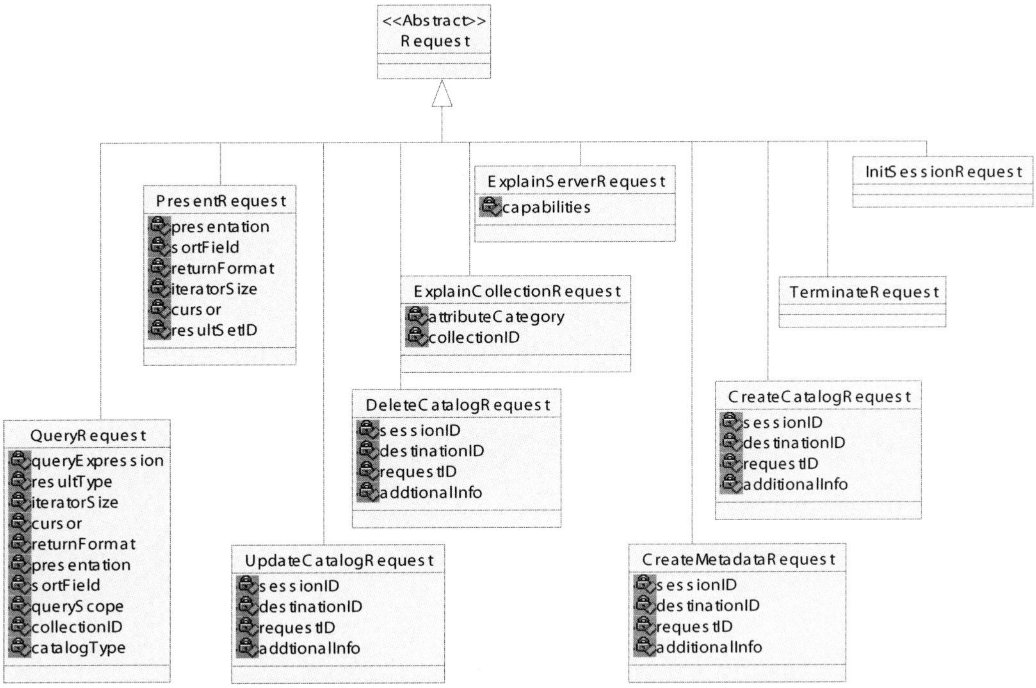

图6　消息请求类图

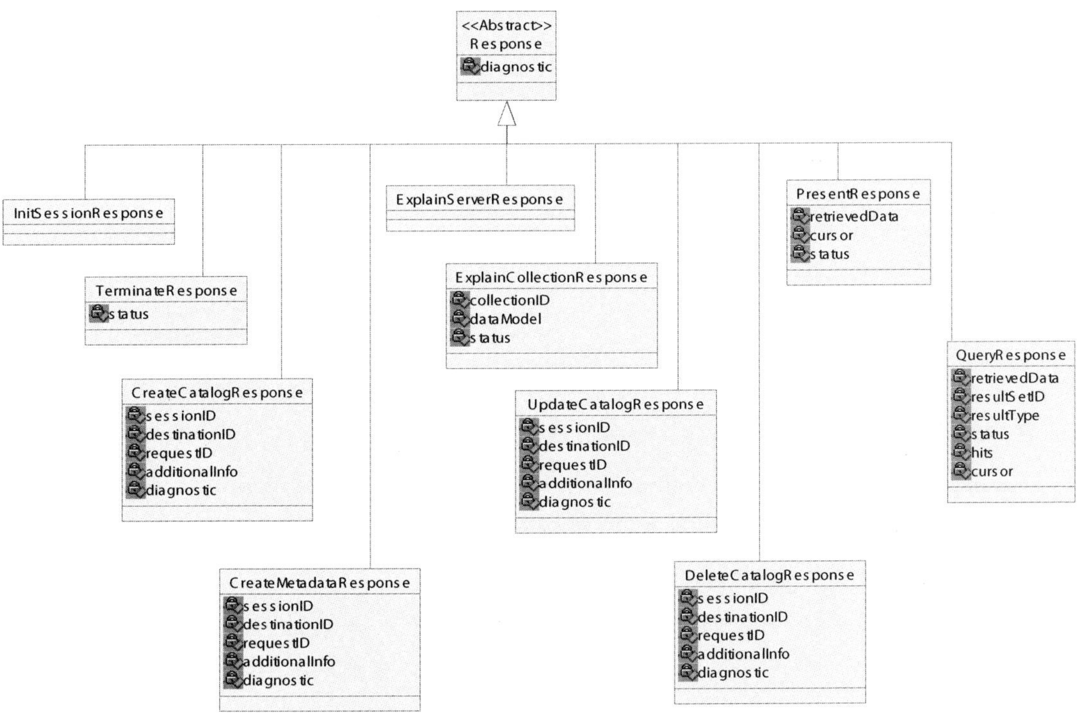

图7　消息响应类图

林业信息 WEB 服务应用规范

（LY/T 2176—2013，国家林业局 2013 年 10 月 17 日发布，2014 年 1 月 1 日实施）

1 范围

本标准规定了林业信息 WEB 服务提供、服务注册、服务发布、服务使用和服务管理必须遵循的技术和管理要求。

本标准适用于国家和地方各级林业信息 WEB 服务的开发、管理和使用的各个工作环节。

2 规范性引用文件

下列文件对于本文件的应用是必不可少的。凡是注日期的引用文件，仅注日期的版本适用于本文件。凡是不注日期的引用文件，其最新版本（包括所有的修改单）适用于本文件。

GB/T 25597 地理信息 万维网地图服务接口

GB/T 2260 中华人民共和国行政区划代码

3 术语、定义和缩略语

3.1 术语和定义

3.1.1 WEB 服务 web Service

一个通过 URL 识别的软件应用程序，其界面及绑定能用 XML 文档来定义、描述和发现，使用基于 Internet 协议上的消息传递方式与其他应用程序进行直接交互。WEB 服务采用了大量的标准化技术，充分利用了现有的网络技术、标准或者协议，建立在 HTTP、WSDL、SOAP 和 UDD I 等标准以及 XML 等技术之上。

3.1.2 服务提供者 service provider

提供 WEB 服务资源的机构或个人。提供 WEB 服务资源的机构主要包括国家和各省

本标准按照 GB/T 1.1—2009 给出的规则起草。

本标准由全国林业信息数据标准化技术委员会（SAC/TC 386）提出并归口。

本标准起草单位：国家林业局调查规划设计院。

本标准主要起草人：高金萍、徐泽鸿、陈健、白降丽。

（自治区、直辖市、森工集团公司）的林业部门和信息技术支撑单位、有条件的市县林业部门以及社会企业等。

3.1.3　服务使用者 service user

使用 WEB 服务资源的机构、个人或软件系统。

3.1.4　服务注册中心 service registry

实现已注册 WEB 服务资源管理和服务的软件系统。

3.1.5　服务注册中心管理者 service registry manager

管理服务注册中心的机构。服务注册中心管理者主要为国家和省两级林业信息化主管部门。

3.2　缩略语

XML 可扩展标记语言（eXtensible Markup Language）

SOAP 简单对象访问协议（Simple Object Access Protocol）

WSDL　WEB 服务描述语言（Web Service Description Language）

UDDI　统一描述、发现与集成（Universal Description Discovery and Integration）

URL　统一资源标识符（Uniform Resource Identifier）

HTTP　超文本传输协议（Hypertext Transfer Protocol）

W3C　万维网联盟（The World Wide Web Consortium）

OGC　开放地理信息联盟（Open Geospatial Consortium）

WFS　Web 要素服务规范（Web Feature Service）

WCS　Web 栅格服务规范（Web Coverage Service）

WMS　Web 地图服务规范（Web Map Service）

4　总体框架

4.1　概述

林业信息 WEB 服务是基于网络的、分布式的林业应用程序或组件，它是由林业部门、其他部门、企业或个人发布的在线林业信息应用服务，林业用户或应用软件能够通过 Internet 来访问并使用这项应用服务。

4.2　技术要求

林业信息 WEB 服务基于 W3C 定义的 WEB 服务技术框架，应充分利用现有的网络技术、标准或者协议，建立在 HTTP、WSDL、SOAP 和 UDD I 等标准以及 XML 等技术之上。并要求使用标准的技术，包括服务描述、通讯协议以及数据格式等，使开发者能开发出平台独立、编程语言独立的 Web 服务，以便充分利用现有的软硬件资源和人力资源。

4.3 体系架构

4.3.1 体系框架

林业信息 WEB 服务采用面向服务的体系结构，将各种异构林业信息系统应用集成起来并组成更大的分布式应用，最后通过服务接口的形式将整个应用支撑起来。体系结构如图 1 所示。

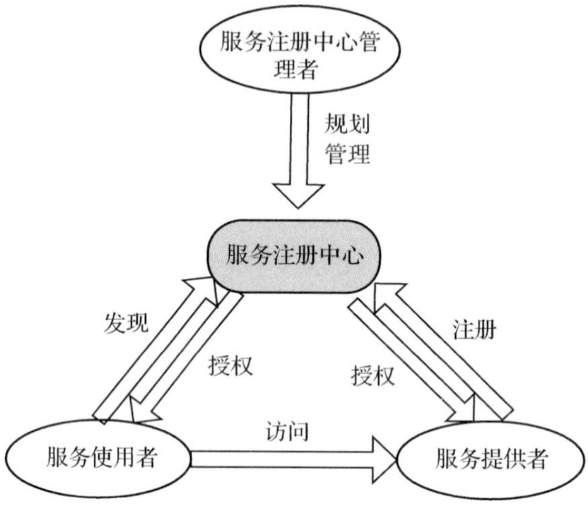

图 1 林业信息 WEB 服务应用体系框架

林业信息 WEB 服务体系结构从应用的角度看，涉及三个角色和六项活动。三个角色分别是服务提供者、服务使用者和服务注册中心管理者。六项活动包括规划、管理、注册、授权、发现、访问。

4.3.2 角色

服务提供者、服务使用者和服务注册中心管理者，共同实现林业信息 WEB 服务的发布、注册、管理、查询和使用。三个角色职责分配如下：

a)服务提供者负责本部门林业信息 WEB 服务的规划、调查、收集、整理，根据有关标准、规范，开发部署服务以实现特定功能，在服务注册中心注册、授权，并负责及时更新和升级。应鼓励林业信息化服务的社会化，让社会组织和企业单位加入服务提供者行列；

b)服务使用者为实现特定的应用系统功能，在服务注册中心检索服务，在授权范围内使用服务；

c)服务注册中心管理者负责林业信息 WEB 服务的总体规划和服务注册中心的管理运行，进行服务标识符的分配、管理和使用，负责服务注册和服务分类，提供服务资源搜索和定位服务。

4.3.3 活动

4.3.3.1 主要活动环节

林业信息 WEB 服务注册、管理和使用过程可分为以下几个环节，如图 2 所示。

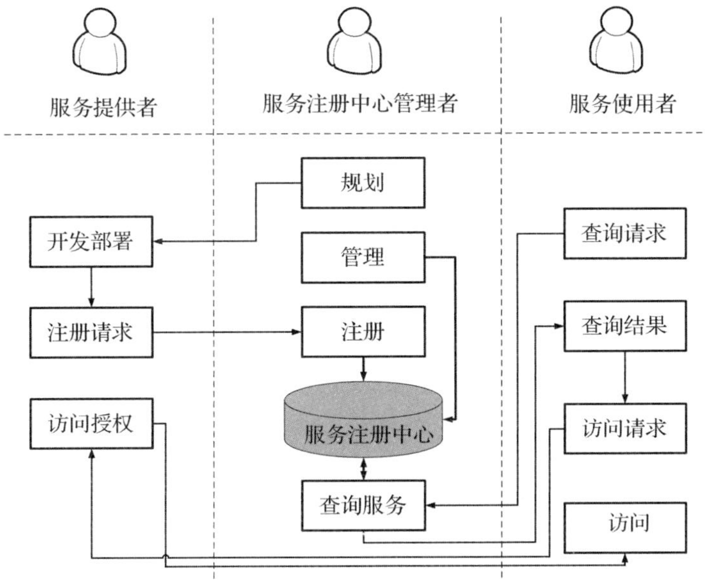

图 2 林业信息 WEB 服务注册管理活动

4.3.3.2 规划

服务注册中心管理者征集服务使用者的需求，制定本部门林业信息 WEB 服务的总体规划，在运行过程中根据使用者的需求进行调整。

4.3.3.3 管理

服务注册中心管理者负责服务注册中心的运行、管理和维护。服务注册中心管理者分为国家和省两级，分别管理国家级林业信息服务注册中心和省级服务注册中心。

应建立相应的维护管理机制来确保服务注册中心的高可用性。

4.3.3.4 注册

服务提供者将服务元数据提交至服务注册中心，服务注册中心管理者对服务元数据进行审核校验，接受符合规范的服务进入服务注册中心，未通过审查的返回提供者修改。注册服务信息的更新维护由服务提供者负责，应确保信息的及时性。

a) 服务注册有手工或程序化两种方式：

手工由服务提供者手动在服务注册中心系统界面下操作，填写并提交有关服务元数据信息；

b) 程序化由系统程序调用服务注册中心的标准接口进行注册。

4.3.3.5 授权

服务注册中心在建立、管理和运行中，应建立相应权限管理机制，以此对提供者、管理者和使用者的操作权限进行范围界定，保证服务注册中心和注册服务信息的安全性。

权限管理应满足多层次多用户多种权限组合方式，灵活配置调整权限。

4.3.3.6 发现

服务注册中心提供服务信息的分类导航、查询服务，服务使用者在分布的、异构环境中也能通过服务描述信息发现所需的服务资源。

4.3.3.7 访问

服务使用者从服务描述信息中获得服务的定位及访问信息，如：服务的网络地址，通讯协议，消息格式等。通过手工或程序化方式构造服务访问请求，并连接服务地址，发送服务请求消息，以实现服务的绑定和互操作。

4.4 应用模式

4.4.1 应用框架

林业信息 WEB 服务的应用框架如图 3 所示。

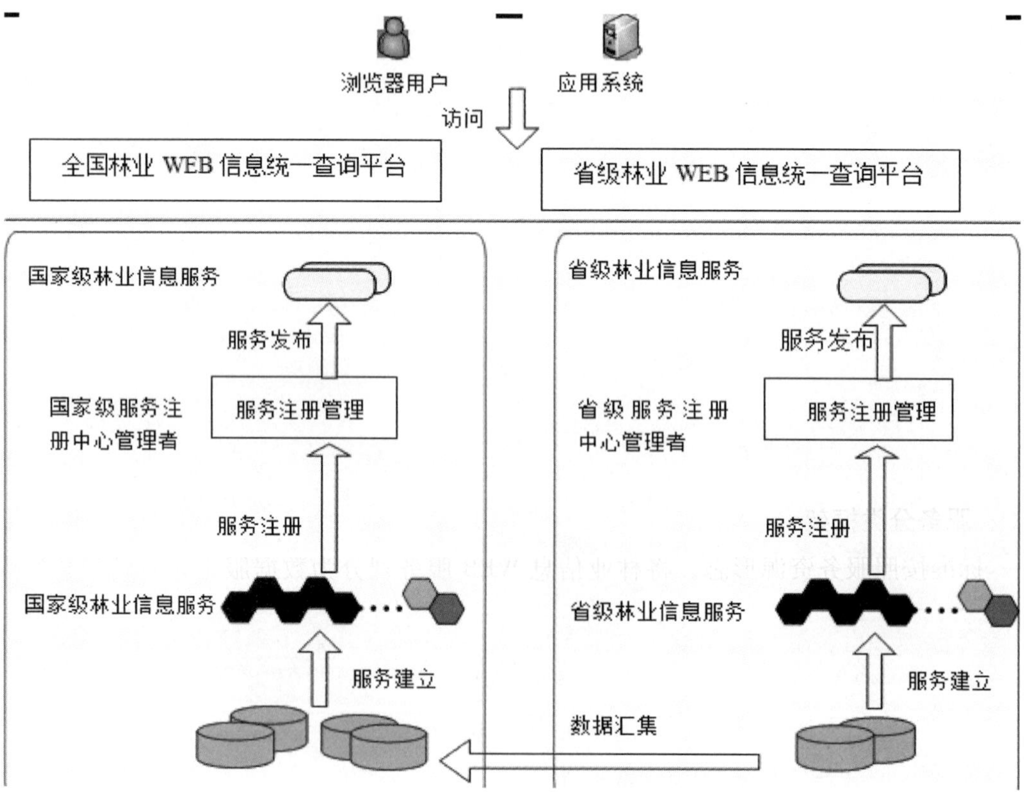

图 3 林业信息 WEB 服务应用框架

4.4.2 应用服务分级

林业信息 WEB 服务分为两级：国家级林业信息 WEB 服务和省级林业信息 WEB 服务，两级结构如下：

a)建立两级服务注册中心。国家级林业信息 WEB 服务统一注册到国家服务注册中心，国家服务注册中心管理者可根据需要组合不同的服务，建立多种形式的应用，供用户访问。省级林业信息 WEB 服务统一注册到本省服务注册中心，省级服务注册中心管理者通过组合不同的服务，建立多种形式的应用，供用户访问。国家服务注册中心和各省级服务注册中心之间互联互通，下级注册服务中心的注册服务信息通过交换机制同步到上级服务注册中心。

b)通过本级数据库提供服务。国家级林业信息 WEB 服务主要基于国家级林业数据库，提供多种类型的信息服务；省级林业信息 WEB 服务主要基于省级林业数据库，提供多种类型的信息服务。国家级林业数据库的部分数据可从各省级林业数据库汇集获取。

c)同步建立一个全国统一林业 WEB 信息服务平台和各省林业 WEB 信息服务平台。国家服务注册中心管理者依据本级服务注册信息以及同步交换得到的各省级服务注册信息，建立全国统一的林业 WEB 信息服务查询平台。省级服务注册中心管理者依据本级服务注册信息建立省级林业 WEB 信息服务查询平台。服务使用者通过国家查询平台，实现对国家和各省林业信息 WEB 服务的访问，通过省级查询平台，实现对该省级平台提供的林业信息 WEB 服务的访问。

5 服务分类和命名规则

5.1 服务分类

5.1.1 服务分类原则

服务分类采用半开放式的管理，在一级和二级分类固定的基础上，允许各部门根据本部门的特点进一步细分三级类别，然后上报本级服务注册中心。各级服务注册中心对上报的三级类别进行统计归并，形成细分后的三级类别，供服务提供者使用。

5.1.2 服务分类框架

本标准按照服务资源形态，将林业信息 WEB 服务划分为数据服务和应用服务两大类(一级分类)。数据服务按照数据的功能划分为 6 个二级类：公共基础数据服务、林业基础数据服务、林业专题数据服务、林业综合数据服务、林业信息产品服务、其他类数据服务。应用服务按照应用系统或组件的性质划分为 4 个二级类：业务类应用服务、综合类应用服务、公用类应用服务、其他类应用服务。

林业信息 WEB 服务一级和二级分类框架如图 4 所示。

5.1.3 数据服务

5.1.3.1 公共基础数据服务

公共基础数据反映林业资源的各类自然、社会、经济信息，是林业基础共享数据，如基础地理数据、遥感影像数据等。公共基础数据服务提供这类数据信息服务。

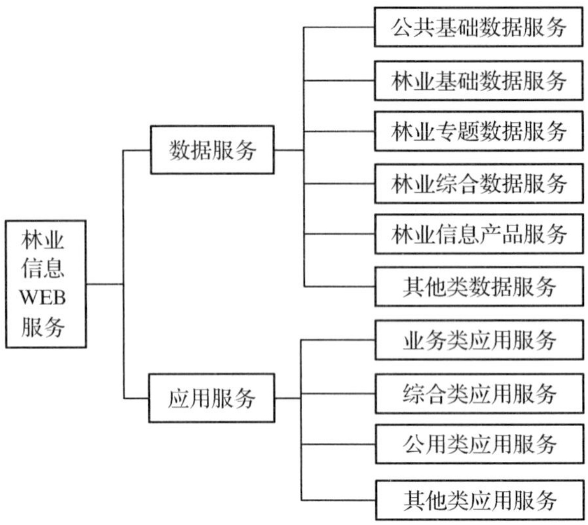

图4　林业信息 WEB 服务分类框架图

5.1.3.2　林业基础数据服务

林业基础数据反映林业经营对象的基础信息，为各专题应用提供林业资源的现状及变化信息，包括林地、湿地、沙地和生物多样性等林业资源基础数据。林业基础数据服务提供这类数据信息服务。

5.1.3.3　林业专题数据服务

林业专题数据是与各林业部门工作直接相关的业务数据，包括森林培育、生态工程、防灾减灾、综合办公、林业产业、国有林场、林木种苗和森林公园、林业政策、林业法规、林业执法、科技、人事、教育、党务管理、国际交流等数据。

5.1.3.4　林业综合数据服务

林业综合数据是在以上三类数据基础上进行整合、集成生成的数据，如各种由基础、专题数据综合分析所形成的、满足综合管理和决策需要的数据。

5.1.3.5　林业信息产品服务

林业信息产品是根据用户需要制作的，直接为最终用户服务。

5.1.3.6　其他类数据服务

无法划分到以上5类的数据服务，应划分到其他类数据服务。

5.1.4　应用服务

5.1.4.1　业务类应用服务

业务类应用服务根据林业业务的不同，划分为林业资源监管、森林培育经营、防灾减灾、森林公安、林业政策、林业法规、林业执法监督等多种类型。

5.1.4.2　综合类应用服务

综合类应用服务从功能角度，划分为综合办公、公文传输和视频会议等多种类型。

5.1.4.3　公用类应用服务

公用类应用服务从业务分工不同，划分为林业计划、财务、科技、教育、人事、党务、国际交流等应用服务类型。

5.1.4.4　其他类应用服务

无法划分到以上 3 类的应用服务，应划分到其他类应用服务。

5.2　服务命名规范

5.2.1　统一命名要求

为避免不同服务提供者提供的 WEB 服务命名冲突，同时能表达“见名知义”的效果，要求所有 WEB 服务按照一定规则命名。服务名不推荐中文命名，字符之间不应留有空格。

5.2.2　服务对象命名约定

林业信息 WEB 服务对象名称格式为：{服务类别前缀_}{服务提供者前缀_}{服务发布时间前缀_}<名称>，前缀均为可选。

a)服务类别前缀

通过服务类别前缀标识服务所属的二级类别。服务类别前缀约定为 2 位大写字母，具体见表 1。

表 1　服务分类前缀表

一级分类	二级分类	前缀名
数据服务	公共基础数据服务	BD
	林业基础数据服务	FD
	林业专题数据服务	TD
	林业综合数据服务	CD
	林业信息产品服务	PD
	其他类数据服务	OD
应用服务	业务类应用服务	BA
	综合类应用服务	CA
	公用类应用服务	PA
	其他类应用服务	OA

b)服务提供者前缀

通过服务提供者前缀，标识服务服务提供者。本前缀主要区分以下三类服务提供者：国家林业主管部门、各省级林业主管部门、其他提供者。

服务提供者前缀由 2 位数字组成。对于各省(自治区、直辖市)来说，直接使用国家统一规定的各省六位行政代码的前两位数字。森工集团需要单独编码，其中：内蒙古森林工业集团公司用“91”表示，吉林森林工业集团公司用“92”表示，龙江森林工业集团公司用

“93”表示，大兴安岭林业集团公司用“94”表示。具体见表2。

表2 服务提供者前缀表

服务提供者	所属地区	前缀名
国家林业主管部门		00
地方林业主管部门	北京	直接采用《中华人民共和国行政区划代码》中省(自治区、直辖市)编码的前2位，如北京市行政区划代码为110000，前缀就为11.
	天津	
	河北	
	……	
	新疆	
林业森工集团	内蒙古森林工业集团公司	91
	吉林森林工业集团公司	92
	龙江森林工业集团公司	93
	大兴安岭林业集团公司	94
其他提供者		99

c)服务发布时间前缀

通过服务发布时间前缀，标识服务发布的年份。本前缀只做发布年度的初步区分，不区分具体的月份和日期。服务发布时间前缀约定为四位年度数字。如2010年发布的服务，时间前缀为“2010”。

5.2.3 服务对象命名实例

按照以上规则，以2010年国家林业局湿地监测中心提供的“全国湿地分布信息服务”命名为例。该服务属于林业专题数据服务，服务类别前缀为TD；服务提供者为国家林业主管部门，服务提供者前缀为00；服务发布时间为2010年，服务发布时间前缀为2010；服务名称为“WebLandInfo”，形成的服务对象命名为：TD_00_2010_WebLandInfo。

6 服务注册

6.1 服务注册内容

服务注册内容与7.1服务描述要求基本一致，以下为服务注册关键内容。

6.1.1 注册服务标识符

注册服务标识符由服务注册中心管理者统一分配管理。注册服务标识符应采用统一规则进行标识，满足完整性、唯一性，在服务的生命周期内保持不变。

注册服务标识符编码方式，由服务注册中心管理者统一制定，要求满足完整性和唯一性规则。

6.1.2 服务分类信息

服务提供者应至少提供WEB服务的一级、二级分类信息，方便服务使用者对服务进行识别、导航和定位。

6.2 服务注册中心

6.2.1 服务注册中心功能要求

a)应提供分类管理能力，实现对服务的搜索。

b)应提供服务审批功能，保证对敏感注册数据的任何变动都能够传递到适合的审批流程中。

c)应提供服务变更管理功能，支持变更的通知和订阅，能够实现将注册数据的变动主动地通知到管理员或者相应的流程。

6.2.2 服务注册中心技术要求

为保证能够在开放、异构的环境中运行，服务注册中心应满足以下技术要求：

a)遵循 WEB 服务标准协议。林业信息 WEB 服务注册应遵循 WEB 服务标准协议，支持标准 WEB 服务接口，可以从任何平台或语言进行访问，确保服务注册中心的开放性和互操作性。

b)应支持服务注册中心之间的互联互通。通过建立关联关系，实现对服务注册中心之间的注册服务信息进行交换同步。

6.2.3 服务注册中心性能要求

服务注册中心在运行、维护和管理过程中，应满足以下性能要求：

a)高可用性。应防止各种系统错误、故障、停机事件发生，保证长期运行。

b)稳定性。保证系统正常稳定运行。

c)安全性。保证数据、系统安全。

6.2.4 服务注册中心的部署方式

林业信息服务注册中心分为公共部署和行业部署两种模式。林业信息 WEB 服务根据国家相关信息安全管理规定，选择不同模式的服务注册中心。

a)行业部署模式。采用国家、省两级分级部署方式，由国家林业局、各省林业主管部门建设管理。省级服务注册中心与国家级服务注册中心保持互联互通，实现注册信息交换，形成层次化服务注册中心管理体系架构。

b)公共部署模式。社会其他机构或个人自行组建的服务注册中心，也可以直接利用市场成熟的商业服务注册中心，实现服务注册管理、查询和使用。

7 服务描述

7.1 描述要素

服务描述是对服务资源的详细描述信息，主要描述服务提供者的基本信息、服务基本信息、服务定位和访问信息。服务描述是 WEB 服务的基本特征，通过服务描述，服务屏蔽了其实现细节，使服务提供者和服务使用者能以一种松耦合方式协作。

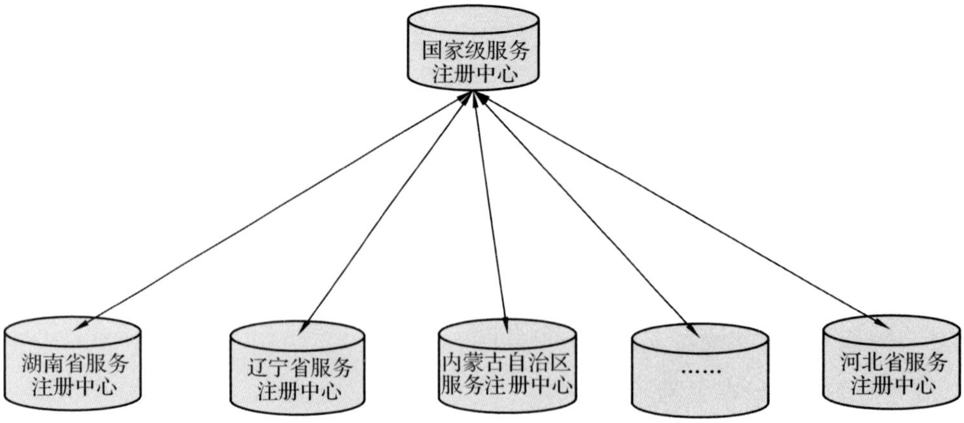

图5　林业服务注册中心分级部署方式

主要由以下各部分组成:

7.1.1　服务提供者的基本信息

至少包含服务提供者名称、描述、联系人、提供者服务类别、所在业务领域等信息。

7.1.2　服务的基本信息

至少包含服务名称、描述、服务分类、注册服务标识符、用途、发布日期、关键字、在线资源链接地址、服务地址、服务类型、版本等信息。

7.1.3　服务访问接口的描述

至少包含接口标识、支持的操作、数据类型、绑定规则以及访问协议等信息。

7.1.4　服务约束

包括时间、地点和用户群范围及权限等。还包括服务是否收费，如何收费等信息。

7.2　描述要求

林业信息 WEB 服务采用 WEB 服务描述语言 WSDL 描述服务提供的功能和调用方法信息，包括其使用的抽象消息操作、具体的网络协议和端点地址。

服务使用 XML 模式(XML Schema)描述其接收和发送的基于 XML 的消息的结构和内容。

服务使用 WEB 服务策略(Web Services Policy)规范描述 WEB 服务的能力、需求和一般特征，包括但不限于安全性策略。

8　服务调用

8.1　调用协议

推荐使用 SOAP 协议进行服务调用，在服务提供者和服务使用者之间通过 SOAP 请求消息和 SOAP 响应消息实现 WEB 服务的调用。

林业 WEB 信息服务中，地理空间信息占相当比例，推荐采用 OGC 提供的 WFS、WCS

服务以及万维网地图服务接口规范(GB/T 25597—2010)等，实现分布式异构空间数据的共享。

8.2 交换格式

服务间数据交换的格式包含但不限于使用可扩展标记语言(XML)。

9 服务安全

9.1 数据安全要求

数据安全对象主要针对 WEB 服务提供的数据，安全措施包括数据存储、数据传输以及数据应用等方面。

a)数据存储安全：要求数据存储介质稳定可靠，保证数据完整并不丢失，数据要有分级管理，对于重要数据要有备份机制，长期保存；对于一般重要数据最少保存 1 年(根据业务需要而定)；对于非重要数据根据存储能力和业务需要暂时保存，一般为 1 周左右。

b)数据传输安全：要求数据传输不丢失，重要机密数据要求加密传输，参考服务接口安全要求。

c)数据应用安全：要求根据权限范围严格控制面向系统和用户的数据，不能对外部系统或用户展现不在权限范围内的机密数据和非必要数据。

9.2 认证体系要求

认证体系是保证数据安全和系统安全的重要措施与保证，林业信息 WEB 服务根据安全要求，分为国家林业局内网和互联网两种发布和注册方式。对于重要 WEB 服务，通过 CA 认证模式进行访问和使用。

9.3 服务接口安全要求

系统与系统通过服务接口相互调用时，需确保调用的安全、可信。WEB 服务接口须提供各安全层面的技术支持手段。具体要求如下：

a)SSL：在系统应用之间传递机密数据时，须支持对数据进行加密。提供业内标准的 SSLv3，支持 HTTP 头加密标准、加密 cookies 和 HTTP 压缩。

b)WS-Security：WEB 服务也必须在 Web 容器内得到安全保护。门户网站支持 WS-Security，加密关键的 WEB 服务头信息，以实现不可否认的服务请求。

9.4 安全管理要求

在保证数据安全、认证体系、服务接口等技术安全要求的前提下，加强安全管理措施，基本要求如下：

a)监视 WEB 服务系统运行记录，定期审查日志文件，认真分析告警信息，及时掌握运行状况，对系统可能发生的故障做好应急预案。

b)WEB 服务进行功能修改或增加时，须提出理由、方案、实施时间，报所注册的服务注册管理中心审批；修改后，须在测试环境上进行调试，确认无误后经批准方可投入生产应用。

c)WEB 服务修改、升级前后的程序版本须存档备查，软件修改、升级时须有应急补救方案。

d)参照国际安全标准 ISO 17799 来采购信息安全产品和服务，确保采用的安全产品符合中华人民共和国有关信息安全的法律和规范。

10 服务管理和监控

10.1 服务管理

10.1.1 服务管理内容

服务管理的主体是各级服务注册中心管理者。服务管理贯穿于服务应用的主要环节，包括：服务注册、服务使用、服务维护等。

10.1.2 服务注册管理

10.1.2.1 服务注册管理主要内容

服务注册管理的主体是各级服务注册中心管理者。服务提供者按照服务注册流程提出服务注册申请，服务注册中心管理者负责审批，并对其服务进行分类，发布服务。服务提供者根据服务内容和服务对象，可自行确定到哪一级注册中心申请服务注册。

服务注册管理中包括了服务日常管理的功能和内容，主要包括服务查询平台管理、服务目录管理和服务分类管理。

a)服务查询平台管理：各级服务注册中心根据服务注册信息建立 WEB 信息服务查询平台，供服务使用者检索和定位。服务查询平台是服务使用者了解已提供林业 WEB 信息服务的重要公共平台。国家级服务注册中心应提供全国林业信息服务查询平台管理功能；省级服务注册中心应至少提供本省林业信息服务查询平台管理功能。应提供服务查询平台的建设和维护功能，保证查询平台稳定、正常运行。

b)服务目录管理。包括服务目录的生成、调整、升级、各级注册中心服务目录的传递和汇聚等。服务目录存储服务运行时所关注的元数据，主要用于服务部署时的服务注册、发现和查找，以及提供变更通知功能。各级服务注册中心管理者根据注册服务信息建立本级 WEB 信息服务目录，下级服务注册中心服务目录通过交换汇总到上一级，国家级服务注册中心管理者汇总所有服务目录，建立注册服务目录体系。

c)服务分类管理。国家级服务注册中心管理者总体负责服务分类，应按照服务体系的层次划对 WEB 服务实施分类管理。国家级服务注册中心管理者控制一级和二级服务分类，各林业业务部门提出新的服务类别需求，上报本级服务注册中心管理者。本级服务注册中心管理者汇总到国家级服务注册中心管理者，国家级服务注册中心管理者统计汇总后，生成进一步分类成果。

10.1.2.2　服务注册参考流程

步骤如下：

a)服务提供者向服务注册中心管理者提出服务注册申请。

b)服务注册中心管理者对申请进行审批：如果审批通过，服务管理平台的管理员将该服务注册到服务目录；如果审批不通过，向该服务提供者发送申请失败的通知(包括审批意见)，并结束流程。

c)服务注册成功后，向服务提供者及潜在的服务使用者发送注册成功通知。

d)服务提供者接收注册成功通知后，根据实际情况，判断是否不需要订阅申请，而直接对潜在的服务使用者进行授权。

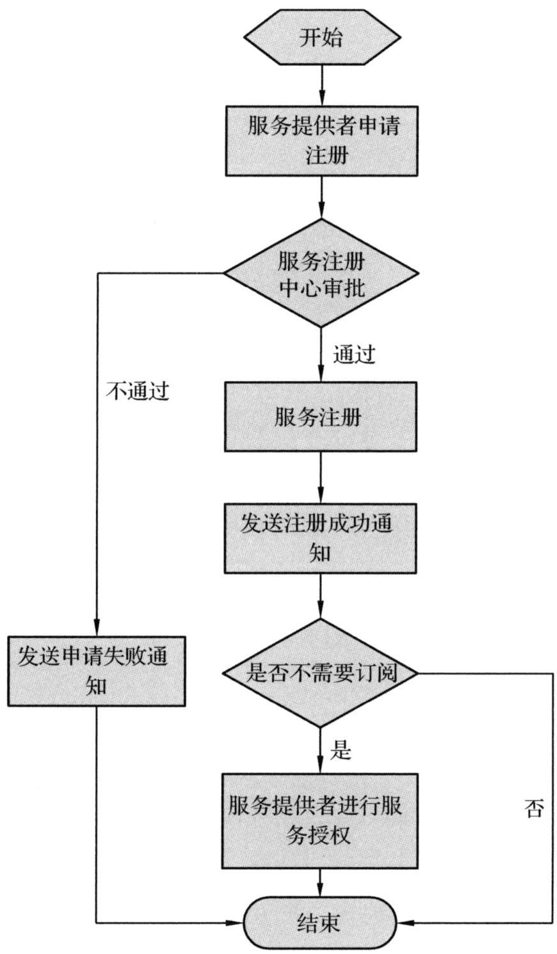

图 6　服务注册流程

10.1.3　服务使用管理

10.1.3.1　服务使用管理内容

服务使用管理的核心内容是服务使用授权。服务使用授权的主体是服务提供者。服务提供者接受服务使用者申请，根据服务使用者权限，分配服务。

10.1.3.2　服务使用申请流程

a)服务使用者向服务提供者提出服务使用申请。

b)服务提供者对申请进行审批：如果审批通过，则给该服务申请者分配使用该服务的权限；如果审批不通过，则向该服务申请者发送申请失败的通知(包括审批意见)。

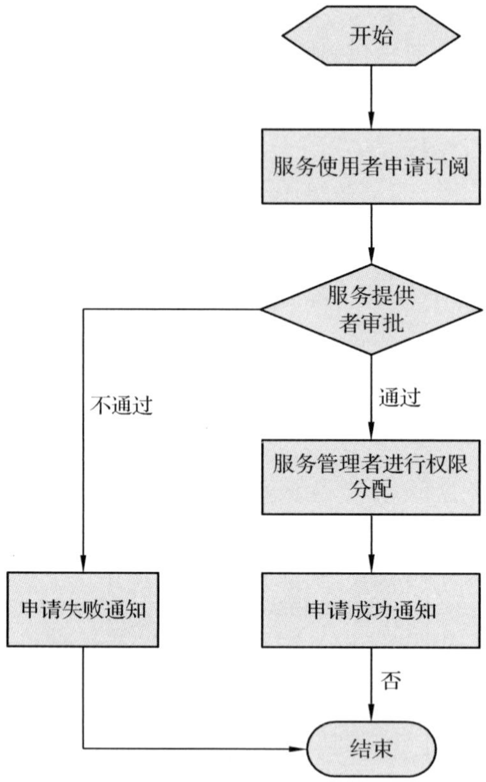

图7　服务使用申请流程

10.1.4　服务维护管理

10.1.4.1　服务维护主要内容

服务维护主要实现WEB服务修改完善和升级的管理。服务维护管理的主体是各级服务注册中心。服务注册中心接受服务提供者维护或升级申请，根据服务使用现状和维护需求，进行审批。

10.1.4.2　服务维护参考流程

a)服务提供者向服务注册中心管理者提出维护某项服务的申请及最新版本的服务。

b)服务注册中心管理者对申请进行审批：如果审批通过，则向该服务的使用者发出服务维护通知；如果审批不通过，则向该服务使用者发送申请维护未通过的通知(包括审批意见)，并结束流程。

c)服务注册中心的管理员进行服务更新、维护操作。

d)向该服务的使用者发出服务维护完成通知。

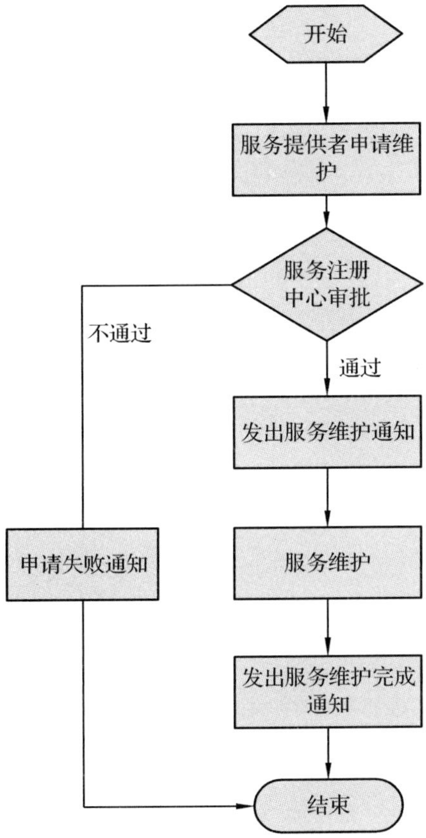

图 8　服务维护流程

10.2　服务运行维护

服务运行维护工作内容包括但不限于：

a)服务运行监控：提供对服务运行指标的监控，包括服务节点的吞吐量和可用性等，以图形化的方式来评估服务相关性和中断造成的影响。监控指标包括但不限于：服务访问用户数和访问时间、服务最小响应时间、最大响应时间、平均执行时间、处理的总消息数和错误数、成功/错误率、违反安全的消息数、校验错误的消息数等。

b)服务质量管理：通过设置服务水平协议(SLA)提示，向服务运行管理团队通知服务运行的状况，或提供与服务质量有关的问题报告等。触发提示时，服务管理平台能按预先制定的策略通知服务运行管理团队的管理人员(通过电子邮件或短信息等)。

c)服务自动发现：通过自动发现实际运行的服务或查找新部署的服务，减少配置管理中的人工操作，还可以通过发现其他隐藏或恶意的服务来应用更加严格的监管策略。

d)服务异常管理：跟踪、检测分布式或异构系统间服务的消息流异常情况。

e)服务策略实施：通过将系统的行为作为策略指定(而非过程代码)，系统的适应性将更强。例如，如果改变用户的身份验证方式，从原有的输入用户名和密码更改为提供一个证书验证，在基于策略的管理模式下，安全性策略与应用程序彼此分离，可以通过声明的方式来描述这种更改，并动态实施。

林业信息服务接口规范

（LY/T 2177—2013，国家林业局2013年10月17日发布，2014年1月1日实施）

1 范围

本标准规定了林业信息服务及其接口的概念、林业信息服务接口参考模型、林业信息服务的创建和集成技术要求，同时规定了主要林业信息服务接口的技术规格。

本标准适用于林业信息服务的建设。

2 规范性引用文件

下列文件对于本文件的应用是必不可少的。凡是注日期的引用文件，仅注日期的版本适用于本文件。凡是不注日期的引用文件，其最新版本（包括所有的修改单）适用于本文件。

GB/T 25597 地理信息 万维网地图服务接口

GB/Z 25598 地理信息 目录服务规范

GB/Z 25599 地理信息 注册服务规范

3 术语、定义和缩略语

3.1 术语和定义

下列术语和定义适用于本文件。

3.1.1 服务 service

实体通过接口提供的功能的可区分部分。［GB/T 17694—2009，定义 B.427］

3.1.2 接口 interface

两个功能单元共享的边界，它由各种特征（如功能、物理互连、信号交换等）来定义。［GB/T 5271.1—2000，定义 01.01.38］

本标准按照 GB/T 1.1—2009 给出的规则起草。

本标准由全国林业信息数据标准化技术委员会（SAC/TC 386）提出并归口。

本标准起草单位：国家林业局调查规划设计院。

本标准主要起草人：宦茂盛、王帅、石雯雯、刘洋、李素云、王子亮、侯璐、刘青、李应国、徐泽鸿、白降丽。

3.1.3 操作 operation

对象可以被调用执行的转换和查询的规范。[GB/T 25530—2010，定义 4.3]

3.2 缩略语

API 应用程序接口(Application Programming Interface)

BPEL 业务流程执行语言(Business Process Execution Language)

HTTP 超文本传输协议(Hypertext Transfer Protocol)

SOAP 简单对象访问协议(Simple Object Access Protocol)

SCA 服务组件架构(Service Component Arcchiteccture)

XML 可扩展标记语言(Extensible Markup Language)

4 林业信息服务与信息服务接口

4.1 林业信息服务

林业信息服务是对后台的计算、存储、平台软件等各类资源进行封装，一般以网络方式，由软件通过接口提供特定的数据或功能，为各类林业应用开发提供支撑；同时支持按林业管理职能设置安全策略，合法访问信息；并可根据应用需求的变化动态配置和调整资源，且对服务操作有明确的定义以及详细的请求/响应技术规定。

4.2 林业信息服务接口

林业信息服务接口是各类型应用集成信息服务的技术通道。林业信息服务接口的规格定义分为两层：

a)逻辑定义：一般定义到功能操作、请求/响应参数定义、标准一致性要求。该层服务接口定义与技术和平台的选择没有直接对应关系。

b)物理定义：一般结合具体技术，例如 HTTP、SOAP 等通讯协议，XML 的请求/响应数据的编码方式，形成可编程实现的特定接口规格。

5 林业信息服务接口参考模型

5.1 参考模型

林业信息服务利用统一的基础设施，基于各类林业数据库，按照统一标准建立，支撑各类林业应用。林业信息服务接口参考模型如图 1 所示。

林业信息服务分为 4 个层次：

a)应用层：包括业务类应用、综合类应用和公用类应用。业务类应用是指由林业各专业业务部门开展业务的应用，包括林业资源监管、营造林管理、森林灾害监控与应急等；综合类应用是指林业各部门的普遍应用，包括综合办公、信息网站等系统；公用类应用是指由管理部门为开展本部门所主管工作建立的、供各政府部门或单位使用的系统，如科技、人事、计划、财务、林业执法、林业法规、党务管理、国际交流等。

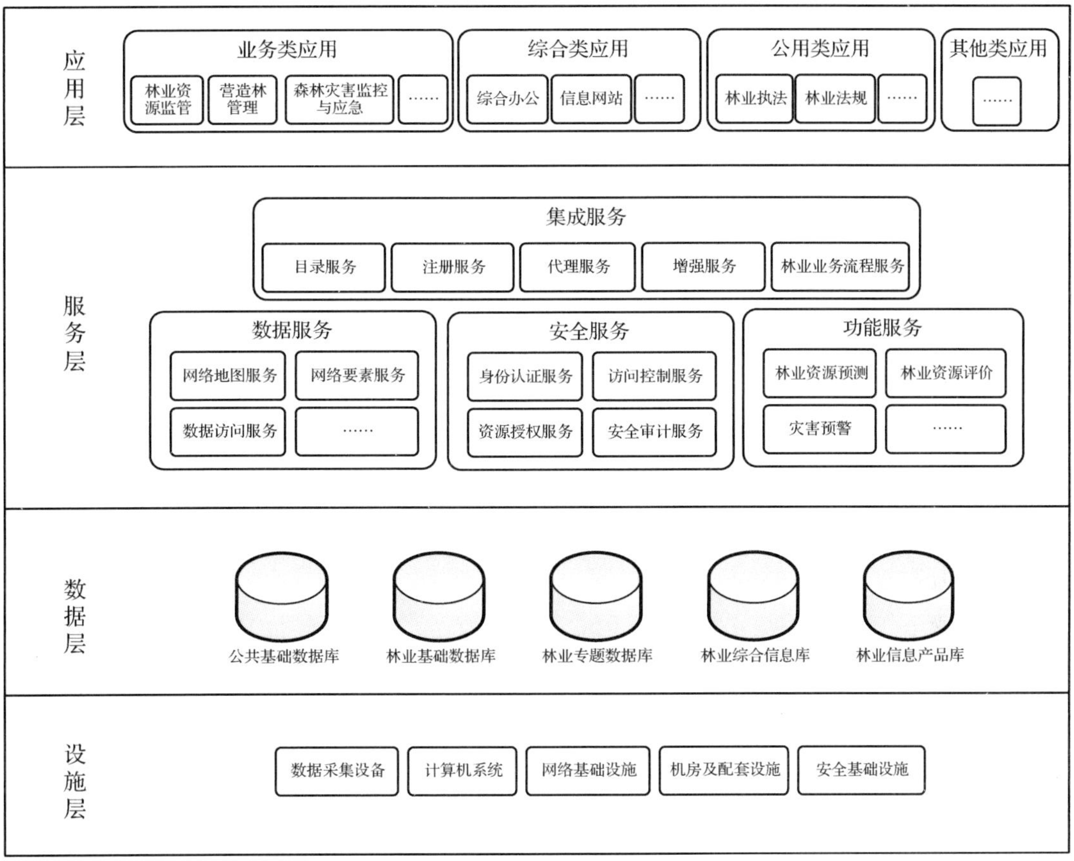

图 1　林业信息服务接口参考模型

b) 服务层：按照所提供的功能特点不同，信息服务接口分为 4 种类型，分别是数据服务、功能服务、安全服务和集成服务，具体见 5.2。

c) 数据层：根据林业应用和服务特点，林业数据库分为公共基础数据库、林业基础数据库、林业专题数据库、综合数据库和信息产品库。

d) 设施层：包括数据采集设备、计算机系统、网络基础设施、机房及配套、安全基础设施。

5.2　服务类型

5.2.1　数据服务

以林业数据库为基础，向各类应用提供各类型数据访问服务，包括但不限于：

a) 网络地图服务：应用可从服务器获取以图片格式获取地图的图示表现，使用地图所需要进行的各种操作，包括获取地图的描述信息、获取地图以及查询地图上要素信息的操作等。有关网络地图服务的接口规格见 GB/T 25597。

b) 网络要素服务：应用可从服务器获取以 GML 形式编码的要素数据，使用操纵要素数据的各种操作，包括 GetCapabilities、DescribeFeatureType、GetFeature、Transaction、

LockFeature 操作等。

c)数据访问服务：为各类应用访问关系型数据库、层次型数据库、文件型数据库等不同方式存储的数据提供服务。

5.2.2 功能服务

基于林业数据库和专门的计算模型，向各类应用提供数据处理、分析和挖掘服务。

5.2.3 安全服务

基于安全基础设施，向各类应用提供身份认证、资源授权、访问控制和安全审计服务。

5.2.4 集成服务

目录服务：提供林业信息服务元数据查询和检索的标准接口，用于发现和定位各类林业信息服务资源。目录服务接口规格见 GB/Z 25598。

注册服务：提供林业信息服务注册的标准接口，用于对各类服务进行注册和管理。注册服务接口规格见 GB/Z 25599。

代理服务：一般由第三方对原始信息服务进行重新封装后向应用提供信息服务的方式。

增强服务：第三方对原始信息服务进行功能或者性能提升后，向应用提供信息服务的方式。

林业业务流程服务：基于林业信息管理规则和工作流技术，对多个信息服务，包括数据服务、功能服务和安全服务，进行流程化集成后提供的信息服务。

6 林业信息服务创建

6.3 信息服务基本单元

林业信息服务的基本单元是服务组件，可利用不同方式进行构建。如图 2 所示。

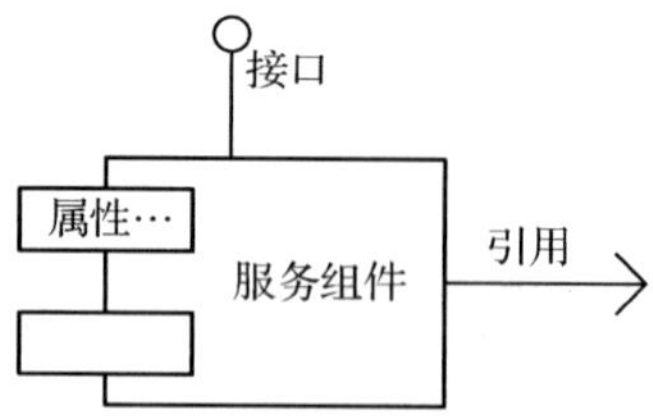

图 2　服务组件基本概念

服务组件通过接口对外提供信息服务，接口需要符合特定接口技术规格要求。例如，5.2.4 中规定的目录服务接口应遵循 GB/Z 25598 的要求。

服务组件可以引用其他服务组件提供的信息服务，以提高复用、增强服务组件自身的功能。

服务组件应有自己的基本属性，如名称、安全策略等多个属性。例如，基于 SCA 规范，服务组件的部分属性如下：

a) name(必选)：组件的名称。

b) autowire(可选)：指示包含的组件引用是否自动连线，默认是 false。

c) requires(可选)：策略意图的列表。

d) policySet(可选)：策略集列表。

e) constrainingType(可选)：强制类型的名字。

6.4 服务组件技术要求

采用 SCA 方式构建服务组件，可以基于不同的工具和技术手段实现，具体要求如下：

a) JAVA 实现方式应符合：

①《SCA 服务构件架构 JAVA 构件实现规范》(SCA Service Component Architecture JAVA Component Implementation Specification)。

②《SCA 服务构件架构 JAVA 通用注解和 API 规范》(SCA Service Component Architecture JAVA Common Annotations and APIs)。

③《SCA 服务构件架构 JAVA EE 集成规范》(SCA Service Component Architecture JAVA EE Integration Specification)。

b) C + + 和 C 实现方式应符合：

①《SCA 服务构件架构 C + + 客户端及实现模型》(SCA Service Component Architecture Client and Implementation Model Specification for C + +)。

②《SCA 服务构件架构 C 客户端及实现模型》(SCA Service Component Architecture C Client and Implementation Specification)。

c) BPEL 实现方式应符合：

《SCA 服务构件架构 WS - BPEL 客户端及实现模型》(SCA Service Component Architecture Client and Implementation Model Specification for WS - BPEL)。

d) COBOL 实现方式应符合：

《SCA 服务构件架构 COBOL 客户端及实现模型》(SCA Service Component Architecture COBOL Client and Implementation Specification)。

e) Spring 实现方式应符合：

《SCA 服务构件架构 Spring 构件实现规范》(SCA Service Component Architecture Spring Component Implementation Specification)。

f) Net 实现方式：

①Net 实现方式可参考《SCA 服务构件架构 C + + 客户端及实现模型》(SCA Service Component Architecture Client and Implementation Model Specification for C + +)。

②可采用 Windows Communication Foundation(WCF)模型实现。

③Net 实现的服务组件，应实现标准网络服务接口，定义至少一种支持 SOAP 协议的绑定，可选择的预定义绑定包括 BasicHttpBinding、WSHttpBinding、WSDualHttpBinding、WS2007HttpBinding、WSFederationHttpBinding、WS2007FederationHttpBinding，用于与其他服务组件的交互。

7 林业信息服务集成

7.1 基本模式

信息服务集成有多种方式：

a)代理模式：通过集成一个或者多个信息服务向应用提供服务的方式。被代理的服务为数据服务或功能服务。如图 3 所示。

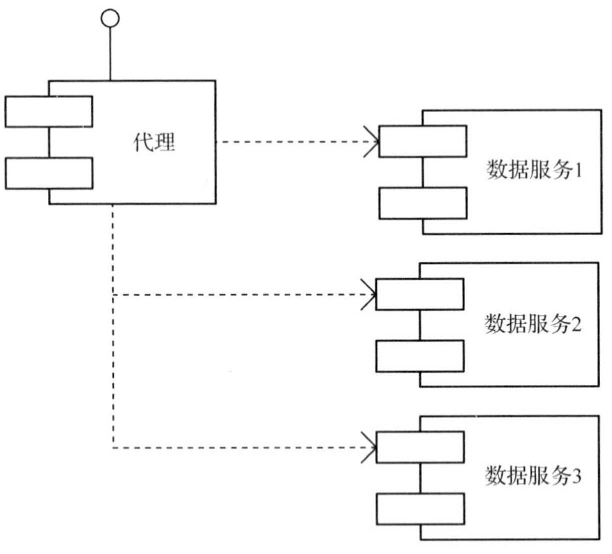

图 3 代理模式示例

b)增强模式：通过增强信息服务功能或者性能提供信息服务的方式。

c)服务流集成模式：基于工作流方式，按照林业业务管理的信息需求，构建复合型林业信息服务，通过顺序集成多个信息服务功能，形成更加面向应用的信息服务。如图 4 所示。

7.2 安全策略

服务组件的构建和运行应建立相应的安全策略。基于 SCA 的服务安全策略，参照《SCA 策略框架》(SCA Policy Framework)执行。

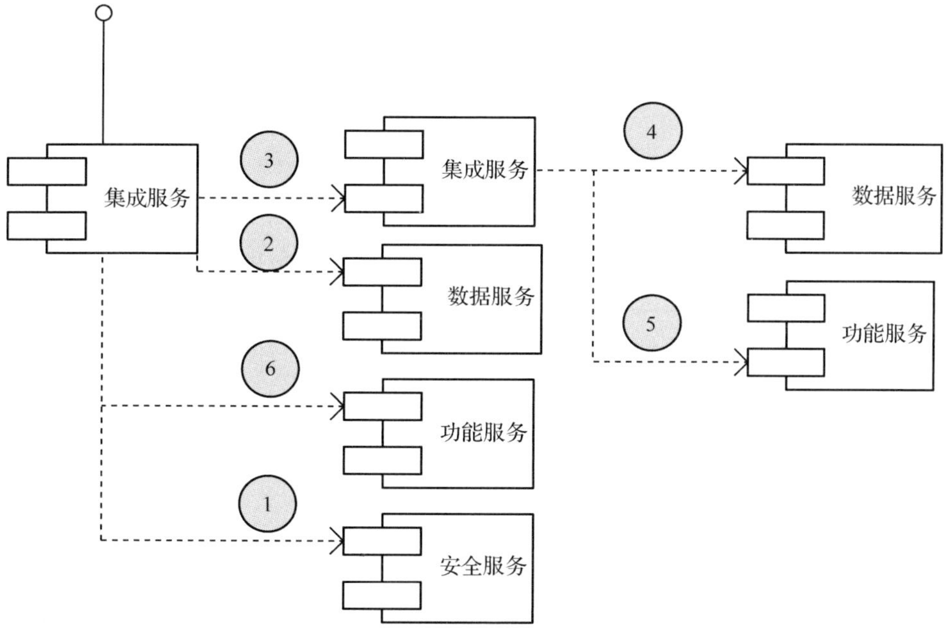

图4　服务流基本模式

附录 A(资料性附录) 林业信息服务创建与应用示例

A.1　示例概述

以森林资源监管为例，在国家级森林资源监管工作中需要省级相关信息服务的支撑。

国家级森林资源监管需要各省提供森林资源监测信息、森林资源利用信息、林地林权信息的支持，同时需要国家级森林资源监管辅助决策功能服务。

假设各省提供信息的方式如下：

a)森林资源监测信息：以网络要素服务的形式，提供森林资源的分布信息和行政区划图。同时，以网络地图服务形式提供高分辨率遥感影像服务。

b)森林资源利用信息：以关系型数据的数据访问服务接口方式，提供森林采伐信息。

c)林地林权信息：以关系型数据的数据访问服务接口方式，提供林权登记信息。

假设国家提供森林资源监管的辅助决策所需的功能服务，方式如下：

d)以功能服务方式提供森林资源评价服务。

森林资源监管应用则通过集成上述服务，为管理和决策提供信息支持。

各类服务部署如图 A.1 所示。

A.2　服务创建

A.1 中 a)部分的服务可以通过成熟的地理信息系统平台，直接创建和发布森林资源分布服务，应符合 GB/T 25597。

A.1 中 b)部分的服务可以按照《SCA 服务构件架构 JAVA 构件实现规范》(SCA Service

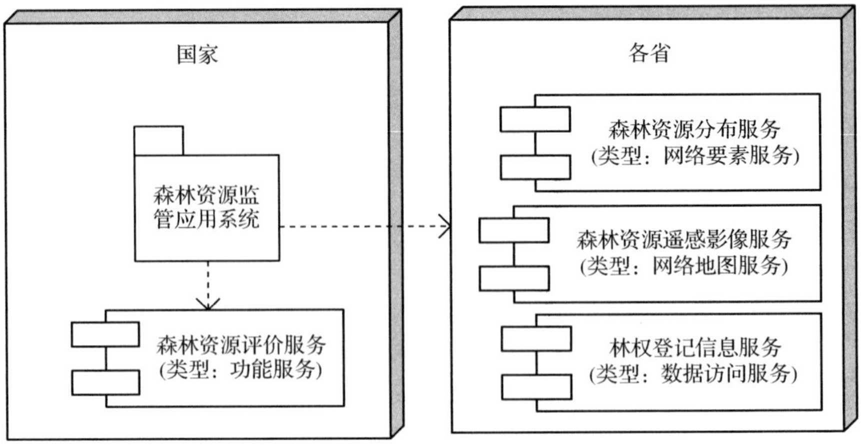

图 A.1　森林资源监管应用与信息服务部署图

Component Architecture JAVA Component Implementation Specification）的要求，创建和发布 SCA 架构的 WEB 服务。

A.1 中 c）部分的服务可以按照《SCA 服务构件架构 WS－BPEL 客户端及实现模型》（SCA Service Component Architecture Client and Implementation Model Specification for WS－BPEL），集成其他信息服务，提供林权登记信息服务。

A.1 中 d）部分的服务可以按照《SCA 服务构件架构 C＋＋客户端及实现模型》（SCA Service Component Architecture Client and Implementation Model Specification for C＋＋），在改造已有计算模型的基础上，提供森林资源评价服务。

A.3　服务注册

按照 GB/Z 25599，各信息服务提供方向国家级注册中心进行服务注册。

A.4　服务授权

由服务提供方对注册的服务，基于安全服务的资源授权服务，按照预先设定的信息安全策略，进行服务访问授权。

A.5　服务访问

由森林资源监管应用集成 A.1 中所有服务，形成可视化人机交互界面，为管理和决策提供信息支撑。

参考文献

[1] SCA 组装模型规范（Service Component Architecture Assembly Model Specification）. http://www.osoa.org/display/Main/Service＋Component＋Architecture＋Specifications

[2] SCA 服务构件架构 JAVA 构件实现规范（SCA Service Component Architecture JAVA Component Implementation Specification）. http://www.osoa.org/display/Main/Service＋Component＋Architecture＋Specifications

[3] SCA 服务构件架构 JAVA 通用注解和 API 规范(SCA Service Component Architecture JAVA Common Annotations and APIs). http://www.osoa.org/display/Main/Service + Component + Architecture + Specifications

[4] SCA 服务构件架构 JAVA EE 集成规范(SCA Service Component Architecture JAVA EE Integration Specification). http://www.osoa.org/display/Main/Service + Component + Architecture + Specifications

[5] SCA 服务构件架构 C + + 客户端及实现模型(SCA Service Component Architecture Client and Implementation Model Specification for C + +)

[6] SCA 服务构件架构 C 客户端及实现模型(SCA Service Component Architecture C Client and Implementation Specification). http://www.osoa.org/display/Main/Service + Component + Architecture + Specifications

[7] SCA 服务构件架构 WS - BPEL 客户端及实现模型(SCA Service Component Architecture Client and Implementation Model Specification for WS-BPEL). http://www.osoa.org/display/Main/Service + Component + Architecture + Specifications

[8] SCA 服务构件架构 COBOL 客户端及实现模型(SCA Service Component Architecture COBOL Client and Implementation Specification). http://www.osoa.org/display/Main/Service + Component + Architecture + Specifications

[9] SCA 服务构件架构 Spring 构件实现规范(SCA Service Component Architecture Spring Component ImplementationSpecification). http://www.osoa.org/display/Main/Service + Component + Architecture + Specifications

[10] SCA 策略框架(SCA Policy Framework). http://www.osoa.org/display/Main/Service + Component + Architecture + Specifications

[11] SOAP 1.1 Request Optional Response HTTP Binding. http://www.w3.org/TR/2006/NOTE-soap11 – ror – httpbinding—20060321/

[12] SOAP 1.2 Attachment Feature. http://www.w3.org/TR/2004/NOTE-soap12-af-20040608/

[13] SOAP Message Transmission Optimization Mechanism. http://www.w3.org/TR/2005/REC – soap12-mtom-20050125/

[14] Web Services SOAP Assertions (WS – SOAPAssertions). http://www.w3.org/TR/2011/REC-ws-soap-assertions-20111213/

[15] Initial Hypertext Transfer Protocol (HTTP) Method Registrations. http://datatracker.ietf.org/doc/draft-ietf-httpbis-method-registrations/

[16] Hypertext Transfer Protocol (HTTP/1.1): Conditional Requests. http://datatracker.ietf.org/doc/draft-ietf-httpbis-p4-conditional/

FIVE YEARS 2009~2014

基础设施标准

JICHU SHESHI BIAOZHUN

林业信息化
Forestry Informatization

林业信息系统安全评估准则

（LY/T 2170—2013，国家林业局2013年10月17日发布，2014年1月1日实施）

1 范围

本标准规定了林业行业不同安全保护等级信息系统的基本保护要求，包括基本技术要求、基本管理要求及应对措施。

本标准适用于指导林业行业分等级信息系统的安全建设、整改、测评和监督、管理。

2 规范性引用文件

下列文件对于本文件的应用是必不可少的。凡是注日期的引用文件，仅所注日期的版本适用于本文件。凡是不注日期的引用文件，其最新版本(包括所有的修改单)适用于本文件。

GB/T 5271.8 信息技术　词汇　第8部分：安全[GB/T5271.8，idt ISO/IEC 2382—8]

GB 17859 计算机信息系统安全保护等级划分准则

GB 50174 电子信息系统机房设计规范

GB/T 22240 信息安全技术 信息系统安全等级保护定级指南

GB/T 22239 信息安全技术 信息系统安全等级保护基本要求

3 术语和定义

GB/T 5271.8 信息技术　词汇和 GB 17859 计算机信息系统安全保护等级划分准则确定的以及下列术语和定义适用于本标准。

3.1　安全保护能力 security protection ability

系统能够抵御威胁、发现安全事件以及在系统遭到损害后能够恢复先前状态等的程度。

本标准按照 GB/T 1.1—2009 给出的规则起草。

本标准由全国林业信息数据标准化技术委员会(SAC/TC 386)提出并归口。

本标准起草单位：国家林业局信息中心、中科信息安全共性技术国家工程研究中心。

本标准主要起草人：杨新民、乌日根、李淑芳、温战强、白莹、张洋、裴少亮、薛征宇。

4 林业行业信息系统安全等级保护

4.1 林业行业信息系统安全保护等级

林业行业信息系统根据其在国家安全、经济建设、社会生活中的重要程度，遭到破坏后对国家安全、社会秩序、林业市场稳定、公共利益以及投资者、法人和其他组织的合法权益的危害程度，由低到高划分为五个等级，定级划分定义见 GB/T 22240。

4.2 不同等级的安全保护能力

不同等级的信息系统应具备的基本安全保护能力如下：

a)第一级安全保护能力：应能够防护系统免受来自个人的、拥有很少资源的威胁源发起的恶意攻击、一般的自然灾难，以及其他相当危害程度的威胁所造成的关键资源损害，在系统遭到损害后，能够恢复部分功能。

b)第二级安全保护能力：应能够防护系统免受来自外部小型组织的、拥有少量资源的威胁源发起的恶意攻击、一般的自然灾难，以及其他相当危害程度的威胁所造成的重要资源损害，能够发现重要的安全漏洞和安全事件，在系统遭到损害后，能够在一段时间内恢复部分功能。

c)第三级安全保护能力：应能够在统一安全策略下防护系统免受来自外部有组织的团体、拥有较为丰富资源的威胁源发起的恶意攻击、较为严重的自然灾难，以及其他相当危害程度的威胁所造成的主要资源损害，能够发现安全漏洞和安全事件，在系统遭到损害后，能够较快恢复绝大部分功能。

d)第四级安全保护能力：应能够在统一安全策略下防护系统免受来自国家级别的、敌对组织的、拥有丰富资源的威胁源发起的恶意攻击、严重的自然灾难，以及其他相当危害程度的威胁所造成的资源损害，能够发现安全漏洞和安全事件，在系统遭到损害后，能够迅速恢复所有功能。

e)第五级安全保护能力(略)。

4.3 基本安全要求

林业行业信息系统安全等级保护应依据信息系统的安全保护等级情况，保证它们具有相应等级的基本安全保护能力，不同安全保护等级的林业行业信息系统要求具有不同的安全保护能力。

基本安全要求是针对不同安全保护等级信息系统应该具有的基本安全保护能力提出的安全要求，根据实现方式的不同，基本安全要求分为基本技术要求和基本管理要求两大类。技术类安全要求与信息系统提供的技术安全机制有关，主要通过在信息系统中部署软硬件并正确的配置其安全功能来实现；管理类安全要求与信息系统中各种角色参与的活动有关，主要通过控制各种角色的活动，从政策、制度、规范、流程以及记录等方面做出规定来实现。

基本技术要求从物理安全、网络安全、主机安全、应用安全和数据安全几个层面提出；基本管理要求从安全管理制度、安全管理机构、人员安全管理、系统建设管理和系统运维管理几个方面提出，基本技术要求和基本管理要求是确保信息系统安全不可分割的两个部分。

基本安全要求从各个层面或方面提出了系统的每个组件应该满足的安全要求，信息系统具有的整体安全保护能力通过不同组件实现基本安全要求来保证。除了保证系统的每个组件满足基本安全要求外，还要考虑组件之间的相互关系，来保证信息系统的整体安全保护能力。关于林业行业信息系统整体安全保护能力的说明见附录 A。

对于涉及国家秘密的信息系统，应按照国家保密工作部门的相关规定和标准进行保护。对于涉及密码的使用和管理，应按照国家密码管理的相关规定和标准实施。

4.4 基本技术要求的三种类型

根据保护侧重点的不同，技术类安全要求进一步细分为：保护数据在存储、传输、处理过程中不被泄漏、破坏和免受未授权的修改的信息安全类要求(简记为 S)；保护系统连续正常的运行，免受对系统的未授权修改、破坏而导致系统不可用的服务保证类要求(简记为 A)；通用安全保护类要求(简记为 G)。本标准中对基本安全要求使用了标记，其中的字母表示安全要求的类型，数字表示适用的安全保护等级。

针对不同机构、不同系统的特点，本标准对林业行业已定级重要信息系统的安全要求和使用原则，参见附录 B。

5 第一级基本要求及应对措施

5.1 技术要求及应对措施

5.1.1 物理安全

5.1.1.1 物理访问控制(G1)

机房出入应安排专人负责，控制、鉴别和记录进出的人员。

a)机房出入应当安排专人负责管理。

b)没有门禁系统的机房应当安排专人在机房出入口控制、鉴别和记录人员的进出。

c)有门禁系统的机房，应当保存门禁系统的日志记录，并采用监控设备将机房人员进入情况传输到值班点。

5.1.1.2 防盗窃和防破坏(G1)

本项要求包括：

a)应将主要设备放置在机房内。

b)应将设备或主要部件进行固定，并设置明显的不易除去的标记。

①主要设备应当安装、固定在机柜内或机架上。

②主要设备、机柜、机架等应有明显且不易除去的标识，如粘贴标签或铭牌。

5.1.1.3 防雷击(G1)

机房建筑应设置避雷装置。

a)机房或机房所在大楼，应设计并安装防雷击措施，防雷措施应至少包括避雷针或避雷器等。

b)应具有经国家防雷检测部门检测合格的相关证明。

5.1.1.4 防火(G1)

机房应设置灭火设备，应达到 GB 50174 中 C 类电子信息系统机房设计规范的消防要求。

5.1.1.5 防水和防潮(G1)

本项要求包括：

a)应对穿过机房墙壁和楼板的水管增加必要的保护措施。

b)应采取措施防止雨水通过机房窗户、屋顶和墙壁渗透。

5.1.1.6 温湿度控制(G1)

机房应设置必要的温、湿度控制设施，使机房温、湿度的变化在设备运行所允许的范围之内。

a)开机时机房温度应控制在 18 ~28℃。

b)开机时机房相对湿度应控制在 35% ~75%。

c)停机时机房温度应控制在 5 ~35℃。

d)停机时机房相对湿度应控制在 20% ~80%。

5.1.1.7 电力供应(A1)

应在机房供电线路上配置稳压器和过电压防护设备。

5.1.2 网络安全

5.1.2.1 结构安全(G1)

本项要求包括：

a)应保证关键网络设备的业务处理能力满足基本业务需要。

b)应保证接入网络和核心网络的带宽满足基本业务需要。

c)应绘制与当前运行情况相符的网络拓扑结构图。

d)应绘制完整的网络拓扑结构图，有相应的网络配置表，包含设备 IP 地址等主要信息，与当前运行情况相符，并及时更新。

5.1.2.2 访问控制(G1)

本项要求包括：

a)应在网络边界部署访问控制设备，启用访问控制功能。

b)应根据访问控制列表对源地址、目的地址、源端口、目的端口和协议等进行检查，以允许/拒绝数据包出入。

c)应通过访问控制列表对系统资源实现允许或拒绝用户访问，控制粒度至少为用户组。

5.1.2.3　网络设备防护(G1)

本项要求包括：

a)应对登录网络设备的用户进行身份鉴别。应删除默认用户或修改默认用户的口令，根据管理需要开设用户，不得使用缺省口令、空口令、弱口令。

b)应具有登录失败处理功能，可采取结束会话、限制非法登录次数和当网络登录连接超时自动退出等措施。

c)当对网络设备进行远程管理时，应采取必要措施防止鉴别信息在网络传输过程中被窃听。

5.1.3　主机安全

5.1.3.1　身份鉴别(S1)

应对登录操作系统和数据库系统的用户进行身份标识和鉴别。

5.1.3.2　访问控制(S1)

本项要求包括：

a)应启用访问控制功能，依据安全策略控制用户对资源的访问。

b)应限制默认账户的访问权限，重命名系统默认账户，修改这些账户的默认口令。

①系统无法修改访问权限的特殊默认账户，可不修改访问权限。

②系统无法重命名的特殊默认账户，可不重命名。

c)应及时删除多余的、过期的账户，避免共享账户的存在。

5.1.3.3　入侵防范(G1)

操作系统应遵循最小安装的原则，仅安装需要的组件和应用程序，并保持系统补丁及时得到更新。持续跟踪厂商提供的系统升级更新情况，应在经过充分的测试评估后对必要补丁进行及时更新。

5.1.3.4　恶意代码防范(G1)

应安装防恶意代码软件，并及时更新防恶意代码软件版本和恶意代码库。

a)原则上所有主机应安装防恶意代码软件，系统不支持该功能的除外。

b)未安装防恶意代码软件的主机，应采取有效措施进行恶意代码防范。

5.1.4　应用安全

5.1.4.1　身份鉴别(S1)

本项要求包括：

a)应提供专用的登录控制模块对登录用户进行身份标识和鉴别。

b)应提供登录失败处理功能，可采取结束会话、限制非法登录次数和自动退出等措施。

c)应启用身份鉴别和登录失败处理功能，并根据安全策略配置相关参数。

5.1.4.2 访问控制(S1)

本项要求包括：

a)应提供访问控制功能控制用户组/用户对系统功能和用户数据的访问。

b)应由授权主体配置访问控制策略，并严格限制默认用户的访问权限。

5.1.4.3 通信完整性(S1)

应采用约定通信会话方式的方法保证通信过程中数据的完整性。

5.1.4.4 软件容错(A1)

应提供数据有效性检验功能，保证通过人机接口输入或通过通信接口输入的数据格式或长度符合系统设定要求。

5.1.5 数据安全及备份恢复

5.1.5.1 数据完整性(S1)

应能够检测到重要用户数据在传输过程中完整性是否受到破坏。

5.1.5.2 备份和恢复(A1)

应能够对重要信息进行备份和恢复，每年对备份数据至少进行一次抽样性恢复测试。

5.2 管理要求及应对措施

5.2.1 安全管理制度

5.2.1.1 管理制度(G1)

应建立日常管理活动中常用的安全管理制度。

5.2.1.2 制定和发布(G1)

本项要求包括：

a)应指定或授权专门的人员负责安全管理制度的制定。

b)应将安全管理制度以某种方式发布到相关人员手中。

5.2.2 安全管理机构

5.2.2.1 岗位设置(G1)

应设立系统管理员、网络管理员、安全管理员等岗位，并定义各个工作岗位的职责。

5.2.2.2 人员配备(G1)

应配备一定数量的系统管理员、网络管理员、安全管理员等。

5.2.2.3 授权和审批(G1)

应根据各个部门和岗位的职责明确授权审批部门及批准人，对系统投入运行、网络系统接入和重要资源的访问等关键活动进行审批，重要审批授权记录应留档备查。

5.2.2.4 沟通和合作(G1)

应加强与兄弟单位、公安机关、通信运营商、供电部门等单位和部门的合作与沟通。

5.2.3 人员安全管理

5.2.3.1 人员录用(G1)

本项要求包括:

a)应指定或授权专门的部门或人员负责人员录用。

b)应对被录用人员的身份和专业资格等进行审查，并确保其具有基本的专业技术水平和安全管理知识。

5.2.3.2 人员离岗(G1)

本项要求包括:

a)应立即终止由于各种原因离岗员工的所有访问权限。

b)应取回各种身份证件、钥匙、徽章等以及机构提供的软硬件设备。

5.2.3.3 安全意识教育和培训(G1)

本项要求包括:

a)应对各类人员进行安全意识教育和岗位技能培训。

b)应告知人员相关的安全责任和惩戒措施。

5.2.3.4 外部人员访问管理(G1)

应确保在外部人员访问受控区域前得到授权或审批。

5.2.4 系统建设管理

5.2.4.1 系统定级(G1)

本项要求包括:

a)应明确信息系统的边界和安全保护等级。

b)应以书面的形式说明信息系统确定为某个安全保护等级的方法和理由。

c)应确保信息系统的定级结果经过相关部门的批准。

5.2.4.2 安全方案设计(G1)

本项要求包括:

a)应根据系统的安全保护等级选择基本安全措施，依据风险分析的结果补充和调整安全措施。

b)应以书面的形式描述对系统的安全保护要求和策略、安全措施等内容，形成系统的安全方案。

c)应对安全方案进行细化，形成能指导安全系统建设、安全产品采购和使用的详细设计方案。

5.2.4.3 产品采购和使用(G1)

应确保安全产品采购和使用符合国家的有关规定。

5.2.4.4 自行软件开发(G1)

本项要求包括:

a)应确保开发环境与实际运行环境物理分开。

b)应确保软件设计相关文档由专人负责保管。

c)应确保软件具有用户权限认证机制，严格控制对数据的操作权限。

5.2.4.5　外包软件开发(G1)

本项要求包括：

a)应根据开发要求检测软件质量。

b)应在软件安装之前检测软件包中可能存在的恶意代码。

c)应确保提供软件设计的相关文档和使用指南。

d)应确保软件具有用户权限认证机制，严格控制对数据的操作权限。

5.2.4.6　工程实施(G1)

应指定或授权专门的部门或人员负责工程实施过程的管理。

5.2.4.7　测试验收(G1)

本项要求包括：

a)应对系统进行安全性测试验收。

b)在测试验收前应根据设计方案或合同要求等制订测试验收方案，在测试验收过程中应详细记录测试验收结果，并形成测试验收报告。

5.2.4.8　系统交付(G1)

本项要求包括：

a)应制定系统交付清单，并根据交付清单对所交接的设备、软件和文档等进行清点。

b)应对负责系统运行维护的技术人员进行相应的技能培训。

c)应确保提供系统建设过程中的文档和指导用户进行系统运行维护的文档。

5.2.4.9　安全服务商选择(G1)

本项要求包括：

a)应确保安全服务商的选择符合国家的有关规定。

b)应与选定的安全服务商签订与安全相关的协议，明确约定相关责任。

5.2.5　系统运维管理

5.2.5.1　环境管理(G1)

本项要求包括：

a)应指定专门的部门或人员定期对机房供配电、空调、温湿度控制等设施进行维护管理并保存相关维护记录，应至少每季度进行一次。

b)应对机房的出入、服务器的开机或关机等工作进行管理。

c)应建立机房安全管理制度，对有关机房物理访问，物品带进、带出机房和机房环境安全等方面的管理作出规定。

5.2.5.2　资产管理(G1)

应编制与信息系统相关的资产清单，包括资产责任部门、重要程度和所处位置等内容。

5.2.5.3　介质管理(G1)

本项要求包括：

a)应确保介质存放在安全的环境中，对各类介质进行控制和保护。

b)应对介质归档和查询等过程进行记录，并根据存档介质的目录清单定期盘点。

5.2.5.4　设备管理(G1)

本项要求包括：

a)应对信息系统相关的各种设备、线路等指定专门的部门或人员定期进行维护管理，每年至少进行一次维护管理。

b)应建立基于申报、审批和专人负责的设备安全管理制度，对信息系统的各种软硬件设备的选型、采购、发放和领用等过程进行规范化管理。

5.2.5.5　网络安全管理(G1)

本项要求包括：

a)应指定人员对网络进行管理，负责运行日志、网络监控记录的日常维护和报警信息分析和处理工作。

b)应定期进行网络系统漏洞扫描，对发现的网络系统安全漏洞进行及时的修补。

①每年至少进行一次漏洞扫描，对漏洞风险持续跟踪，在经过充分的验证测试后对必要漏洞开展修补工作。

②实施漏洞扫描或漏洞修补前，应对可能的风险进行评估和充分准备，如选择恰当时间，并做好数据备份和回退方案。

③漏洞扫描或漏洞修补后应进行验证测试，以保证网络系统的正常运行。

5.2.5.6　系统安全管理(G1)

本项要求包括：

a)应根据业务需求和系统安全分析确定系统的访问控制策略。

b)应定期进行漏洞扫描，对发现的系统安全漏洞进行及时的修补。

①每年至少进行一次漏洞扫描，对漏洞风险持续跟踪，在经过充分的验证测试后对必要漏洞开展修补工作。

②实施漏洞扫描或漏洞修补前，应对可能的风险进行评估和充分准备，如选择恰当时间，并做好数据备份和回退方案。

③漏洞扫描或漏洞修补后应进行验证测试，以保证系统的正常运行。

c)应安装系统的最新补丁程序，并在安装系统补丁前对现有的重要文件进行备份。

5.2.5.7 恶意代码防范管理(G1)

应提高所有用户的防病毒意识，告知及时升级防病毒软件，在读取移动存储设备上的数据以及网络上接收文件或邮件之前，先进行病毒检查，对外来计算机或存储设备接入网络系统之前也应进行病毒检查。

5.2.5.8 备份与恢复管理(G1)

本项要求包括：

a)应识别需要定期备份的重要业务信息、系统数据及软件系统等。

①重要业务信息至少包括：账户、审核、发布、归档等业务数据。

②系统数据包括：权限设置、网络地址、硬件配置及其他重要系统配置参数。

③软件系统包括：系统软件及应用软件的执行程序及可获取的源代码。

b)应规定备份信息的备份方式、备份频度、存储介质、保存期等。

5.2.5.9 安全事件处置(G1)

本项要求包括：

a)应报告所发现的安全弱点和可疑事件，但任何情况下用户均不应尝试验证弱点。

b)应制定安全事件报告和处置管理制度，规定安全事件的现场处理、事件报告和后期恢复的管理职责。

6 第二级基本要求及应对措施

6.1 技术要求及应对措施

6.1.1 物理安全

6.1.1.1 物理位置的选择(G2)

机房和办公场地应选择在具有防震、防风和防雨等能力的建筑内。

a)应具有机房或机房所在建筑物符合当地抗震要求的相关证明。

b)机房外墙壁应没有对外的窗户。否则，窗户应做密封、防水处理。

6.1.1.2 物理访问控制(G2)

本项要求包括：

a)机房出入口应安排专人值守，控制、鉴别和记录进入的人员。

①机房出入应当安排专人负责管理。

②没有门禁系统的机房应当安排专人在机房出入口控制、鉴别和记录人员的进出。

③有门禁系统的机房，应当保存门禁系统的日志记录，并采用监控设备将机房人员进入情况传输到值班点。

b)需进入机房的来访人员应经过申请和审批流程，并限制和监控其活动范围。

①来访人员进入机房，应有审批流程，并记录带进带出的设备、进出时间、工作内容，并监控其在限定的范围内工作，并有专人陪同。

②机房出入口应进行视频监控，监控记录至少保留3个月。

6.1.1.3 防盗窃和防破坏(G2)

本项要求包括：

a)应将主要设备放置在机房内。

b)应将设备或主要部件进行固定，并设置明显的不易除去的标记。

①主要设备应当安装、固定在机柜内或机架上。

②主要设备、机柜、机架等应有明显且不易除去的标识，如粘贴标签或铭牌。

c)应将通信线缆铺设在隐蔽处，可铺设在地下、管道或线槽中。

d)应对介质分类标识，存储在介质库或档案室中。

e)主机房应安装必要的防盗报警设施。

6.1.1.4 防雷击(G2)

本项要求包括：

a)机房建筑应设置避雷装置。

①机房或机房所在大楼，应设计并安装防雷击措施，防雷措施应至少包括避雷针或避雷器等。

②应具有经国家防雷检测部门检测合格的相关证明。

b)机房应设置交流电源地线。

6.1.1.5 防火(G2)

机房应设置灭火设备和火灾自动报警系统。

a)应至少达到GB 50174中B类电子信息系统机房设计规范的消防要求。

b)机房的火灾自动报警系统应向当地公安消防部门备案。

6.1.1.6 防水和防潮(G2)

本项要求包括：

a)水管安装，不得穿过机房屋顶和活动地板下。

①与机房设备无关的水管不得穿过机房屋顶和活动地板下。

②机房屋顶和活动地板下铺有水管的，应采取有效防护措施。

b)应采取措施防止雨水通过机房窗户、屋顶和墙壁渗透。

c)应采取措施防止机房内水蒸气结露和地下积水的转移与渗透。

6.1.1.7 防静电(G2)

关键设备应采用必要的接地防静电措施。

6.1.1.8 温湿度控制(G2)

机房应设置温、湿度自动调节设施，使机房温、湿度的变化在设备运行所允许的范围之内。

a)开机时机房温度应控制在22～24℃。

b）开机时机房相对湿度应控制在40%～55%。

c）停机时机房温度应控制在5～35℃。

d）停机时机房相对湿度应控制在40%～70%。

6.1.1.9　电力供应（A2）

本项要求包括：

a）应在机房供电线路上配置稳压器和过电压防护设备。

b）应提供短期的备用电力供应，至少满足关键设备在断电情况下的正常运行要求。

①机房应配备UPS。

②机房应自备或租用发电机。

③UPS实际运行供电时间不少于备用供电系统启用时间的2倍。

6.1.1.10　电磁防护（S2）

电源线和通信线缆应铺设在不同的桥架或管道，避免互相干扰。

6.1.2　网络安全

6.1.2.1　结构安全（G2）

本项要求包括：

a）应保证关键网络设备的业务处理能力具备冗余空间，满足业务高峰期需要，关键网络设备的业务处理能力至少为历史峰值的3倍。

b）应保证接入网络和核心网络的带宽满足业务高峰期需要。

c）应绘制与当前运行情况相符的网络拓扑结构图，应绘制完整的网络拓扑结构图，有相应的网络配置表，包含设备IP地址等主要信息，与当前运行情况相符，并及时更新。

d）应根据各部门的工作职能、重要性和所涉及信息的重要程度等因素，划分不同的子网或网段，并按照方便管理和控制的原则为各子网、网段分配地址段。

6.1.2.2　访问控制（G2）

本项要求包括：

a）应在网络边界部署访问控制设备，启用访问控制功能。

b）应能根据会话状态信息为数据流提供明确的允许/拒绝访问的能力，控制粒度为网段级。网络边界访问控制设备应设定过滤规则集。规则集应涵盖对所有出入边界的数据包的处理方式，对于没有明确定义的数据包，应缺省拒绝。

c）应按用户和系统之间的允许访问规则，决定允许或拒绝用户对受控系统进行资源访问，控制粒度为单个用户。

d）应限制具有拨号访问权限的用户数量，原则上不应通过互联网对重要信息系统进行远程维护和管理。

6.1.2.3　安全审计（G2）

本项要求包括：

a)应对网络系统中的网络设备运行状况、网络流量、用户行为等进行日志记录。

b)审计记录应包括事件的日期和时间、用户、事件类型、事件是否成功及其他与审计相关的信息。

6.1.2.4　边界完整性检查(S2)

应能够对内部网络中出现的内部用户未通过准许私自联到外部网络的行为进行检查，能够检查网络用户终端采用双网卡跨接外部网络，或采用电话拨号、ADSL 拨号、手机、无线上网卡等无线拨号方式连接其他外部网络。

6.1.2.5　入侵防范(G2)

应在网络边界处监视以下攻击行为：端口扫描、强力攻击、木马后门攻击、拒绝服务攻击、缓冲区溢出攻击、IP 碎片攻击和网络蠕虫攻击等。

6.1.2.6　网络设备防护(G2)

本项要求包括：

a)应对登录网络设备的用户进行身份鉴别，应删除默认用户或修改默认用户的口令，根据管理需要开设用户，不得使用缺省口令、空口令、弱口令。

b)应对网络设备的管理员登录地址进行限制。

c)网络设备用户的标识应唯一。

d)身份鉴别信息应具有不易被冒用的特点，口令应有复杂度要求并定期更换。

①口令应符合以下条件：数字、字母、符号混排，无规律的方式。

②管理员用户口令的长度至少为 8 位。

③管理员用户口令至少每季度更换 1 次，更新的口令至少 5 次内不能重复。

④如果设备口令长度不支持 8 位或其他复杂度要求，口令应使用所支持的最长长度并适当缩小更换周期；也可以使用动态密码卡等一次性口令认证方式。

e)应具有登录失败处理功能，可采取结束会话、限制非法登录次数和当网络登录连接超时自动退出等措施。

f)当对网络设备进行远程管理时，应采取必要措施防止鉴别信息在网络传输过程中被窃听。

6.1.3　主机安全

6.1.3.1　身份鉴别(S2)

本项要求包括：

a)应对登录操作系统和数据库系统的用户进行身份标识和鉴别。

b)操作系统和数据库系统管理用户身份标识应具有不易被冒用的特点，口令应有复杂度要求并定期更换。

①口令应符合以下条件：数字、字母、符号混排，无规律的方式。

②口令的长度至少为 8 位。

③口令至少每季度更换1次，更新的口令至少5次内不能重复。

④如果设备口令长度不支持8位或其他复杂度要求，口令应使用所支持的最长长度并适当缩小更换周期；也可以使用动态密码卡等一次性口令认证方式。

c）应启用登录失败处理功能，可采取结束会话、限制非法登录次数和自动退出等措施。

d）当对服务器进行远程管理时，应采取必要措施，防止鉴别信息在网络传输过程中被窃听。

e）应为操作系统和数据库系统的不同用户分配不同的用户名，确保用户名具有唯一性。

6.1.3.2　访问控制（S2）

本项要求包括：

a）应启用访问控制功能，依据安全策略控制用户对资源的访问。

b）应实现操作系统和数据库系统特权用户的权限分离。

c）应限制默认账户的访问权限，重命名系统默认账户，修改这些账户的默认口令。

①系统无法修改访问权限的特殊默认账户，可不修改访问权限。

②系统无法重命名的特殊默认账户，可不重命名。

d）应及时删除多余的、过期的账户，避免共享账户的存在。

6.1.3.3　安全审计（G2）

本项要求包括：

a）审计范围应覆盖到服务器上的每个操作系统用户和数据库用户，系统不支持该要求的，应以系统运行安全和效率为前提，采用第三方安全审计产品实现审计要求。

b）审计内容应包括重要用户行为、系统资源的异常使用和重要系统命令的使用等系统内重要的安全相关事件，审计内容至少包括：用户的添加和删除、审计功能的启动和关闭、审计策略的调整、权限变更、系统资源的异常使用、重要的系统操作（如用户登录、退出）等。

c）审计记录应包括事件的日期、时间、类型、主体标识、客体标识和结果等。

d）应保护审计记录，避免受到未预期的删除、修改或覆盖等，审计记录应至少保存6个月。

6.1.3.4　入侵防范（G2）

操作系统应遵循最小安装的原则，仅安装需要的组件和应用程序，并通过设置升级服务器等方式保持系统补丁及时得到更新，持续跟踪厂商提供的系统升级更新情况，应在经过充分的测试评估后对必要补丁进行及时更新。

6.1.3.5　恶意代码防范（G2）

本项要求包括：

a)应安装防恶意代码软件，并及时更新防恶意代码软件版本和恶意代码库。

①原则上所有主机应安装防恶意代码软件，系统不支持该要求的除外。

②未安装防恶意代码软件的主机，应采取有效措施进行恶意代码防范。

b)应支持防恶意代码软件的统一管理。

6.1.3.6 资源控制(A2)

本项要求包括：

a)应通过设定终端接入方式、网络地址范围等条件限制终端登录。

b)应根据安全策略设置登录终端的操作超时锁定。

c)应限制单个用户对系统资源的最大或最小使用限度。

6.1.4 应用安全

6.1.4.1 身份鉴别(S2)

本项要求包括：

a)应提供专用的登录控制模块对登录用户进行身份标识和鉴别。

b)应提供用户身份标识唯一和鉴别信息复杂度检查功能，保证应用系统中不存在重复用户身份标识，身份鉴别信息不易被冒用。

c)应提供登录失败处理功能，可采取结束会话、限制非法登录次数和自动退出等措施。

d)应启用身份鉴别、用户身份标识唯一性检查、用户身份鉴别信息复杂度检查以及登录失败处理功能，并根据安全策略配置相关参数。

6.1.4.2 访问控制(S2)

本项要求包括：

a)应提供访问控制功能，依据安全策略控制用户对文件、数据库表等客体的访问。

b)访问控制的覆盖范围应包括与资源访问相关的主体、客体及它们之间的操作。

c)应由授权主体配置访问控制策略，并严格限制默认账户的访问权限。

d)应授予不同账户为完成各自承担任务所需的最小权限，并在它们之间形成相互制约的关系。

6.1.4.3 安全审计(G2)

本项要求包括：

a)应提供覆盖到每个用户的安全审计功能，对应用系统重要安全事件进行审计，应用系统应能够记录每个业务用户的关键操作，例如用户登录、用户退出、增加用户、修改用户权限等操作。

b)应保证无法删除、修改或覆盖审计记录。

c)审计记录的内容至少应包括事件日期、时间、发起者信息、类型、描述和结果等，审计记录应至少保存6个月。

6.1.4.4 通信完整性(S2)

应采用校验码技术保证通信过程中数据的完整性。

6.1.4.5 通信保密性(S2)

本项要求包括:

a)在通信双方建立连接之前，应用系统应利用密码技术进行会话初始化验证，通过互联网、卫星网进行通信时，建立通信连接之前，应用系统应利用密码技术或可靠的身份认证技术进行会话初始化验证。

b)应对通信过程中的敏感信息字段进行加密，通过互联网、卫星网进行通信时，应对整个报文或会话过程进行加密。

6.1.4.6 软件容错(A2)

本项要求包括:

a)应提供数据有效性检验功能，保证通过人机接口输入或通过通信接口输入的数据格式或长度符合系统设定要求。

b)在故障发生时，应用系统应能够继续提供一部分功能，确保能够实施必要的措施。

6.1.4.7 资源控制(A2)

本项要求包括:

a)当应用系统的通信双方中的一方在一段时间内未作任何响应，另一方应能够自动结束会话，用户在登录应用系统后在规定的时间内未执行任何操作，应自动退出系统。

b)应能够对应用系统的最大并发会话连接数进行限制。

c)应能够对单个账户的多重并发会话进行限制。

6.1.5 数据安全及备份恢复

6.1.5.1 数据完整性(S2)

应能够检测到鉴别信息和重要业务数据在传输过程中完整性是否受到破坏。

6.1.5.2 数据保密性(S2)

应采用加密或其他保护措施实现鉴别信息的存储保密性。

6.1.5.3 备份和恢复(A2)

本项要求包括:

a)应能够对重要信息进行备份和恢复。

①备份每天产生的所有重要信息，并场外存放备份介质。

②每年对备份数据至少进行一次抽样性恢复测试。

b)应提供关键网络设备、通信线路和数据处理系统的硬件冗余，保证系统的可用性。

①对关键的网络设备、通信设备建立备份机制，有备机备件。

②对关键的通信线路有冗余备份线路，主备通信线路应采用不同运营商。

③关键的网络设备、通信线路在发生故障时可以主备切换，不影响业务运行。

6.2 管理要求及应对措施

6.2.1 安全管理制度

6.2.1.1 管理制度(G2)

本项要求包括:

a)应制定信息安全工作的总体方针和安全策略，说明机构安全工作的总体目标、范围、原则和安全框架等。

b)应对安全管理活动中重要的管理内容建立安全管理制度。

c)应对安全管理人员或操作人员执行的重要管理操作建立操作规程。

6.2.1.2 制定和发布(G2)

本项要求包括:

a)应指定或授权专门的部门或人员负责安全管理制度的制定。

b)应组织相关人员对制定的安全管理制度进行论证和审定。

c)应将安全管理制度以某种方式发布到相关人员手中。

6.2.1.3 评审和修订(G2)

应每年或在发生重大变更时对安全管理制度进行检查和审定，对存在不足或需要改进的安全管理制度进行修订。

6.2.2 安全管理机构

6.2.2.1 岗位设置(G2)

本项要求包括:

a)应设立安全主管、安全管理各个方面的负责人岗位，并定义各负责人的职责。

b)应设立系统管理员、网络管理员、安全管理员等岗位，并定义各个工作岗位的职责，系统的开发、管理、运行人员应该在岗位上分离。

6.2.2.2 人员配备(G2)

本项要求包括:

a)应配备一定数量的系统管理员、网络管理员、安全管理员等，每个岗位应有备岗。

b)安全管理员不能兼任网络管理员、系统管理员、数据库管理员等。

6.2.2.3 授权和审批(G2)

本项要求包括:

a)应根据各个部门和岗位的职责明确授权审批部门及批准人，对系统投入运行、网络系统接入和重要资源的访问等关键活动进行审批，重要审批授权记录应留档备查。

b)应针对关键活动建立审批流程，并由批准人签字确认。

6.2.2.4 沟通和合作(G2)

本项要求包括:

a)应加强各类管理人员之间、组织内部机构之间以及信息安全职能部门内部的合作与沟通。

b)应加强与兄弟单位、公安机关、通信运营商、供电部门等单位和部门的合作与沟通。

6.2.2.5 审核和检查(G2)

安全管理员应负责定期进行安全检查，检查内容包括系统日常运行、系统漏洞和数据备份等情况，安全检查应至少每月一次。

6.2.3 人员安全管理

6.2.3.1 人员录用(G2)

本项要求包括：

a)应指定或授权专门的部门或人员负责人员录用。

b)应规范人员录用过程，对被录用人员的身份、背景和专业资格等进行审查，对其所具有的技术技能进行考核。

c)应与从事关键岗位的人员签署保密协议。

6.2.3.2 人员离岗(G2)

本项要求包括：

a)应规范人员离岗过程，及时终止离岗员工的所有访问权限。

b)应取回各种身份证件、钥匙、徽章等以及机构提供的软硬件设备。

c)应办理严格的调离手续。

6.2.3.3 人员考核(G2)

应定期对各个岗位的人员进行安全技能及安全认知的考核，安全技能及安全认知的考核应至少每年一次。

6.2.3.4 安全意识教育和培训(G2)

本项要求包括：

a)应对各类人员进行安全意识教育、岗位技能培训和相关安全技术培训。

b)应告知人员相关的安全责任和惩戒措施，并对违反违背安全策略和规定的人员进行惩戒。

c)应制定安全教育和培训计划，对信息安全基础知识、岗位操作规程等进行培训，信息安全基础知识、岗位操作规程的培训应至少每年一次。

6.2.3.5 外部人员访问管理(G2)

应确保在外部人员访问受控区域前得到授权或审批，批准后由专人全程陪同或监督，并登记备案。

6.2.4 系统建设管理

6.2.4.1 系统定级(G2)

本项要求包括：

a)应明确信息系统的边界和安全保护等级。

b)应以书面的形式说明信息系统确定为某个安全保护等级的方法和理由。

c)应确保信息系统的定级结果经过相关部门的批准。

6.2.4.2 安全方案设计(G2)

本项要求包括:

a)应根据系统的安全保护等级选择基本安全措施，依据风险分析的结果补充和调整安全措施。

b)应以书面形式描述对系统的安全保护要求、策略和措施等内容，形成系统的安全方案。

c)应对安全方案进行细化，形成能指导安全系统建设、安全产品采购和使用的详细设计方案。

d)应组织相关部门和有关安全技术专家对安全设计方案的合理性和正确性进行论证和审定，并且经过批准后，才能正式实施。

6.2.4.3 产品采购和使用(G2)

本项要求包括:

a)应确保安全产品采购和使用符合国家的有关规定。

b)应确保密码产品采购和使用符合国家密码主管部门的要求。

c)应指定或授权专门的部门负责产品的采购。

6.2.4.4 自行软件开发(G2)

本项要求包括:

a)应确保开发环境与实际运行环境物理分开。

b)应制定软件开发管理制度，明确说明开发过程的控制方法和人员行为准则。

c)应确保提供软件设计的相关文档和使用指南，并由专人负责保管。

d)应确保软件具有用户权限认证机制，严格控制对数据的操作权限。

6.2.4.5 外包软件开发(G2)

本项要求包括:

a)应根据开发要求检测软件质量。

b)应确保提供软件设计的相关文档和使用指南。

c)应在软件安装之前检测软件包中可能存在的恶意代码。

d)应要求开发单位提供软件源代码，并审查软件中可能存在的后门。

e)应确保软件具有用户权限认证机制，严格控制对数据的操作权限。

6.2.4.6 工程实施(G2)

本项要求包括:

a)应指定或授权专门的部门或人员负责工程实施过程的管理。

b)应制定详细的工程实施方案，控制工程实施过程。

6.2.4.7　测试验收(G2)

本项要求包括：

a)应对系统进行安全性测试验收。

b)在测试验收前应根据设计方案或合同要求等制订测试验收方案，在测试验收过程中应详细记录测试验收结果，并形成测试验收报告。

c)应组织相关部门和相关人员对系统测试验收报告进行审定，并签字确认。

6.2.4.8　系统交付(G2)

本项要求包括：

a)应制定系统交付清单，并根据交付清单对所交接的设备、软件和文档等进行清点。

b)应对负责系统运行维护的技术人员进行相应的技能培训。

c)应确保提供系统建设过程中的文档和指导用户进行系统运行维护的文档。

6.2.4.9　安全服务商选择(G2)

本项要求包括：

a)应确保安全服务商的选择符合国家的有关规定。

b)应与选定的安全服务商签订与安全相关的协议，明确约定相关责任。

c)应确保选定的安全服务商提供技术支持和服务承诺，必要的与其签订服务合同。

6.2.5　系统运维管理

6.2.5.1　环境管理(G2)

本项要求包括：

a)应指定专门的部门或人员定期对机房供配电、空调、温湿度控制等设施进行维护管理。

①应每季度对机房供配电、空调、UPS等设施进行维护管理并保存相关维护记录。

②应每年对防盗报警、防雷、消防等装置进行检测维护并保存相关维护记录。

b)应配备机房安全管理人员，对机房的出入、服务器的开机或关机等工作进行管理。

c)应建立机房安全管理制度，对有关机房物理访问，物品带进、带出机房和机房环境安全等方面的管理作出规定。

d)应加强对办公环境的保密性管理，包括工作人员调离办公室应立即交还该办公室钥匙和不在办公区接待来访人员等。

6.2.5.2　资产管理(G2)

本项要求包括：

a)应编制与信息系统相关的资产清单，包括资产责任部门、重要程度和所处位置等内容。

b)应建立资产安全管理制度，规定信息系统资产管理的责任人员或责任部门，并规范资产管理和使用的行为。

6.2.5.3　介质管理(G2)

本项要求包括：

a)应确保介质存放在安全的环境中，对各类介质进行控制和保护，并实行存储环境专人管理。

b)应对介质归档和查询等过程进行记录，并根据存档介质的目录清单定期盘点。

c)应对需要送出维修或销毁的介质，首先清除其中的敏感数据，防止信息的非法泄漏。

d)应根据所承载数据和软件的重要程度对介质进行分类和标识管理。

6.2.5.4　设备管理(G2)

本项要求包括：

a)应对信息系统相关的各种设备(包括备份和冗余设备)、线路等指定专门的部门或人员定期进行维护管理，每年至少进行一次维护管理。

b)应建立基于申报、审批和专人负责的设备安全管理制度，对信息系统的各种软硬件设备的选型、采购、发放和领用等过程进行规范化管理。

c)应对终端计算机、工作站、便携机、系统和网络等设备的操作和使用进行规范化管理，按操作规程实现关键设备(包括备份和冗余设备)的启动/停止、加电/断电等操作。

d)应确保信息处理设备必须经过审批才能带离机房或办公地点。

6.2.5.5　网络安全管理(G2)

本项要求包括：

a)应指定人员对网络进行管理，负责运行日志、网络监控记录的日常维护和报警信息分析和处理工作。

b)应建立网络安全管理制度，对网络安全配置、日志保存时间、安全策略、升级与打补丁、口令更新周期等方面作出规定。

c)应根据厂家提供的软件升级版本对网络设备进行更新，并在更新前对现有的重要文件进行备份，应持续跟踪厂商提供的网络设备的软件升级更新情况，在经过充分的测试评估后对必要补丁进行更新。

d)应定期对网络系统进行漏洞扫描，对发现的网络系统安全漏洞进行及时的修补。

①每月至少进行一次漏洞扫描，对漏洞风险持续跟踪，在经过充分的验证测试后对必要漏洞开展修补工作。

②实施漏洞扫描或漏洞修补前，应对可能的风险进行评估和充分准备，如选择恰当时间，并做好数据备份和回退方案。

③漏洞扫描或漏洞修补后应进行验证测试，以保证网络系统的正常运行。

e)应对网络设备的配置文件进行定期备份，应至少每月对网络设备的配置文件进行备份。

f)应保证所有与外部系统的连接均得到授权和批准。

6.2.5.6 系统安全管理(G2)

本项要求包括:

a)应根据业务需求和系统安全分析确定系统的访问控制策略。

b)应定期进行漏洞扫描,对发现的系统安全漏洞及时进行修补。

①每月至少进行一次漏洞扫描,对漏洞风险持续跟踪,在经过充分的验证测试后对必要漏洞开展修补工作。

②实施漏洞扫描或漏洞修补前,应对可能的风险进行评估和充分准备,如选择恰当时间,并做好数据备份和回退方案。

③漏洞扫描或漏洞修补后应进行验证测试,以保证系统的正常运行。

c)应安装系统的最新补丁程序,在安装系统补丁前,应首先在测试环境中测试通过,并对重要文件进行备份后,方可实施系统补丁程序的安装。

d)应建立系统安全管理制度,对系统安全策略、安全配置、日志管理和日常操作流程等方面作出规定。

e)应依据操作手册对系统进行维护,详细记录操作日志,包括重要的日常操作、运行维护记录、参数的设置和修改等内容,严禁进行未经授权的操作。

f)应定期对运行日志和审计数据进行分析,以便及时发现异常行为,应至少每季度对运行日志和审计数据进行分析。

6.2.5.7 恶意代码防范管理(G2)

本项要求包括:

a)应提高所有用户的防病毒意识,告知及时升级防病毒软件,在读取移动存储设备上的数据以及网络上接收文件或邮件之前,先进行病毒检查,对外来计算机或存储设备接入网络系统之前也应进行病毒检查。

b)应指定专人对网络和主机进行恶意代码检测并保存检测记录。

c)应对防恶意代码软件的授权使用、恶意代码库升级、定期汇报等作出明确规定。

6.2.5.8 密码管理(G2)

应使用符合国家密码管理规定的密码技术和产品。

6.2.5.9 变更管理(G2)

本项要求包括:

a)应确认系统中要发生的重要变更,并制定相应的变更方案,重要系统变更前应制定详细的变更方案、失败回退方案、专项应急预案。

b)系统发生重要变更前,应向主管领导申请,审批后方可实施变更,并在实施后向相关人员通告,应记录每次的变更操作过程和变更过程中存在的问题。

6.2.5.10　备份与恢复管理(G2)

本项要求包括：

a)应识别需要定期备份的重要业务信息、系统数据及软件系统等。

①重要业务信息至少包括：账户、审核、发布、归档等业务数据。

②系统数据包括：权限设置、网络地址、硬件配置及其他重要系统配置参数。

③软件系统包括：系统软件及应用软件的执行程序及可获取的源代码。

b)应规定备份信息的备份方式、备份频度、存储介质、保存期等。

c)应根据数据的重要性及其对系统运行的影响，制定数据的备份策略和恢复策略，备份策略指明备份数据的放置场所、文件命名规则、介质替换频率和数据离站运输方法。

6.2.5.11　安全事件处置(G2)

本项要求包括：

a)应报告所发现的安全弱点和可疑事件，但任何情况下用户均不应尝试验证弱点。

b)应制定安全事件报告和处置管理制度，明确安全事件类型，规定安全事件的现场处理、事件报告和后期恢复的管理职责。

c)应根据国家相关管理部门对计算机安全事件等级划分方法和安全事件对本系统产生的影响，对本系统计算机安全事件进行等级划分。

d)应记录并保存所有报告的安全弱点和可疑事件，分析事件原因，监督事态发展，采取措施避免安全事件发生。

6.2.5.12　应急预案管理(G2)

本项要求包括：

a)应在统一的应急预案框架下制定不同事件的应急预案，应急预案框架应包括启动应急预案的条件、应急处理流程、系统恢复流程、事后教育和培训等内容。

b)应对系统相关的人员进行应急预案培训，应急预案的培训应至少每年举办一次。

7　第三级基本要求及应对措施

7.2　技术要求及应对措施

7.1.1　物理安全

7.1.1.1　物理位置的选择(G3)

本项要求包括：

a)机房和办公场地应选择在具有防震、防风和防雨等能力的建筑内。

①应具有机房或机房所在建筑物符合当地抗震要求的相关证明。

②机房外墙壁应没有对外的窗户。否则，窗户应做密封、防水处理。

b)机房场地应避免设在建筑物的高层或地下室，以及用水设备的下层或隔壁。

①机房场地不宜设在建筑物顶层，如果不可避免，应采取有效防水措施。机房场地设

在建筑物地下室的，应采取有效的防水措施。

②机房场地设在高层建筑物高层的，应对设备采取有效固定措施。

③如果机房周围有用水设备，应当有防渗水和疏导措施。

7.1.1.2　物理访问控制(G3)

本项要求包括：

a)机房出入口应安排专人值守，控制、鉴别和记录进入的人员。

①机房出入应当安排专人负责管理。

②没有门禁系统的机房应当安排专人在机房出入口控制、鉴别和记录人员的进出。

③有门禁系统的机房，应当保存门禁系统的日志记录，采用监控设备将机房人员进出情况传输到值班点，并应记录外来人员进出机房的情况。

b)需进入机房的来访人员应经过申请和审批流程，并限制和监控其活动范围。

①来访人员进入机房，应有审批流程，并记录带进带出的设备、进出时间、工作内容，并监控其在限定的范围内工作，并有专人陪同。

②机房出入口应进行视频监控，监控记录至少保留3个月。

c)应对机房划分区域进行管理，区域和区域之间设置物理隔离装置，在重要区域前设置交付或安装等过渡区域。

①机房应当按照消防要求和管理要求进行合理分区，区域和区域之间设置物理隔离装置。

②机房应当设置专门的过渡区域，用于设备的交付或安装。

③重要区域包括：主机房、辅助区、支持区等功能区域。

d)重要区域应配置电子门禁系统，控制、鉴别和记录进入的人员。

7.1.1.3　防盗窃和防破坏(G3)

本项要求包括：

a)应将主要设备放置在机房内。

b)应将设备或主要部件进行固定，并设置明显的不易除去的标记。

①主要设备应当安装、固定在机柜内或机架上。

②主要设备、机柜、机架等应有明显且不易除去的标识，如粘贴标签或铭牌。

c)应将通信线缆铺设在隐蔽处，可铺设在地下、管道或线槽中。

d)应对介质分类标识，存储在介质库或档案室中。

e)应利用光、电等技术设置机房防盗报警系统。

f)应对机房设置监控报警系统。

①应至少对机房的出入口、操作台等区域进行摄像监控。

②监控录像记录至少保存3个月。

7.1.1.4 防雷击(G3)

本项要求包括:

a)机房建筑应设置避雷装置。

①机房或机房所在大楼，应设计并安装防雷击措施，防雷措施应至少包括避雷针或避雷器等。

②应具有经国家防雷检测部门年检合格的相关证明。

b)应设置防雷保安器，防止感应雷。

c)机房应设置交流电源地线。

7.1.1.5 防火(G3)

本项要求包括:

a)机房应设置火灾自动消防系统，能够自动检测火情、自动报警，并自动灭火。

①应至少达到 GB 50174 中 A 类电子信息系统机房设计规范的消防要求。

②机房的火灾自动消防系统应向当地公安消防部门备案。

b)机房及相关的工作房间和辅助房应采用具有耐火等级的建筑材料，机房设备区域与其他区域的隔离材料应参照 GB 50016 要求，应达到耐火等级二级。

c)机房应采取区域隔离防火措施，将重要设备与其他设备隔离开。

7.1.1.6 防水和防潮(G3)

本项要求包括:

a)水管安装，不得穿过机房屋顶和活动地板下。

①与机房设备无关的水管不得穿过机房屋顶和活动地板下。

②机房屋顶和活动地板下铺有水管的，应采取有效防护措施。

b)应采取措施防止雨水通过机房窗户、屋顶和墙壁渗透。

c)应采取措施防止机房内水蒸气结露和地下积水的转移与渗透。

d)应安装对水敏感的检测仪表或元件，对机房进行防水检测和报警。

7.1.1.7 防静电(G3)

本项要求包括:

a)主要设备应采用必要的接地防静电措施。

b)机房应采用防静电地板，机房的防静电活动地板应符合 GB 6650《计算机机房用活动地板技术条件》。

7.1.1.8 温湿度控制(G3)

机房应设置温、湿度自动调节设施，使机房温、湿度的变化在设备运行所允许的范围之内:

a)开机时机房温度应控制在 22 ~ 24℃。

b)开机时机房相对湿度应控制在 40% ~ 55%。

c)停机时机房温度应控制在 5～35℃。

d)停机时机房相对湿度应控制在 40%～70%。

7.1.1.9　电力供应(A3)

本项要求包括：

a)应在机房供电线路上配置稳压器和过电压防护设备。

b)应提供短期的备用电力供应，至少满足主要设备在断电情况下的正常运行要求。

①机房应配备 UPS。

②UPS 实际运行供电时间不少于备用供电系统启动时间的 2 倍。

c)应设置冗余或并行的电力电缆线路为计算机系统供电。

d)应建立备用供电系统。

①应配备或租用发电机。

②发电机供电时间应不小于 24 小时。

7.1.1.10　电磁防护(S3)

本项要求包括：

a)应采用接地方式防止外界电磁干扰和设备寄生耦合干扰。

①机房或机房所在的大楼必须有接地措施，并且接地电阻必须小于 1 欧姆。

②机房验收报告应提供合格的检测结果。

b)电源线和通信线缆应铺设在不同的桥架或管道，避免互相干扰。

c)应对关键设备和磁介质实施电磁屏蔽。

7.1.2　网络安全

7.1.2.1　结构安全(G3)

本项要求包括：

a)应保证主要网络设备的业务处理能力具备冗余空间，满足业务高峰期需要，主要网络设备的业务处理能力至少为历史峰值的 3 倍。

b)应保证网络各个部分的带宽满足业务高峰期需要。

c)应在业务终端与业务服务器之间进行路由控制建立安全的访问路径，业务终端和业务服务器应放置在不同的子网内，并建立安全的访问路径。

d)应绘制与当前运行情况相符的网络拓扑结构图，应绘制完整的网络拓扑结构图，有相应的网络配置表，包含设备 IP 地址等主要信息，与当前运行情况相符，并及时更新。

e)应根据各部门的工作职能、重要性和所涉及信息的重要程度等因素，划分不同的子网或网段，并按照方便管理和控制的原则为各子网、网段分配地址段。

f)应避免将重要网段部署在网络边界处且直接连接外部信息系统，重要网段与其他网段之间采取可靠的技术隔离手段。

g)应按照对业务服务的重要次序来指定带宽分配优先级别，保证在网络发生拥堵的时候优先保护重要主机，应对所有业务确定重要性、优先级，制定业务相关带宽分配原则及相应的带宽控制策略，根据安全需求，采取网络 QoS 或专用带宽管理设备等措施。

7.1.2.2　访问控制(G3)

本项要求包括：

a)应在网络边界部署访问控制设备，启用访问控制功能。

b)应能根据会话状态信息为数据流提供明确的允许/拒绝访问的能力，控制粒度为端口级，网络边界访问控制设备应设定过滤规则集。规则集应涵盖对所有出入边界的数据包的处理方式，对于没有明确定义的数据包，应缺省拒绝。

c)应对进出网络的信息内容进行过滤，实现对应用层 HTTP、FTP、TELNET、SMTP、POP3 等协议命令级的控制。

d)应在会话处于非活跃一定时间或会话结束后终止网络连接，管理终端连接网络设备，应在会话处于非活跃的时间超过 5 分钟或会话结束后终止网络连接。

e)应限制网络最大流量数及网络连接数。

f)重要网段应采取技术手段防止地址欺骗，应禁用网络设备的闲置端口，采用非虚拟 IP 设备地址绑定等方式防止地址欺骗。

g)应按用户和系统之间的允许访问规则，决定允许或拒绝用户对受控系统进行资源访问，控制粒度为单个用户。

h)应限制具有拨号访问权限的用户数量，原则上不应通过互联网对重要信息系统进行远程维护和管理。

7.1.2.3　安全审计(G3)

本项要求包括：

a)应对网络系统中的网络设备运行状况、网络流量、用户行为等进行日志记录。

b)审计记录应包括：事件的日期和时间、用户、事件类型、事件是否成功及其他与审计相关的信息。

c)应能够根据记录数据进行分析，并生成审计报表。

d)应对审计记录进行保护，避免受到未预期的删除、修改或覆盖等。

7.1.2.4　边界完整性检查(S3)

本项要求包括：

a)应能够对非授权设备私自联到内部网络的行为进行检查，准确定出位置，并对其进行有效阻断。

b)应能够对内部网络用户私自联到外部网络的行为进行检查，准确定出位置，并对其进行有效阻断，能够检查网络用户终端采用双网卡跨接外部网络，或采用电话拨号、ADSL 拨号、手机、无线上网卡等无线拨号方式连接其他外部网络。

7.1.2.5 入侵防范(G3)

本项要求包括:

a)应在网络边界处监视以下攻击行为：端口扫描、强力攻击、木马后门攻击、拒绝服务攻击、缓冲区溢出攻击、IP碎片攻击和网络蠕虫攻击等。

b)当检测到攻击行为时，记录攻击源IP、攻击类型、攻击目的、攻击时间，在发生严重入侵事件时应提供报警。

7.1.2.6 恶意代码防范(G3)

本项要求包括:

a)应在网络边界处对恶意代码进行检测和清除。

b)应维护恶意代码库的升级和检测系统的更新。

7.1.2.7 网络设备防护(G3)

本项要求包括:

a)应对登录网络设备的用户进行身份鉴别，应删除默认用户或修改默认用户的口令，根据管理需要开设用户，不得使用缺省口令、空口令、弱口令。

b)应对网络设备的管理员登录地址进行限制。

c)网络设备用户的标识应唯一。

d)主要网络设备应对同一用户选择两种或两种以上组合的鉴别技术来进行身份鉴别。

①通过本地控制台管理网络设备时，应采用一种或一种以上身份鉴别技术。

②以远程方式登录网络设备，应采用两种或两种以上组合的鉴别技术进行身份鉴别。

e)身份鉴别信息应具有不易被冒用的特点，口令应有复杂度要求并定期更换。

①口令应符合以下条件：数字、字母、符号混排，无规律的方式。

②管理员用户口令的长度至少为10位。

③管理员用户口令至少每季度更换一次，更新的口令至少5次内不能重复。

④如果设备口令长度不支持10位或其他复杂度要求，口令应使用所支持的最长长度并适当缩小更换周期；也可以使用动态密码卡等一次性口令认证方式。

f)应具有登录失败处理功能，可采取结束会话、限制非法登录次数和当网络登录连接超时自动退出等措施。

g)当对网络设备进行远程管理时，应采取必要措施防止鉴别信息在网络传输过程中被窃听。

h)应实现设备特权用户的权限分离。

7.1.3 主机安全

7.1.3.1 身份鉴别(S3)

本项要求包括:

a)应对登录操作系统和数据库系统的用户进行身份标识和鉴别。

b)操作系统和数据库系统管理用户身份标识应具有不易被冒用的特点，口令应有复杂度要求并定期更换。

①口令应符合以下条件：数字、字母、符号混排，无规律的方式。

②口令的长度至少为10位。

③口令至少每季度更换1次，更新的口令至少5次内不能重复。

④如果设备口令长度不支持10位或其他复杂度要求，口令应使用所支持的最长长度并适当缩小更换周期；也可以使用动态密码卡等一次性口令认证方式。

c)应启用登录失败处理功能，可采取结束会话、限制非法登录次数和自动退出等措施。

d)当对服务器进行远程管理时，应采取必要措施，防止鉴别信息在网络传输过程中被窃听。

e)应为操作系统和数据库系统的不同用户分配不同的用户名，确保用户名具有唯一性。

f)应采用两种或两种以上组合的鉴别技术对管理用户进行身份鉴别。

①通过本地控制台管理主机设备时，应采用一种或一种以上身份鉴别技术。

②以远程方式登录主机设备，应采用两种或两种以上组合的鉴别技术进行身份鉴别。

7.1.3.2　访问控制(S3)

本项要求包括：

a)应启用访问控制功能，依据安全策略控制用户对资源的访问。

b)应根据管理用户的角色分配权限，实现管理用户的权限分离，仅授予管理用户所需的最小权限。

c)应实现操作系统和数据库系统特权用户的权限分离。

d)应严格限制默认账户的访问权限，重命名系统默认账户，修改这些账户的默认口令。

①系统无法修改访问权限的特殊默认账户，可不修改访问权限。

②系统无法重命名的特殊默认账户，可不重命名。

e)应及时删除多余的、过期的账户，避免共享账户的存在。

f)应对重要信息资源设置敏感标记。

g)应依据安全策略严格控制用户对有敏感标记重要信息资源的操作。

7.1.3.3　安全审计(G3)

本项要求包括：

a)审计范围应覆盖到服务器和重要客户端上的每个操作系统用户和数据库用户，系统不支持该要求的，应以系统运行安全和效率为前提，采用第三方安全审计产品实现审计要求。

b）审计内容应包括重要用户行为、系统资源的异常使用和重要系统命令的使用等系统内重要的安全相关事件，审计内容至少包括：用户的添加和删除、审计功能的启动和关闭、审计策略的调整、权限变更、系统资源的异常使用、重要的系统操作（如用户登录、退出）等。

c）审计记录应包括事件的日期、时间、类型、主体标识、客体标识和结果等。

d）应能够根据记录数据进行分析，并生成审计报表。

e）应保护审计进程，避免受到未预期的中断。

f）应保护审计记录，避免受到未预期的删除、修改或覆盖等，审计记录应至少保存6个月。

7.1.3.4　剩余信息保护（S3）

本项要求包括：

a）应保证操作系统和数据库系统用户的鉴别信息所在的存储空间，被释放或再分配给其他用户前得到完全清除，无论这些信息是存放在硬盘上还是在内存中。

b）应确保系统内的文件、目录和数据库记录等资源所在的存储空间，被释放或重新分配给其他用户前得到完全清除。

7.1.3.5　入侵防范（G3）

本项要求包括：

a）应能够检测到对重要服务器进行入侵的行为，能够记录入侵的源IP、攻击的类型、攻击的目的、攻击的时间，并在发生严重入侵事件时提供报警，针对重要服务器的入侵行为检测可通过网络级或主机级入侵检测系统等方式实现。

b）应能够对重要程序的完整性进行检测，并在检测到完整性受到破坏后具有恢复的措施，如不能正常恢复，应停止有关服务，并提供报警。

c）操作系统应遵循最小安装的原则，仅安装需要的组件和应用程序，并通过设置升级服务器等方式保持系统补丁及时得到更新，持续跟踪厂商提供的系统升级更新情况，应在经过充分的测试评估后对必要补丁进行及时更新。

7.1.3.6　恶意代码防范（G3）

本项要求包括：

a）应安装防恶意代码软件，并及时更新防恶意代码软件版本和恶意代码库。

①原则上所有主机应安装防恶意代码软件，不支持的主机操作系统除外。

②未安装防恶意代码软件的主机，应采取有效措施进行恶意代码防范。

b）主机防恶意代码产品应具有与网络防恶意代码产品不同的恶意代码库。

c）应支持防恶意代码的统一管理。

7.1.3.7　资源控制（A3）

本项要求包括：

a)应通过设定终端接入方式、网络地址范围等条件限制终端登录。

b)应根据安全策略设置登录终端的操作超时锁定。

c)应对重要服务器进行监视，包括监视服务器的CPU、硬盘、内存、网络等资源的使用情况。

d)应限制单个用户对系统资源的最大或最小使用限度。

e)应能够对系统的服务水平降低到预先规定的最小值进行检测和报警，重要服务器的CPU利用率、内存、磁盘存储空间等指标超过预先规定的阈值后应进行报警。

7.1.4 应用安全

7.1.4.1 身份鉴别(S3)

本项要求包括：

a)应提供专用的登录控制模块对登录用户进行身份标识和鉴别。

b)应对同一用户采用两种或两种以上组合的鉴别技术实现用户身份鉴别。

①管理用户通过受控本地控制台管理应用系统时，应采用一种或一种以上身份鉴别技术。

②管理用户以远程方式登录应用系统，应采用两种或两种以上组合的鉴别技术进行身份鉴别。

c)应提供用户身份标识唯一和鉴别信息复杂度检查功能，保证应用系统中不存在重复用户身份标识，身份鉴别信息不易被冒用。

d)应提供登录失败处理功能，可采取结束会话、限制非法登录次数和自动退出等措施。

e)应启用身份鉴别、用户身份标识唯一性检查、用户身份鉴别信息复杂度检查以及登录失败处理功能，并根据安全策略配置相关参数。

7.1.4.2 访问控制(S3)

本项要求包括：

a)应提供访问控制功能，依据安全策略控制用户对文件、数据库表等客体的访问。

b)访问控制的覆盖范围应包括与资源访问相关的主体、客体及它们之间的操作。

c)应由授权主体配置访问控制策略，并严格限制默认账户的访问权限。

d)应授予不同账户为完成各自承担任务所需的最小权限，并在它们之间形成相互制约的关系。

e)应具有对重要信息资源设置敏感标记的功能。

f)应依据安全策略严格控制用户对有敏感标记重要信息资源的操作。

7.1.4.3 安全审计(G3)

本项要求包括：

a)应提供覆盖到每个用户的安全审计功能，对应用系统重要安全事件进行审计，应用系统应能够对每个业务用户的关键操作提供记录，例如用户登录、用户退出、增加用户、修改用户权限等操作。

b)应保证无法单独中断审计进程，无法删除、修改或覆盖审计记录，审计进程应作为应用系统整体进程中的一部分，并且不能单独中断。

c)审计记录的内容至少应包括事件的日期、时间、发起者信息、类型、描述和结果等，审计记录应至少保存6个月。

d)应提供对审计记录数据进行统计、查询、分析及生成审计报表的功能。

7.1.4.4 剩余信息保护(S3)

本项要求包括：

a)应保证用户鉴别信息所在的存储空间被释放或再分配给其他用户前得到完全清除，无论这些信息是存放在硬盘上还是在内存中。

b)应保证系统内的文件、目录和数据库记录等资源所在的存储空间被释放或重新分配给其他用户前得到完全清除。

7.1.4.5 通信完整性(S3)

应采用密码技术保证通信过程中数据的完整性。

7.1.4.6 通信保密性(S3)

本项要求包括：

a)在通信双方建立连接之前，应用系统应利用密码技术进行会话初始化验证，通过互联网、卫星网进行通信时，建立通信连接之前，应用系统应利用密码技术或可靠的身份认证技术进行会话初始化验证。

b)应对通信过程中的整个报文或会话过程进行加密。

7.1.4.7 抗抵赖(G3)

本项要求包括：

a)应具有在请求的情况下为数据原发者或接收者提供数据原发证据的功能，原发证据包括应用系统操作与管理记录，至少应包括操作时间、操作人员及操作类型、操作内容等记录。

b)应具有在请求的情况下为数据原发者或接收者提供数据接收证据的功能，接受证据应用系统操作与管理记录至少应包括操作时间、操作人员及操作类型、操作内容等记录。

7.1.4.8 软件容错(A3)

本项要求包括：

a)应提供数据有效性检验功能，保证通过人机接口输入或通过通信接口输入的数据格式或长度符合系统设定要求。

b)应提供自动保护功能，当故障发生时自动保护当前所有状态，保证系统能够进行恢复。

7.1.4.9 资源控制(A3)

本项要求包括：

a)当应用系统的通信双方中的一方在一段时间内未作任何响应，另一方应能够自动结束会话，用户在登录应用系统后在规定的时间内未执行任何操作，应自动退出系统。

b)应能够对系统的最大并发会话连接数进行限制。

c)应能够对单个账户的多重并发会话进行限制。

d)应能够对一个时间段内可能的并发会话连接数进行限制。

e)应能够对一个访问账户或一个请求进程占用的资源分配最大限额和最小限额。

f)应能够对系统服务水平降低到预先规定的最小值进行检测和报警。

应提供服务优先级设定功能，并在安装后根据安全策略设定访问账户或请求进程的优先级，根据优先级分配系统资源。

7.1.5 数据安全及备份恢复

7.1.5.1 数据完整性(S3)

本项要求包括：

a)应能够检测到系统管理数据、鉴别信息和重要业务数据在传输过程中完整性是否受到破坏，并在检测到完整性错误时采取必要的恢复措施。

b)应能够检测到系统管理数据、鉴别信息和重要业务数据在存储过程中完整性是否受到破坏，并在检测到完整性错误时采取必要的恢复措施。

7.1.5.2 数据保密性(S3)

本项要求包括：

a)应采用加密或其他有效措施实现系统管理数据、鉴别信息和重要业务数据传输保密性，通过互联网、卫星网传递系统管理数据、鉴别信息和重要业务数据应采取加密方式。

b)应采用加密或其他保护措施实现系统管理数据、鉴别信息和重要业务数据存储保密性。

7.1.5.3 备份和恢复(A3)

本项要求包括：

a)应提供本地数据备份与恢复功能，完全数据备份至少每天一次，备份介质场外存放。

①备份每天产生的所有重要信息，并场外存放备份介质。

②每季度对备份数据至少进行一次抽样性恢复测试。

b)应提供异地数据备份功能，利用通信网络将关键数据定时批量传送至备用场地。

c)应采用冗余技术设计网络拓扑结构，避免关键节点存在单点故障。

d)应提供主要网络设备、通信线路和数据处理系统的硬件冗余，保证系统的高可用性。

①对主要的网络设备、通信设备建立备份机制，有备机备件。

②对主要的通信线路有冗余备份线路，主备通信线路应采用不同运营商。

③主要的网络设备、通信线路在发生故障时可以主备自动切换，不影响业务运行。

7.2 管理要求及应对措施

7.2.1 安全管理制度

7.2.1.1 管理制度(G3)

本项要求包括：

a)应制定信息安全工作的总体方针和安全策略，说明机构安全工作的总体目标、范围、原则和安全框架等。

b)应对安全管理活动中的各类管理内容建立安全管理制度。

c)应对管理人员或操作人员执行的日常管理操作建立操作规程。

d)应形成由安全策略、管理制度、操作规程等构成的全面的信息安全管理制度体系。

7.2.1.2 制定和发布(G3)

本项要求包括：

a)应指定或授权专门的部门或人员负责安全管理制度的制定。

b)安全管理制度应具有统一的格式，并进行版本控制。

c)应组织相关人员对制定的安全管理制度进行论证和审定。

d)安全管理制度应通过正式、有效的方式发布。

e)安全管理制度应注明发布范围，并对收发文进行登记。

7.2.1.3 评审和修订(G3)

本项要求包括：

a)信息安全领导小组应每年至少组织一次相关部门和相关人员对安全管理制度体系的合理性和适用性审定。

b)应每年或在发生重大变更时对安全管理制度进行检查和审定，对存在不足或需要改进的安全管理制度进行修订。

7.2.2 安全管理机构

7.2.2.1 岗位设置(G3)

本项要求包括：

a)应设立信息安全管理工作的职能部门，设立安全主管、安全管理各个方面的负责人岗位，并定义各负责人的职责。

b)应设立系统管理员、网络管理员、安全管理员等岗位，并定义各个工作岗位的职责，系统的开发、管理、运行人员应该在岗位上分离。

c)应成立指导和管理信息安全工作的委员会或领导小组，其最高领导由单位主管领导委任或授权。

d)应制定文件明确安全管理机构各个部门和岗位的职责、分工和技能要求。

7.2.2.2　人员配备(G3)

本项要求包括:

a)应配备一定数量的系统管理员、网络管理员、安全管理员等，每个岗位应有备岗。

b)应配备专职安全管理员，不可兼任。

c)关键事务岗位应配备多人共同管理。

7.2.2.3　授权和审批(G3)

本项要求包括:

a)应根据各个部门和岗位的职责明确授权审批事项、审批部门和批准人等。

①重要审批授权记录应留档备查。

②对于单位管理部门和信息技术部门办公地点不同的应明确重大信息安全事件授权管理模式。

b)应针对系统变更、重要操作、物理访问和系统接入等事项建立审批程序，按照审批程序执行审批过程，对重要活动建立逐级审批制度。

c)应定期审查审批事项，及时更新需授权和审批的项目、审批部门和审批人等信息，每年至少进行一次审查审批事项。

d)应记录审批过程并保存审批文档。

7.2.2.4　沟通和合作(G3)

本项要求包括:

a)应加强各类管理人员之间、组织内部机构之间以及信息安全职能部门内部的合作与沟通，定期或不定期召开协调会议，共同协作处理信息安全问题。

b)应加强与兄弟单位、公安机关、通信运营商、供电部门等单位和部门的合作与沟通。

c)应加强与供应商、业界专家、专业的安全公司、安全组织的合作与沟通。

d)应建立外联单位联系列表，包括外联单位名称、合作内容、联系人和联系方式等信息。

e)应聘请信息安全专家作为常年的安全顾问，指导信息安全建设，参与安全规划和安全评审等。

7.2.2.5　审核和检查(G3)

本项要求包括:

a)安全管理员应负责定期进行安全检查，检查内容包括系统日常运行、系统漏洞和数据备份等情况，安全检查应至少每月一次。

b)应由内部人员或上级单位定期进行全面安全检查，检查内容包括现有安全技术措施的有效性、安全配置与安全策略的一致性、安全管理制度的执行情况等，全面安全检查应至少每年一次。

c)应制定安全检查表格实施安全检查，汇总安全检查数据，形成安全检查报告，并对安全检查结果进行通报。

d)应制定安全审核和安全检查制度规范安全审核和安全检查工作，定期按照程序进行安全审核和安全检查活动，安全审核和安全检查活动应至少每年一次。

7.2.3 人员安全管理

7.2.3.1 人员录用(G3)

本项要求包括：

a)应指定或授权专门的部门或人员负责人员录用。

b)应严格规范人员录用过程，对被录用人的身份、背景、专业资格和资质等进行审查，对其所具有的技术技能进行考核。

c)应签署保密协议。

d)应从内部人员中选拔从事关键岗位的人员，并签署岗位安全协议。

7.2.3.2 人员离岗(G3)

本项要求包括：

a)应严格规范人员离岗过程，及时终止离岗员工的所有访问权限。

b)应取回各种身份证件、钥匙、徽章等以及机构提供的软硬件设备。

c)应办理严格的调离手续，关键岗位人员离岗须承诺调离后的保密义务后方可离开。

7.2.3.3 人员考核(G3)

本项要求包括：

a)应定期对各个岗位的人员进行安全技能及安全认知的考核，安全技能及安全认知的考核应至少每年一次。

b)应对关键岗位的人员进行全面、严格的安全审查和技能考核。

c)应对考核结果进行记录并保存。

7.2.3.4 安全意识教育和培训(G3)

本项要求包括：

a)应对各类人员进行安全意识教育、岗位技能培训和相关安全技术培训。

b)应对安全责任和惩戒措施进行书面规定并告知相关人员，对违反违背安全策略和规定的人员进行惩戒。

c)应对定期安全教育和培训进行书面规定，针对不同岗位制定不同的培训计划，对信息安全基础知识、岗位操作规程等进行培训，信息安全基础知识、岗位操作规程的培训应至少每年一次。

d)应对安全教育和培训的情况和结果进行记录并归档保存。

7.2.3.5 外部人员访问管理(G3)

本项要求包括:

a)应确保在外部人员访问受控区域前先提出书面申请，批准后由专人全程陪同或监督，并登记备案。

b)对外部人员允许访问的区域、系统、设备、信息等内容应进行书面的规定，并按照规定执行。

7.2.4 系统建设管理

7.2.4.1 系统定级(G3)

本项要求包括:

a)应明确信息系统的边界和安全保护等级。

b)应以书面的形式说明确定信息系统为某个安全保护等级的方法和理由。

c)应组织相关部门和有关安全技术专家对信息系统定级结果的合理性和正确性进行论证和审定。

d)应确保信息系统的定级结果经过相关部门的批准。

7.2.4.2 安全方案设计(G3)

本项要求包括:

a)应根据系统的安全保护等级选择基本安全措施，并依据风险分析的结果补充和调整安全措施。

b)应指定和授权专门的部门对信息系统的安全建设进行总体规划，制定近期和远期的安全建设工作计划。

c)应根据信息系统的等级划分情况，统一考虑安全保障体系的总体安全策略、安全技术框架、安全管理策略、总体建设规划和详细设计方案，并形成配套文件。

d)应组织相关部门和有关安全技术专家对总体安全策略、安全技术框架、安全管理策略、总体建设规划、详细设计方案等相关配套文件的合理性和正确性进行论证和审定，并且经过批准后，才能正式实施。

e)应根据等级测评、安全评估的结果定期调整和修订总体安全策略、安全技术框架、安全管理策略、总体建设规划、详细设计方案等相关配套文件。

7.2.4.3 产品采购和使用(G3)

本项要求包括:

a)应确保安全产品采购和使用符合国家的有关规定。

b)应确保密码产品采购和使用符合国家密码主管部门的要求。

c)应指定或授权专门的部门负责产品的采购。

d)应预先对产品进行选型测试，确定产品的候选范围，并定期审定和更新候选产品名单。

7.2.4.4 自行软件开发(G3)

本项要求包括：

a)应确保开发环境与实际运行环境物理分开，开发人员和测试人员分离，测试数据和测试结果受到控制，应保证同一组件或子系统的开发人员和测试人员应分离。

b)应制定软件开发管理制度，明确说明开发过程的控制方法和人员行为准则。

c)应制定代码编写安全规范，要求开发人员参照规范编写代码。

d)应确保提供软件设计的相关文档和使用指南，并由专人负责保管。

e)应确保对程序资源库的修改、更新、发布进行授权和批准。

f)应确保软件具有用户权限认证机制，严格控制对数据的操作权限。

7.2.4.5 外包软件开发(G3)

本项要求包括：

a)应根据开发需求检测软件质量。

b)应在软件安装之前检测软件包中可能存在的恶意代码。

c)应要求开发单位提供软件设计的相关文档和使用指南。

d)应要求开发单位提供软件源代码，并审查软件中可能存在的后门。

e)应确保软件具有用户权限认证机制，严格控制对数据的操作权限。

7.2.4.6 工程实施(G3)

本项要求包括：

a)应指定或授权专门的部门或人员负责工程实施过程的管理。

b)应制定详细的工程实施方案控制实施过程，并要求工程实施单位能正式地执行安全工程过程。

c)应制定工程实施方面的管理制度，明确说明实施过程的控制方法和人员行为准则。

7.2.4.7 测试验收(G3)

本项要求包括：

a)应委托公正的第三方测试单位对系统进行安全性测试，并出具安全性测试报告。

b)在测试验收前应根据设计方案或合同要求等制订测试验收方案，在测试验收过程中应详细记录测试验收结果，并形成测试验收报告。

c)应对系统测试验收的控制方法和人员行为准则进行书面规定。

d)应指定或授权专门的部门负责系统测试验收的管理，并按照管理规定的要求完成系统测试验收工作。

e)应组织相关部门和相关人员对系统测试验收报告进行审定，并签字确认。

7.2.4.8 系统交付(G3)

本项要求包括：

a)应制定详细的系统交付清单，并根据交付清单对所交接的设备、软件和文档等进行清点。

b)应对负责系统运行维护的技术人员进行相应的技能培训。

c)应确保提供系统建设过程中的文档和指导用户进行系统运行维护的文档。

d)应对系统交付的控制方法和人员行为准则进行书面规定。

e)应指定或授权专门的部门负责系统交付的管理工作，并按照管理规定的要求完成系统交付工作。

7.2.4.9　系统备案(G3)

本项要求包括：

a)应指定专门的部门或人员负责管理系统定级的相关材料，并控制这些材料的使用。

b)应将系统等级及相关材料报系统主管部门备案。

c)应将系统等级及其他要求的备案材料报相应公安机关备案。

7.2.4.10　等级测评(G3)

本项要求包括：

a)在系统运行过程中，应至少每年对系统进行一次等级测评，发现不符合相应等级保护标准要求的及时整改。

b)应在系统发生变更时及时对系统进行等级测评，发现级别发生变化的及时调整级别并进行安全改造，发现不符合相应等级保护标准要求的及时整改。

c)应选择具有国家相关技术资质和安全资质的测评单位进行等级测评。

d)应指定或授权专门的部门或人员负责等级测评的管理。

7.2.4.11　安全服务商选择(G3)

本项要求包括：

a)应确保安全服务商的选择符合国家的有关规定。

b)应与选定的安全服务商签订与安全相关的协议，明确约定相关责任。

c)应确保选定的安全服务商提供技术培训和服务承诺，必要的与其签订服务合同。

7.2.5　系统运维管理

7.2.5.1　环境管理(G3)

本项要求包括：

a)应指定专门的部门或人员定期对机房供配电、空调、温湿度控制等设施进行维护管理。

①应每季度对机房供配电、空调、UPS等设施进行维护管理并保存相关维护记录。

②应每年对防盗报警、防雷、消防等装置进行检测维护并保存相关维护记录。

b)应指定部门负责机房安全，并配备机房安全管理人员，对机房的出入、服务器的开机或关机等工作进行管理。

c)应建立机房安全管理制度，对有关机房物理访问，物品带进、带出机房和机房环境安全等方面的管理作出规定。

d)应加强对办公环境的保密性管理，规范办公环境人员行为，包括工作人员调离办公室应立即交还该办公室钥匙、不在办公区接待来访人员、工作人员离开座位应确保终端计算机退出登录状态和桌面上没有包含敏感信息的纸档文件等。

7.2.5.2　资产管理(G3)

本项要求包括：

a)应编制并保存与信息系统相关的资产清单，包括资产责任部门、重要程度和所处位置等内容。

b)应建立资产安全管理制度，规定信息系统资产管理的责任人员或责任部门，并规范资产管理和使用的行为。

c)应根据资产的重要程度对资产进行标识管理，根据资产的价值选择相应的管理措施。

d)应对信息分类与标识方法作出规定，并对信息的使用、传输和存储等进行规范化管理。

7.2.5.3　介质管理(G3)

本项要求包括：

a)应建立介质安全管理制度，对介质的存放环境、使用、维护和销毁等方面作出规定。

b)应确保介质存放在安全的环境中，并实行存储环境专人管理。

c)应对介质在物理传输过程中的人员选择、打包、交付等情况进行控制，对介质归档和查询等进行登记记录，并根据存档介质的目录清单定期盘点。

d)应对存储介质的使用过程、送出维修以及销毁等进行严格的管理，对带出工作环境的存储介质进行内容加密和监控管理，对送出维修或销毁的介质应首先清除介质中的敏感数据，对保密性较高的存储介质未经批准不得自行销毁。

e)应根据数据备份的需要对某些介质实行异地存储，存储地的环境要求和管理方法应与本地相同。

f)应对重要介质中的数据和软件采取加密存储，并根据所承载数据和软件的重要程度对介质进行分类和标识管理。

7.2.5.4　设备管理(G3)

本项要求包括：

a)应对信息系统相关的各种设备(包括备份和冗余设备)、线路等指定专门的部门或人员定期进行维护管理，每季度至少进行一次维护管理。

b)应建立基于申报、审批和专人负责的设备安全管理制度，对信息系统的各种软硬件设备的选型、采购、发放和领用等过程进行规范化管理。

c)应建立配套设施、软硬件维护方面的管理制度，对其维护进行有效的管理，包括明确维护人员的责任、涉外维修和服务的审批、维修过程的监督控制等。

d)应对终端计算机、工作站、便携机、系统和网络等设备的操作和使用进行规范化管理，按操作规程实现主要设备(包括备份和冗余设备)的启动/停止、加电/断电等操作。

e)应确保信息处理设备必须经过审批才能带离机房或办公地点。

7.2.5.5　监控管理和安全管理中心(G3)

本项要求包括：

a)应对通信线路、主机、网络设备和应用软件的运行状况、网络流量、用户行为等进行监测和报警，形成记录并妥善保存。

b)应组织相关人员定期对监测和报警记录进行分析、评审，发现可疑行为，形成分析报告，并采取必要的应对措施。

c)应建立安全管理中心，对设备状态、恶意代码、补丁升级、安全审计等安全相关事项进行集中管理。

7.2.5.6　网络安全管理(G3)

本项要求包括：

a)应指定专人对网络进行管理，负责运行日志、网络监控记录的日常维护和报警信息分析和处理工作。

b)应建立网络安全管理制度，对网络安全配置、日志保存时间、安全策略、升级与打补丁、口令更新周期等方面作出规定。

c)应根据厂家提供的软件升级版本对网络设备进行更新，并在更新前对现有的重要文件进行备份，持续跟踪厂商提供的网络设备的软件升级更新情况，在经过充分的测试评估后对必要补丁进行更新。

d)应定期对网络系统进行漏洞扫描，对发现的网络系统安全漏洞进行及时的修补。

①每月至少进行一次漏洞扫描，对漏洞风险持续跟踪，在经过充分的验证测试后对必要漏洞开展修补工作。

②实施漏洞扫描或漏洞修补前，应对可能的风险进行评估和充分准备，如选择恰当时间，并做好数据备份和回退方案。

③漏洞扫描或漏洞修补后应进行验证测试，以保证网络系统的正常运行。

e)应实现设备的最小服务配置，并对配置文件进行定期离线备份。

①应至少每月对网络设备的配置文件进行备份。

②应在配置变更后对网络设备的配置文件进行备份。

f)应保证所有与外部系统的连接均得到授权和批准。

g)应依据安全策略允许或者拒绝便携式和移动式设备的网络接入。

h)应定期检查违反规定拨号上网或其他违反网络安全策略的行为。

7.2.5.7　系统安全管理(G3)

本项要求包括：

a)应根据业务需求和系统安全分析确定系统的访问控制策略。

b)应定期进行漏洞扫描，对发现的系统安全漏洞及时进行修补。

①每月至少进行一次漏洞扫描，对漏洞风险持续跟踪，在经过充分的验证测试后对必要漏洞开展修补工作。

②实施漏洞扫描或漏洞修补前，应对可能的风险进行评估和充分准备，如选择恰当时间，并做好数据备份和回退方案。

③漏洞扫描或漏洞修补后应进行验证测试，以保证系统的正常运行。

c)应安装系统的最新补丁程序，在安装系统补丁前，首先在测试环境中测试通过，并对重要文件进行备份后，方可实施系统补丁程序的安装，持续跟踪厂商提供的系统补丁更新情况，在经过充分的测试评估后对必要补丁进行更新。

d)应建立系统安全管理制度，对系统安全策略、安全配置、日志管理和日常操作流程等方面作出具体规定。

e)应指定专人对系统进行管理，划分系统管理员角色，明确各个角色的权限、责任和风险，权限设定应当遵循最小授权原则。

f)应依据操作手册对系统进行维护，详细记录操作日志，包括重要的日常操作、运行维护记录、参数的设置和修改等内容，严禁进行未经授权的操作。

g)应定期对运行日志和审计数据进行分析，以便及时发现异常行为，应至少每季度对运行日志和审计数据进行分析。

7.2.5.8　恶意代码防范管理(G3)

本项要求包括：

a)应提高所有用户的防病毒意识，及时告知防病毒软件版本，在读取移动存储设备上的数据以及网络上接收文件或邮件之前，先进行病毒检查，对外来计算机或存储设备接入网络系统之前也应进行病毒检查。

b)应指定专人对网络和主机进行恶意代码检测并保存检测记录。

c)应对防恶意代码软件的授权使用、恶意代码库升级、定期汇报等作出明确规定。

d)应定期检查信息系统内各种产品的恶意代码库的升级情况并进行记录，对主机防病毒产品、防病毒网关和邮件防病毒网关上截获的危险病毒或恶意代码进行及时分析处理，并形成书面的报表和总结汇报。

7.2.5.9　密码管理(G3)

应建立密码使用管理制度，使用符合国家密码管理规定的密码技术和产品。

7.2.5.10　变更管理(G3)

本项要求包括：

a)应确认系统中要发生的变更，并制定变更方案，重要系统变更前应制定详细的变更方案、失败回退方案、专项应急预案。

b)应建立变更管理制度，系统发生变更前，向主管领导申请，变更和变更方案经过评审、审批后方可实施变更，并在实施后将变更情况向相关人员通告。

c)应建立变更控制的申报和审批文件化程序，对变更影响进行分析并文档化，记录变更实施过程，并妥善保存所有文档和记录。

d)应建立中止变更并从失败变更中恢复的文件化程序，明确过程控制方法和人员职责，必要时对恢复过程进行演练。

7.2.5.11　备份与恢复管理(G3)

本项要求包括：

a)应识别需要定期备份的重要业务信息、系统数据及软件系统等。

①重要业务信息至少包括：账户、审核、发布、归档等业务数据。

②系统数据包括：权限设置、网络地址、硬件配置及其他重要系统配置参数。

③软件系统包括：系统软件及应用软件的执行程序及可获取的源代码。

b)应建立备份与恢复管理相关的安全管理制度，对备份信息的备份方式、备份频度、存储介质和保存期等进行规范。

c)应根据数据的重要性和数据对系统运行的影响，制定数据的备份策略和恢复策略，备份策略须指明备份数据的放置场所、文件命名规则、介质替换频率和将数据离站运输的方法。

d)应建立控制数据备份和恢复过程的程序，对备份过程进行记录，所有文件和记录应妥善保存。

e)应定期执行恢复程序，检查和测试备份介质的有效性，确保可以在恢复程序规定的时间内完成备份的恢复。

7.2.5.12　安全事件处置(G3)

本项要求包括：

a)应报告所发现的安全弱点和可疑事件，但任何情况下用户均不应尝试验证弱点。

b)应制定安全事件报告和处置管理制度，明确安全事件的类型，规定安全事件的现场处理、事件报告和后期恢复的管理职责。

c)应根据国家相关管理部门对计算机安全事件等级划分方法和安全事件对本系统产生的影响，对本系统计算机安全事件进行等级划分。

d)应制定安全事件报告和响应处理程序，确定事件的报告流程，响应和处置的范围、程度，以及处理方法等。

e)应在安全事件报告和响应处理过程中，分析和鉴定事件产生的原因，搜集证据，记录处理过程，总结经验教训，制定防止再次发生的补救措施，过程形成的所有文件和记录均应妥善保存。

f）对造成系统中断和造成信息泄密的安全事件应采用不同的处理程序和报告程序。

7.2.5.13　应急预案管理（G3）

本项要求包括：

a）应在统一的应急预案框架下制定不同事件的应急预案，应急预案框架应包括启动应急预案的条件、应急处理流程、系统恢复流程、事后教育和培训等内容。

b）应从人力、设备、技术和财务等方面确保应急预案的执行有足够的资源保障。

c）应对系统相关的人员进行应急预案培训，应急预案的培训应至少每年举办一次。

d）应定期对应急预案进行演练，根据不同的应急恢复内容，确定演练的周期，应至少每年对应急预案进行全面综合的演练。

e）应规定应急预案需要定期审查和根据实际情况更新的内容，并按照执行。

8　第四级基本要求及应对措施

8.1　技术要求及应对措施

8.1.1　物理安全

8.1.1.1　物理位置的选择（G4）

本项要求包括：

a）机房和办公场地应选择在具有防震、防风和防雨等能力的建筑内。

①应具有机房或机房所在建筑物符合当地抗震要求的相关证明。

②机房外墙壁应没有对外的窗户。否则，窗户应做密封、防水处理。

b）机房场地应避免设在建筑物的高层或地下室，以及用水设备的下层或隔壁。

①机房场地不宜设在建筑物顶层，如果不可避免，应采取有效防水措施，机房场地设在建筑物地下室的，应采取有效的防水措施。

②机房场地设在高层建筑物高层的，应对设备采取有效固定措施。

③如果机房周围有用水设备，应当有防渗水和疏导措施。

8.1.1.2　物理访问控制（G4）

本项要求包括：

a）机房出入口应安排专人值守并配置电子门禁系统，控制、鉴别和记录进入的人员。

①机房出入应当安排专人负责管理。

②应当保存门禁系统的日志记，采用监控设备将机房人员进入情况传输到值班点，并应记录外来人员进出机房的情况。

b）需进入机房的来访人员应经过申请和审批流程，并限制和监控其活动范围。

①来访人员进入机房，应有审批流程，并记录带进带出的设备、进出时间、工作内容，并监控其在限定的范围内工作，并有专人陪同。

②机房出入口应进行视频监控，监控记录至少保留 3 个月。

c)应对机房划分区域进行管理，区域和区域之间设置物理隔离装置，在重要区域前设置交付或安装等过渡区域。

①机房应当按照消防要求和管理要求进行合理分区，区域和区域之间设置物理隔离装置。

②机房应当设置专门的过渡区域，用于设备的交付或安装。

③重要区域包括：主机房、辅助区、支持区等功能区域。

d)重要区域应配置第二道电子门禁系统，控制、鉴别和记录进入的人员。

8.1.1.3 防盗窃和防破坏(G4)

本项要求包括：

a)应将主要设备放置在机房内。

b)应将设备或主要部件进行固定，并设置明显的不易除去的标记。

①主要设备应当安装、固定在机柜内或机架上。

②主要设备、机柜、机架等应有明显且不易除去的标识，如粘贴标签或铭牌。

c)将通信线缆铺设在隐蔽处，可铺设在地下、管道或线槽中。

d)应对介质分类标识，存储在介质库或档案室中。

e)应利用光、电等技术设置机房防盗报警系统。

f)应对机房设置监控报警系统。

①应至少对机房的出入口、操作台等区域进行摄像监控。

②监控录像记录至少保存 3 个月。

8.1.1.4 防雷击(G4)

本项要求包括：

a)机房建筑应设置避雷装置。

①机房或机房所在大楼，应设计并安装防雷击措施，防雷措施应至少包括避雷针或避雷器等。

②应具有经国家防雷检测部门年检合格的相关证明。

b)应设置防雷保安器，防止感应雷。

c)机房应设置交流电源地线。

8.1.1.5 防火(G4)

本项要求包括：

a)机房应设置火灾自动消防系统，能够自动检测火情、自动报警，并自动灭火。

①应至少达到 GB 50174 中 A 类电子信息系统机房设计规范的消防要求。

②机房的火灾自动消防系统应向当地公安消防部门备案。

b)机房及相关的工作房间和辅助房应采用具有耐火等级的建筑材料，机房设备区域与其他区域的隔离材料应参照 GB 50016 要求，应达到耐火等级二级。

c)机房应采取区域隔离防火措施，将重要设备与其他设备隔离开。

8.1.1.6　防水和防潮(G4)

本项要求包括：

a)水管安装，不得穿过机房屋顶和活动地板下。

①与机房设备无关的水管不得穿过机房屋顶和活动地板下。

②机房屋顶和活动地板下铺有水管的，应采取有效防护措施。

b)应采取措施防止雨水通过机房窗户、屋顶和墙壁渗透。

c)应采取措施防止机房内水蒸气结露和地下积水的转移与渗透。

d)应安装对水敏感的检测仪表或元件，对机房进行防水检测和报警。

8.1.1.7　防静电(G4)

本项要求包括：

a)设备应采用必要的接地防静电措施。

b)机房应采用防静电地板。

c)应采用静电消除器等装置，减少静电的产生，机房的防静电活动地板应符合 GB 6650《计算机机房用活动地板技术条件》。

8.1.1.8　温湿度控制(G4)

机房应设置温湿度自动调节设施，使机房温、湿度的变化在设备运行所允许的范围之内。

a)机房开机时机房温度应控制在 22～24℃。

b)开机时机房相对湿度应控制在 40%～55%。

c)停机时机房温度应控制在 5～35℃。

d)停机时机房相对湿度应控制在 40%～70%。

8.1.1.9　电力供应(A4)

本项要求包括：

a)应在机房供电线路上配置稳压器和过电压防护设备。

b)应提供短期的备用电力供应，至少满足设备在断电情况下的正常运行要求。

①机房应配备 UPS。

②UPS 实际运行供电时间不少于备用供电系统启用时间的 2 倍。

c)应设置冗余或并行的电力电缆线路为计算机系统供电，采用双路市电、双路配电。

d)应建立备用供电系统。

①应配备或租用发电机。

②发电机供电时间应不小于 24 小时。

8.1.1.10 电磁防护(S4)

本项要求包括:

a)应采用接地方式防止外界电磁干扰和设备寄生耦合干扰。

①机房或机房所在的大楼必须有接地措施，并且接地电阻必须小于1欧姆。

②机房验收报告应提供合格的检测结果。

b)电源线和通信线缆应隔离铺设在不同的桥架或管道，避免互相干扰。

c)应对关键区域实施电磁屏蔽。

8.1.2 网络安全

8.1.2.1 结构安全(G4)

本项要求包括:

a)应保证网络设备的业务处理能力具备冗余空间，满足业务高峰期需要，网络设备的业务处理能力至少为历史峰值的4倍。

b)应保证网络各个部分的带宽满足业务高峰期需要。

c)应在业务终端与业务服务器之间进行路由控制建立安全的访问路径，业务终端和业务服务器应放置在不同的子网内，并建立安全的访问路径。

d)应绘制与当前运行情况相符的网络拓扑结构图，应绘制完整的网络拓扑结构图，有相应的网络配置表，包含设备IP地址等主要信息，与当前运行情况相符，并及时更新。

e)应根据各部门的工作职能、重要性和所涉及信息的重要程度等因素，划分不同的原则为各子网、网段分配地址段。

f)应避免将重要网段部署在网络边界处且直接连接外部信息系统，重要网段与其他网段之间采取可靠的技术隔离手段。

g)应按照对业务服务的重要次序来指定带宽分配优先级别，保证在网络发生拥堵的时候优先保护重要主机，应对所有业务确定重要性、优先级，制定业务相关带宽分配原则及相应的带宽控制策略，根据安全需求，采取网络QoS或专用带宽管理设备等措施。

8.1.2.2 访问控制(G4)

本项要求包括:

a)应在网络边界部署访问控制设备，启用访问控制功能。

b)应不允许数据带通用协议通过。

c)应根据数据的敏感标记允许或拒绝数据通过。

d)应不开放远程拨号访问功能。

8.1.2.3 安全审计(G4)

本项要求包括:

a)应对网络系统中的网络设备运行状况、网络流量、用户行为等进行日志记录。

b)审计记录应包括:事件的日期和时间、用户、事件类型、事件是否成功及其他与审计相关的信息。

c)应能够根据记录数据进行分析，并生成审计报表。

d)应对审计记录进行保护，避免受到未预期的删除、修改或覆盖等。

e)应定义审计跟踪极限的阈值，当存储空间接近极限时，能采取必要的措施，当存储空间被耗尽时，终止可审计事件的发生。

f)应根据信息系统的统一安全策略，实现集中审计，时钟保持与时钟服务器同步。

8.1.2.4　边界完整性检查(S4)

本项要求包括：

a)应能够对非授权设备私自联到内部网络的行为进行检查，准确定出位置，并对其进行有效阻断。

b)应能够对内部网络用户私自联到外部网络的行为进行检查，准确定出位置，并对其进行有效阻断，能够检查网络用户终端采用双网卡跨接外部网络，或采用电话拨号、ADSL拨号、手机、无线上网卡等无线拨号方式连接其他外部网络。

8.1.2.5　入侵防范(G4)

本项要求包括：

a)应在网络边界处监视以下攻击行为：端口扫描、强力攻击、木马后门攻击、拒绝服务攻击、缓冲区溢出攻击、IP碎片攻击和网络蠕虫攻击等。

b)当检测到攻击行为时，应记录攻击源IP、攻击类型、攻击目的、攻击时间，在发生严重入侵事件时应提供报警及自动采取相应动作。

8.1.2.6　恶意代码防范(G4)

本项要求包括：

a)应在网络边界处对恶意代码进行检测和清除。

b)应维护恶意代码库的升级和检测系统的更新。

8.1.2.7　网络设备防护(G4)

本项要求包括：

a)应对登录网络设备的用户进行身份鉴别，应删除默认用户或修改默认用户的口令，根据管理需要开设用户，不得使用缺省口令、空口令、弱口令。

b)应对网络设备的管理员登录地址进行限制。

c)网络设备用户的标识应唯一。

d)主要网络设备应对同一用户选择两种或两种以上组合的鉴别技术来进行身份鉴别。

①通过本地控制台管理网络设备时，应采用一种或一种以上身份鉴别技术。

②以远程方式登录网络设备，应采用两种或两种以上组合的鉴别技术进行身份鉴别。

e)身份鉴别信息应具有不易被冒用的特点，口令应有复杂度要求并定期更换。

①口令应符合以下条件：数字、字母、符号混排，无规律的方式。

②管理员用户口令的长度至少为12位。

③管理员用户口令至少每季度更换1次，更新的口令至少5次内不能重复。

④如果设备口令长度不支持12位或其他复杂度要求，口令应使用所支持的最长长度并适当缩小更换周期；也可以使用动态密码卡等一次性口令认证方式。

f)网络设备用户的身份鉴别信息至少应有一种是不可伪造的。

g)应具有登录失败处理功能，可采取结束会话、限制非法登录次数和当网络登录连接超时自动退出等措施。

h)当对网络设备进行远程管理时，应采取必要措施防止鉴别信息在网络传输过程中被窃听。

i)应实现设备特权用户的权限分离。

8.1.3 主机安全

8.1.3.1 身份鉴别(S4)

本项要求包括：

a)应对登录操作系统和数据库系统的用户进行身份标识和鉴别。

b)操作系统和数据库系统管理用户身份标识应具有不易被冒用的特点，口令应有复杂度要求并定期更换。

①口令应符合以下条件：数字、字母、符号混排，无规律的方式。

②口令的长度至少为12位。

③口令至少每季度更换1次，更新的口令至少5次内不能重复。

④如果设备口令长度不支持12位或其他复杂度要求，口令应使用所支持的最长长度并适当缩小更换周期；也可以使用动态密码卡等一次性口令认证方式。

c)应启用登录失败处理功能，可采取结束会话、限制非法登录次数和自动退出等措施。

d)应设置鉴别警示信息，描述未授权访问可能导致的后果。

e)当对服务器进行远程管理时，应采取必要措施，防止鉴别信息在网络传输过程中被窃听。

f)应为操作系统和数据库系统的不同用户分配不同的用户名，确保用户名具有唯一性。

g)应采用两种或两种以上组合的鉴别技术对管理用户进行身份鉴别，并且身份鉴别信息至少有一种是不可伪造的。

①通过本地控制台管理主机设备时，应采用一种或一种以上身份鉴别技术。

②以远程方式登录主机设备，应采用两种或两种以上组合的鉴别技术进行身份鉴别。

8.1.3.2 安全标记(S4)

应对所有主体和客体设置敏感标记。

8.1.3.3 访问控制(S4)

本项要求包括:

a)应依据安全策略和所有主体和客体设置的敏感标记控制主体对客体的访问。

b)访问控制的粒度应达到主体为用户级或进程级，客体为文件、数据库表、记录和字段级。

c)应根据管理用户的角色分配权限，实现管理用户的权限分离，仅授予管理用户所需的最小权限。

d)应实现操作系统和数据库系统特权用户的权限分离。

e)应严格限制默认账户的访问权限，重命名系统默认账户，修改这些账户的默认口令。

①系统无法修改访问权限的特殊默认账户，可不修改访问权限。

②系统无法重命名的特殊默认账户，可不重命名。

f)应及时删除多余的、过期的账户，避免共享账户的存在。

8.1.3.4 可信路径(S4)

本项要求包括:

a)在系统对用户进行身份鉴别时，系统与用户之间应能够建立一条安全的信息传输路径。

b)在用户对系统进行访问时，系统与用户之间应能够建立一条安全的信息传输路径。

8.1.3.5 安全审计(G4)

本项要求包括:

a)审计范围应覆盖到服务器和重要客户端上的每个操作系统用户和数据库用户，系统不支持该要求的，应以系统运行安全和效率为前提，采用第三方安全审计产品实现审计要求。

b)审计内容应包括重要用户行为、系统资源的异常使用和重要系统命令的使用等系统内重要的安全相关事件，审计内容至少包括：用户的添加和删除、审计功能的启动和关闭、审计策略的调整、权限变更、系统资源的异常使用、重要的系统操作(如用户登录、退出)、重要用户(如系统管理员、系统安全员、系统审计员)的各项操作。

c)审计记录应包括日期和时间、类型、主体标识、客体标识、事件的结果等。

d)应能够根据记录数据进行分析，并生成审计报表。

e)应保护审计进程，避免受到未预期的中断。

f)应保护审计记录，避免受到未预期的删除、修改或覆盖等，审计记录应至少保存6个月。

g)应能够根据信息系统的统一安全策略，实现集中审计。

8.1.3.6 剩余信息保护(S4)

本项要求包括:

a)应保证操作系统和数据库系统用户的鉴别信息所在的存储空间，被释放或再分配给其他用户前得到完全清除，无论这些信息是存放在硬盘上还是在内存中。

b)应确保系统内的文件、目录和数据库记录等资源所在的存储空间，被释放或重新分配给其他用户前得到完全清除。

8.1.3.7 入侵防范(G4)

本项要求包括:

a)应能够检测到对重要服务器进行入侵的行为，能够记录入侵的源 IP、攻击的类型、攻击的目的、攻击的时间，并在发生严重入侵事件时提供报警，针对重要服务器的入侵行为检测可通过网络级或主机级入侵检测系统等方式实现。

b)应能够对重要程序的完整性进行检测，并在检测到完整性受到破坏后具有恢复的措施，如不能正常恢复，应停止有关服务，并提供报警。

c)操作系统应遵循最小安装的原则，仅安装需要的组件和应用程序，并通过设置升级服务器等方式保持系统补丁及时得到更新，持续跟踪厂商提供的系统升级更新情况，应在经过充分的测试评估后对必要补丁进行及时更新。

8.1.3.8 恶意代码防范(G4)

本项要求包括:

a)应安装防恶意代码软件，并及时更新防恶意代码软件版本和恶意代码库。

①原则上所有主机应安装防恶意代码软件，不支持的主机操作系统除外。

②未安装防恶意代码软件的主机，应采取有效措施进行恶意代码防范。

b)主机防恶意代码产品应具有与网络防恶意代码产品不同的恶意代码库。

c)应支持防恶意代码的统一管理。

8.1.3.9 资源控制(A4)

本项要求包括:

a)应通过设定终端接入方式、网络地址范围等条件限制终端登录。

b)应根据安全策略设置登录终端的操作超时锁定。

c)应对重要服务器进行监视，包括监视服务器的 CPU、硬盘、内存、网络等资源的使用情况。

d)应限制单个用户对系统资源的最大或最小使用限度。

e)应能够对系统的服务水平降低到预先规定的最小值进行检测和报警，重要服务器的 CPU 利用率、内存、磁盘存储空间等指标超过预先规定的阈值后应进行报警。

8.1.4 应用安全

8.1.4.1 身份鉴别(S4)

本项要求包括:

a)应提供专用的登录控制模块对登录用户进行身份标识和鉴别。

b)应对同一用户采用两种或两种以上组合的鉴别技术实现用户身份鉴别，其中一种是不可伪造的。

①管理用户通过受控本地控制台管理应用系统时，应采用一种或一种以上身份鉴别技术。

②管理用户以远程方式登录应用系统，应采用两种或两种以上组合的鉴别技术进行身份鉴别。

c)应提供用户身份标识唯一和鉴别信息复杂度检查功能，保证应用系统中不存在重复用户身份标识，身份鉴别信息不易被冒用。

d)应提供登录失败处理功能，可采取结束会话、限制非法登录次数和自动退出等措施。

e)应启用身份鉴别、用户身份标识唯一性检查、用户身份鉴别信息复杂度检查以及登录失败处理功能，并根据安全策略配置相关参数。

8.1.4.2 安全标记(S4)

应提供为主体和客体设置安全标记的功能并在安装后启用。

8.1.4.3 访问控制(S4)

本项要求包括:

a)应提供自主访问控制功能，依据安全策略控制用户对文件、数据库表等客体的访问。

b)自主访问控制的覆盖范围应包括与信息安全直接相关的主体、客体及它们之间的操作。

c)应由授权主体配置访问控制策略，并禁止默认账户的访问。

d)应授予不同账户为完成各自承担任务所需的最小权限，并在它们之间形成相互制约的关系。

应通过比较安全标记来确定是授予还是拒绝主体对客体的访问。

8.1.4.4 可信路径(S4)

本项要求包括:

a)在应用系统对用户进行身份鉴别时，应能够建立一条安全的信息传输路径。

b)在用户通过应用系统对资源进行访问时，应用系统应保证在被访问的资源与用户之间应能够建立一条安全的信息传输路径。

8.1.4.5　安全审计(G4)

本项要求包括：

a)应提供覆盖到每个用户的安全审计功能，对应用系统重要安全事件进行审计，应用系统应能够对每个业务用户的关键操作提供记录，例如用户登录、用户退出、增加用户、修改用户权限等操作。

b)应保证无法单独中断审计进程，无法删除、修改或覆盖审计记录，审计进程应作为应用系统整体进程中的一部分，并且不能单独中断。

c)审计记录的内容至少应包括事件的日期、时间、发起者信息、类型、描述和结果等，审计记录应至少保存6个月。

d)应提供对审计记录数据进行统计、查询、分析及生成审计报表的功能。

e)应根据系统统一安全策略，提供集中审计接口。

8.1.4.6　剩余信息保护(S4)

本项要求包括：

a)应保证用户的鉴别信息所在的存储空间被释放或再分配给其他用户前得到完全清除，无论这些信息是存放在硬盘上还是在内存中。

b)应保证系统内的文件、目录和数据库记录等资源所在的存储空间被释放或重新分配给其他用户前得到完全清除。

8.1.4.7　通信完整性(S4)

应采用密码技术保证通信过程中数据的完整性。

8.1.4.8　通信保密性(S4)

本项要求包括：

a)在通信双方建立连接之前，应用系统应利用密码技术进行会话初始化验证，通过互联网、卫星网进行通信时，建立通信连接之前，应用系统应利用密码技术或可靠的身份认证技术进行会话初始化验证。

b)应对通信过程中的整个报文或会话过程进行加密。

c)应基于硬件化的设备对重要通信过程进行加解密运算和密钥管理。

8.1.4.9　抗抵赖(G4)

本项要求包括：

a)应具有在请求的情况下为数据原发者或接收者提供数据原发证据的功能，原发证据包括应用系统操作与管理记录，至少应包括操作时间、操作人员及操作类型、操作内容等记录。

b)应具有在请求的情况下为数据原发者或接收者提供数据接收证据的功能，接受证据应用系统操作与管理记录至少应包括操作时间、操作人员及操作类型、操作内容等记录。

8.1.4.10 软件容错(A4)

本项要求包括:

a)应提供数据有效性检验功能，保证通过人机接口输入或通过通信接口输入的数据格式或长度符合系统设定要求。

b)应提供自动保护功能，当故障发生时自动保护当前所有状态。

c)应提供自动恢复功能，当故障发生时立即自动启动新的进程，恢复原来的工作状态。

8.1.4.11 资源控制(A4)

本项要求包括:

a)当应用系统中的通信双方中的一方在一段时间内未作任何响应，另一方应能够自动结束会话，用户在登录应用系统后在规定的时间内未执行任何操作，应自动退出系统。

b)应能够对系统的最大并发会话连接数进行限制。

c)应能够对单个账户的多重并发会话进行限制。

d)应能够对一个时间段内可能的并发会话连接数进行限制。

e)应能够对一个访问账户或一个请求进程占用的资源分配最大限额和最小限额。

f)应能够对系统服务水平降低到预先规定的最小值进行检测和报警。

g)应提供服务优先级设定功能，并在安装后根据安全策略设定访问账户或请求进程的优先级，根据优先级分配系统资源。

8.1.5 数据安全及备份恢复

8.1.5.1 数据完整性(S4)

本项要求包括:

a)应能够检测到系统管理数据、鉴别信息和重要业务数据在传输过程中完整性是否受到破坏，并在检测到完整性错误时采取必要的恢复措施。

b)应能够检测到系统管理数据、鉴别信息和重要业务数据在存储过程中完整性是否受到破坏，并在检测到完整性错误时采取必要的恢复措施。

c)应对重要通信提供专用通信协议或安全通信协议服务，避免来自基于通用通信协议的攻击破坏数据完整性。

8.1.5.2 数据保密性(S4)

本项要求包括:

a)应采用加密或其他有效措施实现系统管理数据、鉴别信息和重要业务数据传输保密性，通过互联网、卫星网传递系统管理数据、鉴别信息和重要业务数据应采取加密方式。

b)应采用加密或其他保护措施实现系统管理数据、鉴别信息和重要业务数据存储保密性。

c)应对重要通信提供专用通信协议或安全通信协议服务，避免来自基于通用协议的攻击破坏数据保密性。

8.1.5.3　备份和恢复(A4)

本项要求包括:

a)应提供数据本地备份与恢复功能，完全数据备份至少每天一次，备份介质场外存放。

①备份每天产生的所有重要信息，并场外存放备份介质。

②每月对备份数据至少进行一次抽样性恢复测试。

b)应建立异地灾难备份中心，配备灾难恢复所需的通信线路、网络设备和数据处理设备，提供业务应用的实时无缝切换。

c)应提供异地实时备份功能，利用通信网络将数据实时备份至灾难备份中心。

d)应采用冗余技术设计网络拓扑结构，避免存在网络单点故障。

e)应提供主要网络设备、通信线路和数据处理系统的硬件冗余，保证系统的高可用性。

①对主要的网络设备、通信设备建立备份机制，有备机备件。

②对主要的通信线路有冗余备份线路，主备通信线路应采用不同运营商。

③主要的网络设备、通信线路在发生故障时可以自动主备切换，不影响业务运行。

8.2　管理要求及应对措施

8.2.1　安全管理制度

8.2.1.1　管理制度(G4)

本项要求包括:

a)应制定信息安全工作的总体方针和安全策略，说明机构安全工作的总体目标、范围、原则和安全框架等。

b)应对安全管理活动中的各类管理内容建立安全管理制度。

c)应对要求管理人员或操作人员执行的日常管理操作建立操作规程。

d)应形成由安全策略、管理制度、操作规程等构成的全面的信息安全管理制度体系。

8.2.1.2　制定和发布(G4)

本项要求包括:

a)应指定或授权专门的部门或人员负责安全管理制度的制定。

b)安全管理制度应具有统一的格式，并进行版本控制。

c)应组织相关人员对制定的安全管理制度进行论证和审定。

d)安全管理制度应通过正式、有效的方式发布。

e)安全管理制度应注明发布范围，并对收发文进行登记。

f)有密级的安全管理制度，应注明安全管理制度密级，并进行密级管理。

8.2.1.3　评审和修订(G4)

本项要求包括:

a)信息安全领导小组应每年至少组织一次相关部门和相关人员对安全管理制度体系的合理性和适用性审定。

b)应每年或在发生重大变更时对安全管理制度进行检查和审定，对存在不足或需要改进的安全管理制度进行修订。

c)应明确需要定期修订的安全管理制度，并指定负责人或负责部门负责制度的日常维护。

d)应根据安全管理制度的相应密级确定评审和修订的操作范围。

8.2.2　安全管理机构

8.2.2.1　岗位设置(G4)

本项要求包括:

a)应设立信息安全管理工作的职能部门，设立安全主管、安全管理各个方面的负责人岗位，并定义各负责人的职责。

b)应设立系统管理员、网络管理员、安全管理员等岗位，并定义各个工作岗位的职责，系统的开发、管理、运行人员应该在岗位上分离。

c)应成立指导和管理信息安全工作的委员会或领导小组，其最高领导由单位主管领导委任或授权。

d)应制定文件明确安全管理机构各个部门和岗位的职责、分工和技能要求。

8.2.2.2　人员配备(G4)

本项要求包括:

a)应配备一定数量的系统管理员、网络管理员、安全管理员等，每个岗位应有备岗。

b)应配备专职安全管理员，不可兼任。

c)关键事务岗位应配备多人共同管理。

8.2.2.3　授权和审批(G4)

本项要求包括:

a)应根据各个部门和岗位的职责明确授权审批事项、审批部门和批准人等。

①重要审批授权记录应留档备查。

②对于单位管理部门和信息技术部门办公地点不同的应明确重大信息安全事件授权管理模式。

b)应针对系统变更、重要操作、物理访问和系统接入等事项建立审批程序，按照审批程序执行审批过程，对重要活动建立逐级审批制度。

c)应定期审查审批事项，及时更新需授权和审批的项目、审批部门和审批人等信息，每年至少进行一次审查审批事项。

d)应记录审批过程并保存审批文档。

8.2.2.4 沟通和合作(G4)

本项要求包括：

a)应加强各类管理人员之间、组织内部机构之间以及信息安全职能部门内部的合作与沟通，定期或不定期召开协调会议，共同协作处理信息安全问题。

b)应加强与兄弟单位、公安机关、通信运营商、供电部门等单位和部门的合作与沟通。

c)应加强与供应商、业界专家、专业的安全公司、安全组织的合作与沟通。

d)应建立外联单位联系列表，包括外联单位名称、合作内容、联系人和联系方式等信息。

e)应聘请信息安全专家作为常年的安全顾问，指导信息安全建设，参与安全规划和安全评审等。

8.2.2.5 审核和检查(G4)

本项要求包括：

a)安全管理员应负责定期进行安全检查，检查内容包括系统日常运行、系统漏洞和数据备份等情况，安全检查应至少每月一次。

b)应由内部人员或上级单位定期进行全面安全检查，检查内容包括现有安全技术措施的有效性、安全配置与安全策略的一致性、安全管理制度的执行情况等，全面安全检查应至少每年一次。

c)应制定安全检查表格实施安全检查，汇总安全检查数据，形成安全检查报告，并对安全检查结果进行通报。

d)应制定安全审核和安全检查制度规范安全审核和安全检查工作，定期按照程序进行安全审核和安全检查活动，安全审核和安全检查活动应至少每年一次。

8.2.3 人员安全管理

8.2.3.1 人员录用(G4)

本项要求包括：

a)应指定或授权专门的部门或人员负责人员录用。

b)应严格规范人员录用过程，对被录用人员的身份、背景、专业资格和资质等进行审查，对其所具有的技术技能进行考核。

c)应签署保密协议。

d)应从内部人员中选拔从事关键岗位的人员，并签署岗位安全协议。

8.2.3.2 人员离岗(G4)

本项要求包括：

a)应制定有关管理规范，严格规范人员离岗过程，及时终止离岗员工的所有访问权限。

b)应取回各种身份证件、钥匙、徽章等以及机构提供的软硬件设备。

c)应办理严格的调离手续，并承诺调离后的保密义务后方可离开。

8.2.3.3 人员考核(G4)

本项要求包括：

a)应定期对各个岗位的人员进行安全技能及安全认知的考核，安全技能及安全认知的考核应至少每年一次。

b)应对关键岗位的人员进行全面、严格的安全审查和技能考核。

c)应建立保密制度，并定期或不定期地对保密制度执行情况进行检查或考核。

d)应对考核结果进行记录并保存。

8.2.3.4 安全意识教育和培训(G4)

本项要求包括：

a)应对各类人员进行安全意识教育、岗位技能培训和相关安全技术培训。

b)应对安全责任和惩戒措施进行书面规定并告知相关人员，对违反违背安全策略和规定的人员进行惩戒。

c)应对定期安全教育和培训进行书面规定，针对不同岗位制定不同的培训计划，对信息安全基础知识、岗位操作规程等进行培训，信息安全基础知识、岗位操作规程的培训应至少每年一次。

d)应对安全教育和培训的情况和结果进行记录并归档保存。

8.2.3.5 外部人员访问管理(G4)

本项要求包括：

a)应确保在外部人员访问受控区域前先提出书面申请，批准后由专人全程陪同或监督，并登记备案。

b)对外部人员允许访问的区域、系统、设备、信息等内容应进行书面的规定，并按照规定执行。

c)对关键区域不允许外部人员访问。

8.2.4 系统建设管理

8.2.4.1 系统定级(G4)

本项要求包括：

a)应明确信息系统的边界和安全保护等级。

b)应以书面的形式说明确定信息系统为某个安全保护等级的方法和理由。

c)应组织相关部门和有关安全技术专家对信息系统定级结果的合理性和正确性进行论证和审定。

d)应确保信息系统的定级结果经过相关部门的批准。

8.2.4.2　安全方案设计(G4)

本项要求包括：

a)应根据系统的安全保护等级选择基本安全措施，依据风险分析的结果补充和调整安全措施。

b)应指定和授权专门的部门对信息系统的安全建设进行总体规划，制定近期和远期的安全建设工作计划。

c)应根据信息系统的等级划分情况，统一考虑安全保障体系的总体安全策略、安全技术框架、安全管理策略、总体建设规划和详细设计方案，并形成配套文件。

d)应组织相关部门和有关安全技术专家对总体安全策略、安全技术框架、安全管理策略、总体建设规划、详细设计方案等相关配套文件的合理性和正确性进行论证和审定，并且经过批准后，才能正式实施。

e)应根据等级测评、安全评估的结果定期调整和修订总体安全策略、安全技术框架、安全管理策略、总体建设规划、详细设计方案等相关配套文件。

8.2.4.3　产品采购和使用(G4)

本项要求包括：

a)应确保安全产品采购和使用符合国家的有关规定。

b)应确保密码产品采购和使用符合国家密码主管部门的要求。

c)应指定或授权专门的部门负责产品的采购。

d)应预先对产品进行选型测试，确定产品的候选范围，并定期审定和更新候选产品名单。

e)应对重要部位的产品委托专业测评单位进行专项测试，根据测试结果选用产品。

8.2.4.4　自行软件开发(G4)

本项要求包括：

a)应确保开发环境与实际运行环境物理分开，测试数据和测试结果受到控制。

b)应制定软件开发管理制度，明确说明开发过程的控制方法和人员行为准则。

c)应制定代码编写安全规范，要求开发人员参照规范编写代码。

d)应确保提供软件设计的相关文档和使用指南，并由专人负责保管。

e)应确保对程序资源库的修改、更新、发布进行授权和批准。

f)应确保开发人员为专职人员，开发人员的开发活动受到控制、监视和审查。

g)应确保软件具有用户权限认证机制，严格控制对数据的操作权限。

8.2.4.5　外包软件开发(G4)

本项要求包括：

a)应根据开发要求测试软件质量。

b)应在软件安装之前检测软件包中可能存在的恶意代码。

c)应要求开发单位提供软件设计的相关文档和使用指南。

d)应要求开发单位提供软件源代码，并审查软件中可能存在的后门和隐蔽信道。

e)应确保软件具有用户权限认证机制，严格控制对数据的操作权限。

8.2.4.6 工程实施(G4)

本项要求包括：

a)应指定或授权专门的部门或人员负责工程实施过程的管理。

b)应制定详细的工程实施方案控制实施过程，并要求工程实施单位能正式地执行安全工程过程。

c)应制定工程实施方面的管理制度明确说明实施过程的控制方法和人员行为准则。

d)应通过第三方工程监理控制项目的实施过程。

8.2.4.7 测试验收(G4)

本项要求包括：

a)应委托公正的第三方测试单位对系统进行安全性测试，并出具安全性测试报告。

b)在测试验收前应根据设计方案或合同要求等制订测试验收方案，在测试验收过程中应详细记录测试验收结果，并形成测试验收报告。

c)应对系统测试验收的控制方法和人员行为准则进行书面规定。

d)应指定或授权专门的部门负责系统测试验收的管理，并按照管理规定的要求完成系统测试验收工作。

e)应组织相关部门和相关人员对系统测试验收报告进行审定，并签字确认。

8.2.4.8 系统交付(G4)

本项要求包括：

a)应制定详细的系统交付清单，并根据交付清单对所交接的设备、软件和文档等进行清点。

b)应对负责系统运行维护的技术人员进行相应的技能培训。

c)应确保提供系统建设过程中的文档和指导用户进行系统运行维护的文档。

d)应对系统交付的控制方法和人员行为准则进行书面规定。

e)应指定或授权专门的部门负责系统交付的管理工作，并按照管理规定的要求完成系统交付工作。

8.2.4.9 系统备案(G4)

本项要求包括：

a)应指定专门的部门或人员负责管理系统定级的相关材料，并控制这些材料的使用。

b)应将系统等级的相关材料报系统主管部门备案。

c)应将系统等级及其他要求的备案材料报相应公安机关备案。

8.2.4.10　等级测评(G4)

本项要求包括：

a)在系统运行过程中，应至少每半年对系统进行一次等级测评，发现不符合相应等级保护标准要求的及时整改。

b)应在系统发生变更时及时对系统进行等级测评，发现级别发生变化的及时调整级别并进行安全改造；发现不符合相应等级保护标准要求的及时整改。

c)应选择具有国家相关技术资质和安全资质的测评单位进行等级测评。

d)应指定或授权专门的部门或人员负责等级测评的管理。

8.2.4.11　安全服务商选择(G4)

本项要求包括：

a)应确保安全服务商的选择符合国家的有关规定。

b)应与选定的安全服务商签订与安全相关的协议，明确约定相关责任。

c)应确保选定的安全服务商提供技术培训和服务承诺，必要的与其签订服务合同。

8.2.5　系统运维管理

8.2.5.1　环境管理(G4)

本项要求包括：

a)应指定专门的部门或人员定期对机房供配电、空调、温湿度控制等设施进行维护管理。

①应每季度对机房供配电、空调、UPS 等设施进行维护管理并保存相关维护记录。

②应每年对防盗报警、防雷、消防等装置进行检测维护并保存相关维护记录。

b)应指定部门负责机房安全，并配备机房安全管理人员，对机房的出入、服务器的开机或关机等工作进行管理。

c)应建立机房安全管理制度，对有关机房物理访问，物品带进、带出机房和机房环境安全等方面的管理作出规定。

d)应加强对办公环境的保密性管理，规范办公环境人员行为，包括工作人员调离办公室应立即交还该办公室钥匙、不在办公区接待来访人员、工作人员离开座位确保终端计算机退出登录状态和桌面上没有包含敏感信息的纸档文件等。

e)应对机房和办公环境实行统一策略的安全管理，对出入人员进行相应级别的授权，对进入重要安全区域的活动行为实时监视和记录。

8.2.5.2　资产管理(G4)

本项要求包括：

a)应编制并保存与信息系统相关的资产清单，包括资产责任部门、重要程度和所处位置等内容。

b)应建立资产安全管理制度，规定信息系统资产管理的责任人员或责任部门，并规范资产管理和使用的行为。

c)应根据资产的重要程度对资产进行标识管理，根据资产的价值选择相应的管理措施。

d)应对信息分类与标识方法作出规定，并对信息的使用、传输和存储等进行规范化管理。

8.2.5.3　介质管理(G4)

本项要求包括：

a)应建立介质安全管理制度，对介质的存放环境、使用、维护和销毁等方面作出规定。

b)应确保介质存放在安全的环境中，对各类介质进行控制和保护，实行存储环境专人管理，并根据存档介质的目录清单定期盘点。

c)应对介质在物理传输过程中的人员选择、打包、交付等情况进行控制，并对介质的归档和查询等进行登记记录。

d)应对存储介质的使用过程、送出维修以及销毁等进行严格的管理，重要数据的存储介质带出工作环境必须进行内容加密并进行监控管理，对于需要送出维修或销毁的介质应采用多次读写覆盖、清除敏感或秘密数据、对无法执行删除操作的受损介质必须销毁，保密性较高的信息存储介质应获得批准并在双人监控下才能销毁，销毁记录应妥善保存。

e)应根据数据备份的需要对某些介质实行异地存储，存储地的环境要求和管理方法应与本地相同。

f)应对重要介质中的数据和软件采取加密存储，并根据所承载数据和软件的重要程度对介质进行分类和标识管理。

8.2.5.4　设备管理(G4)

本项要求包括：

a)应对信息系统相关的各种设备(包括备份和冗余设备)、线路等指定专门的部门或人员定期进行维护管理，每季度至少进行一次维护管理。

b)应建立基于申报、审批和专人负责的设备安全管理制度，对信息系统的各种软硬件设备的选型、采购、发放和领用等过程进行规范化管理。

c)应建立配套设施、软硬件维护方面的管理制度，对其维护进行有效的管理，包括明确维护人员的责任、涉外维修和服务的审批、维修过程的监督控制等。

d)应对终端计算机、工作站、便携机、系统和网络等设备的操作和使用进行规范化管理，按操作规程实现设备(包括备份和冗余设备)的启动/停止、加电/断电等操作。

e)应确保信息处理设备必须经过审批才能带离机房或办公地点。

8.2.5.5　监控管理和安全管理中心(G4)

本项要求包括：

a)应对通信线路、主机、网络设备和应用软件的运行状况、网络流量、用户行为等进行监测和报警，形成记录并妥善保存。

b)应组织相关人员定期对监测和报警记录进行分析、评审，发现可疑行为，形成分析报告，并采取必要的应对措施。

c)应建立安全管理中心，对设备状态、恶意代码、补丁升级、安全审计等安全相关事项进行集中管理。

8.2.5.6　网络安全管理(G4)

本项要求包括：

a)应指定专人对网络进行管理，负责运行日志、网络监控记录的日常维护和报警信息分析和处理工作。

b)应建立网络安全管理制度，对网络安全配置、日志保存时间、安全策略、升级与打补丁、口令更新周期等方面作出规定。

c)应根据厂家提供的软件升级版本对网络设备进行更新，并在更新前对现有的重要文件进行备份，持续跟踪厂商提供的网络设备的软件升级更新情况，在经过充分的测试评估后对必要补丁进行更新。

d)应定期对网络系统进行漏洞扫描，对发现的网络系统安全漏洞进行及时的修补。

①每月至少进行一次漏洞扫描，对漏洞风险持续跟踪，在经过充分的验证测试后对必要漏洞开展修补工作。

②实施漏洞扫描或漏洞修补前，应对可能的风险进行评估和充分准备，如选择恰当时间，并做好数据备份和回退方案。

③漏洞扫描或漏洞修补后应进行验证测试，以保证网络系统的正常运行。

e)应实现设备的最小服务配置和优化配置，并对配置文件进行定期离线备份。

①应至少每月对网络设备的配置文件进行备份。

②应在配置变更后对网络设备的配置文件进行备份。

f)应保证所有与外部系统的连接均得到授权和批准。

g)应禁止便携式和移动式设备接入网络。

h)应定期检查违反规定拨号上网或其他违反网络安全策略的行为。

i)应严格控制网络管理用户的授权，授权程序中要求必须有两人在场，并经双重认可后方可操作，操作过程应保留不可更改的审计日志。

8.2.5.7　系统安全管理(G4)

本项要求包括：

a)应根据业务需求和系统安全分析确定系统的访问控制策略。

b)应定期进行漏洞扫描，对发现的系统安全漏洞及时进行修补。

①每月至少进行一次漏洞扫描，对漏洞风险持续跟踪，在经过充分的验证测试后对必

要漏洞开展修补工作。

②实施漏洞扫描或漏洞修补前，应对可能的风险进行评估和充分准备，如选择恰当时间，并做好数据备份和回退方案。

③漏洞扫描或漏洞修补后应进行验证测试，以保证系统的正常运行。

c)应安装系统的最新补丁程序，在安装系统补丁前，首先在测试环境中测试通过，并对重要文件进行备份后，方可实施系统补丁程序的安装，持续跟踪厂商提供的系统补丁更新情况，在经过充分的测试评估后对必要补丁进行更新。

d)应建立系统安全管理制度，对系统安全策略、安全配置、日志管理、日常操作流程等方面作出具体规定。

e)应指定专人对系统进行管理，划分系统管理员角色，明确各个角色的权限、责任和风险，权限设定应当遵循最小授权原则。

f)应依据操作手册对系统进行维护，详细记录操作日志，包括重要的日常操作、运行维护记录、参数的设置和修改等内容，严禁进行未经授权的操作。

g)应定期对运行日志和审计数据进行分析，以便及时发现异常行为。

h)应对系统资源的使用进行预测，以确保充足的处理速度和存储容量，管理人员应随时注意系统资源的使用情况，包括处理器、存储设备和输出设备。

8.2.5.8　恶意代码防范管理(G4)

本项要求包括：

a)应提高所有用户的防病毒意识，及时告知防病毒软件版本，在读取移动存储设备上的数据以及网络上接收文件或邮件之前，先进行病毒检查，对外来计算机或存储设备接入网络系统之前也应进行病毒检查。

b)应指定专人对网络和主机进行恶意代码检测并保存检测记录。

c)应对防恶意代码软件的授权使用、恶意代码库升级、定期汇报等作出明确规定。

d)应定期检查信息系统内各种产品的恶意代码库的升级情况并进行记录，对主机防病毒产品、防病毒网关和邮件防病毒网关上截获的危险病毒或恶意代码进行及时分析处理，并形成书面的报表和总结汇报。

8.2.5.9　密码管理(G4)

应建立密码使用管理制度，使用符合国家密码管理规定的密码技术和产品。

8.2.5.10　变更管理(G4)

本项要求包括：

a)应确认系统中要发生的变更，并制定变更方案，重要系统变更前应制定详细的变更方案、失败回退方案、专项应急预案。

b)应建立变更管理制度，系统发生变更前，向主管领导申请，变更和变更方案经过评审、审批后方可实施变更，并在实施后将变更情况向相关人员通告。

c)应建立变更控制的申报和审批文件化程序，控制系统所有的变更情况，对变更影响进行分析并文档化，记录变更实施过程，并妥善保存所有文档和记录。

d)应建立中止变更并从失败变更中恢复的文件化程序，明确过程控制方法和人员职责，必要时对恢复过程进行演练。

e)应定期检查变更控制的申报和审批程序的执行情况，评估系统现有状况与文档记录的一致性。

8.2.5.11　备份与恢复管理(G4)

本项要求包括：

a)应识别需要定期备份的重要业务信息、系统数据及软件系统等。

①重要业务信息至少包括：账户、审核、发布、归档等业务数据。

②系统数据包括：权限设置、网络地址、硬件配置及其他重要系统配置参数。

③软件系统包括：系统软件及应用软件的执行程序及可获取的源代码。

b)应建立备份与恢复管理相关的安全管理制度，对备份信息的备份方式、备份频度、存储介质和保存期等进行规定。

c)应根据数据的重要性和数据对系统运行的影响，制定数据的备份策略和恢复策略，备份策略须指明备份数据的放置场所、文件命名规则、介质替换频率和将数据离站运输的方法。

d)应建立控制数据备份和恢复过程的程序，记录备份过程，对需要采取加密或数据隐藏处理的备份数据，进行备份和加密操作时要求两名工作人员在场，所有文件和记录应妥善保存。

e)应定期执行恢复程序，检查和测试备份介质的有效性，确保可以在恢复程序规定的时间内完成备份的恢复。

f)应根据信息系统的备份技术要求，制定相应的灾难恢复计划，并对其进行测试以确保各个恢复规程的正确性和计划整体的有效性，测试内容包括运行系统恢复、人员协调、备用系统性能测试、通信连接等，根据测试结果，对不适用的规定进行修改或更新。

8.2.5.12　安全事件处置(G4)

本项要求包括：

a)应报告所发现的安全弱点和可疑事件，但任何情况下用户均不应尝试验证弱点。

b)应制定安全事件报告和处置管理制度，明确安全事件类型，规定安全事件的现场处理、事件报告和后期恢复的管理职责。

c)应根据国家相关管理部门对计算机安全事件等级划分方法和安全事件对本系统产生的影响，对本系统计算机安全事件进行等级划分。

d)应制定安全事件报告和响应处理程序，确定事件的报告流程，响应和处置的范围、程度，以及处理方法等。

e）应在安全事件报告和响应处理过程中，分析和鉴定事件产生的原因，搜集证据，记录处理过程，总结经验教训，制定防止再次发生的补救措施，过程形成的所有文件和记录均应妥善保存。

f）对造成系统中断和造成信息泄密的安全事件应采用不同的处理程序和报告程序。

g）发生可能涉及国家秘密的重大失、泄密事件，应按照有关规定向公安、安全、保密等部门汇报。

h）应严格控制参与涉及国家秘密事件处理和恢复的人员，重要操作要求至少两名工作人员在场并登记备案。

8.2.5.13　应急预案管理（G4）

本项要求包括：

a）应在统一的应急预案框架下制定不同事件的应急预案，应急预案框架应包括启动应急预案的条件、应急处理流程、系统恢复流程、事后教育和培训等内容。

b）应从人力、设备、技术和财务等方面确保应急预案的执行有足够的资源保障。

c）应对系统相关的人员进行应急预案培训，应急预案的培训应至少每年举办一次。

d）应定期对应急预案进行演练，根据不同的应急恢复内容，确定演练的周期，应至少每年对全面综合的应急预案进行全面演练。

e）应规定应急预案需要定期审查和根据实际情况更新的内容，并按照执行。

f）应随着信息系统的变更定期对原有的应急预案重新评估，修订完善。

9　第五级基本要求

（略）

附录A（规范性附录）关于林业行业信息系统整体安全保护能力的要求

林业行业信息系统安全等级保护的核心是保证不同安全保护等级的信息系统具有相适应的安全保护能力。本标准“4 林业行业信息系统安全等级保护”提出了不同安全保护等级信息系统的安全保护能力要求，“5 第一级基本要求及应对措施”到“9 第五级基本要求”分别针对不同安全保护等级信息系统应该具有的安全保护能力提出了相应的基本安全要求及应对措施，满足基本安全要求是保证信息系统具有相应等级的安全保护能力的前提。

依据本标准分层面采取各种安全措施时，还应考虑以下总体性要求，保证信息系统的整体安全保护能力。

构建纵深的防御体系。本标准从技术和管理两个方面提出基本安全要求，在采取由点到面的各种安全措施时，在系统整体上还应保证各种安全措施的组合从外到内构成一个纵深的安全防御体系，保证信息系统整体的安全保护能力。应从通信网络、局域网络边界、局域网络内部、各种业务应用平台等各个层次落实本标准中提到的各种安全措施，形成纵深防御体系。

采取互补的安全措施。本标准以安全控制组件的形式提出基本安全要求，在将各种安全控制组件集成到特定信息系统中时，应考虑各个安全控制组件的互补性，关注各个安全控制组件在层面内、层面间和功能间产生的连接、交互、依赖、协调、协同等相互关联关系，保证各个安全控制组件共同综合作用于信息系统的安全功能上，使得信息系统的整体安全保护能力得以保证。

保证一致的安全强度。本标准将基本安全功能要求，如身份鉴别、访问控制、安全审计、入侵防范、安全标记等内容，分解到信息系统中的各个层面，在实现各个层面安全功能时，应保证各个层面安全功能实现强度的一致性。应防止某个层面安全功能的减弱导致系统整体安全保护能力在这个安全功能上削弱。如要实现双因子身份鉴别，则应在各个层面的身份鉴别上均实现双因子身份鉴别；要实现强制访问控制，则应保证在各个层面均给予低层操作系统实现强制访问控制，并保证标记数据在整个信息系统内部流动时标记的唯一性等。

建立统一的支撑平台。本标准在较高级别信息系统的安全功能要求上，提到了使用密码技术，多数安全功能(如身份鉴别、访问控制、数据完整性、数据保密性、抗抵赖等)为了获得更高的强度，均要基于密码技术，为了保证信息系统整体安全防护能力，应建立基于密码技术的统一支撑平台，支持高强度身份鉴别、访问控制、数据完整性、数据保密性、抗抵赖等安全功能的实现。

进行集中的安全管理。本标准在较高级别信息系统的安全功能管理要求上，提到了统一安全策略、统一安全管理等要求，为了保证分散于各个层面的安全功能在统一策略的指导下实现，各个安全控制组件在可控情况下发挥各自的作用，应建立安全管理中心，集中管理信息系统中的各个安全控制组件，支持统一安全管理。

附录 B(规范性附录)林业行业重要信息系统安全要求的选择和使用

信息系统由于承载的业务不同，对其的安全关注点会有所不同，有的更关注信息的安全性，即更关注对搭线窃听、假冒用户等可能导致信息泄密、非法篡改等；有的更关注业务的连续性，即更关注保证系统连续正常的运行，免受对系统未授权的修改、破坏而导致系统不可用引起业务中断。

不同安全保护等级的信息系统，其对业务信息的安全性要求和系统服务的连续性要求是有差异的；即使相同安全保护等级的信息系统，其对业务信息的安全性要求和系统服务的连续性要求也有差异。信息系统的安全保护等级由业务信息安全性等级和系统服务保证性等级较高者决定(见 GB/T 22240)，因此，对某一个定级后的信息系统的安全保护的侧重点可以有多种组合。

对于确定了安全保护等级的信息系统，选择和使用基本安全要求时，可以按照以下过程进行：

明确信息系统应该具有的安全保护能力，根据信息系统的安全保护等级选择基本安全要求，包括技术要求和管理要求。简单的方法是根据本标准，一级系统选择第一级基本安全要求，二级系统选择第二级基本安全要求，三级系统选择第三级基本安全要求，四级系统选择第四级基本安全要求，以此作为出发点。

根据信息系统的定级结果对基本安全要求进行调整。根据系统服务保证性等级选择相应等级的系统服务保证类(A类)基本安全要求；根据业务信息安全性等级选择相应等级的业务信息安全类(S类)基本安全要求。

针对林业行业不同系统的特点，分析可能在某些方面的特殊安全保护能力要求，选择较高级别的基本安全要求或补充基本安全要求。对于本标准中提出的基本安全要求无法实现或有更加有效的安全措施可以替代的，可以对基本安全要求进行调整，调整的原则是保证不降低整体安全保护能力。

保证不同安全保护等级的信息系统具有相应级别的安全保护能力，满足相应级别的基本安全要求，是信息系统等级保护的核心。选用本标准中提供的基本安全要求是保证信息系统具备一定安全保护能力的一种途径和出发点，在此出发点的基础上，可以参考等级保护的其他相关标准和安全方面的其他相关标准，调整和补充基本安全要求，从而实现信息系统在满足等级保护基本要求基础上，又具有自身特点的保护。信息系统定级后，不同安全保护等级的信息系统可能形成的定级结果组合见表B.1。

表B.1　各等级信息系统定级结果组合

安全保护等级	信息系统定级结果的组合
第一级	S1A1G1
第二级	S1A2G2，S2A2G2，S2A1G2
第三级	S1A3G3，S2A3G3，S3A3G3，S3A2G3，S3A1G3
第四级	S1A4G4，S2A4G4，S3A4G4，S4A4G4，S4A3G4，S4A2G4，S4A1G4
第五级	S1A5G5，S2A5G5，S3A5G5，S4A5G5，S5A4G5，S5A3G5，S5A2G5，S5A1G5

林业信息化网络系统建设规范

（LY/T 2172—2013，国家林业局2013年10月17日发布，2014年1月1日实施）

1 范围

本标准规定了林业信息化网络系统的基础设施、网络服务、网络管理、网络安全的建设技术要求。

本标准适用于各级林业主管部门及其直属单位、派出机构非涉密的信息化网络系统建设工作，企事业单位参照执行。

2 规范性引用文件

下列文件对于本文件的应用是必不可少的。凡是注日期的引用文件，仅所注日期的版本适用于本文件。凡是不注日期的引用文件，其最新版本(包括所有的修改单)适用于本文件。

GB 50174—2008 电子计算机机房设计规范

GB/T 2887 电子计算机场地通用规范

GB 50057—1994 建筑物防雷设计规范

GB 7260—2009 不间断电源设备(UPS)

GB/T 18233—2008 信息技术 用户建筑群的通用布缆

GB 50169—2006 电气装置安装工程 接地装置施工及验收规范

GB/T 19668 信息化工程监理规范

GB/T 22239—2008 信息安全技术 信息系统安全等级保护基本要求

GB/T 20269—2006 信息安全技术 信息系统安全管理要求

GB/T 20282—2006 信息安全技术 信息系统安全工程管理要求

GB/T 50311—2007 建筑与建筑群综合布线系统工程设计规范

本标准按照 GB/T 1.1—2009 给出的规则起草。

本标准由全国林业信息数据标准化技术委员会(SAC/TC 386)提出并归口。

本标准起草单位：国家林业局调查规划设计院。

本标准主要起草人：张硕宁、罗恒、王倩。

GB/T 50312—2007　建筑与建筑群综合布线系统工程验收规范

GB/T 21671—2008　基于以太网技术的局域网系统验收测评规范

YD 1381—2005　IP 网络技术要求—网络性能测量方法

3　术语、定义和缩略语

下列术语和定义适用于本标准。

3.1　术语和定义

全国林业专网 The national forestry network

目前已建成的连接全国各级林业主管部门及其直属单位、派出机构和部分企事业单位的广域网。

3.2　缩略语

IP 互联网协议　(Internet Protocol)

IPv4 互联网协议版本 4　(Internet Protocol Version 4)

IPv6 互联网协议版本 6　(Internet Protocol Version 6)

UPS 不间断电源　(Uninterruptable Power Supply)

VPN 虚拟专用网　(Virtual Private Network)

AP 接入点　(Access Point)

4　建设流程

4.1　前期工作

应依照林业信息化主管部门的有关规定流程开展。

4.2　项目设计

应遵循国家标准、行业标准和地方标准，符合招标要求。

4.3　项目实施

应符合国家标准、行业标准和地方标准，符合网络建设工程设计方案的要求。

4.4　监理

项目建设单位应按信息系统工程监理有关规定，委托具备相应监理资质的工程监理单位对项目建设进行工程监理。有关规定见 GB/T 19668。

4.5　验收

a)林业信息化主管部门应参与项目竣工验收评审。

b)工程验收过程应符合国家标准、行业标准和地方标准。

c)工程应符合招标要求。

4.6　运行维护

应建立网络工程质量保修制度，保修期应自竣工验收合格之日起不少于两年。网络维护应从人员、资金和规章制度等各方面做出计划安排。应依照所维护网络的防护等级，严格按照信息安全等级保护的国家标准予以执行。

5 整体建设

5.1 网络拓扑结构

a)局域网：星型拓扑结构。

b)广域网：星型或网状拓扑结构。

c)区域或全国性网络组网：

①应使用动态路由协议。

②不应使用设备厂商私有的路由协议。

5.2 网间互联带宽

5.2.1 互联网

a)根据业务需求确定带宽。

b)带宽升级参考以下标准：

①当链路具有高利用率，高优先级流量路由正常，应用业务质量可以保证，Ping 测试所经延迟不显著时，不应升级带宽。

②当高优先级流量可用带宽接近带宽极限时，应升级带宽。

③当网络正常业务流量长时间达到带宽的85%，关键业务影响明显，Ping 测试所经延迟显著并有一定丢包率时，应升级带宽。

5.2.2 专线

同 5.2.1。

5.3 物理链路类型

a)长距离通信(超过 100 米)应使用光纤或无线链路。

b)终端接入：

①处理非涉密信息的终端可使用双绞线、光纤或无线接入。

②处理涉密信息的终端应使用光纤或屏蔽双绞线接入。

c)承载涉密信息的网络链路应使用光纤或屏蔽双绞线。

d)应对无线链路加密。

e)RJ45 接口：

①百兆与千兆直通双绞线应按 EIA/TIA 568B 线序制作。

②千兆交叉双绞线应按 802.3ab 千兆交叉线序制作。

③屏蔽双绞线应使用同类屏蔽接口。

f)线路两端应标识清晰。

5.4 网络设计与承载设备

5.4.1 设计原则

网络设计应遵循分层原则，层次划分为核心层、汇聚层和接入层。实际设计可根据网络规模和实际情况增减网络层次。

5.4.2 核心层

a)核心设备：

①局域网：应使用三层交换机。

②广域网：应使用路由器，VPN 线路可使用防火墙或 VPN 专用设备。

b)核心设备应具有热备份或冷备份机制，保证其可用性。

5.4.3 汇聚层

a)有线汇聚：

①局域网：应使用三层交换机。

②广域网：应使用路由器，VPN 线路可使用防火墙或 VPN 专用设备。

b)无线汇聚应使用无线控制器。

c)与核心层的连接应经必要的安全手段进行处理。

d)可使用路由方式或 802.1q 的 trunk 方式上联至核心层。

5.4.4 接入层

a)外连：

①网间互联应使用路由器。

②VPN 连接可使用防火墙或专用 VPN 设备作为接入网关。

③以太网协议接入可只用防火墙作为接入网关。

④可直连核心层，与核心层连接应经必要的安全手段进行处理。

⑤与汇聚层连接应经必要的安全手段进行处理。

b)内连：

①有线终端接入应使用二层交换机。

②无线终端接入应使用无线 AP。

③使用 802.1q 的 trunk 方式上联至汇聚层。

④应上连汇聚层，核心层与汇聚层合一时，应在核心层设备中划出单独区域作为接入汇聚区。

⑤服务器虚拟机可使用虚拟交换机接入组网。

5.5 安全设备

详见 6.2。

5.6 服务器

服务器选型应保证充分满足各类应用；性能指标应有较大冗余；应具有高可靠性、可用性、易维护性，支持虚拟化技术，保证系统高可靠、可管理、易操作。应有良好的售后服务及技术支持。

所选产品应遵循国际通用标准和行业规范；操作系统安全级别 ≥ C2。

5.7 存储设备

根据需求选用存储设备。应选择专用存储备份系统和专用备份服务器，制定相应存储备份方案和恢复方案。

5.8 综合布线

应充分考虑信息点数量和分布，统筹规划综合布线系统。信息点分布和数量应满足未来五至十年的应用需求。

网络综合布线标准见：GB/T 18233—2008、GB/T 50311—2007、GB/T 50312—2007。

5.9 IP 地址规划

5.9.1 原则

a)统一规划网络地址，中央、地方分级管理，支持网络互联。

b)IP 地址分配应具有层次性、连续性，提高利用率，减少路由表项。

5.9.2 方式

用户地址和互联共享地址构成网络地址。内部网络使用用户地址，网间互通使用互联共享地址。全国林业专网已分配的用户 IP 地址见附录 A。

a)用户地址：内部网络设备地址和接入内网所用地址，包括个人主机地址、部门网络设备地址、应用服务器地址等，该地址为网络内部地址专用，不用于网间互联。

b)互联共享地址：包括链路地址（网络设备间的点对点互联地址）和设备管理地址，互联共享地址分配到用户接入设备上连（网络侧）端口。

5.10 域名管理

a)统一规划林业信息网络域名，中央、地方分级管理。

b)林业信息网络域名应具有层次性，无二意性。

5.11 局域网

a)使用以太网协议。

b)网络骨干带宽：

①国家级和省级 ≥ 10Gbps，具备平滑升级至 40G/100G 的能力。

②地市级和县级 ≥ 10Gbps。

c)至桌面传输速率 ≥ 100Mbps，具备平滑升级至 1G 的能力。

d)核心设备接口速率 ≥ 1Gbps，其他网络设备接口速率 ≥ 100Mbps。

5.12 网络管理软件平台

5.12.1 拓扑管理

a)应准确提供网络三层、二层连接视图，反映网络实际物理连接和网络拓扑结构。

b)连接应精确到物理端口。

c)应针对不同用户，定制拓扑查看权限。

5.12.2 性能管理

a)监测网络性能，监控网络运行，判断运行质量、效率、流量、流向、连通率等，分析网络服务趋势和方式。

b)性能报告应提供实时和历史数据，可实时查看每性能当前状态和服务水平，查看性能曲线，报告应包括小时、三小时、天、周、月报表。性能报表应按照配置文件的要求分发到相应 Web 站点。不同地点的报表可定点汇集，集中完整反映服务的性能状况。

5.12.3 故障管理

a)网络应全面监控，集合网络全部告警/故障事件，统一分析、处理，录入文档备案。

b)实现告警/故障事件信息实时交换，集中进行事件信息相关性分析。

5.12.4 综合视图呈现

网络管理系统应具备综合视图呈现功能，应具备以下特点：

a)表现直观。

b)界面统一集成，实现不同功能间互操作。

c)分权，定义不同的管理界面，分布式统一管理各网络设备。

5.13 典型业务

应提供服务于业务实际的相关系统和内容。

5.14 前瞻性

所用网络设备应(或通过软件版本升级)支持 IPv6 及 IPv4 双协议栈。

6 网络安全建设

6.1 基础要求

6.1.1 分类定级

a)应按照网络承载的数据、信息类型及重要敏感程度进行分类。

b)应依据国家信息安全等级保护二至四级中关于网络的要求，评定各分类的防护级别。

c)国家信息安全等级保护见：GB/T 22239—2008、GB/T 20269—2006。

d)承载涉密信息的网络分类还应依据涉密信息系统分级保护中关于网络的要求加强防护级别。

6.1.2 互联

a)承载涉密信息与承载非涉密信息的网络应物理隔离。

b)同级网络可通过专线或 VPN 互联，构成区域或全国性网络。

c)低级别网络可通过单向传输设备向高级别网络传送数据。

d)低级别网络与高级别网络互联，应提升低级别网络的级别至高级别网络同级。

e)低级别网络内可通过技术手段隔离出部分区域提升为高级别网络。

6.1.3 区域划分

a)在同一网络中，应遵循不同功用、不同安全级别的设备和系统划入不同区域的原则，进行区域划分。

b)区域种类：

①公共服务类：面向公众服务的系统所在区域，如 Web 网站区。

②内部业务处理类：面向业务处理人员开放的区域，如数据加工区或数据库区。

③管理类：用于网络管理的区域，面向网络及系统管理员开放。

④终端接入类：面向终端接入的区域，如办公区或访客接入区。

c)各类区域在同一网络中的数量应根据业务需要增减。

d)各区域边界应采用符合国家信息安全等级保护要求的安全手段进行处理。

6.2 安全设备及部署要求

6.2.1 设备选型

a)应以设备主要功能作为选型参考标准。

b)大中型网络宜使用功能专业、单一的设备。

c)在性能满足要求的前提下，可使用一种设备提供多种功能。

d)小型网络在性能及安全满足要求的情况下，可使用一种设备提供全部所需功能。

e)应选用符合国家信息安全等级保护要求的安全设备。

f)安全设备包括但不限于以下种类设备。

6.2.2 防火墙

a)核心层、汇聚层之间应部署防火墙进行安全隔离。

b)外连接入层与核心层或汇聚层之间应部署防火墙进行安全隔离。

c)重要区域应增加部署防火墙进行安全隔离。

d)VPN 线路和互联网接入可直接使用防火墙。

6.2.3 上网行为管理设备

部署于外连接入层接入设备内侧或以旁路模式部署于核心层。

6.2.4 网络流量管理设备

a)部署于任何需要带宽管理的链路。

b)可使用透明模式部署。

6.2.5 安全隔离与信息交换设备(网闸)

部署于相互隔离的网络之间进行信息交换。

6.2.6 安全审计设备

应在网络重点区域部署。

6.2.7 网络防病毒系统

全网所有终端和服务器应部署网络版防病毒系统客户端。

6.2.8 用户身份认证系统

应对每台接入终端进行身份认证(CA 认证)。

6.2.9 漏洞扫描设备

应部署于网络核心层。

6.2.10 入侵防御

应部署在网络总出口和重要区域。

6.2.11 入侵检测

应旁路部署在网络总出口和重要区域，并与防火墙联动。

6.2.12 流量净化

应部署在网络总出口。

6.2.13 堡垒机

用于网络及系统管理。

6.2.14 多功能安全网关

应具备防火墙、上网行为管理、网络流量管理、病毒检测、身份认证、入侵防御等多种功能。

6.3 项目与人员管理

a)项目建设期间，项目单位应指定专人全程参与，监督指导。

b)项目测试期间，各项信息数据，应由项目单位专人统一管理，保证数据不外泄。

c)项目验收后，应立即将系统管理控制权及全部文档资料交由项目单位统一管理，涉及国家安全和机密的文档、资料、数据，承建单位不得保留。

d)承载涉密信息的网络，其承建单位应具有涉密项目建设资质，参建人员应签订保密协议并备案。

e)工程管理要求见：GB/T 20282—2006。

7 机房建设

7.1 基本要求

a)以 6.1 为基础，合理分布工作空间及各类设备安装场所，缩短工艺流程，降低劳动强度，提高工作效率，以国家有关标准及规范为依据，确保电子设备系统稳定可靠运行，保障机房工作人员良好的工作环境。

b)根据需求与现场实际以及电子设备系统实际操作运行情况进行设计，在设计、选材中做到整体布局科学合理。

c)机房各项功能应完整、配套，保证专业规范、技术先进、经济合理、安全适用、质量优良、管理方便。

d)在经济实用的前提下，选用优质机房专用装修材料，主体装修材料宜选用吸音效果好、不易变形、变色、易清洁、防火性好、高度耐用的材料，达到最佳装修效果。

e)室内设备、布线系统选材应注重可靠性，应采用符合国家标准的优质产品，确保系统运行故障率最低。

f)机房内部设备应由 UPS 供电。

其他要求见：GB 50174—2008 。

7.2　环境

机房内应保证空气流动性良好，不应有阻隔冷热空气循环的隔断存在，机房间隔应保证设备的良好工作环境。

机房环境应符合 GB 50174 和 GB/T 2887 的规定。

7.3　不间断电源(UPS)

7.3.1　额定输出容量

应根据所用设备负荷量统计值，选择所需 UPS 的输出功率(kVA 值)。为确保 UPS 系统效率、延长使用年限，推荐参数：

a)负载量占 UPS 输出功率 60% ~70% 为宜。

b)宜用单台大容量 UPS 集中供电，有利于 UPS 集中管理，有效利用电池，降低故障率。

7.3.2　机型

根据不同配送系统，有三种 UPS 机型：

a)单进(220V 输入)/单出(220V 输出)机型：此机型应考虑市电配电的三相均衡。

b)三进(380V 输入)/单出(220V 输出)机型：应为交流旁路市电输入的相线和中线，配置可单相承担 UPS 额定输出电流的导线截面积。

c)三进(380V 输入)/三出(380V 输出)机型：应控制 UPS 输出端的负载不平衡度小于 30% ~40% 。

7.3.3　容错冗余供电系统

对供电质量要求高的计算中心、网管中心，应采用如下几种具有“容错”功能的冗余供电系统：

a)主机 - 从机型“热备份”冗余供电系统。

b)“1 +1”型直接并机冗余供电系统。

c)多机直接并机冗余供电系统。

7.3.4　运行环境

a)应将 UPS 蓄电池组置于 20 ~25℃环境下运行。

b)需要电池较多的 UPS，应考虑机房单位面积承重。

c)UPS 应具备网管功能，可远程监控。

7.3.5　中线截面积

为防止供电系统中线过流、过压，应将中线截面积设定为相线的 1.5 ~2 倍。

7.3.6　其他

宜选用具有双原边绕组(交流旁路和逆变器)输出隔离变压器的 UPS 机型。

有关不间断电源设备(UPS)见：GB 7260—2008 。

7.4　空气调节系统

机房空气调节系统应符合 GB 50174 的规定。

7.5　消防

机房消防应符合 GB 50174 的规定。

7.6　防雷、接地保护

机房防雷、接地保护系统应符合 GB 50057、GB 50169、GB/T 2887 的规定。

8　工程验收

8.1　验收测试范围

测试范围包括各网间链路测试、局域网系统测试、网络设备测试等。

8.2　验收测试方法

验收测试方法应符合 GB/T 21671—2008 的规定。

8.3　验收测试项目

8.3.1　传输媒体

a)双绞线布线系统的传输指标、传输性能和测试方法应符合 GB/T 50311—2007、GB/T 50312—2007、GB/T 18233 等标准规定。

b)多模、单模光缆布线系统传输指标和测试方法应符合 GB/T 50311—2007、GB/T 50312—2007 等标准规定。

8.3.2　网络设备

a)设备应达到自身设计指标。

b)设备应达到标书所要求的性能指标。

c)应声明特殊情况下的解决方案和性能指标。

8.4　局域网性能验收测试

局域网性能验收测试方法应符合 GB/T 21671—2008 的规定。测试工具要求见附录 B。

9　文档要求

9.1　项目概况及建设需求

应提供包括项目建设单位、设计单位、实施单位、项目规模、项目功能要求、项目技术指标要求等文件资料。

9.2 设计方案

应提供但不限于用户需求分析、组网方案、设备选型、网络拓扑图、配置功能说明、设计变更记录等文档资料。

9.3 线路接线表和设备布置图

应提供但不限于综合布线系统、局域网系统的设备布置图、线路端接及配线架描述文件、线路端点对应表等资料。

9.4 系统参数设定表

应提供 IP 地址分配表、子网划分表、VLAN 划分表、路由表等资料。

9.5 用户操作和维护手册

应提供但不限于系统操作说明，系统安装、恢复和数据备份说明等资料。

9.6 自测报告

应提供但不限于综合布线系统的自测报告、局域网系统的自测报告等。

9.7 第三方测试报告

应提供综合布线系统的第三方验收测试报告、网络设备的第三方抽查测试报告。

9.8 试运行报告

应提供但不限于局域网系统试运行期间的运行记录、故障处理情况、硬件和软件系统调整情况等报告。

9.9 用户报告

应提供用户对局域网系统使用情况出具的报告。

附录 A(规范性附录)全国林业专网 IP 地址分配表

表 C.1 全国林业专网 IP 地址分配表

序号	单位名称	IP 地址段/子网掩码长度
1	国家林业局	10.52.0.0/16
2	北京市园林绿化局	10.56.0.0/16
3	天津市林业局	10.60.0.0/16
4	河北省林业厅	10.64.0.0/16
5	山西省林业厅	10.68.0.0/16
6	内蒙古自治区林业厅	10.72.0.0/16
7	辽宁省林业厅	10.76.0.0/16
8	吉林省林业厅	10.80.0.0/16
9	黑龙江省林业厅	10.84.0.0/16
10	上海市林业局	10.88.0.0/16

（续）

序号	单位名称	IP 地址段/子网掩码长度
11	江苏省林业局	10.92.0.0/16
12	浙江省林业厅	10.96.0.0/16
13	安徽省林业厅	10.100.0.0/16
14	福建省林业厅	10.104.0.0/16
15	江西省林业厅	10.108.0.0/16
16	山东省林业厅	10.112.0.0/16
17	河南省林业厅	10.116.0.0/16
18	湖北省林业厅	10.120.0.0/16
19	湖南省林业厅	10.124.0.0/16
20	广东省林业厅	10.168.0.0/16
21	广西壮族自治区林业厅	10.132.0.0/16
22	海南省林业厅	10.136.0.0/16
23	重庆市林业局	10.140.0.0/16
24	四川省林业厅	10.144.0.0/16
25	贵州省林业厅	10.148.0.0/16
26	云南省林业厅	10.152.0.0/16
27	西藏自治区林业厅	10.156.0.0/16
28	陕西省林业厅	10.160.0.0/16
29	甘肃省林业厅	10.164.0.0/16
30	青海省林业厅	10.128.0.0/16
31	宁夏回族自治区林业局	10.172.0.0/16
32	新疆维吾尔自治区林业厅	10.176.0.0/16
33	中国内蒙古森工集团	10.188.0.0/16
34	中国吉林森工集团	10.196.0.0/16
35	黑龙江省森林工业总局	10.184.0.0/16
36	大兴安岭林业集团	10.192.0.0/16
37	新疆生产建设兵团	10.180.0.0/16
38	驻内蒙古自治区森林资源监督专员办事处	10.62.0.0/16
39	驻长春森林资源监督专员办事处	10.63.0.0/16
40	驻黑龙江省森林资源监督专员办事处	10.65.0.0/16
41	驻大兴安岭林业集团公司森林资源监督专员办事处	10.66.0.0/16
42	驻福州森林资源监督专员办事处	10.67.0.0/16
43	驻云南省森林资源监督专员办事处	10.70.0.0/16
44	驻成都森林资源监督专员办事处	10.69.0.0/16
45	驻西安森林资源监督专员办事处	10.73.0.0/16
46	驻武汉森林资源监督专员办事处	10.86.0.0/16

（续）

序号	单位名称	IP 地址段/子网掩码长度
47	驻贵阳森林资源监督专员办事处	10.74.0.0/16
48	驻海口森林资源监督专员办事处	10.75.0.0/16
49	驻合肥森林资源监督专员办事处	10.77.0.0/16
50	驻乌鲁木齐森林资源监督专员办事处	10.78.0.0/16
51	驻上海森林资源监督专员办事处	10.71.0.0/16
52	森林病虫害防治总站	10.79.0.0/16
53	东北航空护林中心	10.81.0.0/16
54	西南航空护林总站	10.82.0.0/16
55	南京森林警察学院	10.83.0.0/16
56	华东林业调查规划设计院	10.201.0.0/16
57	中南林业调查规划设计院	10.202.0.0/16
58	西北林业调查规划设计院	10.200.0.0/16
59	昆明勘察设计院	10.85.0.0/16
60	林产工业规划设计院	10.55.0.0/16
61	国家林业局管理干部学院	10.57.0.0/16
62	中国林业科学研究院	10.54.0.0/16
63	中国林业出版社	10.58.0.0/16
64	西北华北东北防护林建设局	10.61.0.0/16
65	国际竹藤网络中心	10.59.0.0/16
66	大连市林业局	10.87.0.0/16
67	宁波市林业局	10.89.0.0/16
68	厦门市农业与林业局	10.90.0.0/16
69	青岛市林业局	10.91.0.0/16
70	深圳市城市管理局	10.93.0.0/16

附录 B（资料性附录）局域网系统性能测试工具要求

B.1 基本功能

a）应具备直接网络流量监听功能，能够对网络利用率、单播帧、广播帧、多播帧、碰撞、各种类型的出错帧进行统计。

b）应能统计网络中产生业务量最多的节点、出错最多的节点、产生广播帧和多播帧最多的节点。

c）应具备网络协议分析功能，能对网络中的协议进行解码和流量分布统计。

d）应具备自动网络节点和拓扑发现功能，能自动生成网络节点列表，包括节点的 MAC 地址、IP/IPX 地址和名称的对应。

e)应具备网络流量仿真功能，可指定数据包的内容(如 MAC 地址、IP 地址)和数据包长度，并可指定所产生流量的大小。

f)应具备 RFC2544 网络性能测试功能，包括吞吐率、传输时延和丢包率测试。

g)应具备 Ping 和 Trace Route 测试功能。

h)应具备从网络设备上获取 SNMP 数据的功能。

i)应具备测试结果分析及图表打印输出的功能。

j)宜具备基本网络业务仿真测试功能(如：DHCP、DNS、Web、E-mail、文件服务等)。

k)网络性能测量方法见：YD 1381—2005。

B.2 性能和精度要求

a)应支持在 10/100/1000M 以太网接口上的 100% 满线速流量产生功能(包括所有的帧大小，如：64、128、256、512、1024、1280、1518 字节)。

b)应支持在 10/100/1000M 以太网接口(包括全双工链路)上的 100% 满线速流量统计功能。

c)时间标签精度应优于 10μs。

FIVE YEARS 2009~2014

管理标准

GUANLI BIAOZHUN

林业信息化
Forestry Informatization

国家林业局关于推荐使用林业信息化相关标准规范的通知

（林信发〔2009〕311号，国家林业局2009年12月31日）

各省、自治区、直辖市林业厅（局），内蒙古、吉林、龙江、大兴安岭森工（林业）集团公司，新疆生产建设兵团林业局，国家林业局各司局、各直属单位：

为贯彻落实全国林业信息化工作会议精神和《全国林业信息化建设纲要》要求，进一步加快林业信息化建设步伐，提升林业信息化标准编制水平，确保林业信息化标准建设效率，我局组织有关单位和人员，通过向全国林业系统发调查函、网络查阅以及到相关标准组织机构查询等形式，开展了全国林业信息化标准建设摸底调查工作，对与林业信息化相关的标准规范进行了研究分析。经汇总，林业信息化相关标准规范297个，其中：国际标准38个、国家标准160个、行业标准55个、地方标准27个、相关法律法规17个。

经认真研究，并广泛征求各方面意见，在上述标准规范中，推荐使用152个（其中：国家标准133个，行业标准19个），参考使用113个（其中：国际标准38个，国家标准12个，行业标准36个，地方标准27个），要遵循的标准编写规则和标准化法律法规32个（其中：标准编写规则15个，标准化法律法规及规章17个）。现印发给你们，请结合工作实际，认真予以执行。

附件：1. 推荐使用的林业信息化相关标准目录

2. 参考使用的林业信息化相关标准目录

3. 林业信息化要遵循的标准编写规则和标准化法律法规目录

附件 1

推荐使用的林业信息化相关标准目录

序号	标准类型	标准名称	编号	备注
1	国家标准	电子政务数据元 第 1 部分：设计和管理规范	GB/T 19488. 1—2004	代替 GB/T 15660—1995
2		电子政务数据元 第 2 部分：公共数据元目录	GB/T 19488. 2—2008	
3		电子政务系统总体设计要求	GB/T 21064—2007	
4		电子政务业务流程设计方法通用规范	GB/T 19487—2004	
5		电子政务主题词表编制规则	GB/T 19486—2004	
6		国家电子政务网络技术和运行管理规范	GB/T 21061—2007	
7		XML 在电子政务中的应用指南	GB/Z 19669—2005	
8		信息技术 词汇 第 1 部分：基本术语	GB/T 5271. 1—2000	
9		信息技术 词汇 第 3 部分：设备技术	GB/T 5271. 3—2008	
10		信息技术 词汇 第 4 部分：数据的组织	GB/T 5271. 4—2000	
11		信息技术 词汇 第 6 部分：数据的准备与处理	GB/T 5271. 6—2000	
12		信息技术 词汇 第 7 部分：计算机编程	GB/T 5271. 7—2008	
13		信息技术 词汇 第 8 部分：安全	GB/T 5271. 8—2001	
14		信息技术 词汇 第 12 部分：外围设备	GB/T 5271. 12—2000	
15		信息技术 词汇 第 13 部分：计算机图形	GB/T 5271. 13—2008	
16		信息技术 词汇 第 14 部分：可靠性、可维护性与可用性	GB/T 5271. 14—2008	
17		信息技术 词汇 第 16 部分：信息论	GB/T 5271. 16—2008	
18		信息技术 词汇 第 20 部分：系统开发	GB/T 5271. 20—94	
19		信息技术 词汇 第 25 部分：局域网	GB/T 5271. 25—2000	
20		信息技术 词汇 第 27 部分：办公自动化	GB/T 5271. 27—2001	
21		信息技术 代码值交换的通用结构 第 1 部分：编码方案的标识	GB/T 18139. 1—2000	
22		信息技术 代码值交换的通用结构 第 2 部分：编码方案的登记	GB/T 18139. 2—2000	
23		信息技术 开放系统互连 公共管理信息协议 第 1 部分：规范	GB/T 16645. 1—2008	
24		信息技术 开放系统互连 公共管理信息协议 第 2 部分：协议实现一致性声明形式表	GB/T 16645. 2—2000	
25		信息技术 开放系统互连 基本参考模型 第 3 部分：命名与编址	GB/T 9387. 3—2008	
26		信息技术 开放系统互连 开放系统安全框架 第 1 部分：概述	GB/T 18794. 1—2002	
27		信息技术 开放系统互连 开放系统安全框架 第 4 分：抗抵赖框架	GB/T 18794. 4—2003	
28		信息技术 开放系统互连 开放系统安全框架 第 5 部分：机密性框架	GB/T 18794. 5—2003	
29		信息技术 开放系统互连 开放系统安全框架 第 6 部分：完整性框架	GB/T 18794. 6—2003	
30		信息技术 开放系统互连 开放系统安全框架 第 7 部分：安全审计和报警框架	GB/T 18794. 7—2003	

（续）

序号	标准类型	标准名称	编号	备注
31	国家标准	信息技术 开放系统互连 联系控制服务元素的无连接协议 第1部分：协议规范	GB/T 17545. 1—1998	
32		信息技术 开放系统互连 联系控制服务元素的无连接协议 第2部分：协议实现一致性声明形式表	GB/T 17545. 2—2000	
33		信息技术 开放系统互连 目录 第1部分：概念、模型和服务的概述	GB/T 16264. 1—2008	
34		信息技术 开放系统互连 目录 第2部分：模型	GB/T 16264. 2—2008	
35		信息技术 开放系统互连 目录 第8部分：公钥和属性证书框架	GB/T 16264. 8—2005	
36		信息技术 开放系统互连 局域网媒体访问控制（MAC）服务定义	GB/T 16646—1996	
37		信息技术 开放系统互连 命名与编址指导	GB/T 17976—2000	
38		信息技术 开放系统互连 网络层安全协议	GB/T 17963—2000	
39		信息技术 开放系统互连 一致性测试方法和框架 第1部分：基本概念	GB/T 17178. 1—1997	
40		信息技术 开放系统互连 应用层结构	GB/T 17176—1997	
41		信息技术 开放系统互连 远程数据库访问 第1部分：类属模型、服务与协议	GB/T 17533. 1—1998	
42		信息技术 开放系统互连 远程数据库访问 第2部分：SQL专门化	GB/T 17533. 2—1998	
43		信息技术 开放系统中文界面规范	GB/T 16681—2003	
44		信息技术 软件包 质量要求和测试	GB/T 17544—1998	
45		信息技术 软件测量 功能规模测量 第1部分：概念定义	GB/T 18491. 1—2001	
46		信息技术 软件工程 CASE工具的采用指南	GB/Z 18914—2002	
47		信息技术 软件工程术语	GB/T 11457—2006	
48		信息技术 软件生存周期过程	GB/T 8566—2007	
49		信息技术 软件生存周期过程 风险管理	GB/T 20918—2007	
50		信息技术 软件生存周期过程 配置管理	GB/T 20158—2006	
51		信息技术 软件生存周期过程指南	GB/Z 18493—2001	
52		信息技术 软件维护	GB/T 20157—2006	
53		信息技术 实现元数据注册系统（MDR）内容一致性的规程 第1部分：数据元	GB/T 23824. 1—2009	
54		信息技术 实现元数据注册系统（MDR）内容一致性的规程 第3部分：值域	GB/T 23824. 3—2009	
55		信息技术 数据库语言SQL 第1部分：框架	GB/T 12991. 1—2008	
56		信息技术 数据元的规范与标准化 第1部分：数据元的规范与标准化框架	GB/T 18391. 1—2001	

（续）

序号	标准类型	标准名称	编号	备注
57	国家标准	信息技术 数据元的规范与标准化 第2部分：数据元的分类	GB/T 18391. 2—2003	
58		信息技术 数据元的规范与标准化 第3部分：数据元的基本属性	GB/T 18391. 3—2001	
59		信息技术 数据元的规范与标准化 第4部分：数据定义的编写规则与指南	GB/T 18391. 4—2001	
60		信息技术 数据元的规范与标准化 第5部分：数据元的命名和标识原则	GB/T 18391. 5—2001	
61		信息技术 数据元的规范与标准化 第6部分：数据元的注册	GB/T 18391. 6—2001	
62		信息技术 信息技术安全管理指南 第1部分：信息技术安全概念和模型	GB/T 19715. 1—2005	
63		信息技术 信息技术安全管理指南 第2部分：管理和规划信息技术安全	GB/T 19715. 2—2005	
64		信息技术 安全技术 信息安全管理实用规则	GB/T 22081—2008	
65		信息技术 安全技术 信息安全管理体系 要求	GB/T 22080—2008	
66		信息技术 安全技术 信息安全事件管理指南	GB/Z 20985—2007	
67		信息技术 安全技术 信息技术安全性评估准则 第1部分：简介和一般模型	GB/T 18336. 1—2008	
68		信息技术 安全技术 信息技术安全性评估准则 第2部分：安全功能要求	GB/T 18336. 2—2008	
69		信息技术 安全技术 信息技术安全性评估准则 第3部分：安全保证要求	GB/T 18336. 3—2008	
70		信息安全技术 服务器安全技术要求	GB/T 21028—2007	
71		信息安全技术 数据库管理系统安全技术要求	GB/T 20273—2006	
72		信息安全技术 数据库管理系统安全评估准则	GB/T 20009—2005	
73		信息安全技术 信息系统安全等级保护定级指南	GB/T 22240—2008	
74		信息安全技术 信息系统安全等级保护基本要求	GB/T 22239—2008	
75		信息安全技术 信息系统物理安全技术要求	GB/T 21052—2007	
76		信息安全技术 包过滤防火墙评估准则	GB/T 20010—2005	
77		信息安全技术 路由器安全评估准则	GB/T 20011—2005	
78		信息化工程监理规范 第1部分：总则	GB/T 19668. 1—2005	
79		信息化工程监理规范 第3部分：电子设备机房系统工程监理规范	GB/T 19668. 3—2007	
80		信息化工程监理规范 第4部分：计算机网络系统工程监理规范	GB/T 19668. 4—2007	
81		信息化工程监理规范 第5部分：软件工程监理规范	GB/T 19668. 5—2007	
82		信息化工程监理规范 第6部分：信息化工程安全监理规范	GB/T 19668. 6—2007	
83		信息技术 服务质量：框架	GB/T 18903—2002	

（续）

序号	标准类型	标准名称	编号	备注
84	国家标准	信息技术 可扩展置标语言(XML)1.0	GB/T 18793—2002	
85		信息技术 可移植操作系统界面 第1部分：系统应用程序界面(POSIX.1)	GB/T 14246.1—1993	
86		信息技术 数据管理参考模型	GB/Z 18219—2008	
87		信息技术 数据元素值格式记法	GB 18142—2000	
88		信息技术 文本与办公系统 文件归档和检索(DFR) 第2部分：协议规范	GB/T 16973.2—1997	
89		信息技术 文件描述和处理语言 超文本置标语(HTML)	GB/T 18792—2002	
90		1:25000、1:50000、1:100000 地形图航空摄影测量内业规范	GB/T 12340—2008	代替 GB 12340—90
91		1:25000、1:50000、1:100000 地形图航空摄影测量外业规范	GB/T 12341—2008	代替 GB 12341—90
92		1:25000、1:50000、1:100000 地形图航空摄影测量数字化测图规范	GB/T 17157—1997	
93		1:500、1:1000、1:2000 地形图航空摄影测量数字化测图规范	GB/T 15967—2008	代替 GB 15967—95
94		1:500、1:1000、1:2000 外业数字测图技术规程	GB/T 14912—2005	代替 GB 14912—1994
95		1:500、1:1000、1:2000 地形图数字化规范	GB/T 17160—2008	
96		1:5000、1:10000 地形图航空摄影测量内业规范	GB/T 13990—92	
97		1:5000、1:10000 地形图航空摄影测量外业规范	GB/T 13977—92	
98		国家基本比例尺地图图式 第1部分：1:500、1:1000、1:2000 地形图图式	GB/T 20257.1—2007	代替 GB/T 7929—95
99		国家基本比例尺地图图式 第2部分：1:5000、1:10000 地形图图式	GB/T 20257.2—2006	代替 GB/T 5791—93
100		国家基本比例尺地图图式 第3部分：1:25000、1:50000、1:100000 地形图图式	GB/T 20257.3—2006	代替 GB 12342—1990
101		国家基本比例尺地形图分幅和编号	GB/T 13989—92	
102		全球定位系统(GPS)测量规范	GB/T 18314—2009	代替 GB/T 18314—2001
103		测绘基本术语	GB/T 14911—2008	代替 GB/T 14911—94
104		遥感影像平面图制作规范	GB/T 15968—2008	代替 GB 15968—95
105		专题地图信息分类与代码	GB/T 18317—2009	代替 GB/T 18317—2001

（续）

序号	标准类型	标准名称	编号	备注
106	国家标准	地理点位置的纬度、经度和高程的标准表示法	GB/T 16831—1997	
107		地理格网	GB 12409—90	
108		地理空间数据交换格式	GB/T 17798—2007	代替 GB/T 17798—1999
109		地理信息 核心空间模式	GB/T 23706—2009	
110		地理信息 空间模式	GB/T 23707—2009	
111		地理信息 时间模式	GB/T 22022—2008	
112		地理信息 一致性与测试	GB/T19333. 5—2003	
113		地理信息 元数据	GB/T 19710—2005	
114		地理信息 术语	GB/T 17694—2009	
115		地图学术语	GB/T 16820—1997	
116		基础地理信息标准数据基本规定	GB 21139—2007	
117		基础地理信息城市数据库建设规范	GB/T 21740—2008	
118		基础地理信息要素分类与代码	GB/T 13923—2006	代替 GB/T 15660—1995
119		基础地理信息要素数据字典 第 1 部分：1:500、1:1000、1:2000 基础地理信息要素数据字典	GB/T 20258. 1—2007	
120		基础地理信息要素数据字典 第 2 部分：1:5000、1:10000 基础地理信息要素数据字典	GB/T 20258. 2—2006	
121		基础地理信息要素数据字典 第 3 部分：1:25000、1:50000、1:100000 基础地理信息要素数据字典	GB/T 20258. 3—2006	
122		基础地理信息要素数据字典 第 4 部分：1:250000、1:500000、1:1000000 基础地理信息要素数据字典	GB/T 20258. 4—2007	
123		城市地理信息系统设计规范	GB/T 18578—2001	
124		城市地理要素——城市道路、道路交叉口、街坊、市政工程管线编码结构规则	GB/T 14395—1993	
125		地形数据库与地名数据库接口技术规程	GB/T 17797—1999	
126		中国植物分类与代码	GB/T 14467—93	
127		县级以下行政区划代码编制规则	GB/T 10114—2003	
128		中华人民共和国行政区划代码	GB/T 2260—2007	代替 GB/T 2260—2002
129		世界各国和地区名称代码	GB/T 2659—94	
130		中国土壤分类与代码	GB/T 17296—2009	代替 GB/T 17296—2000
131		企业标准体系 技术标准体系	GB/T 15497—2003	
132		出版物上数字用法的规定	GB/T 15835—1995	
133		标点符号用法	GB/T 15834—1995	

（续）

序号	标准类型	标准名称	编号	备注
134	行业标准	1∶5000、1∶10000 地形图航空摄影测量数字化测图规范	CH/T 1006—2000	
135		测绘产品检查验收规定	CH 1002—1995	
136		测绘产品质量评定标准	CH 1003—1995	
137		测绘作业人员安全规范	CH 1016—2008	
138		地图符号库建立的基本规定	CH/T 4015—2001	
139		基础地理信息数据档案管理与保护规范	CH/T 1014—2006	
140		基础地理信息数字产品 数据文件命名规则	CH/T 1005—2000	
141		基础地理信息数字产品 数字影像地形图	CH/T 1013—2005	
142		基础地理信息数字产品 土地覆盖图	CH/T 1012—2005	
143		基础地理信息数字产品 1∶10000、1∶50000 生产技术规程 第 1 部分：数字线划图（DLG）	CH/T1015. 1—2007	
144		基础地理信息数字产品 1∶10000、1∶50000 生产技术规程 第 2 部分：数字高程模型（DEM）	CH/T1015. 2—2007	
145		基础地理信息数字产品 1∶10000、1∶50000 生产技术规程 第 3 部分：数字正射影像图（DOM）	CH/T1015. 3—2007	
146		基础地理信息数字产品 1∶10000、1∶50000 生产技术规程 第 4 部分：数字栅格底图（DRG）	CH/T1015. 4—2007	
147		基础地理信息数字产品 1∶10000、1∶50000 数字线划图	CH/T 1011—2005	
148		基础地理信息数字产品 1∶10000、1∶50000 数字高程模型	CH/T 1008—2001	
149		基础地理信息数字产品 1∶10000、1∶50000 数字栅格地图	CH/T 1010—2001	
150		基础地理信息数字产品 1∶10000、1∶50000 数字正射影像图	CH/T 1009—2001	
151		基础地理信息数字产品元数据	CH/T 1007—2001	
152		坐标格网尺	CH 8003—91	

附件 2

参考使用的林业信息化相关标准目录

序号	标准类型	标准名称	编号	备注
1	国际标准	信息技术 词汇 第 1 部分：基本术语	ISO/IEC 2382－1—1993	
2		信息技术 词汇 第 4 部分：数据的组织	ISO/IEC 2382－4—1999	
3		信息技术 词汇 第 5 部分：数据的表示法	ISO/IEC 2382－5—1999	
4		信息技术 词汇 第 7 部分：计算机程序	ISO/IEC 2382－7—1989	
5		信息技术 词汇 第 8 部分：安全性	ISO/IEC 2382－8—1998	
6		信息技术 词汇 第 9 部分：数据通信	ISO/IEC 2382－9—1995	
7		信息技术 词汇 第 14 部分：可靠性、可维护性和可使用性	ISO/IEC 2382－14—1997	
8		信息技术 词汇 第 15 部分：程序设计语言	ISO/IEC 2382－15—1999	
9		信息技术 词汇 第 17 部分：数据库	ISO/IEC 2382－17—1999	
10		信息技术 词汇 第 20 部分：系统开发	ISO/IEC 2382－20—1990	
11		信息技术 词汇 第 23 部分：文本处理	ISO/IEC 2382－23—1994	
12		信息技术 词汇 第 24 部分：计算机集成制造	ISO/IEC 2382－24—1995	
13		信息技术 词汇 第 25 部分：局域网	ISO/IEC 2382－25—1992	
14		信息技术 词汇 第 26 部分：开放系统互连	ISO/IEC 2382－26—1993	
15		信息技术 词汇 第 27 部分：办公室自动化	ISO/IEC 2382－27—1994	
16		信息技术 词汇 第 31 部分：人工智能 机器学习	ISO/IEC 2382－31—1997	
17		信息技术 词汇 第 32 部分：电子邮件	ISO/IEC 2382－32—1999	
18		信息技术 词汇 第 34 部分：人工智能 神经网络	ISO/IEC 2382－34—1999	
19		信息技术 数据元记录器 第 1 部分：框架	ISO/IEC 11179－1—2004	
20		信息技术 数据元记录 第 4 部分：数据定义表述	ISO/IEC 11179－4—2004	
21		信息技术 数据元记录器 第 6 部分：注册	ISO/IEC 11179－6—2005	
22		信息技术 实现元数据注册(MDR)内容一致性的规程 第 1 部分：数据元素	ISO/IEC TR 20943－1—2003	
23		信息技术 实现元数据注册(MDR)内容一致性的规程 第 3 部分：值域	ISO/IEC TR 20943－3—2004	
24		信息技术 数据元的规范和标准化 第 1 部分：数据元规范和标准化的框架	ISO/IEC 11179－1—2004	
25		信息技术 数据元的规范和标准化 第 2 部分：数据元的分类法	ISO/IEC 11179－2—2005	
26		信息技术 数据元的规范和标准化 第 3 部分：数据元的基本属性	ISO/IEC 11179－3—2003	
27		信息技术 数据元的规范和标准化 第 5 部分：数据元的命名和识别原理	ISO/IEC 11179－5—2005	
28		信息技术 文本和办公系统 文件归档和检索 第 1 部分：抽象服务定义和规程	ISO/IEC 10166－1—1991	
29		信息技术 文本和办公系统 文件归档和检索 第 2 部分：协议规范	ISO/IEC 10166－2—1991	
30		信息技术 文本和办公系统 文献打印应用(DPA) 第 3 部分：管理抽象服务定义和程序	ISO/IEC 10175－3—2000	

（续）

序号	标准类型	标准名称	编号	备注
31	国际标准	信息技术 安全技术 信息安全管理实用规则	ISO/IEC 27002—2005	
32		信息技术 安全技术 信息安全管理体系 要求	ISO/IEC 27001—2005	
33		信息技术 数据管理参考模型	ISO/IEC TR 10032—2003	
34		信息技术 数据交换用数据元的组织和表示导则．编码方法和原则	ISO/IEC TR 9789—1994	
35		信息技术 数据元素值格式记法	ISO/IEC 14957—1996	
36		地理信息 数据质量测量	ISO/TS 19138—2006	
37		地理信息 专用标准	ISO 19106—2004	
38		地理信息 坐标空间基准	ISO 19111—2007	
39	国家标准	政务信息资源交换体系 第1部分：总体框架	GB/T 21062. 1—2007	
40		政务信息资源交换体系 第2部分：技术要求	GB/T 21062. 2—2007	
41		政务信息资源交换体系 第3部分：数据接口规范	GB/T 21062. 3—2007	
42		政务信息资源交换体系 第4部分：技术管理要求	GB/T 21062. 4—2007	
43		政务信息资源目录体系 第1部分：总体框架	GB/T 21063. 1—2007	
44		政务信息资源目录体系 第2部分：技术要求	GB/T 21063. 2—2007	
45		政务信息资源目录体系 第3部分：核心元数据	GB/T 21063. 3—2007	
46		政务信息资源目录体系 第4部分：政务信息资源分类	GB/T 21063. 4—2007	
47		政务信息资源目录体系 第6部分：技术管理要求	GB/T 21063. 6—2007	
48		基于文件的电子信息的长期保存	GB/Z 23283—2009	
49		自然保护区总体规划技术规程	GB/T 20399—2006	
50		企业标准体系表编制指南	GB/T 13017—2008	
51	行业标准	古树名木代码与条码	LY/T 1664—2006	
52		林地分类	LY/T 1812—2009	
53		森林采伐作业规程	LY/T 1646—2005	
54		森林火灾成因和森林资源损失调查方法	LY/T 1846—2009	
55		森林生态系统定位观测指标体系	LY/T 1606—2003	
56		森林生态系统定位研究站建设技术要求	LY/T 1626—2005	
57		数字林业标准与规范 第1部分：森林资源非空间数据标准	LY/T1662. 1—2008	
58		数字林业标准与规范 第2部分：林业数字矢量基础地理数据标准	LY/T1662. 2—2008	
59		数字林业标准与规范 第3部分：卫星遥感影像数据标准	LY/T1662. 3—2008	
60		数字林业标准与规范 第4部分：林业社会经济数据标准	LY/T1662. 4—2008	
61		数字林业标准与规范 第5部分：林业政策法规数据标准	LY/T1662. 5—2008	
62		数字林业标准与规范 第6部分：林业文献资料数据标准	LY/T1662. 6—2008	
63		数字林业标准与规范 第7部分：数据库建库标准	LY/T1662. 7—2008	
64		数字林业标准与规范 第8部分：数据库软件规范	LY/T1662. 8—2008	

（续）

序号	标准类型	标准名称	编号	备注
65	行业标准	数字林业标准与规范 第9部分：数据库管理规范	LY/T1662.9—2008	
66		数字林业标准与规范 第10部分：元数据标准	LY/T1662.10—2008	
67		数字林业标准与规范 第11部分：退耕还林工程数据标准	LY/T1662.11—2008	
68		退耕还林工程信息管理规程	LY/T1762—2008	
69		中国森林火灾编码	LY/T1627—2005	
70		用于森林资源调查的SPOT－5卫星影像处理与应用技术规程	LY/T1835—2009	
71		卫星遥感图像产品质量控制规范	DZ/T0143—94	
72		浅覆盖区区域地质调查细则(1:50000)	DZ/T0158—95	
73		地学数字地理底图数据交换格式	DZ/T0188—1997	
74		互联网公共上网服务场所 信息安全管理系统 数据交换格式	GA 659.1－659.9—2006	
75		城市警用地理信息数据采集与更新规范	GA/T 627—2006	
76		公安信息化标准管理信息分类与代码	GA/T760.1～760.12—2008	
77		信息安全技术 应用软件系统安全等级保护通用测试指南	GA/T 712—2007	
78		信息安全技术 防火墙安全技术要求	GA/T 683—2007	
79		信息安全技术 交换机安全技术要求	GA/T 684—2007	
80		信息安全技术 网关安全技术要求	GA/T 681—2007	
81		信息安全技术 虚拟专用网安全技术要求	GA/T 686—2007	
82		公路数据库编目编码规则	JT/T 132—2000	
83		交通统计信息交换格式	JT/T 486—2002	
84		气象数据集核心元数据	QX/T39—2005	
85		水利工程基础信息代码编制规定	SL213－98	
86		国土资源信息核心元数据标准	TD/T 1016—2003	
87	地方标准	数字林业 森林资源数据代码	DB35/T683—2006	福建省林业厅
88		数字林业 森林经营区划代码与用户命名规则	DB35/T686—2006	
89		数字林业 森林资源矢量数据采集技术规范	DB35/T685—2006	
90		数字林业 森林资源数据库基本规则	DB35/T682—2006	
91		数字林业 森林资源基本图图式	DB35/T684—2006	
92		数字林业 森林资源分类编码 森林资源调查信息分类	DB21/T1579－2008	辽宁省林业厅
93		数字林业 森林资源分类编码 空间数据代码	DB21/T1580－2008	
94		数字林业 森林资源分类编码 属性代码	DB21/T1581－2008	
95		数字林业 森林区划标准	DB21/T1576—2008	
96		数字林业 制图 森林资源制图专用线型和符号	DB21/T1585－2008	
97		数字林业 森林资源规划设计调查数据采集	DB21/T1592－2008	
98		数字林业 数据库 分类技术规范	DB21/T1586－2008	
99		数字林业 数据库 省级系统图层	DB21/T1587－2008	
100		数字林业 数据库 省级图像库建设技术规范	DB21/T1588－2008	

（续）

序号	标准类型	标准名称	编号	备注
101	地方标准	数字林业 数据库 省级矢量图库建设技术规范	DB21/T1589 - 2008	
102		数字林业 数据库 森林资源调查数据库结构	DB21/T1590 - 2008	
103		数字林业 数据库 森林资源调查数据表结构	DB21/T1591 - 2008	
104		数字林业 元数据标准	DB21/T1593 - 2008	
105		数字林业 视频监控技术规范	DB21/T1594 - 2008	
106		数字林业 制图 分布图	DB21/T1582 - 2008	
107		数字林业 制图 分类图	DB21/T1583 - 2008	
108		数字林业 制图 基本图	DB21/T1584 - 2008	
109		数字林业 建设与管理标准	DB21/T1574—2008	
110		数字林业 应用系统开发集成规范	DB21/T1575—2008	
111		数字林业 数据共享与交换	DB21/T1577—2008	
112		数字林业 信息安全与单点登陆标准	DB21/T1578 - 2008	
113		县级森林资源管理信息系统建设规范	DB33/T641—2007	浙江省林业厅

附件 3

林业信息化要遵循的标准编写规则和标准化法律法规目录

序号	标准类型	标准名称	编号	备注
1	标准编写规则	标准编写规则 第 1 部分：术语	GB/T 20001. 1—2001	
2		标准编写规则 第 2 部分：符号	GB/T 20001. 2—2001	
3		标准编写规则 第 3 部分：信息分类编码	GB/T 20001. 3—2001	代替 GB/T 7026—1986
4		标准化工作导则 第 1 部分：标准的结构和编写	GB/T 1. 1—2009	代替 GB/T 1. 1—2000、GB/T 1. 2—2002
5		标准化工作指南 第 1 部分：标准化和相关活动的通用词汇	GB/T 20000. 1—2001	
6		标准化工作指南 第 2 部分：采用国际标准	GB/T 20000. 2—2009	代替 GB/T 20000. 2—2001
7		标准化工作指南 第 3 部分：引用文件	GB/T 20000. 3—2003	
8		标准化工作指南 第 4 部分：标准中涉及安全的内容	GB/T 20000. 4—2003	
9		标准体系表编制原则和要求	GB/T 13016—2009	代替 GB/T 13016—1991
10		分类与编码通用术语	GB/T 10113—2003	
11		信息分类和编码的基本原则与方法	GB/T 7027—2002	代替 GB/T 7027—1986
12		国家标准制定程序的阶段划分及代码	GB/T 16733—1997	
13		术语学基本词汇	GB/T 15237—94	
14		文件格式分类与代码编制方法	GB/T 13959—92	
15		校对符号及其用法	GB/T 14706—93	
16	标准化法律法规及规章	中华人民共和国标准化法	中华人民共和国主席令第 11 号	
17		中华人民共和国标准化法实施条例	中华人民共和国国务院令第 53 号	
18		国家标准管理办法	国家技术监督局令第 10 号	
19		行业标准管理办法	国家技术监督局令第 11 号	
20		地方标准管理办法	国家技术监督局令第 15 号	
21		林业标准化管理办法	国家林业局令第 9 号	
22		全国专业标准化技术委员会章程	国家技术监督局令第 7 号	

（续）

序号	标准类型	标准名称	编号	备注
23		标准档案管理办法	国家技术监督局令第 25 号	
24		采用国际标准管理办法	国家质量监督检验检疫总局令第 10 号	
25		标准出版发行管理办法	国家技术监督局令第 26 号	
26		国家标准化指导性技术文件管理规定	质技监局标发〔1998〕181 号	
27		国家标准英文版翻译出版工作管理暂行办法	质技监局标发〔1998〕18 号	
28		关于加强强制性标准管理的若干规定	国标委计划〔2002〕15 号	
29		关于推进采用国际标准的若干意见	国质检标联〔2002〕209 号	
30		关于国家标准制修订计划项目管理的实施意见	国标委计划〔2004〕28 号	
31		采用快速程序制修订应急国家标准的规定	国标委计划联〔2004〕35 号	
32		关于进一步加强标准版权保护 规范标准出版发行工作的意见	国质检标联〔2004〕361 号	

林业资源调查监测公共因子分类补充规定

（林信发〔2009〕204 号，国家林业局 2009 年 9 月 1 日）

全国森林资源连续清查、全国湿地资源调查、全国荒漠化和沙化监测等成果，对于分析我国林业资源状况和动态变化意义重大。为便于充分利用和共享这些林业公共信息资源成果，需要将《国家森林资源连续清查技术规定》、《全国湿地资源调查技术规程》和《全国荒漠化和沙化监测技术规定》中林地、湿地、地形、流域、土壤类型这些公共性和基础性的调查监测因子统一分类。

一、林地、湿地类型的划分

林地、湿地类型的划分执行国家林业局最新公布的《国家森林资源连续清查技术规定》和《全国湿地资源调查技术规程》。

二、地形因子中地貌类型的划分

地貌类型的划分见《地貌类型划分表》。

地貌类型划分表

地貌类型	划分标准
极高山	海拔≥5000m 的山地
高山	海拔≥3500m 且＜5000m 的山地
中山	海拔≥1000m 且＜3500m 的山地
低山	海拔≥500m 且＜1000m 的山地
丘陵	海拔＜500m，相对高差＜100m
平原	海拔＜500m，相对高差 50m

三、流域划分

流域类型的划分采用最新的《水利工程基础信息代码编制规定》（SL213—1998）中有关一级和二级流域（水系）的分类，详见《流域划分表》。

流域划分表

一级流域	二级流域
内流区	呼伦贝尔内流区
	乌裕尔河内流区
	准葛尔内流区
	内蒙古内流区
	白城内流区
	霍林河内流区
	扶余内流区
	塔里木内流区
	河西走廊—阿拉善河内流区
	鄂尔多斯内流区
	柴达木内流区
	西藏内流区
广西、云南、西藏、新疆诸国际河流	额尔齐斯河水系
	伊犁河、额敏河水系
	澜沧江—湄公河水系
	狮泉河—印度河水系
	怒江—伊洛瓦底江水系
	雅鲁藏布江—布拉马普特拉河水系
	元江—红河水系
黑龙江流域	黑龙江水系
	额尔古纳河水系
	松花江水系
	乌苏里江水系
	绥芬河水系
	图们江水系
辽河流域	辽河干流水系
	大凌河及辽东沿海诸河水系
	鸭绿江水系
	辽东半岛诸河水系
淮河流域	沂沭泗水系
	淮河干流水系
	里下河水系

（续）

一级流域	二级流域
黄河流域	黄河干流水系
	汾河水系
	山东半岛及沿海诸河水系
	渭河水系
浙、闽、台诸河	浙东、闽东及台湾沿海诸河水系
	瓯江水系
	闽江水系
	钱塘江水系
珠江流域	西江水系
	韩江水系
	北江水系
	东江水系
	珠江三角洲水系
	粤、桂、琼沿海诸河水系
长江流域	雅砻江水系
	嘉陵江水系
	汉江水系
	岷江水系
	长江干流水系
	太湖水系
	洞庭湖水系
	乌江水系
	鄱阳湖水系
海河流域	滦河水系
	子牙河水系
	黑龙港及运东地区诸河水系
	徒骇、马颊河水系
	漳卫南运河水系
	潮白、北运、蓟运河水系
	永定河水系
	大清河水系

四、土壤分类

土壤类型划分采用《中国土壤分类与代码》(GB/T 17296—2009)，详见《土壤类型表》。

土壤类型表

土纲	土类
铁铝土	砖红壤
	赤红壤
	红壤
	黄壤
淋溶土	黄棕壤
	黄褐土
	棕壤
	暗棕壤
	白浆土
	棕色针叶林土
	灰化土
半淋溶土	燥红土
	褐 土
	灰褐土
	黑 土
	灰色森林土
半水成土	草甸土
	潮 土
	砂姜黑土
	林灌草甸土
	山地草甸土
高山土	草毡土
	黑毡土
	寒钙土
	冷钙土
	冷棕钙土
	寒漠土
	冷漠土
	寒冻土
干旱土	棕钙土
	灰钙土
钙层土	黑钙土
	栗钙土
	栗褐土
	黑垆土

（续）

土纲	土类
漠土	灰漠土
	灰棕漠土
	棕漠土
初育土	黄绵土
	红黏土
	新积土
	龟裂土
	风沙土
	石灰(岩)土
	火山灰土
	紫色土
	磷质石灰土
	粗骨土
	石质土
盐碱土	草甸盐土
	滨海盐土
	酸性硫酸盐土
	漠境盐土
	寒原盐土
	碱土
水成土	沼泽土
	泥炭土
人为土	水稻土
	灌淤土
	灌漠土

全国林业省级单位机房建设管理规范

（办信字〔2011〕189号，国家林业局办公室2011年11月10日）

第一章　总　则

第一条　为提高全国林业系统信息网络的运行效率，确保网络及应用系统安全、稳定运行，按照国家有关信息化规范和林业信息化建设“统一规划、统一标准、统一制式、统一平台、统一管理”的原则，制定本规范。

第二条　本规范所称机房是指信息网络数据中心机房及其相关配套系统。

第三条　国家林业局信息办（信息中心）负责各省、自治区、直辖市林业厅（局），内蒙古、吉林、龙江、大兴安岭森工（林业）集团公司，新疆生产建设兵团林业局，各计划单列市林业局（以下简称各省级单位）机房建设和管理的指导、检查、督查工作。

第四条　各省级单位机房建设和管理工作由该省级信息办或信息中心负责。

第五条　各省级单位需建设一个统一完整的省级机房。设有多个机房的省级单位应当加紧整合改造，搭建林业信息化统一基础设施平台。

第六条　机房建设应当遵循可扩展性、可管理性、灵活性、安全性、环保节能性的原则。

第七条　机房划分为：内网区（与互联网物理隔离网络），外网区（与互联网逻辑隔离网络）和辅助区等。各区域应当相互隔离，内、外网区应当设置独立门禁控制系统。

第八条　各省级单位应当根据实际情况考虑建设省级灾难备份中心，或者与国家林业中心机房互为灾备，确保重要数据的安全性及主要业务的连续性。

第九条　机房需指定专职机房管理员。管理员应当具备相应的专业技能和管理能力。各区域应当设置独立权限管理。

第十条　本规范不包含涉密机房。机房规划时应当预留涉密机房空间，并参照现行国家标准适时建设。

第二章　机房建设

第十一条　机房选址。选址应当遵循以下原则：大型设备的运输线路和电缆等管线敷设线路应当尽量短。远离建筑物外墙结构柱子，以减少雷击造成的电磁感应侵害。机房应当避免设在建筑物高层或者地下室，以及用水设备的下层或者隔壁，新建机房或者老楼改造均需对机房所在楼层承荷进行加固设计，地板负载标准值应当在 800 ~ 900kg/m^2；选址应当考虑机房专用空调室外机的安装位置。

第十二条　机房组成。机房由内网区、外网区和辅助区等组成。内、外网区：放置服务器、网络设备、网络配线架(机柜)等。辅助区一般包括：UPS 电源间、消防设施控制间、监控室、模拟演示大厅、机房管理员办公室和值班室。辅助房间可根据实际情况适当合并。机房管理员办公室必须与内、外网区分离。

第十三条　建筑要求。应当根据当地中长期信息化发展需求计算机房面积，且机房内、外网区总面积应当符合有关标准，即 A 级机房为 80m^2 以上、AA 级机房为 150m^2 以上、AAA 级机房为 300m^2 以上，净高不宜小于 2.6m。辅助区总面积为内、外网区总面积的 0.5 ~ 1 倍。机房主体结构应当具有耐久、抗震、防火、防止不均匀沉陷等性能。

第十四条　机房布置。机房中设备布置、间距等应当考虑人员安全、设备运输、检修、通风散热等，并根据具体情况进行设计。

第十五条　机房装修。机房内部装修应当注意以下几点：

(一)机房耐火等级不低于二级。顶棚、壁板、隔断(包括壁板和隔断的夹芯材料)应当采用不燃烧体。如采用大面积玻璃隔段、门等，应当采用防火玻璃并设置标识。

(二)高分子绝缘材料未经表面改性处理时，不得用于机房的表面装饰工程。

(三)机房应当铺设活动地板，高度宜为 200 ~ 350mm。活动地板下的地面和四壁装饰应当选用不起尘、不易积灰、易于清洁的饰面材料，如安装下气流空调，则活动地板架空 400mm。

(四)机房内安装用水设备时，应当采取有效地防止给排水漫溢和渗漏的措施，并配置漏水报警装置。

第三章　配套系统

第十六条　供电系统。机房主要设备供电要求如下：

(一)机房应当由不间断电源系统供电并留有余量，其他电力负荷不得由计算机主机电源和不间断电源系统供电。

(二)机房低压配电系统应采用频率 50Hz、电压 220/380V TN-S 或者 TN-C-S 系统。

(三)机房电源应当采用地下电缆进线，当不得不采用架空进线时，在低压架空电源进线处或者专用电力变压器低压配电母线处，应当装设低压避雷器。

(四)当城市电网电源质量不能满足计算机供电要求时，应当根据具体情况采用相应的电源改善措施和隔离防护措施。

第十七条　接地与防雷系统。机房接地、防雷应当至少满足下列要求：

(一)等电位联结是静电防护的必要措施，是接地构造的重要环节，对于机房环境的静电净化和人员设备的防护至关重要，在机房内不应当存在对地绝缘的孤立导体。

（二）机房外部防雷主要由建筑物自身防雷系统承担，室外直接接入机房金属线缆必须做防浪涌处理，弱电线缆不裸露在外部环境。

（三）弱电桥架使用扁铜软线带跨接，进行可靠接地，电源系统至少采取二极防浪涌处理，重要负载末端采取防浪涌处理。

第十八条　空调系统。内、外网区需设置独立、专用机房空调，并满足机房温、湿度为：夏季温度23±2 ℃、冬季温度20±2℃、全年相对湿度45%～65%，且温度变化率<5℃/h 并不得结露。满足上述要求时空调负荷应当留有15%～20%余量。

第十九条　照明系统。机房照明宜分区设置开关。技术夹层内（吊顶内和活动地板下）应当设照明，采用单独支路或者专用配电箱（盘）供电。机房应当配置备用照明、通道疏散照明及疏散指示标志灯。

第二十条　消防报警系统。机房应当严格按照下列要求安装报警系统：

（一）设备房间应当采用感烟和感温探测器组合，感烟探测器应当使用吸气式烟雾探测火灾报警系统。

（二）消防措施应当同时保证人员和设备的安全，避免灭火系统误动作造成损失。

（三）对于含有可燃物的技术夹层，也应当同时设置两种火灾探测器。

（四）机房设备房间应当设置气体灭火系统，火灾报警系统应当与灭火系统联动。凡设置气体灭火系统的机房区域，必须配置专用空气呼吸器或者氧气呼吸器。

第二十一条　安防系统。机房安保由实时监视摄像系统和其他安全设施组成，全方位监控机房总体运行状况。机房门禁系统应当能接受相关系统的联动控制自动释放电子锁。

第二十二条　综合布线系统。信息业务的传输介质应当采用光缆或者五类及以上等级的对绞电缆。当机柜或者机架成行排列或者按功能区域划分时，宜在主配线架和机柜或者机架之间设置配线列头柜。

第二十三条　噪声、电磁干扰及静电系统。内、外网区的噪声在系统停机状态下，噪声不应大于68dB（A）。机房电磁场干扰环境场强不应当大于800A/M。机房内的导体必须与大地做可靠的联接，不得有对地绝缘的孤立导体。

第四章　机房管理

第二十四条　人员出入。外单位人员进入机房，应当向单位信息化主管部门提出申请。整个过程应当有信息化主管部门工作人员全程陪同，外单位人员不得进行与申请内容无关的事情。严禁携带易燃易爆等危险品进入机房。机房内严禁吸烟，严禁带入各类液体和使用带强磁场、微波辐射等设备及与机房工作无关的电器。

第二十五条　设备出入。各类设备出入机房必须填写书面申请，经主管领导同意，在相关人员监督下进行并做好登记，由专人归档、保存，同时必须保证相应设备的安全和运行正常。

第二十六条　监控管理。机房监控系统为24小时实时监控，严禁擅自关闭监控系统和录像功能。严禁在未经允许的情况下，改动监控位置和系统设置。如发生异常情况应当立即上报相关部门。

第二十七条　事故管理。发生火灾、失窃及其他事故时，机房工作人员须立即报告有关领导及有关部门并迅速采取妥善措施，注意保护现场。

第二十八条　保密管理。服务器、网络设备、用户资料、系统资料、相关操作程序和密码实行专人管理，同时承担保密责任。

第二十九条　管理员职责。机房管理人员有权对任何危害机房及其设备安全的行为进行制止和处理。机房管理员或者技术值班人员应当定期对机房内设备及线路进行检查和维护。保持中心机房(包括供电房)及其设备的正常运行和清洁卫生。应当熟练掌握防停电、防火、防盗、防静电、防雷击等基本应急程序。

第五章　附　则

第三十条　除上述规范，还应当同时参照以下文件，并应参考其最新版本。

GB50174—2008《电子信息系统机房设计规范》

GB/T2887—2000《电子计算机场地通用规范》

GB6650—86《计算机机房用活动地板的技术要求》

GB50052—95《供配电系统设计规范》

GB50222—95《建筑内部装饰设计防火规范》

GB50116—98《火灾自动报警系统设计规范》

GB50034—92《工业企业照明设计标准》

GB50243—2002《通风与空调工程施工质量验收规范》

GB/T50311—2000《建筑与建筑群综合布线系统工程设计规范》

GB50057—94《建筑防雷设计规范》

GB50343—2004《建筑物电子信息系统防雷技术规范》

第三十一条　本规范由国家林业局信息办负责解释。

第三十二条　本规范自印发之日起施行。

林业信息化标准体系

（林信办〔2013〕4 号，全国林业信息化工作领导小组办公室 2013 年 11 月 29 日）

林业信息化标准体系是在《全国林业信息化建设纲要(2008～2020 年)》的指导下，由林业信息化建设所需各类标准规范，按照其内在联系构成的科学有机整体，是林业信息化标准建设的蓝图。

一、林业信息化标准体系构成

林业信息化标准体系由总体标准、信息资源标准、应用标准、基础设施标准、管理标准等五大类组成。

(一)总体标准。总体标准是标准体系的基础，规范了其他标准中总体性、框架性和基础性的内容，是其他标准间互相关联、互相协调、互相适应的基础，也是标准体系中其他标准制定的基础。总体标准由林业信息化建设总体性、框架性、基础性的标准规范组成，包括林业信息化标准化指南、林业信息化标准一致性测试规则、林业信息术语等。

(二)信息资源标准。信息资源标准的作用在于对各类林业信息资源进行标准化、规范化的处理和整合改造，便于应用系统和数据库的使用者有效利用。信息资源标准主要由林业信息分类编码体系、林业信息资源的表示和处理、林业信息资源定位、林业数据访问、目录服务、元数据等方面的标准规范组成。

(三)应用标准。应用标准主要对林业各类应用系统的建设以及信息共享、业务协同等工作进行规范，由林业信息资源业务应用流程控制、林业资源成果文档格式、林业资源业务功能建模、林业资源业务流程建模、林业资源业务应用规程、信息资源目录和交换体系等方面的标准规范组成。

(四)基础设施标准。基础设施标准主要对林业信息化建设中的基础工作进行规范，为应用系统、数据库建设等工作提供规范的安全和运行环境，为林业信息资源共享、交换等提供基础服务。基础设施标准包括信息安全基础设施、网络基础设施、计算机及存储系统、机房及配套等方面的标准规范。

(五)管理标准。管理标准贯穿整个林业信息化建设工作，对基础设施、数据库、应用系统建设等各方面的技术和运营进行规范管理。管理标准主要由项目管理、运行维护管理、质量管理等方面的标准规范组成。

二、标准体系表

总体标准、信息资源标准、应用标准、基础设施标准、管理标准包括的具体标准见表1～表5。有关事项说明如下：

（一）标准体系编号。按标准类别分，总体标准编号为1，信息资源标准编号为2，应用标准编号为3，基础设施标准编号为4，管理标准编号为5。按标准流水号分，通用标准的流水号为1～99，专用标准的流水号为100～499。

（二）宜定级别。指适宜确定为国家标准或行业标准，简写为“国标”、“行标”。

（三）需求程度。共分五级，用“★”的颗数表示。“★”的颗数越多，表示实际工作对其需求程度越高。

表1　总体标准表

序号	标准体系编号	标准名称	类别	需求程度	宜定级别
1	1.1	林业信息化标准化指南	标准化工作	★★★★★	行标
2	1.2	林业信息化专用标准编制指南	标准化工作	★★★★	行标
3	1.3	林业信息化标准一致性测试规则	标准化工作	★★★★	行标
4	1.4	林业信息化标准质量控制指南	标准化工作	★★★★	行标
5	1.5	林业信息术语	术语	★★★★★	行标
6	1.6	林业信息概念模式语言	总体技术	★★★	行标
7	1.7	林业物联网术语	术语	★★★★	行标
8	1.8	林业物联网体系结构	总体技术	★★★★	行标

表2-1　信息资源标准－通用标准表

序号	标准体系编号	标准名称	类别	需求程度	宜定级别
1	2.1	林业信息基础数据元 第1部分：数据元的分类	数据描述	★★★★★	行标
2	2.2	林业信息基础数据元 第2部分：数据元的基本属性	数据描述	★★★★★	行标
3	2.3	林业信息基础数据元 第3部分：数据元命名和标识规则	数据描述	★★★★★	行标
4	2.4	林业信息分类与编码规范	数据描述	★★★★★	行标
5	2.5	林业生态工程信息分类与代码	数据描述	★★★★★	行标
6	2.6	林业信息数据字典编制规范	数据描述	★★★★	行标
7	2.7	林业信息元数据	数据描述	★★★★★	行标
8	2.8	林业数据模型描述规则和方法	数据描述	★★★★	行标
9	2.9	林业信息基础地理框架数据	数据描述	★★★★★	行标
10	2.10	林业信息图示表达规则和方法	数据描述	★★★★★	行标
11	2.11	林业行政及经营管理区划编码	数据描述	★★★★★	行标

（续）

序号	标准体系编号	标准名称	类别	需求程度	宜定级别
12	2.12	林业数据采集规范	采集加工	★★★★	行标
13	2.13	林业数据整合改造技术规范	采集加工	★★★	行标
14	2.14	林业信息遥感影像解译规范	采集加工	★★★★	行标
15	2.15	林业信息质量原则	管理维护	★★★	行标
16	2.16	林业信息质量评价规范	管理维护	★★★	行标
17	2.17	林业信息质量控制内容和方法	管理维护	★★★	行标
18	2.18	林业信息数据一致性测试	管理维护	★★★★	行标
19	2.19	林业信息检查验收规范	管理维护	★★★	行标
20	2.20	林业数据库设计总体规范	管理维护	★★★★★	行标
21	2.21	林业数据库建设技术总体规范	管理维护	★★★★★	行标
22	2.22	林业数据库更新技术规范	管理维护	★★★	行标
23	2.23	林业信息产品分类规则	信息产品	★★★★	行标
24	2.24	林业信息产品质量控制规程	信息产品	★★★	行标
25	2.25	林业信息产品质量评价规程	信息产品	★★★	行标
26	2.26	林业信息产品格式	信息产品	★★★★	行标
27	2.27	林业信息产品图示图例规范	信息产品	★★★★	行标

表 2-2　信息资源标准－专用标准表

序号	标准体系编号	标准名称	类别	需求程度	宜定级别
1	2.100	综合业务 数据元	数据描述	★★★	行标
2	2.101	综合业务 数据模型	数据描述	★★★	行标
3	2.102	综合业务 数据字典	数据描述	★★★	行标
4	2.103	综合业务 信息分类与代码	数据描述	★★★	行标
5	2.104	综合业务 文档交换格式规范	数据描述	★★★	行标
6	2.105	综合业务 公文管理规范	管理维护	★★★	行标
7	2.106	综合业务 内容管理规范	管理维护	★★★	行标
8	2.107	综合业务 政务公开管理规定	管理维护	★★★	行标
9	2.108	公共业务 数据元	数据描述	★★★	行标
10	2.109	公共业务 数据字典	数据描述	★★★	行标
11	2.110	公共业务 信息分类与代码	数据描述	★★★	行标
12	2.111	森林资源核心元数据	数据描述	★★★★	行标
13	2.112	森林资源 数据元	数据描述	★★★★★	行标
14	2.113	森林资源 数据模型	数据描述	★★★★	行标
15	2.114	森林资源 数据字典	数据描述	★★★★	行标
16	2.115	森林资源数据编码类技术规范	数据描述	★★★★★	行标

（续）

序号	标准体系编号	标准名称	类别	需求程度	宜定级别
17	2.116	森林资源数据采集技术规范 第1部分：森林资源连续清查	采集加工	★★★★	行标
18	2.117	森林资源数据采集技术规范 第2部分：森林资源规划设计调查	采集加工	★★★★	行标
19	2.118	森林资源数据采集技术规范 第3部分：作业设计调查	采集加工	★★★★	行标
20	2.119	森林资源 数据质量管理规范	采集加工	★★★★	行标
21	2.120	森林资源数据处理导则	采集加工	★★★★	行标
22	2.121	森林资源 遥感影像解译规范	采集加工	★★★★	行标
23	2.122	森林资源数据库术语定义	术语	★★★★	行标
24	2.123	森林资源数据库分类和命名规范	管理维护	★★★★	行标
25	2.124	森林资源 数据库建设技术规范	管理维护	★★★★★	行标
26	2.125	森林资源 数据库更新管理规范	管理维护	★★★★	行标
27	2.126	森林资源 遥感影像数据库建设规范	管理维护	★★★★	行标
28	2.127	森林资源管理信息系统建设导则	管理维护	★★★★	行标
29	2.128	森林资源 基础底图制作规范	信息产品	★★★★	行标
30	2.129	森林资源 基本图制作规范	信息产品	★★★★	行标
31	2.130	森林资源 森林资源分布图制作规范	信息产品	★★★★	行标
32	2.131	森林资源 林相图制作规范	信息产品	★★★★	行标
33	2.132	森林资源 统计报表规范	信息产品	★★★★	行标
34	2.133	湿地资源 数据元	数据描述	★★★★★	行标
35	2.134	湿地资源 数据模型	数据描述	★★★★	行标
36	2.135	湿地资源 数据字典	数据描述	★★★★	行标
37	2.136	湿地 信息分类与代码	数据描述	★★★★★	行标
38	2.137	湿地资源 专题图制作规范	信息产品	★★★	行标
39	2.138	湿地资源 统计报表规范	信息产品	★★★	行标
40	2.139	荒漠化土地资源 数据元	数据描述	★★★★★	行标
41	2.140	荒漠化土地资源 数据模型	数据描述	★★★	行标
42	2.141	荒漠化土地资源 数据字典	数据描述	★★★	行标
43	2.142	荒漠化 信息分类与代码	数据描述	★★★★★	行标
44	2.143	荒漠化土地资源 专题图制作规范	信息产品	★★★	行标
45	2.144	荒漠化土地资源 统计报表规范	信息产品	★★★	行标
46	2.145	生物多样性资源 数据元	数据描述	★★★★★	行标
47	2.146	生物多样性资源 数据模型	数据描述	★★★	行标
48	2.147	生物多样性资源 数据字典	数据描述	★★★	行标
49	2.148	生物多样性资源 信息分类与代码	数据描述	★★★★★	行标

（续）

序号	标准体系编号	标准名称	类别	需求程度	宜定级别
50	2.149	生物多样性资源 专题图制作规范	信息产品	★★★	行标
51	2.150	生物多样性资源 统计报表规范	信息产品	★★★	行标
52	2.151	营造林 数据元	数据描述	★★★★★	行标
53	2.152	营造林 数据模型	数据描述	★★★	行标
54	2.153	营造林 数据字典	数据描述	★★★	行标
55	2.154	营造林 信息分类与代码	数据描述	★★★★★	行标
56	2.155	营造林 专题图制作规范	信息产品	★★★	行标
57	2.156	营造林 统计报表规范	信息产品	★★★	行标
58	2.157	森林防火 数据元	数据描述	★★★★★	行标
59	2.158	森林防火 数据模型	数据描述	★★★★	行标
60	2.159	森林防火 数据字典	数据描述	★★★★	行标
61	2.160	森林火灾 信息分类与代码	数据描述	★★★★★	行标
62	2.161	森林防火 专题图制作规范	信息产品	★★★	行标
63	2.162	森林防火 统计报表规范	信息产品	★★★	行标
64	2.163	野生动植物保护 数据元	数据描述	★★★★★	行标
65	2.164	野生动植物保护 数据模型	数据描述	★★★	行标
66	2.165	野生动植物保护 数据字典	数据描述	★★★	行标
67	2.166	野生动植物保护 信息分类与代码	数据描述	★★★★★	行标
68	2.167	野生动植物保护 专题图制作规范	信息产品	★★★	行标
69	2.168	野生动植物保护 统计报表规范	信息产品	★★★	行标
70	2.169	灾害 数据元	数据描述	★★★★★	行标
71	2.170	灾害 数据模型	数据描述	★★★★	行标
72	2.171	灾害 数据字典	数据描述	★★★★	行标
73	2.172	灾害 信息分类与代码	数据描述	★★★★★	行标
74	2.173	灾害 专题图制作规范	信息产品	★★★	行标
75	2.174	灾害 统计报表规范	信息产品	★★★	行标
76	2.175	林业有害生物 分类与代码(虫害部分)	数据描述	★★★★	行标
77	2.176	林业有害生物调查统计规范	信息产品	★★★★	行标
78	2.177	林业有害生物防治统计规范	信息产品	★★★★	行标
79	2.178	应急指挥 数据元	数据描述	★★★★	行标
80	2.179	应急指挥 数据模型	数据描述	★★★	行标
81	2.180	应急指挥 数据字典	数据描述	★★★	行标
82	2.181	应急指挥 信息分类与代码	数据描述	★★★★	行标
83	2.182	应急指挥 专题图制作规范	信息产品	★★★	行标
84	2.183	应急指挥 统计报表规范	信息产品	★★★	行标
85	2.184	森林公安 数据元	数据描述	★★★★★	行标

（续）

序号	标准体系编号	标准名称	类别	需求程度	宜定级别
86	2.185	森林公安 数据字典	数据描述	★★★★	行标
87	2.186	森林公安 信息分类与代码	数据描述	★★★★★	行标
88	2.187	森林公安 统计报表规范	信息产品	★★★	行标
89	2.188	林业政策法规 数据元	数据描述	★★★★★	行标
90	2.189	林业政策法规 数据字典	数据描述	★★★★	行标
91	2.190	林业政策法规 信息分类与代码	数据描述	★★★★★	行标
92	2.191	林业档案 分类与代码	数据描述	★★★	行标
93	2.192	苗木二维码标签技术规范	数据描述	★★★	行标

表 3-1　应用标准 – 通用标准表

序号	标准体系编号	标准名称	类别	需求程度	宜定级别
1	3.1	林业信息化基础平台统一技术要求	数据（交换）中心	★★★	行标
2	3.2	林业信息资源目录体系框架	数据（交换）中心	★★★★★	行标
3	3.3	林业信息资源目录体系技术规范	数据（交换）中心	★★★★★	行标
4	3.4	林业信息资源交换体系框架	数据（交换）中心	★★★★★	行标
5	3.5	林业信息交换体系技术规范	数据（交换）中心	★★★★★	行标
6	3.6	林业信息交换体系技术管理标准	数据（交换）中心	★★★★★	行标
7	3.7	林业门户网站建设技术规范	数据（交换）中心	★★★★★	行标
8	3.8	林业信息交换格式	描述技术	★★★	行标
9	3.9	林业数据库访问接口规范	描述技术	★★★★	行标
10	3.10	基于云计算的林业公共服务平台 系统架构	描述技术	★★★★	行标
11	3.11	基于云计算的林业公共服务平台 数据接口技术要求	描述技术	★★★★	行标
12	3.12	基于云计算的林业公共服务平台 云数据存储和管理	描述技术	★★★★	行标
13	3.13	林业物联网 传感器技术规范	描述技术	★★★★	国标
14	3.14	林业物联网 传感器数据接口规范	描述技术	★★★★	国标
15	3.15	林业物联网 传感网组网设备技术规范	描述技术	★★★★	国标
16	3.16	林业物联网 移动多功能智能终端技术规范	描述技术	★★★★	国标
17	3.17	林业物联网 标识与解析技术规范	描述技术	★★★★	行标
18	3.18	林业物联网 面向视频应用的总体技术要求	描述技术	★★★★	行标
19	3.19	林业物联网 面向视频应用的短距离传输技术规范	描述技术	★★★★	行标
20	3.20	林业物联网 面向视频应用的长距离传输技术规范	描述技术	★★★★	行标
21	3.21	基于 XML 的电子公文格式	描述技术	★★★	行标
22	3.22	林业信息服务接口规范	目录/WEB 服务	★★★★	行标
23	3.23	林业信息服务集成规范	目录/WEB 服务	★★★	行标
24	3.24	林业信息服务质量规范	目录/WEB 服务	★★★	行标
25	3.25	林业信息发布与订阅规范	目录/WEB 服务	★★★	行标

（续）

序号	标准体系编号	标准名称	类别	需求程度	宜定级别
26	3. 26	林业信息 WEB 服务应用规范	目录/WEB 服务	★★★★	行标
27	3. 27	林业业务建模技术规范	业务建模	★★	行标
28	3. 28	林业业务功能/服务建模技术规范	业务建模	★★	行标
29	3. 29	林业业务流程控制/管理技术规范	业务建模	★★	行标
30	3. 30	林业业务流程设计方法通用指南	业务流程	★★★	行标
31	3. 31	林业电子公文交换处理规范	业务流程	★★★	行标
32	3. 32	林业电子公文存档管理规范	业务流程	★★★	行标
33	3. 33	林业电子公文处理流程规范	业务流程	★★★	行标
34	3. 34	林业业务生成的通用技术要求	业务流程	★★★	行标
35	3. 35	XML 业务表示规范	业务流程	★★★	行标
36	3. 36	林业应用系统建设指南	应用系统	★★★	行标
37	3. 37	林业应用系统设计与开发规范	应用系统	★★★	行标
38	3. 38	林业应用系统质量控制与测试	应用系统	★★★	行标
39	3. 39	林业应用系统开发文档规范	应用系统	★★★	行标
40	3. 40	林业应用系统阶段评审规范	应用系统	★★★	行标

表 3-2　应用标准－专用标准表

序号	标准体系编号	标准名称	类别	需求程度	宜定级别
1	3. 100	综合业务 业务模型	业务建模	★★	行标
2	3. 101	综合业务 功能/服务模型	业务建模	★★	行标
3	3. 102	综合业务 业务流程控制/管理	业务建模	★★★	行标
4	3. 103	综合业务 系统建设规范	业务建模	★	行标
5	3. 104	公共业务 业务模型	业务建模	★★	行标
6	3. 105	公共业务 功能/服务模型	业务建模	★★	行标
7	3. 106	公共业务 业务流程控制/管理	业务建模	★★★	行标
8	3. 107	公共业务 系统建设规范	业务建模	★	行标
9	3. 108	森林资源管理 业务模型	业务建模	★★★★	行标
10	3. 109	森林资源管理 功能/服务模型	业务建模	★★★★	行标
11	3. 110	森林资源管理 业务流程控制/管理	业务建模	★★★★	行标
12	3. 111	湿地资源管理 业务模型	业务建模	★★	行标
13	3. 112	湿地资源管理 功能/服务模型	业务建模	★★	行标
14	3. 113	湿地资源管理 业务流程控制/管理	业务建模	★★	行标
15	3. 114	荒漠化土地资源管理 业务模型	业务建模	★★	行标
16	3. 115	荒漠化土地资源管理 功能/服务模型	业务建模	★★	行标
17	3. 116	荒漠化土地资源管理 业务流程控制/管理	业务建模	★★	行标
18	3. 117	生物多样性资源管理 业务模型	业务建模	★★	行标

（续）

序号	标准体系编号	标准名称	类别	需求程度	宜定级别
19	3.118	生物多样性资源管理 功能/服务模型	业务建模	★★	行标
20	3.119	生物多样性资源管理 业务流程控制/管理	业务建模	★★	行标
21	3.120	营造林 业务模型	业务建模	★★	行标
22	3.121	营造林 功能/服务模型	业务建模	★★	行标
23	3.122	营造林 业务流程控制/管理	业务建模	★★	行标
24	3.123	森林防火 业务模型	业务建模	★★	行标
25	3.124	森林防火 功能/服务模型	业务建模	★★★	行标
26	3.125	森林防火 业务流程控制/管理	业务建模	★★★	行标
27	3.126	野生动植物保护 业务模型	业务建模	★★★	行标
28	3.127	野生动植物保护 功能/服务模型	业务建模	★★★	行标
29	3.128	野生动植物保护 业务流程控制/管理	业务建模	★★★	行标
30	3.129	森林灾害 评估模型技术规范	业务建模	★★★	行标
31	3.130	森林灾害 业务模型	业务建模	★★★	行标
32	3.131	森林灾害 功能/服务模型	业务建模	★★★	行标
33	3.132	森林灾害 业务流程控制/管理	业务建模	★★★	行标
34	3.133	应急指挥 业务模型	业务建模	★★★	行标
35	3.134	应急指挥 功能/服务模型	业务建模	★★★	行标
36	3.135	应急指挥 业务流程控制/管理	业务建模	★★★	行标
37	3.136	应急指挥 评估模型技术规范	业务建模	★★★	行标
38	3.137	森林公安管理系统建设规范	应用系统	★★	行标
39	3.138	林业政策法规管理系统建设规范	应用系统	★★	行标

表4　基础设施标准表

序号	标准体系编号	标准名称	类别	需求程度	宜定级别
1	4.1	林业信息化网络系统建设规范	网络系统	★★★★	行标
2	4.2	林业信息化网络管理指南	网络系统	★★★★	行标
3	4.3	林业信息化基础设施建设规范	基础环境	★★★	行标
4	4.4	林业应急指挥中心建设规范	基础环境	★★★	行标
5	4.5	XML数据安全技术要求	应用安全	★★★★	行标
6	4.6	林业信息系统安全评估准则	应用安全	★★★★	行标
7	4.7	林业信息安全技术和管理要求，应至少涵盖以下7个方面： 1. 网络安全防护体系建设要求 2. 网络安全评估体系建设要求 3. 网络与应用系统安全审计要求 4. 应用系统的授权与访问控制策略 5. 应用系统关键数据安全技术要求 6. 系统容灾备份建设要求 7. 安全管理要求	信息安全	★★★★	行标

表5　管理标准表

序号	标准体系编号	标准名称	类别	需求程度	宜定级别
1	5.1	林业信息化标准体系	标准化工作	★★★★★	行标
2	5.2	林业资源调查监测公共因子分类补充规定	标准化工作	★★★★	行标
3	5.3	林业省级单位机房建设管理规范	运维管理	★★★★	行标
4	5.4	林业信息化项目管理规定	运维管理	★★★★	行标
5	5.5	林业信息共享交换管理规定	运维管理	★★★	行标
6	5.6	林业信息化建设档案管理规定	运维管理	★★★★	行标
7	5.7	林业信息化项目验收规范	运维管理	★★★★	行标
8	5.8	林业信息化运行维护管理规范	运维管理	★★★	行标
9	5.9	林业信息化项目建议书编制规范	立项与规划	★★★	行标
10	5.10	林业信息化项目可行性研究报告编制规范	立项与规划	★★★	行标
11	5.11	林业信息化项目初步设计编制规范	立项与规划	★★★	行标

后　记

标准规范建设是林业信息化建设的基础性工作，是破解“信息孤岛”、提升发展水平的有效途径，在林业信息化建设、管理、应用和运行维护过程中发挥着无可替代的作用。国家林业局高度重视林业信息化标准规范体系建设工作，2009 年成立了全国林业信息数据标准化技术委员会，明确了国家林业局信息办为业务主管部门，先后组织研制了数据采集、数据库建设、网络建设、物联网应用等几十项林业信息化标准，为落实国家林业局“统一标准”原则提供了坚实基础。

为加强标准的宣贯执行，促进信息技术的掌握应用，扎实有效地推进林业信息化工作，国家林业局信息办历时半年时间，梳理了 2009 年至今发布的林业信息化行业标准及相关的管理制度规范，形成了《中国林业信息化标准规范》，以期对各地林业信息化建设提供指导和参考。

按照《全国林业信息化建设纲要(2008—2020 年)》的有关分类规则，《中国林业信息化标准规范》分为四个部分：一是信息资源标准，主要包括林业生态工程信息分类与代码、林业数据库设计总体规范等标准；二是应用标准，主要包括林业信息交换体系技术规范等标准；三是基础设施标准，主要包括林业信息系统安全评估准则等标准；四是管理标准，主要包括林业信息化标准体系等管理办法和制度。

本次汇编工作得到了国家林业局科技司和标准编制单位的大力支持，在此一并表示谢意。疏漏之处，敬请批评指正。

编者

2014 年 6 月